中译翻译文库

刘宓庆翻译论著精选集之二

文化翻译论纲

刘宓庆 著

中国出版集团
中译出版社

图书在版编目(CIP)数据

文化翻译论纲/刘宓庆著．—北京：中译出版社，2019.5
（中译翻译文库．刘宓庆翻译论著精选集）
ISBN 978-7-5001-5940-7

Ⅰ.①文… Ⅱ.①刘… Ⅲ.①翻译理论 Ⅳ.①H059

中国版本图书馆CIP数据核字（2019）第056667号

出版发行/中译出版社
地　　址/北京市西城区车公庄大街甲4号物华大厦6层
电　　话/(010) 68359827，68359376（发行部）；53601537（编辑部）
邮　　编/100044
传　　真/(010) 68357870
电子邮箱/book@ctph.com.cn
网　　址/http://www.ctph.com.cn

出 版 人/张高里
总 策 划/贾兵伟
策划编辑/胡晓凯
责任编辑/范祥镇
特约编辑/王建国

封面设计/潘　峰
排　　版/北京竹页文化传媒有限公司
印　　刷/北京玺诚印务有限公司
经　　销/新华书店

规　　格/710毫米×1000毫米　1/16
印　　张/23.5
字　　数/286千字
版　　次/2019年5月第一版
印　　次/2019年5月第一次

ISBN 978-7-5001-5940-7　定价：58.00元

2002—2003 年，香港家中重写《文化翻译论纲》，焦头烂额。

说到底，我这一生的翻译研究集中于三个核心课题：**翻译与语言哲学、翻译美学**以及**文化翻译**。这三个课题加在一起大概花去了我生命中近四十个年头。我研究语言哲学是为了提升对翻译的认知（主要集中于意义问题），研究美学是为了通晓翻译的审美表现（主要集中于语言审美），而研究文化则纯粹是为自己铸造和维护一个我万分珍视的文化自我（主要集中于传统的当下诠释和构建），使我不论奋斗在什么困顿迷茫的学术生态环境中，都能领略徐志摩所说的那一杯"人生甘露"和保持一腔通常被西方人称为"中国士人"(the Chinese *intelligentsia*) 的"忧患意识"和"生之热忱"(passion for life)。英国诗人马修·阿诺德（Matthew Arnold, 1822–1888）说过一句话："Culture is the passion for sweetness and light, and what is more, the passion for making them prevail."("文化是人对甜美和光明的憧憬，重要的是，要使这种憧憬超越一切。" Preface, *Literature and Dogma*, 1873)。从《文化与翻译》初稿（1988）到《文化翻译论纲》成书（1998)，在断断续续的几十年艰难岁月中，我常常想起阿诺德这句话。我相信，失败我很可能遭遇，但"憧憬之梦"我是永远不会了断的，即便我这一生还看不到那一幅阿诺德所说的"甜美"和"光明"的远景。

——2015 年第二版题记

（摘自 2011 年 1 月 18 日答台湾友人书）

这本书写于1988年初至1998年底，历时整整十年。这期间三易其名，四易其稿，并为此赴大陆荆楚腹地和都柏林大学及爱尔兰各地考察。在我所有的著述中，这本书让我付出的辛劳最多、使我获得的人生感悟也最多：所谓“十年磨一剑”，实非夸张。我只盼中国译论的后来者磨出一把又一把更锋利的剑来。

——2002年3月第一版题记

文化翻译中的价值观研究

（第二版序文）

刘宓庆

价值论（Axiology）属于哲学课题，“价值哲学”是首先由法国哲学家拉皮埃（Paul Lapie, 1869–1927）在《意志的逻辑》中提出的，经由德国哲学家哈特曼（Eduard Hartmann, 1842–1906）在《哲学体系纲要》中作了阐述。价值（Value）本身属于客体属性，这种属性能发挥某种投射到主体的作用或功效，并能满足主体的精神的或物质的诉求、需求。价值论则是主体对客体属性的主体评估鉴识和参证，因此价值论在欧洲哲学界也被视为“客体性的主体论”（Objectivity Subject to Subjectivity）。这种提法有道理，但似乎不太确切。实际上，价值是一个系统，可以分为认知价值、道德（伦理）价值、经济价值、政治价值、文化价值、审美价值等等；使用价值、效用价值、应用价值、适用价值则被通称为“功能价值”。人的价值观属于思维—心理活动范畴。价值观实际上具有统摄认知、操控行为的功能，因此是非常重要的文化研究课题。价值规范或价值标准通常是人们在选择、判断、评估事物时非常关注的基点（axiom）。在翻译文化研究中，价值观研究属于深层研究，这种研究指向对文化的深层理解，其目的在于促使我们摆脱对文本浅尝辄止的文化现象学阐释，获得对文本的深层次文化理解，因此正是翻译学之所急所需。

一、翻译研究不能回避文化价值观问题

翻译是一种凭借语言转换的**文化传播手段**，犹如一座双向桥梁。既然是**双向传播**就涉及双向选择，既然涉及选择，就必然涉及**选择标准**和**选择价值**。而且，要选择就必然要求有双向的理解，我们称之为“**文化理解**”。“**文化理解**”是多维的，其中包括：①语义维度；②心理（重在情感、情操等感性）维度；③认知（重在知性）维度；④审美维度；⑤思维逻辑维度。以上五个维度，缺了哪一个都不能说你理解了一个人，或是你理解了一个文本。可见，对翻译而言，文化理解是十分重要的基本课题。这个课题本书将在第四章展开专论。

文化理解的基本条件是价值观相通或认同，或曰“心照不宣”；**文化误解**的根源是价值观疏离或相悖，或曰“格格不入”。不论哪种情况，文化价值观（对文化的基本价值取向）都起着关键作用，对文化的深度理解，也就是对价值观的理解。撇开价值观来谈文化，只可能是些“表面文章”。令人感到奇怪的是，在当今知名的西方文化论者中，除了克拉克洪在上世纪五十年代初提到过“价值观”以外，竟然没有专业学者深入阐发过、甚至足够关注过文化研究中这个实在可以说是绝对不应该忽视的重要课题（Kroeber and Kluckholn, 1952: 81; Keesing 1974: 79; Geddens, 1993: 31; Sewell, 1999: 39; Roberts et al, 2000: 50）。但无论从哪方面看，不论中国人如何看待西方（多半反映在外译汉的选材、阐释及删节中），还是期待西方人如何看待中国（多半反映在汉译外的选材、阐释及删节中），价值观研究应该是我们的文化翻译深层研究中一个不应该再忽视的问题。

（一）文化价值观的重要性

目前中外文化翻译研究都流于肤浅、流于表面、流于直观。很多研究大抵在语言概念或物质文化层面、生活习俗层面、社会文化活动层面进行现象学阐述，有意或无意地将文化价值观这个核心问题撇在一边，因而对外语文化和本域文化都欠缺深度理解。文化现象学更只是一步初阶，重要的是深入堂奥。

一般而言，**价值观的重要性**表现为以下三点：

第一，价值观决定认知（Knowing is virtualy subject to values）

人对事物的认识归根结底是由他的价值观操控的。英国作家菲兹杰拉 德·布伦南（Fitzgerald Brenan，1894–1987) 在他的名著《旱季遐思》（Thoughts in the Dry Season）中说，“知识分子就是认为‘观念’比‘价值’更重要的人，那就是说，他们自己的观念比别人的价值更重要。”布伦南其实是在婉转地批评知识分子，不应将自己的观念凌驾于价值观之上；“观念”与“价值”相比较，更重要、更起作用的不是**观念**，而是**价值**。两个观念完全相通的物理学家或哲学家对某一具体的社会文化问题可能根本谈不拢，而两个观念完全相悖的学者对某一民族文化问题的看法却很可能完全相通。这就说明，价值观高于一般观点也高于专业观念。总之决定认知的是价值观，而不是观念。人对“知”的追求总是受价值的驱动：观念可以点燃行动的火花，但动力必定来自支配观念的价值观，尤其是基本的、核心的价值观。中国上古夏商两代灭亡后，先民从“暴政亡国”中痛定思痛，创建了一段“**殷鉴文化**”（即以殷商之灭为借鉴的“［周］文王维新［文化］”，侯外庐，2010：33)，产生了体现**殷鉴价值观**的“五经”(《诗经》《尚书》《易经》《春秋》《礼记》)，这是中华初始文明的灿烂之光。上世纪三四十年代的中国处在国难当头、民族危亡的时刻，各行各业包括几乎所有的工农商学兵和团体、政党都团结在全国抗战的旗帜下，最后取得了胜利。这都说明价值观认同的巨大凝聚力。

实际上，价值观决定人的一切基本认知。比如对科学原理和知识的认知就经历过一个漫长的价值认同的历史过程。在欧洲宗教改革和反改革运动（the Reformation and Counter-Reformation, 1518–1659）以前，人类科学思想处在艰难的萌芽期，占统治地位的是宗教价值观和宇宙观，认定人的认知取决于“神谕”：早期中世纪（Early Middle Age, 400–1099）和晚期中世纪（Later Middle Age, 1100–1517）都不存在人文价值观和科学价值观生存发展的土壤。伟大的转折发生在以 1660 年为起点至 1788 年的**启蒙运动**（Enlightenment)，期间经过法国大革命（1789—1815）以及大革命以后的自由主义思想运动（Liberalism, 1816–1869），终于达成了对科学原理和理性思维的价值认同。从 1660

年到 1869 年，一共 209 年，是西方文明现代化构建的关键期，其基本特点就是由**价值观（包括人文人本价值和科学理性价值）决定认知**。1870 年到 1913 年西方逐渐转入帝国主义扩展期，价值观受到反人文、反科学和非理性思维的严重冲击，接着就是两次世界大战（1914—1945）的灾祸，把西方整得晕头转向。从战后到现在，西方可以说正处在价值观发展的自省期（Self-examination）。在金融危机一次又一次来袭的阴霾下，严肃的西方思想家再也不认为“后现代理论”的“**调侃癖**”（Sadonicism）、“**偏激性**”（Radicalism）和愤世嫉俗的人生态度（Cynicalism）是他们应有的**理性归宿**了！与此同时，更有不少西方学者和一般知识分子现在正处于“在迷惘中自省、在自省中又陷入迷惘”的困局中，正在苦苦寻找新的价值观。

第二，价值观决定选择和取舍（Selection is subject to values）

文化是个“金字塔结构”（Pyramidic Structure），它的基础是十分广阔而庞杂的物质文化层，而价值观则处在精神文化层，属于文化心理活动，处在统摄认知、操控行为的金字塔顶端，我们可以看看下面这个文化结构图：

文化的金字塔结构图

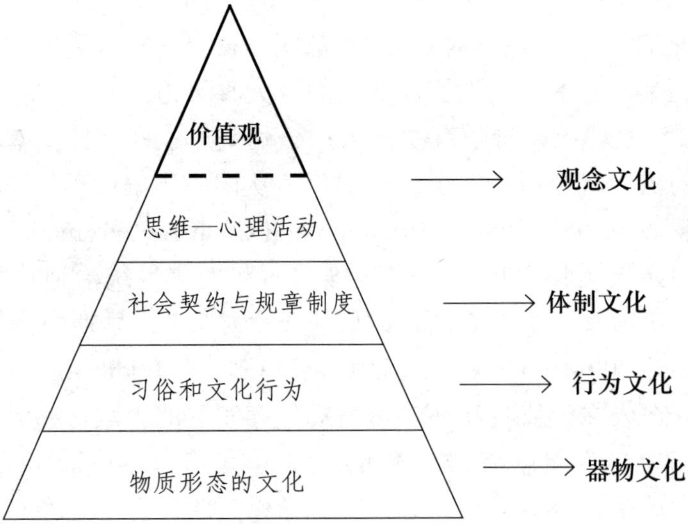

价值观属于精神活动，当然也可以并入“思维—心理活动”这个层级，如上所示。我们将它分出来，是为了说明价值观的**统摄、支配**作用，实际上，文化心理活动还可以分为**文化精神**和**文化情感**两个毗邻领域，**价值观在文化精神活动中处在尖端地位**，可以表现为**高度理念化的思想或原则**（highly axiomaticalized idea or principle）等等，也可能表现为比较具体的**价值标准**（criterion; criteria）。这个图表给我们的启示是：要理解文化不能只看到它的基础、只把握住物质形态的文化，这是远远不够的；应该把握它的各个层级、把握它的整体，尤其是它起统摄、支配作用的观念文化层。建设文化也一样。物质形态的文化建设固然要花大气力投入，其他层级的建设尤其是起统摄、支配作用的观念文化建设，可能要求有更大量、更长期的资源投入和正确的指导思想。

时下在中国十分流行的毛病是对“文化”理解的物质化、表面化、浅薄化、低俗化，只看到文化的物质性表面和现象性特征是一种无处不在的现象，也就是说只滞留在文化结构的**感性层**，没有把握住文化的精髓，即提升到文化的**理性层**。更值得注意的是对文化理解的低俗化。我们只要看看近年来充斥平面媒体和电视台那些不惜工本、高调宣扬的低俗文化节目，以及没有任何实际意义的大型“政绩宣传”活动，即可见一斑。庸俗的拜金主义和浅薄的歌功颂德是绝对产生不了有助于社会进步、更可以经得起历史检验的“文化精品”的。

这就充分说明当下中国社会价值观的“集体缺失”，有人称之为“道德空心化”。价值观缺失的后果必然是文化行为和文化精神活动的迷惘、萎靡、夸饰、浮躁、盲动乃至沉沦。因为很清楚，人类正是凭借“价值判断”（value judgment, Baumer, 1978: 19）来给事物定量、定值、定格、定位并最终定取舍。这里就牵涉到关于价值观的另一个非常重要的问题：价值的动态观和发展观。正因为价值观具有**定质量**（Quality）、**定方位**（Orientation）、**定取舍**（Acceptability）的功能，因此对它持抱残守缺的态度肯定非常有害于多元文化建设，唯一的积极态度是与时俱进。这对我们的文化翻译研究应该是极其重要的指导原则。

第三，价值的发展观：价值观必须与时俱进，否则必然干扰认知

一切价值都有一个基本共性，即具有能够满足需求的度量功能

(measuring function)，其中包括满足精神文化需求和物质文化需求。因此文化价值观必须是一个能够伴随时代需求发展的价值系统，以满足时代社会文化进步和精神需求提升为其基本职能。价值观甚至与社会经济发展度息息相关，实际上正是社会经济发展推动着价值观内涵的富集和提升。

上面已经谈到了西方价值观发展的基本轨迹。长期研究西方思想史的耶鲁大学历史学家 Franklin V. Baumer 在《西方思潮主流纵观》(*Main Currents of Western Thonght,* Yale UP, 1978) 中说，西方主流思想的价值论经历了三个时代，第一个时代是“**宗教时代**”(Age of Religion)，始于奥古斯丁的 *Confession*；[①] 第二个时代是“**科学时代**”(Age of Science)，始于哥白尼的 *De Revolutionibus Orbium Celestium* (1543)[②] 和牛顿的 *Principia* (1687)[③]的科学发现和研究；第三个时代 Baumer 称之为“**焦虑时代**”(Age of Anxiety)，始于 20 世纪初期，直到今天。Baumer 借助意大利神学家托马斯·阿奎那 (Saint Thomas Aquinas, 1225–1274)[④] 的话概述了宗教时代的“神权价值观”对人类认知的“干扰性驱动”，阿奎那承认“上帝高于一切”，但他认为，上帝也是“受自然理性之光的引导”(being guided by the light of natural reason, T. Aquinas)，用神权来“钳制**人的自由意志**则是一种价值观谬误”，他写道：

> Man has free-will: otherwise counsels, exhortations, commands, prohibitions, rewards and punishments would be in vain. In order to make this evident, we must observe that some things act without judgment; as a stone moves downwards; and in like manner all things which lack knowledge . . . And the same thing is to be said of any judgment of brutal animals. But man acts from judgment, because by his apprehensive power he judges that something should be avoided or sought . . .
>
> (人类具有自由意志，否则一切劝导、告诫、训令、禁令、奖励和惩罚将形同虚设。为证明这一点，我们应该观察一下那些不经判断而行事的行动，诸如石头的向下滚动。[……]野兽的行为也是如此。但是人类则凭借判断行事。因为，凭借人的理解能力，他能够判断哪些事情该做，哪些不应该做。)(Summa Contra Gentiles and Summa

Theologica, 英译者 Burns Oates and Washbourne)

欧洲知识界对**人的自由意志的认知**使西方理性素质实现了一大跃进，从此摆脱了理性屈从于“神谕”和宗教权威的谬误，实现了价值观上的提升。与阿奎那同时代的罗哲• 培根（Roger Bacon, 1212–1292）则更近了一步。培根指出人的认知谬误有四个主要诱因：

> Now there are four chief obstacles in grasping truth, which hinder every man, however learned, . . . namely submission to faulty and unworthy authority, influence of custom, popular prejudice, and concealment of our own ignorance accompanied by ostentatious display of our knowledge . . . .Therefore nothing is more necessary of consideration than the positive condemnation of these four errors through the chosen arguments of wise men which shall prove irrefutable.
>
> （有四大谬误妨碍我们把握真理：[……] 即屈从于有过错而不值得信赖的权威、习俗的影响、普遍存在的偏见和原本无知却用炫耀知识掩饰起来。[……]因此，没有比悉心思考智者们对这四种谬误的针对性论争更重要的事了，他们的论争应该是毋容置疑的。）

培根的分析即便从今天的价值观来判断都是很深刻中肯的。正是由于有了阿奎那、培根和文艺复兴时代的一大群思想家和改革家，例如 Francesco Petrarch（1304–1374, 意大利诗人、人文主义思想家），George Vasari（1511–1574, 意大利作家、建筑师、人文主义思想家），Henry Peacham（1576–1644, 英国教育学家），Leonardo Bruni（c.1370–1444, 意大利人文主义文学家），达•芬奇，马丁•路德（1483–1546，德国宗教改革家）等，为科学时代的人文人本价值和科学理性价值观打下了思想的、认知的和思维逻辑的坚实基础，为人文和自然科学研究敞开了一切禁区，西方才有可能进入到了空前进步的“科学时代”（Age of Science）。

由于价值观与时代严重脱节，以致严重干扰对世情事态的认知，终而导致祸国殃民的实例在各国的历史中都可以找到；而且时至今日，仍屡见不鲜。在中国历史上，这类例子莫过于清末朝廷昧于西方已经从1870年起进入了帝国主义扩展期的严酷事实，而“朝廷弄权者”对西方列强的帝国主义残酷本性的认识却是“一派糊涂”（曾国藩语），仍然迂腐地相信“儒学是个普世真理”，愚昧到将自己也做不到的儒家人格论教条当作“治国理念”来拘守（M. Wright, *The Last Stand of Chinese Conservatism*, Stanford UP, 1957: 5），尽管当时俾斯麦（O. Bismark, 1815–1898，德意志帝国第一任首相）已经用明白无误的语言向全世界宣布了：“当今世界最有价值的东西是钢铁和大炮”。从根本上分析，清朝遭受灭顶之灾的主观原因在于其腐败的价值系统，这使之对现实世界的发展懵然如隔世之昏庸不知，致使国策完全失灵，不啻自我毁灭。

很清楚，翻译的文化研究撇开价值观问题必然会流于肤浅，而且不得要领；懵懵懂懂，也就谈不上什么“文化理解”“翻译价值”“价值判断”了。毫无疑义，翻译不能不顾原文，背后的深层文化大格局（scenario）、历时底蕴（diachronic innermost）和历史文化背景（background）。比如汉语中的“道”，中国历朝历代各派名家价值观不同，有关“道”的所指也就各异。道家的“道”大抵指“客观规律”、“自然规律”（《道德经》第二十五章，“道法自然”），儒家的“道”大抵指儒家的仁政理念（《礼让》：“大道之行也，天下为公”），法家的“道”大抵指法治理念、法制规约（《韩非子》中的“主道第五”说：“道者，万物之始，是非之纪也”）。现在我们中不少人跟着糊涂的外国人，将“道”译成了“Dao”，译犹未译。当下我们的文化研究又深受到国内外（主要是国内）**庸俗文化观**的影响，止于物象、止于皮相。但更有很多人是由于一种难以摆脱的“被自律感”，担心价值观涉及很多意识形态、社会体制和政治思想的“禁区”，不敢越雷池一步，更不敢自问一句：“我是不是被误导了？”其实，学术研究只是一种学术性探讨，**只求学术认知的求真和深化**，不应该被“泛政治化”。这时我们的思想如果被“禁区”所禁锢，学术探讨就不能深入下去，受害的肯定是我们自己，所谓“不入虎穴焉得虎子”，这样就难免不悖于原著的深意。蔡元培当年在北大倡导的正是这种积极求真务实的学术探索精神。今天中国所处的是21世纪全球化时代，所谓“文化研究禁区”其实常常是某种慑于历史回忆或权势的“自我设防”，我们自己需要有勇气战胜自己的“心魔”，也就是丹麦哲学家祁克果（S. Kierkegaard, 1813–1855）所说战胜“魔性自我”（demonic self），实现思想的“自我松绑”和真正解放、力求获得**真正的文化理解**，再现翻译的真善美，同时力争相信也一定会获得社会的认同和支持。

二、翻译文化研究必须把握民族文化的精粹

翻译是一种语际跨文化交流，语际的跨文化交流当然是多层面的，但应该以双方或多方的深层思想意识、历史精神创造、民族情怀与理想——总之应以深层次的精神文化为主体，翻译文化研究还应该特别关注与认知密切相关的价值观交流参照。翻译文化研究应该帮助译者和翻译界把握中外民族文化的精粹，使翻译提升为对社会文化舆论起一种积极作用的引导力量，这也是中国翻译界的优良传统，中国翻译前辈历来走在**推动社会前进的前沿**。当然在市场经济中，翻译业的企业化以及与娱乐文化沾上边是不可避免的，但不应该参与或鼓励中外低俗文化传播。物质文化介绍和行为文化宣讲等等只可以看作翻译文化研究的一个入门或切入点，不应该到此却步。

民族文化的精粹在深层，动力也在深层。中西民族文化精粹各有自己的灿烂历史和奇光异彩，各自光照东西方上千年的文明，而且双方随时都在交流、交汇、交融，达致互惠、互进、互补的目的。与此同时，我们也应该看到东西方民族文化的巨大差异。仔细研究就可以看到，中西文化差异的最终表现是价值观差异。

如上所述，西方文明如果从中世纪结束的1517年算起到1870年帝国主义时代的前夕，一共是353年，如果仅仅从启蒙时代之始算起则也有209年。在长达二三百年历史的精神探索和构建中，西方缔造的精神文化丰碑巍然屹立，它们是西方文化价值的灿烂之光，照亮了世界大半个地球，也使东方文化受益匪浅。

第一，人文主义理想（Humanism）

人文主义理念发源在欧洲。欧洲人文主义（人本主义）是从与反人文的经院哲学搏斗中产生的，人文主义者首屈一指的胜利是将人从愚昧的

宗教钳制中解放了出来，认识到了“人的自我”的力量，这也是欧洲人权思想的萌芽。欧洲人文主义的辉煌时期是18世纪的启蒙运动，它的渊源则是16世纪的宗教改革，这个过程一直延续到19、20世纪。欧洲知识精英奋斗了500年，发展成为西方成熟的科学理性主义。历史渊源深厚的人文主义是今天西方社会进步的思想源泉——尽管许多西方国家的社会还有不少弊病，有些甚至到了“沉疴难治”的地步。但整体说来，人文主义是西方精神文化的一座永恒的精神丰碑。不研究人文主义而想要理解西方文化，简直就是一句空话。

第二，民主政治的理念和实践（Democracy）

“民主政治”（demo，也有“公民统治”的意思，是“公民社会”的基本理念，它是“权贵社会”的反面）发源于雅典，无疑属于西方文化的政治价值观精华。实际上，民主思想在西方迟至18世纪末期两位启蒙运动巨人卢梭（Jean J. Rousseau, 1712–1778）和狄德罗（Denis Diderot, 1713–1784）的出现，才从哲学上、政治思想上正式地、稳稳地确立。卢梭是“民主政制”的首倡者，主张人生而自由、生而平等；狄德罗的著名主张是“自由是人的天赋权利”。三个多世纪以来，民主政治价值理念在西方早已深入人心，成了西方文化和国体、政体的精神支柱。在社会民主政治实施中，西方既有辉煌成就，又有惨痛教训。但毫无疑问，要了解西方文化，撇开民主价值理念，不研究它的成就和教训是不可能有任何结果的。

第三，人权观念和支撑它的体系化法治机制（Right and Law）

“人权”的清晰观念源于杰出英国哲学家洛克（John Lock, 1632–1704）的“自然权利学说”。洛克认为，人在进入“社会契约”成为社会的人的同时就具有了某些“不可转让的”（nonnegotiable）基本权利，例如生命权、免于迫害的自由和不可褫夺的选择权。为了保护基本人权，西方发展了一整套法治（Rule of Law; Rule by Law）机制，包括独立于行政的立法、司法典章制度和机构。尽管人权观念和法治实施在西方许多国家还有严重不足之处，不少歧视性立法也在历史上饱受诟病和抨击，至今仍有恶劣影响，但人权论作为西方的文化价值观精粹是不容否定的，它作为基本的社会、政治价值标准也为越来越多的东西方国家所认同。

第四，基督精神（Christianity）作为道德制衡和行为制约力量的存在

早期基督教曾因对人、对己的严酷不容，遭受到种种挫折乃至爆发战争。16世纪始于马丁• 路德（Martin Luther, 1483–1546）的西欧宗教改革运动到今天已经整整五个世纪，我们不能不说这500年是一个漫长而颇有成效的过程，它使基督精神渐渐获得了更新，使之更世俗化、合理化和伦理化。从最积极的方面看，在今天的西方，基督教实际上起到了一种任何行政、司法手段难以起到的精神归属、道德制衡作用和行为制约作用，特别是在“合法”与“非法”之间只有一念之差、一线之差的时刻，**宗教价值**往往即刻可以转化为**道德价值**，西方人称之为“良知棒喝”，使道德理性战胜私欲和贪婪，使“犯罪之念”真的成了当事人心中的“天下之大不韪”。这一点正是对几百年来欧美宗教改革家们的一种慰藉，他们所梦寐以求的就是这种所谓“上帝救赎以从善”（God’s Redress of Malfeasance for Goodness）的精神力量，而这也正是西方社会行政、司法乃至整个法治制度所办不到的社会维稳因素。

以上四点是西方文化的精粹，也是四根西方的精神支柱。这正是我们要真正理解西方文化的钥匙。任何西方的社会文化问题和语言文化问题，不论是积极的或消极的东西，都离不开以对上述四个问题的深层理解为基础的文化解构。很清楚，如果对西方这些基本价值观一知半解甚至漠然于心，那么，翻译文化研究之流于肤浅皮相、对西方较有深难度的历史文本或时评理解之隔靴搔痒，恐怕就是必然结果了。

东方文明也是人类智慧的灿烂之光。三千多年前中国夏商周（始于公元前2100年终于东周末即公元前256年）时代就以青铜器和《周易》（包括《易经》与《易传》）宣布人类一个绚丽文明的诞生。从春秋（前770—前476）战国（前476—前221）时代起，中国文化哲人和先贤辈出，形成了人类历史上第一个最壮观的文化盛景，至唐代（618—907）中国文化思想百花齐放的壮丽格局维持了长达1400年，为世人所景仰。这个如群星闪耀、光照千秋的文化“价值体系群”格局如下图所示：

中国春秋战国时期百家争鸣中的价值体系分布及至汉唐后代的传承关系示意图

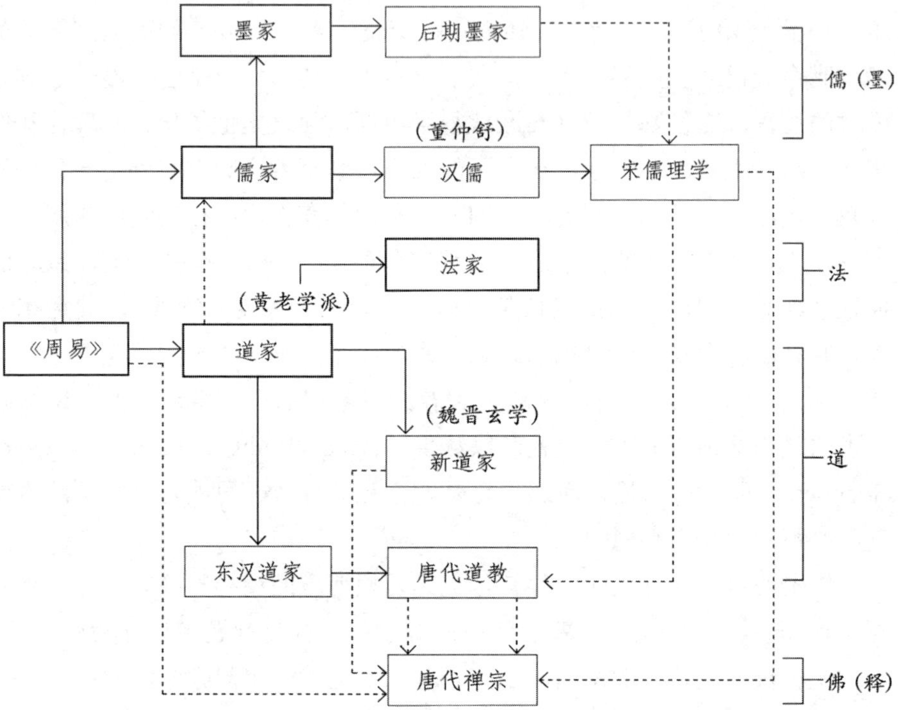

传承关系：

直接传承

间接影响

[说明]

（1）《周易》是《易经》和《易传》的合称。《周易》其所以成为中国哲学思想之源，是由于它包含了丰富的“殷鉴思维”，即古代辩证思想，包括**矛盾对立**、事物的**发展观**和**通变观念**，具体而言就是历数千年华夏先民总结出来的**“天命转移”**观念（《康诰》），将“**变**”或“**嬗变**”（Change）视为常态，将“**敬德以保民**”（《尚书·召诰》）视为“天意”，“**民情可大见**”（《康诰》，意思是民情反映天意），终而成为中国人的“历史核心价值”之源。

（2）儒家以孔子为宗师，孔子的思想精粹是“仁学”，这既是儒家的处世观、治学观，也是政治观，但以人格论为特征 。孔学的主要继承者是子思、孟子、荀子；儒家的伦理价值观核心是“中庸”，主张“**执其两端，用其中于民**”（《中庸》）。

（3）墨子（前468— 前376）早年也是儒家，出身平民，后来与儒家分道扬镳，源出深刻的思想分歧，主要集中于对“仁”的诠释差异：孔子的“仁”的本质内涵是守旧的“克己复礼”，而墨子认为“仁”根本不应该是“一人一义”，而应该是“天下之义”，主张“尚同”（自上而下都有统一意志）、“尚贤”（士人应以贤能而用，拒认门第），墨家主张“兼爱非攻”，深得民心；

（4）道家以老子（春秋后期人）与庄子（前328— 前286）为代表。老子最高的哲学范畴是“道”（**指自然法则**）。道家对后世影响最深的观点是**“道法自然”**（《老子·二十五章》）以及“道可道非常道”（《老子·一章》，指自然法则的无限性、不可言说性）以及政治理念上的“无为”“不敢为天下先”（《老子·六十七章》，不要做老百姓不愿做的事）；庄子师承老子，主张语言不可以言说“常道”，“美者自美”，不在人为地夸饰。庄子是中国古典浪漫主义哲学和美学的先驱，对中国士人影响极深，黄老学派指师承老子中的一部分人尊崇黄帝为师祖。

（5）法家的代表人物是韩非（前280— 前233），韩非崇老非儒，主张“万物个异理而尽道”（《韩非子·解老》），认为儒家厚古薄今毫无道理（《韩非子·五蠹》，主张“参验”，而参验的标准则是“功用”，“功用”的标尺则是“法令”。

（6）宋儒理学被后世称为“新儒学”，它的精髓是对“理”（规律）的探求。周敦颐（1017—1043）认为“理”是对宇宙原本雏形的探索，它是一种**“非物而实有”**的原始实体。朱熹（1130—1200）认为万物之源本是“太极”，而“太极”则是一种宇宙循环之“气”，它是一种自然规律；

（7）魏晋玄学（“正始玄学”）的代表是杰出的学者王弼（226—247）。魏晋时代的学者崇尚老子，号称“新道家”，其基本主张是老子的“无”字（“以无为本”，王弼《老子微指略例》），认为**“万物以自然为性”**（王弼《老子注》），竭力维护“道法自然”的道家哲学本体论。“新道家”批判儒家并未完全否定儒家，因为他们认为孔子并没有否定“无”是万物之本的理念，只是**“薄于理念”**，因此“不足以为宗师”。以青年才俊王弼为首的新道家精神力量是十分可取的。

如图所示，中国自《周易》以来，近五千年中朝代更迭上百次，但这个基本价值体系和格局大体未变，中国人的许多基本价值观念未变，它实际上是中华民族的民族意识的凝聚力之源，华夏葱葱郁郁的精神家园的“宅基地”。这个图也说明，从历史上看，中国“价值体系”结构中各成员和它们的价值观真谛，并不都是旗鼓相当，有些成员至魏晋已趋式微，或与其他学说兼容、融合，至唐代遂成儒、道、佛三足鼎立的格局，其中墨家的衰微最令人惋惜。至明清又有基督教传入，终而形成了儒、道、释、基督教的多维价值观，上世纪 50 年代以后又加上了一种马克思主义的泛政治价值观，及至于今。

同要透彻理解西方一样，要透彻理解中国的文化，就不能不把握它的精粹。概括而言，有以下几点我们必须把握：

第一，中国的文化价值观有很强的综合性、融合性和包容性

我们可以从上图（及［说明］）看得很清楚，自古以来中国人的价值观就具有鲜明的综合性、融合性和包容性——其中特别可贵的是**殷鉴思维**中的**包容性**。从整体来看，绝大多数中国人是无神论者或泛神论者，但是同时又有许多人服膺回教、道教及基督教信念。但在中国基本上不存在任何反宗教思想和势力。孔子虽然提出他自己“敬鬼神而远之”，而他并不反对别人敬鬼神，中国人这种远古源自殷鉴的价值观包容性表现得很广泛。中华民族是个以汉族为主体的多民族融合体，但除汉族以外，蒙古族（治理中国 97 年）和满族（治理中国 267 年）也同样做过执掌全国政权的民族，而且政绩斐然，元代（1271—1368）的商业发展和清代的综合经济发展都曾经使中国长期傲居全球之冠，康乾盛世（1710—1800）时的经济规模和生产总值比唐代开元盛世（713—743）时的经济规模和生产总值在一千年内高出近三倍。元代和清代统治者都是由于自己政绩不佳而被迫黯然退出历史舞台，并不是由于民族矛盾所致。中国的 56 个民族各有自己的民族信仰和民族价值观，但千百年来各民族对国家的认同感都很强。儒家的“仁者爱人”、道家的“道法自然”、墨家的“兼爱天下”、法家的“因事制礼”和佛家的“涅槃绝境”（涅槃仙境）以及基督的“仁济博爱”思想都是各族中国人精神家园中的不谢奇葩。中国诗、词、曲、赋、乐、画、剧和翻译中的很多杰作都出自少数民族的大师之手，反映出共同的审美价值观。

第二，中国的文化价值集中于道德价值、情感价值和审美价值，理性成分比较弱

从整体来看，中国传统文化价值集中于“**完美人格论**”，其中的三个主要成分是**道德价值**、**情感价值**和**审美价值**，连政治价值也都从道德价值的视角来审视，例如儒家的“天下为公”和“仁政”论、墨家的“兼爱天下”和“尚贤”论、法家的“封疆平税”和“免役”论（商鞅提出来的免除对人民的不平等课税和苛役《商君书·更法》）等等，基本上都是建基于社会道德诉求，而没有诉诸科学的、理性的论证。中国人非常重视情感价值并把内美、德美、行为美与人的情操之美挂上钩而统称为“道德情感”。道德情感是道德价值与情感价值的合一，是中国人的伦理观核心。

中国人的审美价值观结构也是属于**多维复合式，强调综合、融合、包容，**实际上不限于艺术领域，而是广泛反映在中国人的文化意识、日常生活乃至人生哲学中。所谓“复合”，常常是三个层次的交叉、叠合：（1）以“意”为核心的意义、意象、意境、意蕴；（2）以“情”为核心的情志、情态、情感、情采；（3）以“形”（实际上是以确保“形美”）为核心的神形论（神采与形式的辩证统一）、文质论（形式与内容的辩证统一）、音形论（音美与形美的辩证统一）、效果论（形式美与效果的辩证统一）。认为中国人只重“意美”、只重“情美”而忽视“形美”的看法，是一种误解，我们有责任加以澄清，加以解释，加以论证。中国人的人生哲学和生命哲学也具有审美复合性，既具有儒家的入世热忱，又同时具有道家的出世豁达，这种审美复合式心性结构造就了中国人性格中艰苦卓绝的坚韧性和高度创造力。

第三，儒家一家独大不可避免地导致了中国传统价值的多维性缺失和当代价值的缺陷

儒家学说对中国人的价值观构建有很大的功绩，这当然是不可否认的。但是应该看到，儒家关注的主体是道德价值观中的人格论，儒家价值体系本身就是一个不平衡结构，道德规范远远重于政治哲学思考。儒家为自己设定的目标是“修身、齐家、治国、平天下”，而孔子讲得最多的只有一套“修身”的入世哲学条规，其目的则是“学而优则仕”。至于治国、平天下，孔子只提出过一种复古的浪漫主义理念：“克己复礼”，就是回到西周（前 1066—前 476）原始氏族社会秩序，以及某种空想的浪漫主义愿景：“天下为公”，至于怎么实现？儒家始终没有提出过任何系统的实施纲要。很明显，用儒家这一套价值系统来“大一统”当时的中国，肯定是很不够的。但孔子不甘心做小公务员（“乘田”即司掌农田畜牧事物的管理员），他周游列国推销自己者凡 13 年，到了六十八岁才勉强认输（“如有用我者，吾其为东周乎？”），终以办学为生，就是所谓“桃李满天下”，⑤

这确实是孔子的历史功勋。

但历史有自己的规律。秦亡以后至西汉时代，大儒家董仲舒（前179—前104）向汉武帝递上了一封奏折《对策》，对秦王朝的覆亡作了总结，错误地认为“秦代灭于百家之惑”。[⑥]汉武帝接受了董仲舒的建议，于是“罢黜百家，独尊儒术”。董仲舒鼓吹“天不变，道亦不变”的主观唯心主义“天道论”，完全抹杀了儒家之道的发展其实有很多参照、吸取了道家、墨家、法家的思想资源：儒家自身的发展也是百家争鸣的成果。

事实上，作为国策的“罢黜百家、独尊儒术”论从汉代起就起着维护皇权的作用，其政治后果非常严重，代代可见其弊。从文化价值观的视角来看，其消极影响也不容忽视：

（1）对儒家的圣贤崇拜导致理性思维和科学思维的缺失

中国春秋战国时期的百家争鸣比西方文艺复兴早约两千年，[⑦]是世界价值思想史上的奇葩，也是一大奇迹。百家争鸣给中国价值观注入的是一种互补、互释的价值认知的集体智慧，光耀千秋，其历史意义之深远不言而喻，直到今天，百家争鸣的事迹和思想在中国和东亚几近妇孺皆知。“百家争鸣”的历史意义和历史价值在“百家”。

但自汉武帝实施“独尊儒术”以后，儒家得到了历代统治者权杖的支撑，其积极思想固然得到了传承，但其消极影响可以说流传至今，这一点我们应该清醒地看到。

从当时的社会政治矛盾、社会经济发展的需要和后果来看，被“罢黜”的“百家”中最堪惜的是墨家和法家（道家其实也被贬屈得几乎“寄人篱下”，见文后注英人李约瑟评述）。

墨子（约前468—前376）名翟，原来也属于儒家，由于不满儒家的“天命”论等理念，而且反对孔子竭力维护完全与现实脱节的周礼，遂与儒家决裂，而且成了儒家最有实力的反对派。其实，比较而言，墨家的理性思维和科学思维素质都高于儒家。首先，在哲学认识论上，墨家维护由经验而且是通过感官获得的真知（“知，以目见”，《经说下》），与孔子的“生而知之”论针锋相对。后期墨家还倡导逻辑理论，提出了正确的“范畴论”原则要点（《墨子· 小取》；《墨子间诂》，卷十），这在当时可以说是科学思维的顶峰：

①“摹略万物之然，论求群言之比”（以求实的态度看待世界上的一切事物，尊重客观实际，并应对各种观点进行比较，以求得真知，反对臆断、武断）；

②“以名举实，以辞抒意，以说出故”（“名”与“实”必须相衬，“词”与“义”必须相符，命题与判断必须准确相适应，反对谬误的推理与诡辩）；

③“以类取，以类予”（“类”就是本质相同的事物，所谓“物以类聚”，古代概念之中的“类”，与范畴相通，不是同一范畴的事物不具备可比性）。

这在公元前的四百多年（比柏拉图，前427—前347，早40多年）是非常了不起的知性见解，是中国古代语言哲学的精华。此外，墨子的社会历史观也非常符合历史唯物主义，认为符合历史发展的功利是应该维护的（《经上》），反对孟子虚伪的“何必曰利”，这种虚有其名的非功利论（《孟子·梁惠王》），基本立论与儒家形成鲜明对比。

法家之被“罢黜”也是中国法治思想发展上的一大损失。古代前期法家指管仲、李悝、吴起、商鞅等人。管仲（前725—前645）是中国历史上第一位提出“依法治国”的思想家和实践者，他提出的“四维（指礼、义、廉、耻）不张，国乃灭亡”（《管子·牧民第一》）对中国的政治伦理观、价值观影响极深。李悝（前455—前395）著有《法经》凡六篇，拟订了许多法律制度和条令，魏国照章实施，国力得以富强。吴起（前440—前395）是古代军事家和杰出的政治改革家，他的基本主张是必须改革官僚体制，精兵简政，反对劳民养兵而沦为民穷财尽。他任职楚国时坚决废除了奴隶主贵族的世卿世袭制，并将寄生的官僚贵族迁移到了边远的地方去垦荒（《中国哲学史》，北大哲学系，2003: 49—50）。商鞅也是我国历史上著名的改革家，他到秦国以后，即着手体制改革，矛头直指使既得利益永恒化的分封奴隶制度，态度十分坚决，这一切基于他进步的社会历史观。他坚决反对孔子的“克己复礼”，认为复古绝对没有出路，必须“当时而立法，因事而制礼”（《商君书·更法》），指出“时移而法不变”，则结局并不是“兴邦”而是“亡国”。当时商鞅的主要论敌是儒家孟子，孟子在《梁惠王上》中暗中反击的就是商鞅。与商鞅站在一起反击孟子的还有告子（身世不详）。告子是一位朴素的唯物主义者，他反对孟子唯心主义的“性善论”，指出人性的善恶取决于种种社会因素，绝对不是天生的。告子也反对儒家的天命论，态度十分坚决。告子的著述全部佚失，绝非偶然。

上面说的中国古代墨家和法家可贵的理性主义思维，只是挂一漏万。可惜连这一点点薪火，也都由于“罢黜百家”，失去了传承的星光！但它并没有泯灭，它的精神深深地浸润在许多中国先贤的典籍中，不容我们的翻译研究忽视。

（2）对儒家的圣贤崇拜造成了中国人权威崇拜的思维定式，常常在大是大非中失去人格自主性和价值判断力

汉武帝强行实施“独尊儒术”的直接结果就是万马齐喑的“大一统”。可以说从东汉（25—220）以来，中国人就陷入了圣贤崇拜（或许可以说是“被圣贤崇拜”）的精神误区。更糟糕的是，在中国，权力利用了权威崇拜，权威崇拜又强化了权力，变成了“两相情愿的不对称结合”，但获利者却是权力（Power），就像 P. Duara（汉名杜赞奇）说的“权力”就是这样一种东西，“它指个人、群体、组织通过各种手段获取他人服从的能力，这些手段包括暴力、强制、说服以及继承原有的权威与法统。”[⑧]（着重点为本书作者所加）中国各个朝代的统治者就是这样利用中国人的圣贤崇拜，来维系自己的权威与所谓“法统”（其实是“人治”）的。

应该指出，儒家学说（尤其是它的道德价值论）在维系中国的道德传统上确实具有巨大的历史意义，其中很多孔子、孟子和其他大儒家所倡导的“修身”之道，到今天还具有一定的积极意义——虽然儒家提出的这些“修身立命之道”主要恐怕是立意于鼓励“立志当官的小民”，就是 Duara 所谓的“would-be officials”。儒家政治愿景“天下为公”甚至还有一定的普世价值，但它的前提是“大道之行也”，这里的“道”则是孔孟之道（其历史可行性实际上很低）。另外，儒家有些基本政治理念也是可贵的，如“民为贵，社稷次之，君为轻”，儒家在人民、社会、君主三者的关系上有如此清醒的轻重排列，实属难得。

对翻译文化研究者而言，重要的是，我们应该清醒地认识到，儒家不能代表整个中国传统价值观体系，更不能代表全部中国文化精粹。中国的传统价值观体系来自百家，包括**儒**、**道**、**墨**、**法**、**释**各家，明清以后还包括**基督**的道德价值精粹。中华文化的精华涵盖面就更广了，除了千百位各朝各代文化大师们创造的精品以外，还有这些大师们的哺育者——中华民族的亿万子民和他们缔造的无比绚丽的精神家园。

(3)圣贤崇拜和权威崇拜严重阻碍了中国人的独创性和敢为天下先的创新、开拓精神；明清腐败的科举制使无数英才智力发展备受掣肘，更使中国痛失近代创业精神的动力：科技及人文创新思维

2010年英国历史学家易安·莫里斯（Ian Morris）出版了一本畅销书《为什么西方今天能主宰天下》（*Why the West Rules for Now,* Profile Books, 2011）。莫里斯用大量事实和数据探讨为什么西方从维多利亚时代起超越了聪敏的中国人，竟然“用西方的惨淡”冲刷了“中国的辉煌”。他驳斥了代表很多历史学家观点的英国著名诗人希拉尔·贝洛克（Hilaire Belloc, 1870-1953）的那句诗：

> Whatever happens we have got
> The Maxim gun, and they have not.
> （那一切为什么会发生？
> 只因我们有重机枪马克辛。）

莫里斯认为中国人的“历史辉煌”其实是“被自己挥霍在自身的顽固信仰和理念”里，尤其是康熙和乾隆时代，他们宁愿滥用国库去印制36000本一套（每套共80万页）的《四库全书》（这诚然也是一大壮举！），而对传教士好心献上的卢梭、培根、洛克、伏尔泰（2011: 261; 477）等欧洲启蒙时期的著作不屑一顾（2011: 261; 477），等到光绪在梁启超、康有为启发下有心改革图强时，大清国势已去，西方已经兵临城下了！（2011: 523）从精神文化层面看，世界史上1500年中唯一的超级大国、东亚一大首强的覆亡，科举制对社会智力结构起了很大的瓦解作用。

中国的科举制始于隋代开皇三年（公元583年），具有明显的贵族化仕官委任世袭体制性质。至唐玄宗时代实现了平民化，到明代设立了国子监，完成了平民体制化过程，于清代光绪三十年（1909）被废除。在1300年中科举制为中国培养了近10万进士，近100万举人和秀才，构成了中国“士人阶层”的主流。可见科举制在明、清两代腐败僵化以前不失为选贤举仕的一种可取的文官遴选考核制度。据说欧洲启蒙时代的许多国家乃至大学者（如伏尔泰）都参考过、称赞过这个制度，并力图使它在欧洲本土化。

但无可否认，依附在中国封建王朝体制上的科举制像一个腐蚀着中国精神机体的毒瘤，对中华民族**创新思维**的侵蚀性和毒害性很强烈，表现主要有三：

第一，体用上的绝对儒家化，不容二家

在科举制的绝对儒家化过程中南宋的大儒家朱熹（1130—1200）起了关键的作用。南宋以前的科举考试内容比较灵活多样，到了朱熹才正式官定为四书五经（五经包括诗、书、礼、易、春秋），基本上属儒家经典，尤其是“四书”，包括《论语》，是记载孔子告诫弟子如何处世做人的语录，《孟子》是孔门宗派重要成员，《大学》是孔子的弟子曾参（前 505—前 434）阐释儒教的著作，以及《中庸》，它是孔子的另一弟子子思（前 483—前 402）对孔子思想的解读。朱熹的《四书章名集注》成了考生死记硬背的“经典”。到明末清初，民间已经流行着求学做官的要诀是“当今童子重孔孟，足下何须论汉唐”，“两耳不闻窗外事，一心专读圣贤书”。清代很多杰出的学者和思想家（例如顾炎武）要么是“落榜生”，要么是“冷眼看客”。从董仲舒（前 178—前 04）开始，儒家所宣扬的认识论和价值观具有浓厚的孔门宗派保守学阀色彩，与近代激发创新的科学思辨（如笛卡尔的怀疑论、达尔文的进化论）之间的差异恍如隔世。

第二，绝对程式化思维模式，不容任何出格创新

科举的应试文体，叫作“八股文”，这完全是一种僵化的、毫无生气的行文程式。所谓八股，指“破题—承题—起讲—入手—起股—中股—后股—束股”等一共八股，其中必有四排四比，根本不容许有任何即兴发挥或格式跳脱。毫无疑问，这种僵化的程式必然形成僵化的思维方式，一头扎进“圣贤书”中，使智力结构严重缺损，根本不懂新的经世治国之道，加上“功名心”犹如沉重的精神枷锁，使任何应试生都不敢越雷池一步，深恐一旦落榜，一生功名利禄悉成泡影，甚至家破人亡。元、明、清三代即发生过很多由科举制引发的人伦惨剧。

第三，对教育价值观与应试教育的恶劣影响

科举制贻害中国教育价值观的恶劣后果，首推“学而优则仕”，“学途通向仕途”。将一个国家的教育目标与人的“功名利禄心”直接挂钩，这是中国近代、当代教育失败的最基本原因之一，也是中国教育与美国和德国教育的基本差别。令人触目惊心的是“学而优则仕”（将“公务员”比作于“仕”是中国教育价值观的偷梁换柱）的腐败教育本体论，恰好与中国的“官本位”体制的需求不谋而合，这也正是中国应试教育的基本特征。科举制的阴魂不散，也反映在中国的应试教育模式中。直到今天，我们都可以从中国的“大考”制度、评分审核制度、教育“权力角力”现象、教育的国家垄断制度和层出不穷的教育舞弊案等等中看到中国科举制已经长达 1300 年的不散阴魂。

三、提升文化翻译的对策论、表现论研究的整体水平

二十一世纪来临前夕，我们曾经预言过文化研究将越来越吸引翻译研究者的注意，文化研究的深层课题将越来越多地被提到重要项目的研究日程。这是经济全球化带来的积极后果，经济壁垒被打破必然会带来文化的密切接触，这是不以人们的主观意志为转移的。新的时代会带来更密切、更频繁的文化接触，密切、频繁的文化接触必然会带来价值观的碰撞。我们现在已经深有体会。这时翻译的媒介、桥梁作用就很凸显了。中国翻译界要从这个文化战略观来看待这个问题，组织规划自己的行动，提升文化交流水平。

第一，从理解中西深层文化特别是价值观的差异中得到“使命的启示”

根据以上剖析，我们可以看到中西文化价值观之间的差异，这一点对翻译文化研究是极为重要的，因为它对我们来说是一种“使命的启示”（a revelation of commitment）。应该说，对这种差异的深刻认知可以启发我们更加明白文化翻译研究应该怎么做：人之所长常常是我之所短，我之所长也很可能是人之所短。十九世纪末美国驻华外交官 C. Holcombe（汉名何天爵）写过一本回忆录 *The Real Chinese* (1895)，在该书的序言中 Holcombe 写道：

我们有必要多一些对外部的了解，少一些狭隘短浅、闭门造车的

> 评论。毫无疑问，如果我们以别人看待我们的眼光和标准来看待自己，情况会好很多。但是如果我们可以以更高的层次、更客观的角度来看待我们自己和他人，如果我们可以用更理想的、标准的人的标准而不是我们自己的标准来衡量人，情况就会更好。更宽广的视角不但能使我们的结论更为精确、更加合理，还有更为深远重要的价值。这样做能使人更加宽容、友爱、和睦相待。遗憾的是，现在远远不是如此。
>
> 真正理解中国人远比轻易指责他们要困难得多。中西方之间的互相联系还很少，非常短暂。我们的信息建立在主观想象之上多于事实。因此对于中国人和中国模式的曲解和误会是自然的、不可避免的。但是中国人绝对是一个值得认真研究的民族，现实生活比人们的想象更加神奇，对于汉民族的子孙来说也是如此。真诚的研究者更关注于中国人那些固定的、凝聚不变的特性，而不是歪曲漫画的中国人和大众所熟悉的那些中国人特性。（着重点为本书作者所加，张程、唐丽娜译《中国人本色》，2010: 2）

上引 Holcombe 这两段论述对我们的意义是不言而喻的。更有意思的是我们可以试试“换位思考”，用他的分析和观察，来看看我们究竟应该怎样来研究西方世界。

第二，深化对文化的认识，克服表面化、浅薄化的庸俗文化观

中国改革开放已经 30 个年头，中国必须前进。伴随中国社会的深刻转型，必然会出现新的多元文化观念、现象和趋势，最终形成新的**多元文化结构**。因此文化价值观必须得到与时俱进的提升，就是说，必须发展（不止于今日）、深化（不止于皮相），才能对社会经济、社会文化转型起到积极的促进作用。翻译文化研究必须认清当代中国谋求社会进步这一文化战略需要。据此，翻译界新的历史使命就是：

（1）必须放眼世界，取人之长，因而必须加倍重视东西方深层次思想交流，促进双方对对方价值观的认识，加深理解，做到取长补短，加强互信；

（2）研究题材的选择、翻译、出版应该服从于社会发展这一当前的文化战略需要，促进社会对东西方文化精髓的深层理解；勇于翻译、出版有助于更新我们文化价值观的优秀著作；

（3）翻译应积极协助提升社会阅读和文化娱乐的品味和品位，坚决抵制低俗文化。翻译应该有勇气抵制庸俗的、不符合中国文化传统和实际的对外文化宣传。

总之，翻译是文化交流的媒介和桥梁，价值观交流是翻译交流不能回避的重要使命。

第三，深刻把握相关国家的民族文化精粹，消除深层次的文化隔膜

价值是一种客体属性，它必须经由主体的认定。因此，**主体的态度是关键**。我们需要充分认识人类语言文化的共性、兼容性、互补性、互释性。人类共生、共荣在一个星球上，具有大体相同或相似的生存、生活经验，而且经验交流日趋深入和频繁。文化相对性确实是一个事实，但文化相对主义（Cultural Relativism, F. Boas, 1955）将相对性绝对化为“文化孤立”和“文化绝缘”则是非常错误的。特别是在今天，经济全球化以及文化传播方式的高度电子化，使得语言文化之间的共性、兼容性、互补性和互释性将与日俱增，这是没有问题的。这个总趋势也是不以人们的意志为转移的。一个西方的新事物（例如“Wiki Leaks— 维基解密”）很快就在东方几乎家喻户晓，同样，一个东方的新问题（例如“蜗居——snail dwelling”）也很快就在西方得到理解。这在三五十年前是不可想象的。

第四，在文化理解的基础上切实研究文化的翻译审美表现法

与新的使命相适应，翻译必须深入研究文化表现法以回应新时代的重大使命对翻译文化表现的诉求。具体而言集中于文化翻译的两种基本模式：

（1）原型模仿式

“原型”指原语的文化原型，就是中国翻译界常说的“原汁原味”。保持原语文化的“原生态气质”，使之反映原语的文化认识论特征以及文化价值论特征，对于发展目的语社会文化的多元素质，显然是有积极意义的。问题在于如何拓展双语转换中的可译性，这里常常涉及目的语的文化适应性及语言审美取向。例如汉语成语中有“天”字的特别多，反映古代中国人的“天人合一”论、“天命”观、宿命论等等。从“原汁原味”的诉求来看，应该将“天”的文化概念尽量以对应式翻译出来，但这样一来，目的语成了“不可读”（在以下例中以“×”表示），这时就确实没有必要处处执着于原语的文化原意了。试看任意入选的以下 10 例：

天不怕地不怕 →	to fear not Heaven nor Earth (×) to fear nothing and no more（**代偿式**）
天地良心 →	by the conscience of Heaven and Earth (×) in all fairness and/or justice（**代偿式**）
天作之合 →	a match blessed by God
天理人情 →	law of nature and reasons of man
天高皇帝远 →	being too far away from the Emperor as well as Heaven (×) being difficult to get justice because of remoteness（**代偿式**）
天不作美 →	Heaven being so very unkind,it began to rain.(×), weather turns foul（**代偿式**）
天经地义 →	complying with the rules of Heaven and Earth(×) a matter of course（**代偿式**）
天诛地灭 →	to be damned by heaven
天长地久 →	as old as heaven and earth — a very old time
天无绝人之路 →	God will not close all doors

以上 10 例中只有 5 例可以努力保持“天”的原义，其他 5 例完全与“天”无关。不过成语以及整体说来词语层要保持原汁原味是比较难的，因为此时语言中词语联立（搭配）的惯用法因素最强。到篇章一级“原型模仿”就不是可望而不可及的理想了。但即便如此，“原汁原味”也只是一种比喻说法，原来的“汁”已经换了，“味”也就只能是大致不离了！

因此说，翻译永远有一个审美选择问题，文化翻译也不例外。看来我们能做到的是坚持关于原型模仿的辩证观：首先坚持力求做到，同时又充分顾及交流效果；也就是所谓“有所为，有所不为”。

（2）功能代偿式

从以上“天”字 10 例可以看出来，代偿是极重要的转换方式，具有明显的优势。所谓“代偿”就是**避免死于词下**，即从功能着眼采取各种**补救办法**（redeeming, compensation），代偿式文化转换就是各式各样的文化转换变通式，它们的**实质是变通性解释**，以求得在功能的层面（语义、文化、审美等等统合为**效果**）与原语相近，求得原语的**文化认识论特征**与**文化价值论特征**不至由于语际转换而丧失殆尽——可惜，某种程度的散失是不可避免的，这里涉及文化表达式（例如比喻的文化约定式）的民族文化审美取向（见本书第六章）。代偿的实质就是通过表现上的变通以充分体现译者的文化理解。试观察下例：

弃之如敝屣 → to cast it aside as it is utterly worthless
棍子底下出孝子 → dutiful sons are the product of the rod
哪壶不开提哪壶 → to choose to pick up something substandard
无官一身轻 → to feel carefree when one is free from official duties
无巧不成书 → Coincidence makes good story.
礼轻情义重 → True friendship is worth far more than the gift itself.
一碗水端平 → to maintain fair play
死马当作活马医 →to try to make the impossible somewhat possible
曲径通幽 → a winding path leading to a secluded place; to take concealed measures to achieve a concealed purpose
活得不耐烦 → to do something foolish as if one is tired of living

以上10例可以看到代偿实际上已经尽了很大努力来保留语言的文化认识论特征（重在文化意蕴传达）和文化价值论特征（重在审美立意传达）。重要的是，中国译者要摆脱西方很多译论中体现的二元对立式思维方式，执着于非此即彼的形式规范（如归化vs异化；对应vs非对应，等等）。中国人历来重视“变”、“嬗变”、“通变”（或“变通”）、“至变”的道理，就是中国最古老的文献《周易·系辞上》所说的一段至理名言：“参伍以变，错综其数，通其变，遂成天下之文。极其数，遂成天下之象，非天下之至变，其孰能与於此。”大而言之，可以说时至今日，世界和中国都面临一个“至变”（Great Change）的时代，我们需要因应这种“至变”而调整自己，当然需要调整的地方很多，但是最重要的恐怕就是**价值观**。具体来说，就是取人之长，补己之短，思想、学术、人际关系、政治理念上的抱残守缺，必定会为时代所不容，而沦为落伍者，这方面，中国人的教训实在太多了！

总而言之，翻译如果不理解彼此的价值观异同，就不可能达至深层的文化理解——很显然，缺乏对彼此的深层文化理解的翻译要做到符合“真善美”的择善从优是不可能的；同样，迷失在对价值观的深切理解中的翻译事业要肩负起文化战略工具的时代使命也是不可能的。至此，我们可以将本文的要旨归纳如下：

第一，翻译学必须重视价值观研究，因为离开了对价值观的深入研究和深切体悟就谈不上准确的文化理解；

第二，翻译者必须重视对语言各层级的文化理解，因为离开了准确的文化理解就谈不上对翻译表现论（再现论）和对策论的准确把握；

第三，翻译者必须重视对翻译表现论和对策论的研究，须知上乘译作必然基于译者对原语文本准确的文化理解和对翻译表现论的熟稔运筹，而翻译的文化理解和表现法必然最终受到价值观的支配和调节。

〔注释〕

①奥古斯丁（Saint Augustine, 354–430）是意大利米兰的主教，曾经用新柏拉图主义来阐释基督教义，被称为哲学与神学相结合的第一人。Confession（《忏悔录》）是奥古斯丁的自传体著作，被西方认为是宗教神秘主义经典，也是西方宗教价值论典籍。

②哥白尼（Nicolas Copernicus, 1473–1543）波兰天文学家，现代天文学创始人，他的巨著是《天体运行论》（De Revolutionibus Orbium Celestium, 1543），这部著作对西方认识论和科学价值论有极大影响。

③牛顿（Sir Issac Newton, 1642–1727），英国数学家和物理学家，是万有引力的发现者（1664—1666），牛顿的发现和研究对世界科学发展有很大贡献，对西方科学价值论有极大影响。

④阿奎那（托马斯•阿奎那）是中世纪意大利最有影响的基督教神学家之一，经院哲学的集大成者。阿奎那力图用亚里士多德的一些形而上学基本范畴来说明及论证上帝的存在。阿奎那被西方认为是启蒙运动以前“神谕”和理性之间的“徘徊者”。

⑤孔子自称殷人后代，在68岁以前都想着当大官，可惜事与愿违，各国都拒聘他。于是他只得打道回乡办私塾，相传先后有弟子三千人，著名的有七十余人。孔子的教育思想以“仁”为核心，影响极为深远的主张有“有教无类”“学而不厌，诲人不倦”“学而不思则罔，思而不学则殆”等。

⑥董仲舒是孟子（约前372—前289）以后影响最大的儒家，也是用儒学理念于施政的最大实践者，官至胶西王相。董仲舒上禀汉武帝的建议（概称“天人三策”）说:“王者承天意以从事”,“诸不在六艺之科、孔子之术者，皆绝其道，勿使并进。”董仲舒将他笃信儒家的学术主张提升到了政见、国策的最高层面，将皇权神化，深受各代帝王赞赏，终而形成了儒家长达两千多年直到近现代思想封闭的“大一统”（也称为“正统”）和以非理性、集体性为特征的权威崇拜（或威权崇拜）局面，与西方社会恰成鲜明对比。

⑦一般认为中国古代百家争鸣始于春秋时期，即公元前770—公元前476年，也就是始于老子（约前604—前531）和孔子（前551—前479）展开学术活动的时期，略迟于西方荷马史诗期（前750）。百家争鸣终于东周后期，也就是战国（前476—前221）后期，大抵相当于苏格拉底（前469—前399）的学术活动期。西方文艺复兴最早兴起于14世纪的意大利，15、16世纪达到高潮，比中国百家争鸣晚2000多年。西方文艺复兴高潮期相当于我国明代（1368—1644),《永乐大典》成书于1404—1408年，是世界上最古老，也是规模最大的百科全书。

⑧转引自葛兆光著《中国思想史》，第一卷，第301页，复旦大学出版社，2001年。

原版自序

这本书，我前前后后写了整整十年。十年中，四易其稿。常常刚在白天决定搁笔罢休，又在半夜起来挑灯再战。我最初想到文化与翻译的问题是在 1988 年，当时我在巴黎。凭我的观察，法国人对中国文化似乎情有独钟。我身边的法国同事经常出一些文化翻译上的难题考我，使我输过很多法郎买酒，却在我心头留下了令人十载寻思的课题，那是这本书在我构思中的初始之芽。眼前这份定稿，与我在 1990 年写的初稿（当时定名为《文化与翻译》）比较，已经面目全非了。本书之所以如此"难产"，并不是由于它的理论内容如何艰深。实际上，比之于翻译的基本意义理论和理解（文本解读）理论以及翻译的许多本体论课题，文化翻译的实践和理论可以说并不是那么艰深的。文化翻译是一个次范畴，是翻译理论中的一个文化维度或一个文化专题。但是不太艰深并不等于容易对付。这情形犹如登山。有些山并不太高，没有什么峭壁悬崖、险峰奇岭，但那上头却长满了荆棘和柘丛，布满了陷阱和歧路。在这样一座山上探索固然是令人神往的，但它确实是十分艰辛的。你可能在披荆斩棘地朝前奋进，以为前头可以找到一个你向往中的"柳暗花明又一村"，到头来却进入了"藤蔓绕参森"的原始野林。当你站定喘息时，会突然发现一块你似曾相识的怪石，这才恍然大悟：其实你是在盲目地兜圈子 —— 甚至在原地踏步。

就文化翻译探索而言，这十年，我所经历的基本如此。初始时我的基本观点是必须广泛触及各种文化形态，尽可能多地发现种种色彩缤纷的语言文化现象，据此进行历时的观照和共时的双语比较描写，然后推衍出一些带规律性、理论性的翻译实践原则，基本态度是重实例的观察、描写。实际上，这基本上是一种文化人类学通论的论证方法。稿成之后，我静下心来读了几遍，总有不伦不类之感：书稿中除了有不少翻译例证外，它更像一本文化人类学的概论。初稿花费了我两年的光阴，但这个探索却十分有益。它使我第一次通过本身的实践认识到了“本位观照、外位参照”的方法论启示。任何学科都有一个本位、外位问题：本位是自己的基本立足点，外位是一个基本参照系。既然翻译学是一门独立学科，那么我们就应当如实地将它作为一门独立学科来研究：有自己的立论依据、基本立足点和理论架构。任何其他学科（其中包括文化人类学）都只能是我们的外位参照。那是1992年我的认识高度。

从1993年到1996年我开始在香港进行对本书初稿的“本位改造”：那是本书的第二稿和第三稿。为了突出“本位改造”的主旨，我将书名改为《翻译的文化模式》。由于这时候我已经开始钻研西方哲学，特别是笛卡儿和胡塞尔（E. Husserl）的方法论著述以及维特根斯坦（L. Wittgenstein）的哲学观和语言观，第三稿完成时我通览全书，感到最突出的优点是紧扣了译学本位的主旨，因而理论描写的科学性大大加强了；但最大的弱点是芜杂，全书长达40余万字，涉及与英语有关的四五种文化形态，与汉语有关的四种文化形态，上至天文，下及地理，人文社会现象可谓无所不包，又只能限于浅尝辄止；论证逻辑上比较松散，旁枝时有突兀，立意于翻译的主轴思想断续难寻，而且常常表现出“情”茂于“理”，“理”蔽于“情”的倾向。我不得不要求出版社停止编制工作，因为那样一部书稿，显然不是我理想中的“产儿”。

1997年为撰写《翻译与语言哲学》之需，我攻读了胡塞尔许多英译版著作。胡塞尔的现象学（phenomenology）集中于对经验本质和意识本质的新视角描写。胡塞尔是大名鼎鼎的海德格尔（M. Heidegger）的老师。胡氏本人则得益于奥地利哲学家布伦塔诺（F. Brentano，本书第一章已提及）。胡塞尔的原著有时很难读懂，英译又难免隔靴搔痒，但胡氏有一个观点在1996年秋对我影响很深，它可以说是一个火花，点燃了我彻底修改第三稿，进入第四稿的新构想新探索的激情。

胡塞尔在他的《逻辑研究》（*Logical Investigations*, 1900–1901）中说："逻辑永远探讨理想的客体"(Logic always deals with ideal objects)，原文"理想的客体"两个词还用了斜体。这句话就成了我写本书的第四稿，并易名为《文化翻译论纲》的主旨性方法论。我决定按照胡塞尔的论点寻找"理想的客体"，也就是典型的文化形态来做典型的双语文化转换分析，而不是像我在第二、第三稿中那样，就文化与翻译的关系泛泛而论，四处出击。我必须化芜杂为精粹，化"大杂烩"为"珍味羹"。

当然，其所以必须这样做，主要还不是形式、体例上的问题，而是上面提到的"主旨性方法论"这个决定一切的问题。胡塞尔的现象学被认为是所谓"理想客体的科学"，其力量正是在于它通过对理想客体的描写这个主旨性方法论来论证逻辑的本质。这一点，对我论证文化翻译是至关紧要的：它确确实实是一个理论"赖以存在的主旨"(Husserl, 1900)，那就是：通过文化比较，探求文化现象的异同，找出文化语言表述的特征和规律，在这个基础上，探索翻译在文化视角中的产品和过程、技能和技巧、策略和方法。我必须从文化现象学出发，进入对文化形态学的理解，深研文化心理学，才能接触到语言中思维、意义、情感、表达方式、行文风格和交流效果等等与翻译密切相关的课题。以往那种企图从文化分析一步跃进到翻译分析和产出的想法不仅是不切实际的，而且是很幼稚的。文化翻译研究必须涉及**社会文化学**、**文化语言学**、**文化心理学**和**语言美学**四大跨学科领域。

经过深思熟虑，我决定选择荆楚文化（也就是楚文化，以老子和屈原的作品为关注重心）[①] 和爱尔兰文化（以乔伊斯的作品为关注重心）作为我的两个"理想客体"。

对于楚文化，我一向倾心。这里有乡土情以及气质和精神上的亲近感、归属感等原因。但我的选择不是基于个人感情的考虑。

楚文化是中华文化中的奇葩。这株奇葩的甘露哺育了上至鬻熊、孙叔敖、申叔时、伍子胥、范蠡、老子、庄子等代代哲人，下至屈原、宋玉、唐勒、庄辛等开拓华夏诗文使之流衍不绝的骚士。

楚国人才辈出，有楚地山川绮丽、人杰地灵的因素。班固看到了这种人文地缘关系。他说："凡民函五常之性，而其刚柔缓急，音声不同，系水土之风气。”（《汉书·地理志》）当然还有地缘政治的原因。楚人尚武志崛、败衄不屈，长期保持着一种原始氏族“以血尸祭社稷”的英烈情怀。楚国长期处在秦、齐的淫威慑慑之下，被嗤为“蛮夷”,“生存空间”备受高压。[②] 这就使楚国传统具有一种辐射力极强的忧患意识，即屈原所谓的“岂余身之惮殃兮，恐皇舆之败绩”（《离骚》）。也许可以说，正是这种忧患意识使老、庄、屈、宋情思不竭。

如果说楚文化具有的是远古荣光，那么爱尔兰文化闪烁的则是近代异彩。19—20 世纪很多杰出的西方文化先驱都是爱尔兰人。爱尔兰民族灾难濒临而忍辱负重，也是地缘政治高压的一息尚存者。北欧海盗对英伦三岛的洗劫始于公元 6—7 世纪。公元 8 世纪末，海盗开始大举侵犯英格兰，但英格兰沿岸港深壁峭，来犯者不易登陆，而爱尔兰一则比较富裕宁和，二则港湾水浅滩平。于是从 9 世纪开始，爱尔兰被北欧海盗视为“砧上之肉”。公元 839 年，挪威人大举侵犯，直捣都柏林，并伙同丹麦军队从英格兰挥军横扫爱尔兰东部，大批挪威人与丹麦人自此以征服者姿态霸占爱尔兰。直至 1014 年克兰塔夫一战，爱尔兰人才雪耻复国，随后即处在英格兰入侵威胁的阴霾之下。英格兰从 12 世纪下半期开始频频入侵爱尔兰。16 世纪中期，英国在爱尔兰实行大规模没收土地和禁用爱尔兰民族语的政策，激起爱尔兰人极大的民愤，终于在 1643 年发动了反英民族起义，血战了近六年，于 1649 年成立了爱尔兰人至今缅怀至深的共和国。这个共和政体后来遭到克伦威尔残暴镇压而受挫。但克伦威尔兼并爱尔兰之心未死，于 1649 年底大举入侵爱尔兰腹地，直至 1652 年 2 月才将爱尔兰踩在自己的铁蹄下，并于 8 月迫使爱尔兰接受《爱尔兰处理法案》，1653 年 9 月又颁布《满足法案》，以殖民法形式规定将没收的爱尔兰土地的一半分给了英格兰殖民军队的军官和官吏，成为他们的私邑并免于纳税，这样就使爱尔兰沦为英国的第一个殖民地。殖民统治使爱尔兰人忍无可忍，终于在 1798 年在“爱尔兰志愿者”（the Irish Volunteers）和“联合爱尔兰人”（the United Irishmen）等组织领导下举行了反英起义，使爱尔兰获得了形式上的自治权（爱尔兰有权派 100 名议员参加英下议院、32 名议员参加英上议院）。实质上这是英国政府英爱合并的锦囊妙计，导致 1801 年《英爱合并法案》的正式通过。英国人的这个策略经历了半个世纪才被爱尔兰识破。1857年爱尔兰成立了争取民族独立的芬尼党（“芬尼”是爱尔兰争取独立解放的一个部落名）。1905年成立了新芬党（Sinn Fein，意思是“我们自己”）与英国对抗。1921年12月英国与新芬党右翼签订了《爱尔兰自治法案》，给予南部爱尔兰26个郡自由邦地位。1937年爱尔兰自由邦引进了旨在减少与英国宪法联系的新宪法，1948年正式通过了完全切断与英国宪法联系的《爱尔兰共和国法案》，成立了爱尔兰共和国。

我们可以从以上简短叙述中探寻到爱尔兰民族人文精神的源泉。而且不难发现爱尔兰文学中的忧患意识、反叛精神、宗教热忱、对原始意象的浪漫主义缱绻——那种对审美对象的山环水绕似的缠绵情怀、执着于破旧革新思想以及对艺术具有淫祀色彩的审美表现倾向等等，都与楚文化有很多相似之处，实在是一对可以据此作文化翻译理论描写的“理想客体”。

理想客体的选定大大启发了我对文化翻译进行理论描写架构的新探索。我首先确定了本书几个大的理论课题。首当其冲而又最具有铺垫性的艰巨课题是文化心理探索。

关于文化翻译问题，很多西方译论家从20世纪70年代末开始写文章，他们大都泛泛而论，但使我得益匪浅：主要收获是他们考虑问题的视角启发了我提出我应该提出的论题。有些问题早已存在，早已被人们所关注。有不少人写过论文，也有专著涉及。例如意识流著作的翻译问题，文献不少。但他们多半是从语言的视角看问题，甚少涉及文化心理，而我觉得跳越文化心理，很难谈论语用问题、语言风格问题。一位古巴渔民曾经问海明威他最喜欢的动物是什么，海明威回答说：“忧郁的狮子（a sorrowful lion）。”我觉得在狮子前面用“忧郁”比用“忧伤”来形容美得多，主要是由于“忧郁”更加符合海明威的文化心理。从本性上说，海明威像一头狮子，他是“自我奋斗”的典型。但20世纪初的西方“丛林”现实太冷酷，冷酷得使海明威终生都像一头“忧郁的狮子”。因此，翻译海明威大多数作品用高扬、欢畅的文辞风格肯定是不适宜的。很多人都谈论过詹姆斯·乔伊斯（James Joyce），谈论过他的《芬尼根守灵夜》（*Finnegans Wake*）。1998年，我去了爱尔兰，饱览了那个翡翠岛的人文风物以后，才领悟到理解那样一部作品的关键是文化心理。乔伊斯那部作品写了16年。

只有当我拜访了都柏林古老庭宅和“最保守”的教区以后，才敢肯定乔伊斯在那16年中主要不是在那里运筹语言，那只是他的心理记录。他用了16年是待在一个“阴阳界”里与死者和生者作“心理交流”。因此我想，作者都用了16年来捕捉阴阳交错的心理活动，如果我们只用几年来翻译他那部作品，结果没有翻好，恐怕也不算什么奇耻大辱。问题只在于：我们应该怎样把握，怎样表现一部作品中所蕴含的那种阴阳交错或者说“似花还是非花”的文化心理，使译者没有辜负作者十几个秋冬的惨淡经营，和他（她）在墓地深处留下的那一腔期盼和真情？我想，这，才是翻译理论家的任务。

从爱尔兰西北部的戈尔威（Galway）和斯利哥（Sligo）回都柏林以后，我始终没有忘记在那个翡翠岛的绮丽风光中漫游获得的启示。11月的都柏林是寒瑟的，郊区的夜晚还显得过于肃穆，甚至有点阴森。但我心中感到充实和温暖。我感谢都柏林人，感谢乔伊斯和“不死的”爱尔兰诗人叶芝（Yeats）给我的启示，使我认识到文化翻译的重大课题之一是文化心理探索。我回到都柏林大学（也就是Trinity College本部）重新整理了我认为值得探讨的基本观点，大都集中在本书的第四章“翻译的文化理解”与第八章“翻译与文化心理探索”中。这两个问题，我已经思考了好几年。

文化翻译的另外两个重点问题，一是语义的文化诠释；二是文本的文化解读——当然还有一个翻译的文化表现论问题。这四个大问题，我都思考了好久，也都无一例外地构建了四遍，完成了这本书今天的格局。我敢说，如果我再不“杀青”，我肯定还会写第五遍。因此，就我个人的良苦用心来说，这是一本为21世纪所写的书。21世纪翻译理论研究将面对许多新问题、新任务。我认为最大的问题（也是人们最广泛的关注和兴趣）将集中于文化翻译。下面是我当年和后来思考中的中国译学文化翻译研究大体框架：

文化翻译研究纲要

1 文化**价值观**研究（参见本书序文）——价值观研究对翻译文化研究的意义

2 翻译与**文化心理**探索——
- 2.1 文化历史的历时观照和共时对比观照
- 2.2 文本文化心理实际上决定了作品风貌
- 2.3 译者的文化心理是体现原语文本真善美的关键

3 语义的**文化诠释**——所谓“意义把握”必须包括文化意义把握

4 文本的**文化解读**——所谓“文本解读”必须包括文本文化理解

5 超文本**意蕴探索**——所谓文本“画外音”的把握和表现

6 文化翻译**对策论与方法论**——关注文化对应；同时更加关注文化代偿

7 文化翻译的**接受理论**——
- 7.1 忽视文化研究中盲目性的教训
- 7.2 “失去读者”就等于失去一切

8 文化翻译表现论的关键在深层“文化理解”（Cultural Comprehension）

本书将就以上几个大的领域中的重要课题，进行提纲挈领的探讨。

21 世纪人类文明肯定将向多元化发展，这一点实际上已成定势，并不以任何人强行推行的文化霸权主义为依归，也不会以现今的文化优势为既定的永恒定势。道理很简单：多元化经济及社会形态已成定势，经济及社会形态多元化必然导致文化多元化。所谓全球性的“大一统”式的文化乌托邦，实在只是一种碍难让历史为人类打开更广阔之门的幼稚梦想。即使在中国的古代，老子、墨子和庄子就曾经向追求“大一统”的儒家思想提出过挑战，终而形成了儒、释、道的三维局面。中国自魏晋至明末，哲学上、学术上始终由三维维系。明代以后更出现了基督教文明渗入中国文化的四维格局。我们有充分的理由相信，21 世纪的中国文化将绝对不会偏离这个多维融会，偏离引致现代化昌明的大方向。

以全球多元经济形态和多元社会形态发展为导向，多元文化之间的交流将日渐频繁，向翻译学提出的文化翻译观念问题和方法论问题，也一定日渐增多，其中包括语言与文化日益密切的关系、文化翻译变得日益复杂的任务和重要性、文化与意义的关系问题、语义的文化诠释、高难度文本的文化审美解读策略、文化的可译性（如意境、意象翻译）的新视角问题、文化的审美表现论（如要不要保证、以及如何保证所谓“原汁原味”等等）和文化价值观差异（如形式美的民族文化特征）等等问题，必将成为全世界翻译理论家关注的课题。本书作者只是对此作了初步的阐发。翻译和译论从 19 世纪文学大师幽静的书斋和神学家译经诵祷的殿堂，走向 20 世纪喧嚣的市井、读者云集的书展和充满生机的大学课堂，走向现代化工农业的生产基地，走向当代艺术美轮美奂的大厅和由电子科学装配的议政施政大厦，确实标志着人类文明的一次大跃进。展望未来，在成千上万个翻译家和翻译理论家的努力下，情形将正如德国的翻译理论家施莱马赫（F. Schleiermacher, 1768–1834）充满诗意和期待所热情描绘的那样，人类将建造一个集百花于一体的多元文化的世界花坛（1813）：[③]

> Just as our soil itself has probably become richer and more fertile, and our climate more lovely and mild after much transplanting of foreign plants, so do we feel that our language, . . . can only flourish and develop its own perfect power through the most varied contacts with what is foreign. And at the same time our nation seems to be destined, because of its respect for things foreign, and because of its disposition toward mediation, to carry all the treasures of foreign art and scholarship, together with its own, in its language, to unite them into a great historical whole, as it were, which would be kept safe in the center and heart of Europe; so

that now, with the help of our language, everyone can enjoy, as purely and perfectly as it is possible for the foreigner, that which the most varied ages have brought forth. This seems indeed the true historical goal of translation on a large scale, as it is now indigenous to us.

（恰如我们的土地得益于外域植物的大量移植因而可以变得更加丰腴富饶，我们的气候可以变得更加和煦宜人，我们的语言只会因与林林总总的外域因素接触而如繁花似锦，日臻完善。与此同时，得益于对外域事物的尊重和自身善于调节适应的特性，我们的国家似将终能融汇外语和本域的艺术与学术而成为一个伟大的历史性整体，并安然处于欧洲腹地的中心。同理，借德语之助，国人能够尽享各个时代所创造出来的文化奇珍。这一切似乎正是我们自己也是四海八方的翻译的历史性目标。）（英译者不知名。汉译根据德语原文做了若干词语和意义调整）

与施莱马赫同时代的德国诗人歌德（1749—1832）更预言在各国翻译的辛勤努力下，翻译将超越不同语言和文化的藩篱，创造出一种集各种文化精粹于一体、为人类共享的共同文化盛景！现在看起来那一天似乎还很渺茫、很遥远，但我想那绝不是一个不可能实现的空想。

一切视乎我们能不能站在这个共同的文化战略制高点上来看待我们挚爱的翻译事业，同时也视乎全社会能不能站在这个共同的文化战略制高点上来珍惜我们千千万万翻译从业者对翻译事业的挚爱。

最后，我不能不提到的是都柏林、斯利哥和爱尔兰各地许许多多我知名和不知名的翡翠岛人，感谢他们对我的真挚情谊和相助，感谢那灿如翡翠的文化对我的深深感染和激励，没有那一切，本书是不可能完成的。从这个意义上说，本书正是爱尔兰对我的情谊的结晶。因此，我必须在这里由衷地说一声：

感谢你，爱尔兰！

刘宓庆

1998 年秋于香港

2012 年修订于寒山公寓

〔注释〕

①按古籍，“荆”涵盖“楚”，“荆”以“楚”著，故曰“荆楚”。但后世义有流变。下面是《荆楚文化》（王建辉、刘森淼著，辽宁教育出版社 1995 年版）中的考证：

荆，古有两个含义。其一是传说中的古九州之一，是古荆州的简称。《书·禹贡》：“荆及衡阳为荆州。”《尔雅·释地》：“汉南为荆州。”这里的“荆”指湖北南漳西的“荆山”；“衡”据《汉书·地理志》是指湖南的“衡山”；“汉”则是“汉水”。

其二乃古代楚国的别称。楚国因其最早（约西周时）建国于荆山一带而名曰荆国。荆山的地望为湖北西部，武当山东南，汉江西岸，漳水发源于此，东南谷地宽广，西北巍峨陡峻。《汉书·地理志》又称“南条荆山”以别于陕西境内的“北条荆山”。荆山有抱玉岩，传春秋楚卞和得玉于此。约在公元前 13 世纪殷王武丁时期，就有了关于荆人活动的纪录。又有一说，秦称楚为荆，以避庄襄王之讳子楚。

上书作者认为荆楚文化经历了三个发展时期：

荆楚文化在其发展历程中经历了三个历史阶段：上古荆楚文化（狭义的楚文化），中世荆楚文化（秦汉—晚清），近代荆楚文化（晚清—1949 年）。在这三个历史阶段，荆楚文化内部的文化地理有过历史文化变迁，文化中心在江汉湖湘间游移，南宋以前江汉文化居于更中心的位置，入南宋后南楚湖湘文化的辐射能力更强。

②冯友兰写过一篇文章，论《楚人精神》云：

楚人为新兴民族，本无较高文化，孟子所谓有“南蛮舌之人，非先王之道”（《孟子·滕文公上》）者也。孟子又谓“陈良，楚产也，悦周公、仲尼之道，北学于中国。北京之学者，未能或之先也”（同上）。可见楚人慕周之文化者，须至北方留学，方能得之。然楚人虽不沾周之文化之利益，亦不受周之文化之拘束；故其人多有极新之思想。《汉书·地理志》谓：“楚有江汉川泽之饶，民……食物常足。故呰窳偷生，而无积聚。饮食还给，不忧冻饥，亦无千金之家。信巫鬼，重淫祀。”然《离骚》中，屈原远游，驱使鬼神，其对于鬼神之态度，为诗的而非宗教的。至于《天问》一篇，则更对于一切人神之传说，皆加质问；对于宇宙之所以发生，日月之所以运行，亦提出问题。或者一般人过于“信巫鬼，重淫祀”，故激起有思想之人之反动也。

所谓“隐者”之流，对于当时政治，皆持反对态度。而许行之徒，不但反对当时政治，且反对传统政治社会制度。及后所谓道家者流，在周秦之际，乃一切传统的思想制度之反对者。而《老子》《庄子》二书，乃其二重要代表也。

冯文对“楚人精神”毁誉并见，说来说去还是丢不开他那种迂腐的“重北轻南、重河轻江、重黄轻炎、重儒轻道”的心态。这篇文章的第一句就不对。冯友兰说楚“本无较高文化”，与历史不符。早在新石器时代，荆楚即有高度发展的文化。大溪文化（屈家岭文化）、龙山文化即是例证。仰韶文化（河南淅川下王岗早一、二期），已含有明显的大溪文化因素。考古学家认为仰韶文化遗存与屈家岭文化遗存属于并有叠压形态。冯文中陋见很多，不一一列举驳斥。

③转引自 R.Schulte 等著 *Theories of Translation*: *An Anthology of Essays from Dryden to Derrida*, Chicago UP. Chicago, 1992, pp.52–53。

导 读

章 艳

刘宓庆教授的《文化翻译论纲》历经十载写作，其间四易其稿，初版于 1999 年由湖北教育出版社推出，2007 年中国对外翻译出版公司（现中译出版社有限公司）出版了修订本（《刘宓庆翻译论著全集》之七），现经增补和修订后作为《全集》第二版再次出版。《文化翻译论纲》出版后得到翻译界广泛关注，有学者认为其“对文化翻译的理论构架及基本范畴、基本问题进行了系统的探索，从某种意义上表明了文化视界中的翻译研究逐步走向了成熟”（许钧，2002: 223），“是中国翻译理论界探讨文化翻译为数不多的专著之一，在理论深度和系统性方面堪称开先河之作”（章艳，2008: 40），体现了“中国翻译研究的文化研究模式必须基于本土实际情况”这一要求（王建国，2010: 76）。

该书出版以来的十多年间，中国的翻译研究作为一个整体在研究方法、研究视野和研究深度方面都取得了令人瞩目的进步，而文化翻译随着经济全球化进程的发展已经成为翻译研究中最受关注的专题之一。但是，我们也不难发现，目前翻译界对于文化翻译的研究在某些方面还处在停滞不前的状态，甚至存在滞后于已有研究的现象。回顾《文化翻译论纲》出版以来的文化翻译研究，我们发现书中很多在当时具有前瞻性的观点并没有得到应有的重视，更谈不上在此基础上做进一步的研究和阐发。因此，对本书的理论要点进行梳理在一定意义上可以帮助读者从总体上把握作者的观点，从而可以带着问题有针对性地进行深入的阅读，这是本导读的写作目的。

一、文化翻译的本体论

从文化视角研究翻译有两个层面，一是微观层面，关注在翻译过程中译者怎样克服文化障碍把原文中的文化信息传递到译语中，从而达到文化交流的目的，这是文化翻译的本体研究；另一个是宏观层面，关注从总体上翻译对一个国家、民族的文化发展产生怎样的影响，以及原语文化和译入语文化在翻译中所发挥的作用，这是翻译的取向研究，被西方学者称为翻译研究的“文化转向”（the cultural turn of translation studies）。

翻译研究的“文化转向”大大拓展了翻译研究的视野，使“一切声称和翻译有关的东西都成为翻译研究对象”［translation studies has now come to mean something like ‘anything that claims to have anything to do with translation’］(Bassnett & Lefevere, 2000:1)，但是如果翻译活动的跨文化属性使得翻译研究泛化成了文化研究，那么翻译学也就失去了作为独立学科存在的基础和意义，这个问题已越来越多地引起国内一些学者的关注，开始呼吁翻译研究要回归本体（吕俊，2004：54）。作为翻译研究中与文化直接相关的一个专题，在翻译研究面临“泛文化”的大背景下，文化翻译研究更应该坚持翻译学的基本立足点。

本书开篇即界定了翻译学视角中的文化，认为翻译学视角中的文化必须涵盖翻译所关涉的若干范畴、维度和运作机制，并表现出鲜明学科本位特征。翻译学视角中的文化将语言作为关注主体，语言中又将意义作为关注主体，翻译究其实质是双语间以意义为本的对应式或代偿式转换。意义的确定纷繁复杂，不仅涉及概念意义、内涵意义、联想意义、情态意义、搭配意义和语境意义，还受到意向和语言文化心理（包括审美判断）的影响，因此文化翻译中意义的解读和表现与文化心理的探索有着密不可分的联系。

在认识到语言是翻译学视角中文化的主体后，辨别语言中的文化信息成为译者的当务之急。对于译者来说，在浩瀚的文字中零散地去辨认这些文化信息实在是一项事倍功半的工作。如果能够对这些散落在语言中的文化信息进行整合归类，对文化信息的解码工作无疑将更为有效。本书把语言中的文化信息由表及里、由简到繁、由有形到无形地分成四个层次：物质形态层、行为习俗层、典章制度层和心理活动层，并最终归统于语言文化之中。虽然对文化信息的分类很难做到面面俱到，但这种由表及里的划分方法比较切合实际的宏观描写，揭示了文化层级的内在关系以及文化对语言的全程性渗透和浸润，对于培养译者全方位的文化意识无疑有着重要的理论指导意义。

除了把语言视为文化的主体性基本表现手段外，翻译学视角中的文化也具备文化的本体论特征。本书指出，文化具有民族性，这是文化和语言异质性存在的主要原因。文化的民族性是由民族地缘政治和地缘社会构成的历史背景经时间沉积升华而形成的，全面表现在文化的各个层面，其中最深刻的文化表现是在心理、精神气质和思维方式方面。文化具有传承性，这是我们在语义解码和文本解读中的重要线索，对于理解和解读古典文本尤为重要。文化具有流变性，它不是一个封闭系统，而是处在不断发展和变化之中，很多古籍文本到今天之所以难以解读，根本原因就在于文化流变。文化还有一个重要特征是其兼容性，不同文化形态之间具有相互渗透、相互兼容、相互影响及相互促进从而达到相济相调、相得益彰的积极结果。对翻译学而言，文化的兼容性具有特殊的重要意义，正是因为它的存在，文化翻译才具有可能性和必要性。

二、文化翻译的六大课题

本书坚持不偏离文化翻译研究的本体，始终结合语言和意义谈文化翻译，关注的是翻译文本中文化意义的解读和表现以及影响文化意义解读和表现的原因。本书作者认为，**语义的文化诠释、文本的文化解读、论文化理解、翻译和文化心理探索、文化翻译的表现论、文化价值观与翻译（属于文化翻译的对策论）应成为文化翻译理论的核心。**

语义的文化诠释重在对词语文化内涵的微观剖析，语义诠释任务的圆满解决可以通过以下四种求证定义的途径来实现：1. 文化历史观照：社会历史背景是语义诠释的基本参照之一，即将意义放在历史的语境及视角中加以观照，让史实来作注脚，获取外证以印证或定夺内证。2. 文本内证与文本外证：文本内证有两种，一种是注家对典籍词语意义的语内诠释，可以帮助译者在语际转换时定夺语义；另一种是译者将原文文本作统体观照，从上下文中找到可以帮助语义定夺的内证。如果文本内证不能解决语义的定夺，就必然要求助文本外证，内外互辅互证，只有这样才能更加接近原意。3. 互文观照：由于文本的非自足性是必然的，互文参照就成了理解文本的必经途径，文化语义诠释根本离不开互文参照或曰合不同文献而共为参照以明其义。4. 人文互证：以人证文，通过作家的身世生平、经历遭遇、著述言论和观点立场来验证作品的语义疑点。这四种求证定义的途径既涉及文本内因素，又涉及文本外因素，真正做到了语义文化诠释的整体观照。在这样一个语义诠释过程中，译者的主观能动性得到凸显，一个优秀的译者不仅要大胆存疑，还要善于以注家之言交互参照，甚至要勇于举证，提出对文本词语及文化内涵的不同见解。

语义的文化诠释重在对词语文化内涵的微观剖析，而文本的文化解读则是重在对文本的宏观兼及微观审视，对文本的解读在很大程度上取决于对词语诠释的有机整合。但是，文本的文化解读不仅要以准确的语义诠释为前提，而且也要根据不同文本类型选择对策。本书讨论了常态文本和非常态文本两种文本类型，常态文本往往符合语言规范、结构规范、思维逻辑规范、文化心理常态和审美设计规范，而非常态文本几乎在上述每一个方面都是常态文本的非常规化，文本通过脱离常规增大信息含量和自由度，增强审美效应。这种关于文本类型的明确意识对译者有着重要的指导意义，如果译者缺乏文本类型意识，就可能以处理常态文本的对策来应对非常态文本，从而造成文本特殊信息的丢失。有了对非常态文本的了解，译者才能有意识地透过文本的表层结构深入到深层结构，甚至冲破层层障碍到达文本的心理结构，从而更准确地把握文本的整体性语义。

翻译与文化心理的关系是文化翻译研究中的另一重要课题，包括文化心理的范畴、文化心理与语义生成以及文本组织形态之间的相互关系。如果不探究这些问题，文化翻译就只能停留在表面。可以说，密切联系文化心理来观照作品，是一直存在于翻译实践中的薄弱环节。本书以屈原的《橘颂》为例，通过对作品产生的文化历史背景进行分析，找寻作品的文化心理结构及其特征。作者还通过文化信息扫描判断出《橘颂》的文化信息大多数属于心理活动层次，确定了文本的总体特色和倾向性，从而选择相应的表现法。文化心理探索对于文化翻译有着特别重要的意义，首先，只有通过对原文文本进行文化心理分析，译者才能深化对文本的理解。尤其是一些非常态文本，其意义往往被隐藏或掩盖，唯有深入到心理层，才能解读表面异常的表现方式。其次，通过对原文文本的文化心理分析，译者可以在很大程度上校正、调整和调节并最终决定词语的准确意义。

不论是语义的文化诠释，文本的文化解读还是文化心理的探索，它们都最终体现在文化翻译的表现论上，即表现法的系统研究。文化翻译的表现论可以说是文化翻译的一种终端研究，是一项理论结合实际的深层次综合研究项目。本书提出了文化表现论的三大原则，第一个原则是文化审美表现论必须恪守文化适应性（Cultural Adaptability），其关键在实现代偿，包括文化语义代偿和语言交流效果代偿。文化信息的表现应该适应目的语的文化现实和发展之所需，目的语通过文化翻译从各方面接触外域文化，汲取外域文化的滋养，从而上升为一种更有生命力、更适应新的历史生态条件的新文化。第二个原则是文化审美表现论必须恪守不悖原意的反映论（Cultural Reflection），即实事求是："实事"指原语中实际存在的文化意义（文化信息 + 语义信息），翻译者不要凭空想象，无中生有；"求是"指适合实际情况的表现手段，翻译者不应任意加码。第三个原则是文化审美表现论必须恪守文化翻译的审美原则（Aesthetic Principle），本书作者认识到审美判断对于文化表现来说有着成败攸关的意义，在很多情况下翻译的审美考量是为了确保传播效果，提高可读性和可接受性。

文化翻译研究的另一个重要课题是文化价值观问题，这是本书第二版中增补的重要内容，本书作者认为这是文化翻译研究领域中最深层的理论命题，体现了作者近几年来对文化翻译研究的进一步思考。关于这一课题，将在下文"新版亮点"中详加论述，此处从略。

三、文化翻译研究方法

本书的一大特点是对"理想客体"的确定。作者受胡塞尔《逻辑研究》一书中"逻辑永远探讨理想的客体"这一观点的启发，决定按照胡塞尔的论点寻找“理想的客体”，通过对典型的文化形态来做典型的双语文化转换分析。在这一主旨性方法论的指导下，他选择了以屈原为代表的楚文化和以 James Joyce 为代表的爱尔兰文化作为他研究的“理想客体”，以个案分析的形式展开对语义文化诠释、文本文化解读和文化心理探索的讨论，并在此基础上对文化翻译表现法进行了总结。

作者在“自序”中谈到“本位观照、外位参照”的方法论，提出研究文化翻译必须以翻译学作为“本位观照”，其他学科（包括文化人类学）只能是“外位参照”。我们不难看出，作为“外位参照”的文化人类学对本书的写作有着重要影响。

文化人类学家的使命是通过参与观察的方法对异族或异地文化进行描写阐释，美国人类学家克利福德·吉尔兹（Clifford Geertz）在《深度描写——建立文化的阐释理论》（“Thick Description: Toward an Interpretive Theory of Culture”）（1973）一文中，提出了“深度描写”的研究方法，他指出人类学中民族志的任务就是描写一个多层面的意义结构，人类的各种行为正是在这个结构里得以产生，并被观察和阐释。他认为文化不是促使社会事件、行为、体制或过程产生的力量，而是它们得以被深度描写的语境。这样的观点对于文化翻译研究是不无启示意义的。对于翻译研究来说，文本中的文化信息同样是一个多层面的意义结构，存在于语义层面、文本层面和弥散在文本中的文化心理层面，不仅仅是被描写的对象，而更应该成为被深度描写的语境。只有通过对文化信息的“深度描写”，研究者才能发现和归纳出文本转换中文化信息表现的具体模式，防止动辄试图建立某种普适性理论的倾向。

本书作者在分析屈原和 James Joyce 的作品时采用的正是一种“深度描写”的方法。屈原和 James Joyce 的作品在各自的原语文化中都是充满玄机的难解之本，但也正是这些作品中盘根错节的文化意义和错综复杂的文化心理为本书作者提供了阐述理论的丰富例证，使作者得以对语义层面、文本层面、文化心理层面的文化诠释进行清晰而细致的描写，有效地避免了文化翻译研究的泛泛而谈。书中所论的这些文化翻译课题既具有个案分析的独特性，又涵盖了一般文本讨论文化意义和文化心理时的共通性，可以起到触类旁通的效果。

当然，无论所选择的文本多么复杂或多么具有典型性，选择任何一部或几部译作作为研究对象都不可能穷尽文化翻译中可能遇到的问题，这是因为在普遍性中永远存在特殊性。但是，本书这种通过选取“理想客体”进行深度描写分析的方法无疑指明了文化翻译研究的正确道路，那就是，通过描写发现文化翻译的问题，总结规律，提出对策。文化的复杂性、特殊性和流变性决定了文化翻译的复杂性，因此也决定了不可能存在“放之四海而皆准”的文化翻译理论。随着翻译文化研究模式的不断深化，描写研究方法应该成为该范式研究方法论的主要体现（杨平，2008:76）。

四、新版亮点

文化翻译研究是刘宓庆教授最为重视的研究课题之一，他把**翻译与语言哲学、翻译美学以及文化翻译**称为他翻译研究的三个中心课题，对于他来说，研究文化是为了铸造和维护一种他所珍惜的文化自我，使他在任何艰难困顿的学术生态环境中，都能领略那“生之甘露”和保持一腔通常被西方人称为“中国士人”的“忧患意识”和“生之热忱”（见本书题记）。对于“文化自我”的追求使刘宓庆教授一向重视翻译研究中的文化价值观问题，这也明确地体现在他对中西方翻译理论的态度中，他始终认为，西方先进的理论应该学习和吸收，但中国的翻译理论研究必须以中国文化为核心，因此中国翻译学的“中国特色”究其实质是一个文化价值观取向问题。在新版中，他以“文化翻译中的价值观研究”为题写作了长篇序言，对文化价值观问题进行了专题讨论，成为新版特别值得关注的一个亮点。

文化交流的日益密切使文化差异成为存在于不同国家和民族之间的现实，而文化差异的最终表现是价值观差异。价值观属于思维—心理活动范畴，具有统摄认知、操控行为的功能，因此是非常重要的课题。本书作者认为，一般来说，价值观的重要性表现为以下两点：第一，价值观决定认知；第二，价值观决定选择和取舍。对于翻译研究来说，文化价值观体现在以下几个方面：（一）翻译研究中的理论话语：中国话语还是西方话语；（二）翻译方法和对策中的文化立场：消解差异还是保留差异；（三）翻译文本的选择和翻译目的：翻译什么、因何而译。

本书作者认为，目前中国人对文化的理解存在浅薄化、表面化、物质化的倾向，因此文化翻译研究止于物象、止于皮相。他指出，翻译研究一定要重视价值观，翻译是文化交流的媒介和桥梁，价值观交流是翻译交流不能回避的重要使命。他提出了翻译界的三大新历史使命：

(1) 必须放眼世界，取人之长，因而必须加倍重视东西方深层次思想交流，促进双方对对方价值观的认识，加深理解，做到取长补短，加强互信；
(2) 研究题材的选择、翻译、出版应该服从于社会发展这一当前的文化战略需要，促进社会对东西方文化精髓的深层理解；
(3) 翻译应积极协助提升社会阅读和文化娱乐的品味和品位，坚决抵制低俗文化。

第一条关系到对于不同文化的认同和包容，文化理解的条件是价值观的相通或认同，价值观的疏离或相悖只会导致文化误解。作者在序言中花了大量篇幅对中西方价值观的精粹进行了阐述，同时也指出了中国传统文化价值观的弊端，只有做到了对中西价值观“知己知彼”和“兼容并蓄”，才能通过翻译实现有效的文化交流。第二条关系到翻译对策论的研究，文化价值观往往决定着翻译文本和翻译方法的选择，翻译什么？不翻译什么？为何这样翻译而不那样翻译？这些问题的答案都可以在接受者（如译入语文化中的翻译赞助人、译者等）和输出者（如译出语文化中的翻译赞助人、译者等）的文化价值观中找到答案。第三条涉及翻译在确立文化价值观方面的作用，作为中国翻译界的优良传统，翻译一直对社会文化舆论起着积极的引导作用，推动社会前进。可见，翻译界能否完成新时期的历史使命，在很大程度上端赖正确的、与时俱进的文化价值观。

追溯到《文化翻译论纲》1999 的初版，全书的最后一句话是：从文化客体的翻译解码到文化自我的构建——这就是文化翻译的辩证法，在新版中，这句话被修改为：从文化客体的翻译解码到深层的文化理解，到文化主体的自我构建——这就是文化翻译的**发展观**和辩证法。我们不难看出，十多年前，作者对于文化翻译的理解已经具有很强的前瞻性，早已超越了语言文字层面的文化解码，新版对文化价值观研究的强调正是顺应了文化翻译研究发展的需要和必要。

新版的第二个亮点是强调了代偿在文化翻译中的重要性。文化翻译的目的是实现不同语言之间文化意义的成功转换，这种转换追求的不是原文化意义的静态保留，而是其在译入语中的动态功效，能否实现功效取决于文化表现法是否具有文化适应性，而保证文化适应性的关键在于**代偿**，这是本书作者再三强调的文化翻译表现法中必须建立的最重要的对策论基本观念。

“代偿”（compensation, redeeming）是一种功能主义对应观，是将西方依据“同质语言观”提出的“对应”放在语言交流中进行功能化或动态化的结果，是对“对应”的重要补充。早在2005年，作者就已明确提出，“代偿”应该是中国翻译理论对策论的核心思想，这是由语言现实（包括语际转换现实）本身决定的。汉语是一种具有独特性的语言，在与其他完全不同于汉语的语言进行相互转换时，我们要以功能主义动态观来运用对应策略，把握功能代偿机制，广泛、灵活地运用种种变换手段，以期获得应有的功效（刘宓庆，2006: 11）。

一种成功的文化信息转换是在“原汁原味”和“可读性”之间求得最佳平衡点，涉及目的语的文化适应性及语言审美取向。代偿式文化转换的实质是变通性解释，以求得在功能和效果层面与原语相近，尽可能保留原语的文化认识论特征与文化价值论特征。作者从汉英互译中文化翻译的实际出发，着重探讨了在汉英互译中最常用的文化信息双语转换表现法，即图像、模仿、替代、阐释和淡化。其中除了“模仿”关注的是原文的“原汁原味”，其他各项（尤其是后三项）都是文化翻译中常用的代偿手段，形式上的不可译变成了意义上的可译，从而提高了文化翻译的可译性限度。

中国人历来重视“通变”的道理（刘勰《文心雕龙·通变》），通变在翻译中就是表现式的灵活性：一切由意义、意向来决定，而意义、意向又由语境中的“用”来调节。“代偿”充分体现了“通变”的特征，不执着于原型、不拘泥于原式（句法、句型与句段的原语形式与格局），恪守文化适应性之所需，尊重并适当引导读者的接受。在目前我国政府大力提倡中国文化“走出去”之时，“代偿”这样的文化翻译对策对于打破中西文化壁垒，制定当前中译外的翻译策略尤其具有重要的指导意义。在一定意义上，“代偿”的对策直面了语言文化的异质性，切中了文化翻译中“跨文化交际”的实质。为了达到跨文化交际的目的，文化翻译中务必做出适度妥协，充分尊重译入语读者的接受问题，这正是“代偿”的通变之处。

新版的第三个亮点是加强了关于文化翻译中审美考量的论述。作者认为，文化表现问题的主要内容就是文化审美，包括文化信息的优化诠释与择善从优的表现。这样的论断初看上去有些令人费解，但细细思量之后却发现其实道出了文化表现的实质。从积极的接受角度来看，译入语文化总是会发现和接受那些有益于本文化的东西，即原语文化中的“美”，并对其进行优化诠释。而为了能让“审美”的主体 —— 译入语读者能接受原语文化中的“美”，译者需要对其进行择善从优的表现。因此，文化翻译中的审美考量必定涉及两个方面：文本的文化审美解读（7.2）和文本的文化审美表现手段（9.2）。

首先是文本的文化审美解读。文本往往既承载文化信息，又承载审美信息，这两者常常是紧密相连的，因此“审美”是一种“文化形态”。书中提及的文化意义审美、文化意象—意境审美和文化情感审美都是非常值得深入研究的课题。

其次是文本的文化审美表现手段。表现是为了被接受，上文提到文化翻译的“跨文化交际”目的，文化信息的传递应是跨文化的传递，让译入语读者能够理解和接受，而不仅仅是把原文化原封不动地搬到译入语中。能否实现“跨文化”的目的，译入语读者的接受至关重要，而决定读者接受的是他们的审美习惯和审美能力。译入语读者有着和原语读者不同的审美习惯和审美能力，如果一味强调原汁原味，原作者和译者刻意凸显的文化信息很可能被接受者拒之于千里之外，因此本书作者提出了“择善从优”的文化表现基本原则，以确保文本中文化信息传递的功效。

新版还增加了全新的一章“翻译的文化理解”，作者指出，在翻译中，准确的文化理解必须基于对文本的整体把握，并且需要译者具有深厚的文化认知积淀作支撑。作者还从语义维度、心理维度、认知维度、审美维度和逻辑维度讨论了文化理解的多维性问题，这些都大大扩宽了文化理解的视角，为今后研究翻译中的文化理解问题提供了很好的指引，值得我们做进一步的思考。

这四个亮点占据了本次修订文字的主要篇幅，体现了作者近年来理论思考的新成果，因此特别值得读者的关注和重视。

五、文化翻译研究者的使命

刘宓庆教授在 1999 年《文化翻译论纲》初版的自序中预言：以全球多元经济形态和多元社会形态发展为导向的多元文化形态之间的交流，将向翻译学提出更新文化翻译观念和方法论的一系列难题，其中包括语言与文化日益密切的关系、文化翻译变得日益复杂的任务和重要性、文化与意义的关系问题、语义的文化诠释、高难度文本的文化解读、文化的可译性的新视角问题、文化的表现论（要不要保证以及如何保证所谓“原汁原味”等等）和价值观论。这些问题将成为全世界翻译理论家关注的课题。回顾本书初版以来的十多年，我们欣喜地发现，文化翻译研究确实已成为翻译研究中最受重视的专题之一，翻译理论家对上述一系列难题中的某些问题已经进行了深入的研究并达成了深刻的共识。但是，我们同时也应该认识到，在热热闹闹的文化翻译研究中，还大量存在简单化、表面化的现象，很多文化翻译研究还停留在文本中物质文化层面、生活习俗层面和社会文化活动层面的信息，在研究对象（用于讨论的语料）的选择上，存在严重的趋易或重复现象。对上文中提到的一些问题的研究在深度上还差强人意：如高难度文本的文化解读、文化可译性的新视角问题、文化的表现论和价值观论等。

近年来，中国翻译界越来越多的学者开始关注翻译研究的中国话语以及在理论高度对文本的回归，这是中国翻译理论界顺应翻译研究本质和时代需要的合理反思，文化翻译研究尤其应该对这两种呼声做出回应，这是由它自身的特征决定的。其一，文化翻译研究以文化作为研究对象，文化的民族性、传承性使中国的文化翻译研究不可能脱离中国文化产生和发展的土壤，其中包括植根于中国传统文化的中国话语；其二，翻译学本体视角下的文化翻译把语言作为文化关注的主体，这使文本分析在研究中至关重要。认识到这些，对于未来文化翻译研究的方法具有重要的指导意义。

“导读”的作用是帮助读者了解作品的主要观点和特色，但在本文的最后，本文作者想偏离一下定式，结合文化翻译研究，对作为文化翻译研究学者的刘宓庆教授略作评述，所谓“知其人方可读其书”，我想这对于从事文化翻译研究的年轻学子和学者们一定是有所裨益的。

翻译理论研究者，尤其是文化翻译理论研究者要有强烈的历史使命感。刘宓庆教授深受朱光潜、王力、高名凯等老一辈学者的影响，以满足社会和国家的需要为己任，把自己的学术研究和振兴弘扬民族文化结合在一起。一个人能够把自己的一生献给翻译学科的建设和翻译研究，除了出于使命感，任何名、利、权的吸引力恐怕都不足以解释。（见《刘宓庆翻译散论》中“四十年学术人生”）因此，对于他一直倡导的翻译研究的“中国特色”，我们就不应该简单狭隘地贴上民族主义的标签，而应该从翻译研究的实质以及文化战略观的角度给予公正的评判。以本书为例，作者坚持以中国语言文化为本位，但善于学习和吸取西方学术研究的成果，正是在胡塞尔哲学思想的影响下，选择了荆楚文化和爱尔兰文化作为探讨文化翻译的两个理想客体。

文化翻译研究者应具有自觉的文化比较意识和开阔的文化视野。文化比较研究是文化翻译对策论的重要依据，刘宓庆教授有深厚的家学渊源，精通中国传统文化，早期就高度重视中国传统文论和译论，20 世纪 80 年代之后足迹遍布欧美各国，并在香港长期工作生活。这样的人生经历使他有机会对中西文化进行深入的比较研究，为文化翻译研究奠定了坚实的基础。对于文化翻译研究来说，“知己知彼”至关重要，他曾叮嘱笔者，要弄清楚中西方思想发展脉络，因为一个学者的学术深度在相当大的程度上取决于他的历史认知、历史感和历史领悟。

文化翻译研究者应具有啃硬骨头的勇气和毅力。《文化翻译论纲》主要以中国楚文化中的老子、屈原的作品和爱尔兰文化中乔伊斯的作品作为理论探讨的文本依据，这些作品在各自的语言文化中都是高难度文本，一般母语读者也常常因其艰深晦涩望而却步。刘宓庆教授却因其丰富的文化内涵，知难而上，为了更加深入地了解乔伊斯作品中的文化心理，远赴爱尔兰专程考察爱尔兰文化，在他拜访了都柏林古老的庭宅和“最保守”的教区以后，才真正理解了乔伊斯写作《芬尼根守灵夜》（*Finnegans*

Wake）的16年中主要不是在那里运筹语言，而是待在一个"阴阳界"里与死者和生者作"心理交流"（见本书自序）。中西方哲学社科人文经典的译介对世界文化的发展起到了重要的推动作用，这些文本都因其丰富的文化内涵在理解和诠释上具有很大的挑战性。在新时期我们应该对这些文本进行研究，总结经验，从而指导和促进翻译和翻译研究的提升。显然，这样的工作不仅对研究者的才学提出很高的要求，同时也要求研究者具备超出常人的勇气和毅力。

文化翻译研究者要不断学习、虚心吸取他人的研究成果。欧洲翻译学会（European Society for Translation Studies）主席Yves Gambier在该学会网站上对当时（1999）翻译研究的状况进行过评论，他说"the TS community is composed of authors rather than readers"（翻译研究界里只有作者，没有读者），这样的批评相当切中要害（Chesterman A. & Wagner. E., 2002: 135），他所批评的现象在一定意义上也是某些方面的翻译研究停滞不前的原因之一。每个研究者的视野都是有限的，只有通过不断学习了解他人的研究成果，才可能为进一步的思考获取足够的养料。刘宓庆教授虽是翻译界的大家，但他是书店的常客，买书读书，时刻关注翻译研究和其他相关领域的新动向。笔者曾从他那里获赠一些书籍，那些书外表总是整洁如新，有些厚厚的外文原版书看上去像从来没有阅读过，但如果一页页地读下去，在书的空白处常常会看见一些小小的记号，而在那些记号周围必定能找到精妙的观点。面对那些被标记的书籍，除了感动，心里还有很多领悟和激励。

〔参考文献〕

Bassnett, Susan & Lefevere, André. *Constructing Cultures: Essays on Literary Translation*. Shanghai: Shanghai Foreign Language Education Press, 2000.

Chesterman, Andrew & Wagner, Emma. *Can Theory Help Translators*. Manchester: St. Jerome Publishing, 2002.

Geertz, Clifford. "Thick description: toward an interpretive theory of culture" [OL].

http://xroads.virgina.edu/ -DRBR/geertz2.txt
刘宓庆:《文化翻译论纲》，武汉：湖北教育出版社 1999 年版。
刘宓庆:《刘宓庆翻译散论》，北京：中国对外翻译出版公司 2006 年版。
刘宓庆:《文化翻译论纲（修订本)》，北京：中国对外翻译出版公司 2007 年版。
吕俊：“论翻译研究的本体回归 —— 对翻译研究‘文化转向’的反思”,《外国语》2004 年第 4 期。
王建国:“刘宓庆文化翻译理论简评”,《外语研究》2010 年第 2 期。
许钧:“翻译研究与翻译文化观”,《南京大学学报（哲学 · 人文科学 · 社会科学)》2002 年第 3 期。
杨平:“中西译学中的文化研究模式”,《外语研究》2008 年第 6 期。
章艳：“探索文化翻译的奥秘 —— 评刘宓庆著《文化翻译论纲》”,《中国翻译》2008 年第 1 期。

本书体例说明

一、本书第一版原名《文化翻译论纲》，原本只立意于提出翻译文化研究的**整体理论架构**，并略加阐释，以说明作者主要的理论观点，勾绘出基本理论框架。第二版又新添了很多内容，犹如滚雪球，论述上虽力求突出重点，但已谈不上“简约”了，不符合论纲体式；现仍沿用原名，主要是考虑到读者已很熟悉，不如从旧。

二、虽然如此，本书并未对任何一个论题作全面、翔实的论证；有些论题作者仍在思考中，有些属于更深层的范畴（如思维方式与风格的民族文化特征、思维方式与审美表现方法论，等等），其中有些课题业已收入作者关于翻译美学的著作中，敬请参阅。

三、对许多作者认为有必要加以解释的问题（包括某些基本概念），本书采取了**“以注补释”**的方法，以佐阐述，或提供背景资料供读者参考、研究，附于章后。

四、文化问题非常复杂，中外论者各师各法，所用术语有些也大相径庭。本书中的引文大都取自原著、原文，意在让原作者**“自话自说”**，并通常引入整个有关语段，以求准确理解原著作者的观点，避免断章取义；有的则有大意提示，不拘一格。除难度较大的原文有译文或提要附后外，有些原文引证，没有汉语对照，意在激发、提高读者**阅读、深研原著**的兴趣和理解力，也便于读者判断鉴识，查对原件的意旨和情态，以佐实证，避免先入为主，以讹传讹。

五、文化翻译可能是翻译实务中最棘手也是最有争议的问题，文化翻译理论也是21世纪翻译理论研究中最棘手、最有争议的问题，它的路向、研究范畴、研究方法都已引起各方关注。**文化价值观论**则是这个领域中最深层的理论命题，对此，本书作者已将新近的研究写成序文，见第二版卷首，但意犹未尽，抛砖引玉而已，欢迎读者参与讨论。

目　录

第一章 翻译学视角中的文化

1.0 概述

迄今为止，还没有一位中外研究者对“文化”一词提出过令人完全满意且普遍接受的定义。经典性的定义出自英国人类学家泰勒（E. B. Tylor, 1832–1917，其代表作为*Anthropology*, 1871）。泰勒给“文化”下的定义是：“所谓文化或者文明，即知识、信仰、艺术、道德、法律、习俗以及其他作为社会成员的人们能够获得的包括一切能力和习惯在内的复合性整体。”（原文见注①）泰勒将文化（culture）与文明（civilization）混为一谈，开后来先例。其实后者的对立词是“野蛮”（in a savage state），“文明”指人类社会发展的程度或水准，“文化”则主要着眼于生活方式（way of life）或生活素质（quality way of life）。例如美国的文化人类学家威斯勒就将文化简要地表述为：“在历史以及社会科学中，把所有人们的种种生活方式称作文化。”（C. Wissler, 1923）美国的另一位文化人类学家克拉克洪的定义侧重点和落脚点又不同于前者。克氏认为：“在人类学中所谓的‘文化’，意味着一个民族的生活方式的总体，以及个人从其集团得来的社会性遗产。”（C. Kluckhohn, 1950）日本学者石川荣吉的见解（1978）是：“文化是被社会（集团）的成员所掌握和共同拥有并作为社会遗产而传给下一代的生活方式。”[①] 他们强调了生活方式的“传承性”，其实，“文化”暗含一定素质的生活方式，茹毛饮血的生活方式与“文化”似乎没有什么关系，“文化”含有教养、教化的意思。

上述种种对“文化”的定义的共同缺陷是失之于含混笼统、失之于狭隘偏颇，因而不足以涵盖文化的全部指涉。例如，泰勒所提出的“能力”和“习惯”也是两个含混的词。人类有些“能力”和“习惯”具有文化含义（例如书写能力、阅读习惯），但还有更多的基本自然能力和生理习惯则是没有文化含义的（例如生育能力、咀嚼能力、八字脚走路的习惯、左撇子习惯、右腿在上或左腿在上跷二郎腿的习惯，等等）。我们不能笼统地将人类的“一切能力和习惯”囊括在“文化或者文明”之内。（而且，“文化”与“文明”也并不是一回事，已如上述。）威氏、克氏、石川荣吉的文化定义都失之偏窄。有鉴于此，当代西方学者在界定文化的含义时都在努力扩大文化一词的指涉范围，例如：萨莫伐尔等人在《跨文化传播概论》（1981）中阐述说：[②]

> 文化是一个复杂而棘手的概念。给“文化”下定义看起来很简单，但如果我们细细考虑定义的内涵，则“文化”一词就显得十分宽泛，从而难以把握了。按通常的定义，文化是一种积淀物，是知识、经验、信仰、价值观，处世态度、意指方式、社会阶层的结构、宗教、时间观念、社会功能、空间观念、宇宙观以及物质财富等等的积淀，是一个大的群体通过若干代的个人和群体努力而获取的。文化表现为一定的语言模式和一定的行为方式;这些共同接受并采用的言行模式和传播方式，使我们在某一特定的时间内，生活于具有一定技术技能并受到一定的地理环境限制的社会之中。同时，文化也涉指并受限于在共同生活中起着实质性作用的物质存在，诸如房屋、工农业生产中的用具和机器、运输方式、战争器具等构成社会生活中的物质基础。可见这样一个定义涉及了人类生活的广大方面;而且，我们不难看出，文化是持续的、恒久的和无所不在的，它包括了我们在人生道路上所接受的一切习惯性行为。文化在我们的物质环境中同样起着决定性作用，它包含并说明我们生活在其中的社会环境。

这个阐释性定义虽然缺乏严谨的逻辑性，但在内涵上广泛得多，反映了截至20世纪70年代末文化人类学对文化诸领域的探索成果，也反映人类社会生活的进步和复杂化对文化研究的推进和拓展。但对翻译学而言，这样一个定义仍然缺乏充足的科学性和指导性。

进入 20 世纪 80 年代以后，文化人类学研究在发展，翻译学研究也在发展。今天我们是处在新世纪前夕，多元文化在新世纪中的发展前景，将对文化翻译提出严重的挑战。本书是从翻译学的理论和教学需要出发，深入探讨文化问题，力图提出翻译学文化研究的一个比较详细的教学、研究纲要。

1.1 翻译学视角中的文化

每一门学科都理所当然也不可避免地从本学科的视角出发，来考察与本学科休戚相关的文化问题。例如，哲学对文化的考察侧重于思想和观念的源流、演变和发展；历史学对文化的考察侧重于时代（或朝代）的文明和文化发展轨迹、典章制度及经济形态的沿革、变革和更替脉络；社会学之关注文化则集中于多维度的社会结构、人际关系及意识形态、社会体制的结构、发展和功能分析；心理学则主要关注文化心理问题，等等。

翻译学具有明显的综合性。翻译学视角中的文化，必须涵盖翻译所关涉的若干范畴、维度和运作机制，并表现出鲜明的学科本位特征。

1.1.1 将语言视为文化的主体性基本表现手段

语言是翻译学视角中的文化的“主体或主干”（main stay or main-stem）。离开语言，翻译学将无从谈论也无以谈论文化。在翻译学看来，语言是文化的主要体现者和依据，撇开语言来谈文化，对翻译学而言，无异于缘木求鱼，那是不可思议的。其所以如此，道理很简单：翻译的操作依据和对象是语言。

在翻译学视角中，把握住语言，就可以从主体上、大体上把握住其中含蕴的文化内涵。这就是说，翻译家、翻译理论家认为，一般说来，原语语言是传达其中所含蕴的文化信息的主体手段和基本维度。翻译家并不需要也并不期望借助其他手段（如图像、图表、图画、影像等等以及除语言以外的符码），来感受、领悟、把握、再现原语中所含蕴的文化信息。下面的一则原语语段是关于《醉拳》（*A Drunkard's Boxing*）“把式”的介绍：

第一段

预备势

面对南方，站立在拳场的西端，两腿站直，两脚靠拢，两臂垂于身体两侧，两手五指并拢贴在腿侧。

要领说明：头要端正，下颌内收，眼向前平视；挺胸，直背，松肩，两臂自然下垂；精神贯注，神情安舒。

翻译家只需要以语言为依据就可以明了文中所描绘的一招一式，进入翻译操作过程，而不必等待言者或作者提供其他文化传递手段：

SECTION I

Starting Position

Stand upright to face the south at the west end of the court, with both legs straightened, feet closed together, hands hanging at sides of the body, and fingers stretching together with palms close to thighs.

Points to note: Keep head erect, chin tucked in, and eyes looking straight ahead; hold chest thrown out, back erect, shoulders relaxed and arms comfortably hanging down; concentrate attention and keep perfectly relieved and at ease.

细心地作双语对照阅读就可以发现，汉语所描绘的那种典型的中国式开拳把式已呈现到了英语中。不仅如此，翻译还可以完全凭借语言手段将原语中变化多端、动势感极强的电影蒙太奇场景一一和盘托出。下面是《三国演义》第八十回章末一个著名的“动作蒙太奇”（short action montage）《董太师大闹凤仪亭》：

却说董卓在殿上，回头不见吕布，心中怀疑，连忙辞了献帝，登车回府；见布马系于府前；问门吏，吏答曰："温侯入后堂去了。"卓叱退左右，径入后堂中，寻觅不见；唤貂蝉，蝉亦不见。急问侍妾，侍妾曰："貂蝉在后园看花。"卓寻入后园，正见吕布和貂蝉在凤仪亭下共语，画戟倚在一边。卓怒，大喝一声。布见卓至，大惊，回身便走。卓抢了画戟，挺着赶来。吕布走得快，卓肥胖赶不上，掷戟刺布。布打戟落地。卓拾戟再赶，布已走远。卓赶出园门，一人飞奔前来，与卓胸膛相撞，卓倒于地。正是：冲天怒气高千丈，扑地肥躯做一堆。

下面是 Moss Roberts 的英译：③

Dong Zhuo, who was still at court, began to wonder where Lü Bu had gone. He bid the Emperor a hasty goodbye and returned home in his carriage. Seeing Lü Bu's horse tied at his front gate, he questioned the gateman and was told that the general was in the rear chamber. Dong Zhuo dismissed his servants roughly and went looking for Lü Bu. Not finding him in the rear chamber, he called for Diaochan. She too was not to be found. "She is in the back garden viewing the blossoms", the maidservants told him. Dong Zhuo rushed there and saw the amorous pair tete-a-tete at the Phoenix Pavilion. The halberd had been set aside. Dong Zhuo's anger flared and he let out a dreadful shout. Lü Bu spotted him, panicked, and fled. Dong Zhuo picked up the great halberd and gave chase. Lü Bu was swift. Dong Zhuo, too fat to catch up, heaved the weapon. Lü Bu knocked it aside. Dong Zhuo retrieved it and continued running, but Lü Bu was already out of range. Dong Zhuo dashed out the garden gate, collided head on with another man running in, and fell to the ground. Indeed:

His fury mounted to the sky,
But his heavy frame sprawled upon the ground.
Who had knocked him down?

由此可见语言传达文化信息的能力是何等高超。不仅如此，它还具有传达文化信息中的审美魅力，做到有声有色！下文再述。

1.1.2 以意义的对应式或代偿式转换为语际转换的基本手段

翻译的实质是双语间以意义为本的对应式或代偿式转换（代偿主要表现为语义代偿和功能代偿，功能代偿还包括审美代偿和形式代偿），[④]徒具形式没有意义的语言，只可以说是一串没有语义或语义不明的文化符号，翻译者无以为本（凭据），因而不能进入实质性翻译过程，充其量只能对符号作个含义说明，因为他没有足以进行文化解码操作的实质性依据。下面是用古埃及文字写的《判官颂》（*Praise of Osiris*）中的最后两行颂文：[⑤]

任何人都无法否认以上两行颂文是文化遗迹，同时，任何人也无法否认它是语言文字。不幸的是，任何人都没有能力将它翻译成任何现代语言文字。这就说明翻译总是恪守一个万变不离其宗的基本价值取向——意义。

这一点我们还可以从与上例相反的情形来论证。有时我们可以见到一些原文文本，从语言的逻辑性或结构的规范性来看可以说是成问题的（这也可能是作者有意的安排），但它所含蕴的意义却“有迹可循”。这时，翻译者在充分的语义诠释和论证的基础上悉心为之，仍然可以将它翻译为读者可以接受的译作，实现了语义和功能的代偿。这方面典型的例子有屈原的《天问》和 James Joyce 的 *Finnegans Wake*。[⑥]当然这里牵涉到一系列严密的语义文化诠释和文本的文化解读策略以及文化的代偿性表现问题，本书中第六、第七及第九章有专题论述。语义的文化诠释和文本的文化解读其所以成为中心问题（也是本书的论证重心和重点），是由于意义是以象征的手段含蕴在语言文字之中的，意义是一种“象征性”的人类“文化行为”

（cultural behavior, Sapir, 1924）。因此，我们就以基辛转述萨丕尔的一段著名论述作为本节的小结。萨丕尔认为人类文化的“真正基点”（true locus）不在社会，而在人类赖以互动的语言的意义（萨丕尔著《语言论》，陆卓元译、陆志韦校，商务印书馆，1985）：

> The so-called culture of a group, as ordinarily treated by the anthropologist, is essentially a systematic list of behavior patterns（行为模式）which “may be illustrated in the actual behavior, of all or most of the individuals” concerned. The “true locus,”（真正的基点）however, of “these processes which, when abstracted in a totality, constitute culture” is not in the “theoretical community of human beings known as society,” for the term “society” is “itself a cultural construct.”（社会本身就是一个文化结构）Rather, he says (1932), the true locus of culture is in the interactions of specific individuals and, on the subjective side, in the world of meanings which each one of these individuals may unconsciously abstract for himself from his participation in these interactions［pp. 432–435］.

萨丕尔所说的“真正的基点”，也正是翻译学关注的重心之一。

1.1.3 以意义为凭借，探索文本的文化心理

翻译几乎时时刻刻要面对文本的文化心理问题。因此这里所谓“求索”指文化翻译中对意义的纵深探索，从而准确地把握并恰如其分地表现语言文字（原文文本）所含蕴的文化心理。翻译学视角中的文化将语言作为关注的主体，语言中又将意义作为关注的主体。而意义则是一个非常复杂的课题。

语言文字的有机组成形式是语句（词语和句子）。语句是**意义外化**的结果（或“终端”），语言哲学家称之为“表现式”（E. Husserl, 1931）。意义外化为表现式时绝不是常言所说的“想到什么说什么”，而是经历了一个非常复杂的整合过程，参与意义的外化整合者，共有四个成分，它们是：

一、意义（meaning）

所谓“意义”，本身就是一个复合结构，包括概念意义、内涵意义、联想意义、情态意义、搭配（词语联立）意义、语境（在上下文和特定社会情景中的）意义、文化意义和审美意义，等等。[⑦]

二、意向（或意向性 intentionality）

西方哲学家和语言哲学家认为所有的意义都有个意向问题，没有意向性的意义犹如“无的之矢”（J. G. Fichte, 1762–1814），意义是失了“指向性”“对象性”。哲学家认为“无意向意义”实际上是不存在的。正是由于有意向的参与，语义外化为表现式时才表现出意有所指乃至色彩纷呈。对此，德国哲学家布伦塔诺（F. Brentano, 1838–1917）有一段中肯的论述：[⑧]

> *Intentionality* means reference to something that is distinct; in the case of psychical acts, reference to a content, *an object* (this does not mean that the object must be real). Thinking is always thinking of *something*; feeling is feeling something; wanting is wanting something; loving or hating is loving or hating something. Thus, every psychical act is directed toward *an object;* the object may not exist, as when I think of a centaur or of the squared circle or the regular pentahedron; however, both the squared circle and the regular pentahedron exist as correlatives of my thought, as *objects* indicated by my act of imagining or thinking.
>
> （意向性指心理行为的独特性或某一内涵的对象性——这里的**对象**并不必须是实实在在的东西。人的思维总是“有所思”的，情感总是“有所感”的，欲求总是“有所求”的，爱与恨也总是“有所爱”与“有所恨”的。因此，人的每一个心理行为都是指向**某一对象**，这个对象也可能并不存在，例如希腊神话里半神半马的怪物，或者方形圆周，或者等边五面体。然而不管怎么说，方形圆周和等边五面体在与我的思维相互关联的事物中确实是作为一种对象存在着，它们是我的想象或思维行为中的**对象**。）

布伦塔诺的“心理行为”（psychical acts）**意向论**实际上是胡塞尔现象学的先声，对语言学而言也具有重要意义，它指出意向也就是意义的对象性：语言的意义总是有所指而发的。[⑨]

三、语言心理或语言文化心理

语言心理是意向的深层参照系，它虽然“显而不露”却参与并深深影响着意义外化为表现式的过程。按照布伦塔诺的研究，一般心理行为的深层分类是：（1）表象（representation）；（2）判断（judgments）；（3）情感（emotions）。[⑩] 从翻译学的视角来看，对表现式起重要的调节、定型作用的语言文化心理分为个体及群体的心理取向，具体表现为：（1）思维方式，比布伦塔诺的“表象”范围宽泛；（2）价值系统，相当于布氏的“判断”；（3）伦理观念，这在西方语言心理中呈弱势；（4）情感系统，与布氏所指相同；（5）审美价值系统，这是语言文化心理问题中很重要的课题，本书亦有专题论述（详见本书第八章分析）。

四、审美取向

其实，审美取向也是基于某种价值判断（以特定语境产生的审美诉求为依据和依归的判断），因此可以合文化心理而论之（Brentano, 1900）。但考虑到审美取向对翻译具有特殊的重要性，因此它理应成为翻译学视角中的文化的重要课题，见下节。

1.1.4 以文化心理和审美判断为跨文化表现的杠杆

这里所谓“杠杆”指一种平衡手段或机制，即在内容与形式间取得最令人（原著作者、译者及读者）满意的综合平衡（表现为以目的语特定语境或词语联立关系为依据的审美诉求），以实现跨文化表现。法国作家拉芳登（La Fontaine, 1621–1696）有一句诗有 5 种译法，最后以**审美效果**最佳者取胜（第 4 式），这就说明文化心理和审美判断的杠杆作用：

Rather suffer than die is a man’s motto。（*La Mort et le Bucheron*）

（1）有人说，活受罪总比丢了命强。

（2）没了命还不如受点苦吧，这就是箴言。

（3）记住：宁愿活受罪也要保住命。

（4）常言道：宁愿受煎熬，也要把命保。

（5）有条箴言说，只要保住命，何妨受煎熬。

可以说，翻译学对待文化表现的态度的基本特征和要求是既**重义**，又重**审美**（at once meaningful and aesthetical）。为此，我们不妨用**比较法**来显示翻译学对文化的审美态度。例如，文化人类学以文化为研究对象，但文化人类学家所关注的“文化是从历时和共时两个方面来观察和研究个人及群落的社会性、地域化继承性行为或习俗、典章制度、社会组成、地理环境”等等。文化人类学家也研究语言，但他们的着眼点是群落语言的结构特征和心理特征以及语言与地理环境的关系等等。同样，普通语言学也关注文化问题，关注语言文化中的文化意义，但普通语言学家的关注一般只局限于语内层面（intralingual level）的语法结构及文化信息分布和表现法。只有翻译学是全面系统地关注语际层面（interlingual level）跨文化审美表现式转换机制。下面我们只要细读一下一个诗节的翻译，就可以明白翻译学对文化审美的关注和诉求不同于任何其他学科：翻译学是以审美的态度（寓审美诉求于表现式中）整体地对待语言文化问题——在美学上这就叫作**审美观照**。下面是艾略特的名诗《荒原》的开篇前七行，原诗下是试译：

The West Land

The Burial of Dead

April is the cruellest month, breeding
Lilacs out of the dead land, mixing
Memory and desire, stirring
Dull roots with spring rain.
Winter kept us warm, covering
Earth in forgetful snow, feeding

A little life with dried tubers.

. . .

荒　原（原诗共433行）

1. 殇葬（原诗共76行）

四月是最残酷的，孕育着
死亡之乡的丁香，搅拌着
回忆和欲望，
用春雨将麻木的根摇撼。
冬天使我们温暖，覆盖着
大地的是那忘情的雪
用枯茎喂养着一息尚存的生灵。
……

《荒原》的文化意义比较深刻，它反映的文化心理也异常复杂，全诗用典极多，可谓“玄机四伏”。该诗问世（1922）后70余年以来，世人评议不绝。由于艾略特孤傲愤世，加以诗题下引用了古罗马作家佩特罗尼奥斯（Petronius）的几行诗（取自佩氏的《风流韵事录》）作附注，因此被很多人附会地解读为艾略特向往死亡、歌颂死亡。佩氏的诗句是：

我亲眼见到——
古米的西比尔吊在一个玻璃瓶里，
每当孩子们问他:“西比尔，你想要干啥?”
西比尔总是回答说:“我想死。”

其实，这是艾略特的“障眼玄机”:他是以《荒原》、以他特有的方式来诅咒死亡、向往生存，诅咒残害人类的战争（第一次世界大战）和人的种种非理性的行为，向往人性的回归、对人的生存的尊重。从《荒原》的433个诗行中我们可以看到几乎每一两行中都有一个奇特的心理意象，体现艾略特的审美构思:读者可以作见仁见智的解读，但准确的审美解读必须处在艾略特所凭据的语言文化历史的整体观照和心理整体参照系中。离开了《荒原》所处的20世纪最初20个年头西方所处的历史、社会以及整体的思想潮流和文化心理格局,《荒原》必成为不可思议的狂言狂语。同时,从短短的几个译诗诗行中我们可以看到翻译学对待文化的态度:**文化**与**语言**密不可分,**语言**与**意义**密不可分,**意义**与**意向**密不可分,**意向**与**审美诉求**(意境及意象)密不可分,**审美**与**表现式**密不可分。因此,翻译家认为,**审美构思与判断是跨语言**——文化解读及表现的杠杆,是一条自伊始(审美态度)至终端(审美表现式)都在起作用的全程性杠杆。

至此,我们可以将翻译学视角中的文化表现为如下的图式(图中SL意思是原语source language,TL意思是目的语target language;LS的意思是语境language situation,微观语境MiLS指上下文及词语联立关系,宏观语境MaLS指特定的社会文化情景):

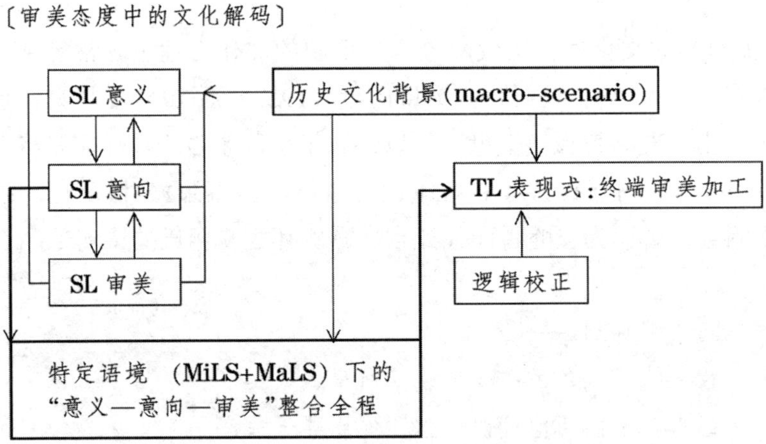

图1-1 翻译:语际转换的语言—文化心理和审美的全程观照

对上面的图式,我们还要作若干重要的说明:

(1)翻译活动始于译者认知前结构的启动,即将原语文本置于该文本所处的历史文化背景的悉心观照之下,及西方叙述学所谓"**宏观场景**"(macro scenario)的审视之下,舍此即所谓"盲人摸象",不得要领;

(2)翻译思维的运作其实是在语言文化心理和审美的全程性审美及认

知观照下进行的，只抓文本语言，不顾文字之下的**文化心理**和**文化审美**判断则不啻缘木求鱼（尽管译者很可能没有意识到这一点，但经验会引导他认识到这一点）；

（3）在文化心理和审美的整体观照下，意义必然要经历一个处于多平面上的整合过程：第一平面是**意义意向**（确定语句形式），第二平面是**审美优化**（确定形式优化），第三平面是**逻辑校正**（确定优化理据）；[11]

（4）译者眼下的 TL 表现式作为翻译运作的终端只具有**相对意义**：翻译思维不是线性运动，它是一种多维的、反复式曲线运动，不可能一蹴而就。

（5）同样，翻译中的语内（SL）文化解码及语际（SL⇨TL）跨文化审美调节也是一种多维的、反复式运动，它必须是**贯彻全程**的。

1.1.5 坚持整体性文化战略考量，并使之与时俱进

就整体而言，每一个国家的翻译事业都将翻译与文化战略联系在一起，也就是说，将翻译定位为文化战略手段，使之服务于国家或民族的核心利益。这就是所谓的“文化翻译的政治观”。“五四运动”以前中国翻译史上的几次高潮，即汉唐时期的佛经翻译、明末清初的科技翻译以及鸦片战争以后的西学翻译，无不具有鲜明的文化战略目标。当代中国的翻译事业，必须服务于中国的国运昌顺和民族复兴的崇高目的。西方翻译事业的文化政治考量色彩也很鲜明。当代美国译坛占主流地位的翻译思想“归化论”（domestication）显然服务于当代美国文化霸权主义的需要，美国译论中占主导地位的“流利第一”（Venuti, 2000）的主张就是基于确保美语目的语的文化统治地位的一种文化战略考量。

据此，我们在研究文化翻译中必须清醒地认识到这一“翻译的政治观”，也就是文化翻译的政治视角。从功能主义的翻译观来看也是这个道理：世界上没有绝对的非功利的翻译事业，翻译作为一个整体总是服务于某种特定的文化战略目的。当代中国恭逢由经济全球化带来的历史性机遇。这个机遇给中国翻译界带来前所未有的重要任务。我们的文化翻译必须旗帜鲜明地服务于中华民族的文化复兴和民族文化建设事业的发展，使中国能在 21 世纪的上半期成为民富国强的第一流国家，使中国的翻译理论成为无

愧于13亿人的语际交流和文化传播的科学理论，而受到世人的瞩目。

重要的问题是要善于学习。首先，我们不能对中华文化尤其是我们的文化价值观的严重不足视而不见。我们应该摒弃一切政治偏见和学术偏见，学人之长，补己之短，使翻译努力参与当代中国的人文主义思想、民主法治思想、现代公民伦理道德思想的建设。

时代在前进，因循保守可以自保于一时，但难免被历史前进的滚滚潮流所淹没。

1.2 文化的本体论特征

文化作为一种“原本性的存在”，具有其本体论特征，我们将分项论之。

1.2.1 文化的民族性

日本当代的文化人类学家石川荣吉在界定文化的民族性时说：

> 文化是特定集团所共有的生活方式，而共同具有这种生活方式亦即文化的集团就叫作“民族”。与民族时常相混淆的概念是“人种”。而“人种”是指根据肤色或者毛发形状等等遗传性的体质形态的异同而得以互相区别的人类集团。与人种作为生物学概念相对，民族则是以文化的异同为区别标准的社会学概念。……民族不仅共有一两个文化因素，而应该是具有涉及文化内容各个方面的共性的社会集团。英语的 ethnic group 便相当于这样的民族。[12]

这是一种偏窄的解释，止于表面，而且是比较含混的。文化的民族性具有根本性质。文化的民族性全面表现在文化的各个层面，绝不止于生活方式。民族性之最深刻的文化表现是心理的、精神气质的和思维方式的。我国古代楚民族（楚人）与中原汉族的生活方式是大体一致的，“文化内容各方面的共性”（如语言文字等）也大体相同。但中原汉族的哲学家、文学家、诗人却绝对写不出《老子》《庄子》，也写不出《楚辞》来。中原文化素以正宗心态为精神支柱，所谓“吾国泱泱，威震八方”。与中原文化作一对比，就可以看出因荆楚地缘政治、地缘社会与历史背景之不同而形成的楚民族性之不同而表现出来的楚文化特征。《楚文学史》一书在分析荆楚文化形成其鲜明的民族特征的深层因素时论证说：[13]

楚文学是楚民族和楚国家的历史的形象反映，楚人在其艰难而曲折、悠久而光荣的历史创造中形成的优良传统，也由楚文学作为其基本精神而鲜明突出地体现出来。《楚人为诸御己歌》，歌颂了诸御己忧国忧民、爱国爱民的可贵精神和高尚行为。据《说苑•正谏》记载，诸御己是楚都郊外躬耕自养的“草茅之人”，闻知“楚庄王筑层台，延石千里，延壤百里”，百姓不堪其苦，“大臣谏者七十二皆死矣”，便毅然挺身而出，不顾同伴劝阻，冒死入郢都进谏，结果说服了庄王，“遂解层台而罢民”，楚人因而作歌颂扬之。这首楚歌反映了楚人先国家之兴亡和百姓之苦乐而忧，后个人之生死和自身之得失而计的精神品质。

……

《老子》《文子》《庄子》等楚国诸子之作，都表达了对现实社会戕害人性、危害民生的极大忧虑和深刻批判，其愤世嫉俗之情、憎上悯下之感十分强烈，这也是其忧患意识的强烈表现。《老子》和《文子》大讲祸与福之关系，大讲如何免祸得福、避害趋利，显然正是为其忧患意识所驱使而作出的哲学思考。《庄子》更是强调说：“今世之仁人，蒿目而忧世之患。”甚至认为：“人之生也，与忧俱生。”可谓更加充分地表达出楚人那种形成于历史又产生于现实的沉重忧患感。同时，《庄子•则阳》还真切地描述了楚人的乡土之恋和故国之情：旧国旧都，望之畅然，虽使丘陵草木之缗入之者十九，犹之畅然，况见见闻闻者也，以十仞之台县众间者也。在文中，庄周借用人们见到故国旧都的兴奋之情，来比喻悟出本性的欢悦感受，可见他对于人们怀乡恋国的人之常情体会至深。这种人之常情，不言而喻是庄周在楚地深有体会的，是他所耳濡目染的楚人常情。屈原《九章•哀郢》中“去故乡而就远兮，遵江夏以流亡。出国门而轸怀兮，甲之鼂吾以行”的诗句，正好与这段文字相映衬。两者一来一去，一喜一悲，互参互证，淋漓尽致地表达出楚人恋乡爱国的深厚情感。最为突出和最为集中地体现出楚人的优良传统和基本精神的楚文学作品，不用说是屈原的诗歌了。屈原的《离骚》《九章》等作品，都是忧患意识、民族观念、爱国感情的强烈表达和充分抒发。

在长期的历史发展中，地缘政治与地缘社会构成了特定的历史背景经时间的沉积升华而形成的民族文化精神气质、思维方式和心理特征，这正是文化翻译的重大理论及实践课题之一：它既在我们的“前理解”中起导向作用，又在我们的“表现式”中起定音作用（详见本书第三章）。

1.2.2 文化的传承性

民族文化特征经历了历史的整合而一旦形成某种特定的“格局”（configuration, Keesing, 1958）从而具有“整体性”（unity, Keesing, 1958），就可以在这个民族（或社会）中融贯千秋万代，成为一种相对稳定的“entropy”（遗传信息量），这就是文化的传承性。[14]文化的传承性和延续性显然是我们在语义解码和文本解读中的重要线索。James Joyce 的《芬尼根守灵夜》（另译《芬尼根的苏醒》，详见第七章）也可以说讲的是与守灵有关的故事。“守灵”在爱尔兰民俗中具有传承性。《爱尔兰民俗学》[15]写道：

> 对死者的尊敬一直是我们文化中的一大显著特色。人们的确经常听到 Beansi 的哀号，她是一位非常特别的女精灵，她的哀号宣告着某一爱尔兰家庭中的一个成员行将死去。有相当大范围的信仰和实践涉及死亡和殡葬问题。过去，为死者守灵是一个重要的社会仪式。人们在为已故的亲友守夜时不仅仅做祈祷，还为那些享受了长久充实生命的死者歌唱、讲故事甚至做游戏。这被看作是对故世者致敬的适当做法。尽管这一守夜传统目前已近乎消失了，人生中那些自然的欢快阶段，如诞辰、婚嫁越发保留了它们悠久的重要性，作为重大的公共

场合被人们以狂欢、设宴的方式庆贺。……像其他民族一样，爱尔兰人民也偏爱幽灵精怪的故事。其中有恶毒的妖怪恐吓甚至伤害无知的旅行者的，也有慈善的精灵，为苦难的灵魂返回寻找祈祷者或给受凌辱的亲属送来援助。

可见，那些说 James Joyce 写《芬尼根守灵夜》是“完全出于奇思怪想”的批评家确实是忽略了一个基本的文化因素：文化的民族传承性。同时那些熟知爱尔兰民俗的批评家却无不充分肯定 Joyce 这一惨淡经营长达 16 年的探索，赞许他的自我剖白。Joyce 说：[16]

伟大的作家首先是民族的作家，是他们自己强烈的民族主义使他们最终成为国际著名作家，如屠格涅夫。……至于我自己则永远描写都柏林，因为如果我能触及都柏林的核心，我便能触及世界上所有城市的核心。在具体与个别中包含着普遍性。

其实，文化的民族传承性常常在许多方面以各种形式相互印证。爱尔兰画家比威克就创作过有关“守灵夜”的风俗画。

1.2.3 文化的流变性

民族文化虽然具有相当稳定的“entropy”，但这种“entropy”只是相对的：传承可能流变甚至中断，上文引证关于爱尔兰守灵习俗的叙述中已经提到，“守夜传统目前已近乎消失”。即是一例。

文化的流变性发展充分地表明“文化”实际上是一个开放系统而不是“封闭系统”（closed system），基辛论述说：[17]

The whole picture is of an “open” rather than a “closed” system. At the same time, particularly when larger trends are being examined, there are also strong “self-correcting mechanisms” present which make for the appearance of stability and duration: repetitive learning and habit formation, approximations of individual behavior around modes or patterns, the normative grip of premises, values, goals which integrate the way of life, the strong affective states which accumulate around conformity to rules and beliefs. Most characteristically, therefore, any model of a cultural system in isolation tends to approximate what has variously been called an "equilibrium", a "steady state", a condition of *homeostasis* ("same-standing"). Similarly, the usually slow, voluntary changes which take place from within a cultural system tend to have a consistent directional flow and character earning them the name of *cultural drift*.

（文化是个开放系统而不是封闭系统。与此同时，特别是从更大的趋势来考察，我们也可以看到文化中存在着很强的"自我校正机制"以补足其稳定性和经久性：如反复的习得和习惯的形成，个人行为模式的大体相同，统合群体生活方式的原则、价值、目标的规范性把握，与规则和信仰一脉相承的强有力的情感纽带，等等。因此，最典型的是，某一文化体系的任何模式处在孤立状态时总是倾向于大体的"均势"或"自我平衡"和"稳定"状态。与此类似，在某一文化系统内部发生的通常是缓慢而自发的变化也倾向于保持始终一贯的流向和性质，即所谓"文化流变"。）

基辛认为文化本身具有某种"**自我校正机制**"（self-correcting mechanisms）：一方面，某些被认为具有文化传承性的习俗、价值观念、信仰在孤立状态的文化模式中可能处在"平衡"或"均势"（equilibrium）中，停滞不前。另一方面，而且是更加不能忽视的一面是在文化体系内部（within a cultural system）可能产生一种恒常的方向性"**文化流变**"（cultural drift），冲击文化的稳定性，包括传统、观念、信念、信仰、生活方式等等。

文化流变性对翻译学的意义是不言而喻的。很多古籍文本到今天其所以难以解读，根本原因在于文化流变。文化在发展过程中促使原有文化序列中断，导致典籍文本中的意义难寻。《天问》就是一个典型的例子。《天问》篇幅仅次于《离骚》，共 374 句，1565 字，是屈原晚年的愤世之作。因此论思想、艺术的成熟程度应不逊于《离骚》。《天问》之所以"文义不次序”（东汉•王逸《楚辞章句》），当然与作者“忧心愁悴”的心境有关系，与屈原因愁悴而采用“奇矫活突”的艺术风格有关系，与“脱简”也有关系。但更重要的原因是文化流变，很多在屈原的时代仍然是家喻户晓的史实、神话、传说、瞽史箴言乃至文辞用语、句读句式至秦汉后业已失传，因而导致解读上的困难。

文化流变性最极端的情况是文化的濒临消失或完全消失。爱尔兰民族文化就曾经面临过濒临消失的险境。爱尔兰凯尔特文化有悠久的传统，大约始于 6 世纪并持续发展至公元 1000 年。但从 8 世纪开始爱尔兰不断受到外族入侵。15 世纪英国的都铎王朝的入侵和克伦威尔的军队在爱尔兰类似种族绝灭的大规模屠杀，使爱尔兰文化“英格兰化”。英语的无孔不入的渗透曾经使盖尔语和凯尔特文化濒临岌岌可危之境。严峻的挑战使爱尔兰人日益加深了忧患意识和危机感。这是 19 世纪爱尔兰一代杰出人士如奥格雷迪（Standish O'Grady, 1846–1928），海德[18]（Donglus Hyde, 1868–1949），乔治•罗素（George Russell, 1867–1935）和诗人叶芝（W. B. Yeats, 1865–1939）起而高举爱尔兰文艺复兴的民族运动义旗的历史背景，也是爱尔兰文化起死回生的伟大契机。

1.2.4 文化的兼容性

人类不同文化形态之间的关系绝不是势不两立、“你死我活”的。不同文化形态之间具有相互渗透、相互兼容、相互影响及相互促进从而达到相济相调、相得益彰的积极结果。这类例证在人类文化史中几乎比比皆是。上节中提到的奥格雷迪和叶芝就是使爱尔兰文化和英格兰文化相济相调、兼容出新的杰出代表。很多爱尔兰作家都面临一个“双重语言”问题，他们一般都恪守凯尔特民族心理和价值观以及民间语言的传统，并体现在自己的作品中，将盖尔语精华与英语融会为一体。以下是叶芝的一首很有名的诗《二度圣临》：

The Second Coming

Turning and turning in the widening gyre
The falcon cannot hear the falconer;
Things fall apart the centre cannot hold;
Mere anarchy is loosed upon the world,
The blood dimmed tide is loosed, and everywhere
The ceremony of innocence is drowned . . .
The best lack all conviction, while the worst
Are full of passionate intensity.

Surely some revelation is at hand;
Surely the Second Coming is at hand.
The Second Coming! Hardly are those words out
When a vast image out of Spiritus Mundi
Troubles my sight: somewhere in sands of the desert
A shape with lion body and the head of a man,
A gaze blank and pitiless as the sun,
Is moving its slow thighs, while all about it
Reel shadows of the indignant desert birds.
The darkness drops again; but now I know
That twenty centuries of stony sleep
Were vexed to nightmare by a rocking cradle,
And what rough beast, its hour come round at last,
Slouches towards Bethlehem to be born?

这首诗的文化心理完全是爱尔兰式的:所谓“二度圣临”是基于爱尔兰民间一种宗教心理，具有一定的叛逆性，即将《圣经》中所载的圣临济世之说加以衍化，预言世界末日到来之前，有个欺世盗名的“基督”会君临大地，至于这个“伪基督”是什么，叶芝故意诲莫如深。西方评论家认为这是爱尔兰民族心理中最典型的“诡秘感”“忧患感”、危言醒世式的“警策性”，但诗人用的却是优美的、道道地地的英文（除了个别有盖尔语色彩的词语），达到了“爱英融合”。

下面是该诗的汉译：

越来越大的螺旋在旋转，
猎鹰听不到驯鹰的召唤；
分崩拆裂，万物离散，
世界上只有一片混乱、荒蛮，
血染的潮水，在四处流淌。
被淹没的是彬彬有礼的纯良。
出类拔萃者的信念泯灭了，
而顽劣之徒却迸发着撒野的癫狂。

必然会出现那自然的启示，
必然会出现二度圣临。
二度圣临！未待我停住呼喊，
却出现了一个来自“世界灵堂”的巨大形象，
它阻挡了我的视线：在那荒沙之上
一个人首狮身
发出炙阳般空漠无情的目光。
它缓缓举动着巨腿——它的周围
愤怒的沙漠之鸟，四散飞翔。
于是黑暗又一次君临；但我明白了，
那二十个世纪的酣眠，
被摇篮摇晃成了噩梦；
我明白了，在那呱呱坠地的时辰，
那蹒跚走向伯利恒的，又将是怎样一个恶神？！

关于不同文化形态之间的这种交互渗透，交互促进的关系，文化人类学家 R. 林顿（R. Linton, 1936）曾以图 1—2 表示如下（根据 R. Linton 图改制）：

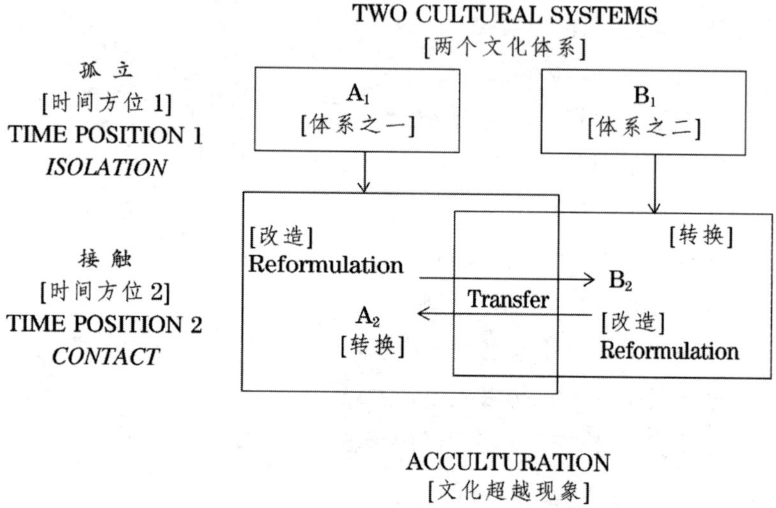

图1—2

如图 1—2 所示，A_1 与 B_1 交互作用（即转换 transfer）的时间方位不在“孤立”而在“接触”，可见文化接触是文化发展的关键。当然，转换结果在大多数情况下是积极的，“改造”是对原型的提升；但也可以是消极的，即 A_2 与 B_2 具有对抗性，也就是所谓“外域文化的干扰性”。严重的对抗可以导致处于弱小地位的文化消亡。以史为例。约从春秋前期开始，楚国国力大增，逐鹿中原，先后歼灭了许多小国及其文化，其中包括若国（今河南汝水一带）、西蓼国（今河南唐河县一带）、申国（今宁夏中卫及陕西米脂一带）、吕国（与申国邻近，在今河南南阳市一带）、邓国（今湖北襄樊及河南邓州市）以及息、曾、应、黄、樊等小国。《中原楚文化研究》（马世之著）一书在分析楚灭中原诸国与文化，使楚文化北渐时说：

楚文化为南系中心，中原文化为北系代表，地处丹江、淮水流域（不包括淮水中下游地区）的中原南部诸国，其文化虽有明显的地域特征，但均同中原文化有较为密切的关系。西周至春秋时期，楚文化尚未形成独具特色的文化体系，因而对北方诸国尚未具有强大的辐射力，相比之下，倒是受到中原文化深远影响。因而大体而论，中原南部诸国文化此时仍可归入北系，亦即中原文化圈内。约从春秋早期晚段开始，楚国势力蓬勃发展，随着对中原地区的用兵，版图不断向北扩展，中原南部诸国纷纷被楚兼并，当地原有文化序列忽然中断，遂由北系转为南系，进入新的楚文化圈之内。

从表面上看，这种政治上、版图上和文化上的兼并是“无情的”，但从历史发展的必然性和必要性这一广视角来评估，就会看到这种“无情兼并”的积极意义。可以说楚文化至东周之蔚兴勃盛，正是这一系列兼并活动的结果。清代高士奇在《左传纪事本末•楚代灭小国》中论证说：

楚为鬻熊之裔，国于荆山，至熊通始大，吞灭小国，僭号称王，天子使人赐胙曰:“镇尔南方，无侵中国。”未尝比于冠带诸侯之列也。及其雄心弗戢，狡焉启疆，渐且幅员数千里，带甲数十万，而燎原之火，遂不可扑灭矣！

对翻译学而言，文化的兼容性具有特殊的重要意义，因为翻译者正是置身于多元文化和多语种的多重圆圈中，而文化与语言都是相互影响的（Sapir, 1949）：翻译者不能只看到流变而忽视兼容，不能只看到“异”而忽视“同”，相反亦然。[19]文化的兼容性是文化翻译表现论的重要依据。

1.3 结语

本章的主旨在剖析翻译学视角中的文化并阐明我们立论的理据。20世纪物质文明和精神文明的发展大大扩大了文化研究的领域。我们的立意不是在缩小这个日益扩大的领域，而是要使我们的文化翻译理论研究与实践紧密结合，使我们的文化理论描写不至流于泛泛而论。我们的方法论原则是“以实带虚”，重在以翻译学为本位的聚焦研究。

〔注释〕

①以下是美国学者基辛（Felix M. Keesing）所汇集的关于文化的各家定义，包括上述泰勒定义的原文：

- That complex whole which includes knowledge, belief, art, morals, custom, and any other capabilities and habits acquired by man as a member of society. —Tylor (1871)
- The sum total of the knowledge, attitudes and behavior patterns shared and transmitted by the members of a particular society. —Linton (1940)
- 〔All the〕historically created designs for living, explicit and implicit, rational, irrational, and non-rational, which exist at any given time as potential guides for the behavior of men. —Kluckhohn and Kelly (1945)
- The mass of learned and transmitted motor reactions, habits, techniques, ideas, and values—and the behavior they induce. —Kroeber (1948)
- The man-made part of the environment,— Herskovits (1955)
- Kroeber and Kluckhohn (1952) have uncovered over one hundred and sixty different delineations of the term "culture" by anthropologists and others.

引自基辛著 *Cultural Anthropology: The Science of Custom*, Stanford University Press, 1958, p.18。

② 引自 Larry A. Samovar, R. E. Porter 及 Nemi C. Jani 著 *Understanding Intercultural Communicaion*, Wadsworth Publishing Co., 1981. 此处译文取自陈南与龚光明的译作《跨文化传通》，北京：三联书店 1988 年版，第 27 页。本书作者在译文字句上略有修改。由于原文缺如，字句上的修改只能是技术性的。

③引自 Moss Roberts 译 *Three Kingdoms: A Historical Novel,* University of California Press, 1991, p.86。

④ “代偿”（compensation，redeeming）是对“对应”的重要补充。在汉英—英汉翻译中我们更需要的是“代偿”，而不是有限的“对应”。所谓“代偿”就是无对应时各式各样的、不可或缺的“代用品”“替代式”，以此作为对原语的补偿式解释手段，所以“代偿”大体相当于各式各样的“解释”，因而极其灵活，形式多样，不拘一格。另见《刘宓庆翻译散论》，《全集》（第一版）之第 11 卷载“从对应到代偿”，2006 第 11 页至 33 页，

⑤ 引自 Herbert Landar 著 *Language and Culture*, California State College at LA

Press, 1978, p.21。

⑥本书作为文化翻译专论不能不提到种种"特殊情况"，首先是对隐喻性极强的文本（如 *Finnegans Wake*）的文本阐释很可能见仁见智，我们关注的只是基本解读策略。另一种情况是"脱简"（如《天问》）所引起的解读障碍问题。这种情况在中国典籍中很多，尤其是隐性脱简、显性脱简所引起的解读困难也很突出。后者见下例（战国后期楚人唐勒文赋片断，转引自蔡靖泉著《楚文学史》，湖北教育出版社 1996 年版，第 485 页）：

唐勒与宋玉言御襄王前，唐勒先称曰：人谓造父登车揽辔，马协敛整章调均，不挚步趋……〔0184〕马心愈也，而安劳。轻车乐进，骋若飞龙，免（逸）若归风，反骀逆陷，夜走夕日而入日……〔0190〕……千里……今之人则不然，白婞坚。〔0971〕……不能及造父，趋步□御者，诎……〔1717〕……□脊……〔4233〕

……御有三，而王良造……〔3588〕……袭□，缓急若意。□若飞，免（逸）若绝，反趋逆□，夜起夕日而入日蒙汜，此□……〔0403〕……虑发□□，竞反趋……〔2853〕

……贤圣御……〔3141〕……□□□□□驾下，作千……〔1739〕……兢久疾速。〔3454〕……反趋逆……〔4244〕……入日上皇，故……〔3150〕……□不伸，发敝〔2790〕……覆不反□……〔3720〕

本书第七章有文本专论。

⑦参见刘宓庆著《翻译与语言哲学》，台北：书林出版公司 1999 年版，第五及第六章。

⑧转引 J. Marias 著 *History of Philosophy*, Eng. transl., S. Appelbaum and C. Strawbridge, NY: Dover Publications, 1967, p. 373。

⑨参见⑧，第 374 页。

⑩参见⑧，第 374—375 页。

⑪参见刘宓庆著《翻译与语言哲学》，台北：书林出版公司 1999 年版，第七章，论翻译思维（7.1 节）。

⑫引自石川荣吉著《现代文化人类学》，译文根据周星等人的同名译作，中国国际广播出版社 1988 年版，第 6 页。原文缺如，本书作者在文字上作了技术性修改。

⑬引自蔡靖泉著《楚学文库》之《楚文学史》，湖北教育出版社 1996 年版，

第 8—70 页。

⑭文化传承性在人类学中称为“文化的能动性”（cultural dynamics, Dixon: 1928），文化能动性实际上是一种双向运动：一是传承而发展（1.2.2）；另一种倾向是演变而消亡。文化的能动性深深地影响了语言，尤其是语言中的语义。

⑮引自《爱尔兰民俗学》，爱尔兰外交部 1995 年 4 月版，《爱尔兰概况》，第 4 页。

⑯出自 R. 艾尔曼著 *James Joyce*, OUP, 1983, p.258，原文缺如。此处转引自王佐良等编《英国二十世纪文学史》，北京：外语教学与研究出版社 1984 年版，第 385 页。

⑰引自基辛著 *Cultural Anthropology*, p. 385。

⑱海德是凯尔特学会（Celtic Society）创始人。他在就职时作过一次影响深远的演说——《关于爱尔兰非盎格鲁化的必要性》。演说中指出，爱尔兰如果抛弃了民族语言，就无异于放弃要求世界认同爱尔兰是一个独立民族的最有效的权利。海德发表演说后，美国的报纸说“那（指演说）是一颗真正的爱尔兰炸弹”。

⑲请参阅萨丕尔的以下论述：

> Languages, like cultures, are rarely sufficient onto themselves. The necessities of intercourse bring the speakers of one language into direct or indirect contact with those of neighboring or culturally dominant languages. The intercourse may be friendly or hostile. It may move on the humdrum plane of business and trade relations or it may consist of a borrowing or interchange of spiritual goods—art, science, religion. It would be difficult to point to a completely isolated language or dialect, least of all among the primitive peoples. The tribe is often so small that intermarriages with alien tribes that speak other dialects or even totally unrelated languages are not uncommon. It may even be doubted whether intermarriage, intertribal trade, and general cultural interchanges are not of greater relative significance on primitive levels than on our own. Whatever the degree or nature of contact between neighboring peoples, it is generally sufficient to lead to some kind of linguistic interinfluencing. Frequently the influence runs heavily in one direction. The language of a people that is looked upon as a center of culture is naturally far more likely to exert an appreciable influence on other languages spoken in its vicinity than to be influenced by them.

引自萨丕尔著 *Language*, NY: Harcourt, 1949, p.192。

第二章　语言中的文化信息结构和文化信息诠释

2.0　概述

语言与文化的关系至为密切。萨丕尔认为从根本上说，语言具有的就是一种“文化功能而不是什么生物遗传功能”（language a cultural, not a biologically inherited, function, Sapir, 1949）。当代许多语言哲学家认为，究其实质而言，语言与现实的关系，是语言与文化的关系（M. Black, 1959），离开了文化及其所承载的意义，语言将一无所有。与此同时，人类却又依赖语言传播其文化，人类社会的全部运作端赖语言（Bloomfield, 1933）。萨丕尔等人的基本观点可以归结为语言的文化性质：它不仅是人类传达知、情、意的交际工具，而且它本身就是一种文化现象，它是人类文化整体不可或缺的一部分（part and parcel）。“语言按其本质是文化的”，这一论点的依据是：第一，语言是人类文明发展的产儿，是人类最基本的文化成果；第二，语言不具有生物遗传性（biologically inherited），它是人类后天习得的本领，而且是主要为了自我生存和发展而习得的本领（Lewis Morgan, 1877）；第三，符号性是语言的文化性质的主要标志。语言符号（linguistic signs）的代码功能表现在以下一系列不同称谓的二元关系中（R. Barthes, 1976）。

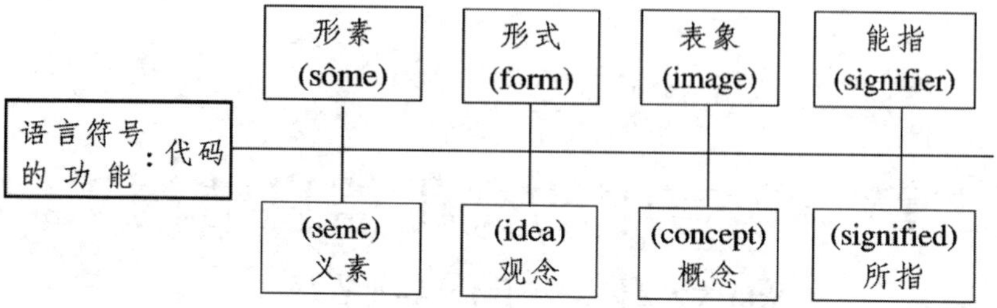

图2—1

可以说，代码是语言交际功能的全部奥秘和魅力之所在；第四，语言的文化性质还表现在它对人类文化和文明发展的反映作用：语言的发展与人类文化和文明的发展几乎是同步的，人类社会的每一步进展都可以在语言中找到注脚；最后，语言的文化性充分表现在它对文化的凝聚功能中：几乎找不到任何一种人类文化的行为、活动、经验、劳作或创造是不可以用语言文字来加以叙述、描写或记录的。[①]可以说，语言是人类文化的无比神奇的储存库和凝聚体。如果没有语言，人类根本无法认识自己的往昔、当今和未来，人类的一切经验和观念将早已如烟消云散，人类的心灵将真正成为“一片空白（a blank）”（J. Locke, 1700）。

2.1 语言中的文化信息分布

如果说语言是文化的储存库和凝聚体，那么它以什么方式、什么形式来储存和凝聚文化信息呢？文化既然几乎包罗万象，那么它是不是有类可分，存在着某种“机理”或层次呢？还有，如果说语言本身也是文化，而人类文化的几乎全部信息都可以依赖语言加以凝聚和储存，那么语言和文化之间的关系除了上节所提到的一些原则观点外，二者之间又存在着什么比较具体的关系呢？

这许多问题一直在吸引着文化人类学家、考古学家、语言学家、符号学家和心理学家的关注，有些学者还为之倾注了毕生的精力。翻译学家现在也加入了他们的行列。在过去的几十年中，翻译理论家对文化问题注意不够，这是因为，他们没有充分地认识到文化既与表现法关系密切，又与意义关系密切，将文化意义和文化语势问题撇在一旁，只抓住词法、句法和语法，或者只抓住文辞的“信”与“美”问题来谈翻译，不仅谈不上恰适其境的表现法转换，也谈不上恰如其分的意义转换。[②] 这是很显然的道理。

为了进行有效的文化翻译，首要的任务是充分地掌握原语中的文化信息。这里涉及的基本问题是必须全面地剖析语言中的文化信息分布。为此，我们需要由表及里、由简到繁、由有形到无形地剖析一下“文化系统的结构”（the structure of cultural system）。

2.1.1 文化系统的结构

文化属于人文现象，文化系统属于社会系统，这个“社会”可以小至社区、社会群体、氏族群体，大至民族（及至多民族集体如中华民族，这时会存在主体文化和亚文化）。我们可以由表及里来剖析文化社会系统的这个多层次结构。其中包括以下几个层次：[③]

第一层次：物质形态层（material stratum）。

物质形态层也有人称为器物层次，涵盖人类以物质形式（器物形式）所体现的文化，包括生产工具、生活用具以及一切数以千万计的与人的衣食住行发生关系的“物态文化”（materialized culture）实体。“物态文化”也包括与人的“生活世界”发生关系的“自然世界”，这里的“发生关系”指加以改造、加以利用、加以塑造从而体现了人的“文化创造活动和经验”的自然世界中的现象或景物，例如山中人挖出来的洞穴、人走出来的山径、人凿出来的石级等等。至于人开凿的运河，修建的海港、码头、船坞当然就更属于人的物态文化了。这里的关键是人所投入的“文化创造活动和经验”。庐山的仙人洞如果是天然的，我们就不能将它叫作“文化”，如果是由人们修缮、修建过的，那它就是“文化”了。可见物质形态文化的实质是它的人文性。现代电脑高度科学化，但如果没有人，世界上就不会有第一台及至今日最现代化的电脑。

第二层次：典章制度层（institutional stratum）[④]

典章制度层也有人称为制度层次，分为三个部分，涵盖人类在漫长的历史发展中为维护有序社会而创制的规约、体制和机构，它们都是非物态文化：

（一）规约（convention）

文化社会的规约（或规范），包括成文规约和不成文规约（或规范）。即便在人类文化社会的早期（采集狩猎社会和游牧社会），规约也是人类文化发展的“标志和必需品”，涉及命名（名物）、排位、定向、分级、守序等等。塞林斯（M. Sahlins, 1965）认为，文化社会规约可以分为三类：一是一般互惠性规约；二是均衡互惠性规约；三是非互惠性规约（剥夺性和占有性规约，19世纪末和20世纪初帝国主义强加于中国的许多“条约”就是这类规约）。第一、第二类规约都是制衡人类有序社会的“标志和必需品”。

实际上，在现代文化社会中规约无处不在，而且确实无处不可不在。如果没有这些规约，人类的有序社会就会沦为无序社会，那是不堪设想的。这些规约包括大至交通规则、税收规则、邮务规则、商业合约和种种国际条约，小至作息制度、个人卫生以及随手关门等等日常生活的非成文约定。

可以说“规约”（规范）是人类有序社会文化的基础，它起着规范人类文化社会秩序的不可估量的作用，但它却常常是“很不起眼”的。例如世界上通行的商品价格条码（bar code）就是一种重要的规约。试想想如果没有这些规约，人们的快节奏、高质素生活不马上“乱了套”了吗？所以说，人类文明越进步，规约化（及符号化）程度就越高。

（二）体制（system）

文化社会所有大大小小的体制都具有人文性，它们都是文化的产物。自然界只存在不以人的意志为转移的自然规律，不存在文化体制。文化社会中的体制是各方面的，它们常常是规约或规范的系列化、章法化或规则化，如人事体制、农事体制、经济管理体制、所有制（体制）、分配和交换体制、商品销售体制、市场运作和监管体制、教育体制、考核体制等等。一般说来文化社会的体制分为监察体制、运作体制和管理体制三大类。体制的科学化程度一般可以视为文化社会发达程度的标志。

（三）机构（institution）

“机构”在人类文化社会中也是形形色色、可大可小的。但所有“机构”的本质都是文化性的（cultural）。机构与规约、体制一样，与人类文化同步诞生与发展。但不同的机构标志着人类文化发展的不同程度或阶段。例如，原始的采集狩猎社会很可能有某种狩猎物的“分配委员会”（可能是“board”。这个字的原意是“木板”，木板是桌面的原料，桌子是一伙人围着议事的“文化必需品”），但绝对不可能有“银行”这种机构。人类文化社会的“银行”诞生得相当早，但其时绝对不可能有现代意义上的“证券交易所”。pawn（当铺）伴随商品社会而诞生，伴随高度发达的商品社会的成熟化而消亡（美国最后的一家老当铺于 20 世纪 70 年代在纽约曼哈顿 Union Square 附近关闭）。21 世纪文化的发展将有成千上万新的机构应运而生。

第三层次：行为习俗层（behavioral and customary stratum）。

我们先谈习俗。习俗是一种历时性社会约定行为。值得注意的是，习俗常常与某一社区、集体、氏族、群落或民族行之远古的规约和体制有关，与人们的传统观念有关。例如，不同的社会文化习俗对年龄的“集”（set）的划分常常是不同的，日本静冈县的“年龄集”根据习俗作如下划分：

> 静冈县伊豆伊浜的年龄集是很有名的。在那里，17 岁进入年轻人组。年龄集按照年龄设定间距很小的阶梯。择要有：跑差的（17 岁—），当过跑差的（19 岁—），小中老（25 岁—），中老（27 岁—），头领近侧（29 岁—），头领（32 岁—35 岁，以上是年轻人组的最高位）。这个阶梯进一步延伸，则有具备顾问资格的宿老（35 岁—），中宿老（40 岁—），大宿老（50 岁—），长老（60 岁—）等等。（铃木，1956）。

可见习俗具有十分独特的民族性。以下是民俗学家坦布拉（S. J. Tamblah，1969）在泰国进行的关于婚嫁习俗的调查：

> 从结婚和性关系的角度看来，在泰国北部，人们可能作如下分类并存在非成文规约：

(1) 兄弟姐妹——禁忌婚嫁

(2) 堂兄弟姐妹和表兄弟姐妹——禁忌婚嫁

(3) 较远的亲戚——可以婚嫁

(4) 邻人——可以婚嫁

(5) 其他人——无限制

家屋内部的分住或者居住空间的分割及利用方式，也与基于结婚和性关系的人际关系分类相对应。现简述如下：

(1) 家屋最神圣之所是卧室，由双亲夫妇、女儿夫妻（这里实行入赘婚）和未婚的姑娘们所占有，外人不得入内。当然夫妻以外的性关系也被禁止。

(2) 仅兄弟姐妹可以进入卧室，但禁止在此就寝。

(3) 与卧室相通，前面的房间是客房。客房为远亲、邻人和熟人所设。他们不能进入卧室（但可以与之结婚）。

(4) 应邀到访的客人可以进入正中屋门的走廊。

(5) 他人不得随便进入家屋的围栏之内。

就翻译学而言，除了应关注习俗所蕴含的意义外，我们还必须注意日常行为（也是一种文化符号）所蕴含的意义，其中包括体语、手势语等等，以便采取表现对策。翻译中所涉及的这类行为符号意义如何转换的问题，本书中将另有论述（6.5 节）。另外，所谓文化行为在很多文化人类学家论著中也缺乏严谨的科学界定，只是大略地分为个体性及集体性行为。从翻译学来看，文化行为可以分为：第一类是日常交际性行为（包括文体活动、日常习俗、体语等非语言性表意行为，即本节所指的行为）；第二类是物质生产性行为，也就是第一节中提到的“人类物质文化活动和经验”；第三类是政治军事性行为，这是人类集体性的文化斗争活动和经验（军事征战是政治斗争的继续），我们可以将历史看作记述第二、第三类文化行为的记录。

第四层次：心理（或心智）活动层（mental stratum）。

“心智活动”包括心理和广泛的观念系统及认知智能活动（高级的智

能活动涉及精神财富的创造，如文艺创作、学术研究等等）。

对翻译学而言，特别是就文化翻译实践而论，意义探索深入到心智活动层是至关紧要的。因此，我们要着重分析和研究这个层次的内部结构，此处只作简略介绍。

“心智”包括两个系统：一是文化心理结构，二是文化观念结构。许多杰出的文化人类学家都从事过这方面的研究。美国著名的文化人类学家本尼迪克（R. Benedict, 1934）按术语将这个层次的内部格局作过如下分类：

a. Terms emphasizing *ideational* (cognitive) characteristics of a cultural system: ideas, master-ideas, themes, premises, hypotheses, common denominator concepts, enthymemes (“unstated assumptions”) **意识形态术语**

b. Terms emphasizing *emotional* (affective) characteristics: values, value attitudes, interests, “of courses” **情感术语**

c. Terms emphasizing *action* (conative) characteristics: purposes, goals, life-goals, ideals, orientations, sanctions, directives (popular during World War II) **行为术语**

d. Other terms: configurations, integrating factors, total-culture patterns, sociopsychological constellations **其他术语**

我们可以参照本氏的分类来先探讨一下民族文化心理的层次结构。与人类心理有关的机制应涵盖以下几个系统，试先列举如下：⑤

（1）**感知系统**：基于人对客观世界及事物的感觉（perception）而产生的心理反应；

（2）**认知系统**：基于由感觉提升的认识（understanding）而产生的心理活动；

（3）**情感系统**：大体上基于由汉语的所谓“七情六欲”（如求知欲，但不包括生理欲望）而催动的心理活动；

（4）**思维方式系统**：基于受语言制约的特征化思维方式；

（5）**价值系统**：基于主体需求的理性化标准而构成的价值观取向；

（6）**审美系统**：基于审美判断而产生的心理倾向。

以上六个系统构成了文化心理这个深层次的文化信息集合。从这个结构剖析，我们也可以明白心智活动层在深层文化中的重要作用。这个问题我们还将在第八章中作专论，并在分别探讨语义的文化诠译、文本的文化解读、文化表现论以及文化可译性等问题时再结合例证作深入的分析。

以上我们对文化信息的整体分布基本模式作了探讨。现在我们尚需对这个整体分布的基本模式与语言的关系加以说明。

如上所述，语言在本体论上是文化的（ontologically cultural）：语言的文化性和人文性就是它的本质。语言是特殊的文化现象：它之所以“特殊”，就是由于它存在于文化各层级的结构矩阵和功能矩阵中（1、2、3、4），语言是“文化结构和文化功能的统一者”，而且是最有权威、最具潜势的“唯一的统一者”[⑥]，见图 2—2：

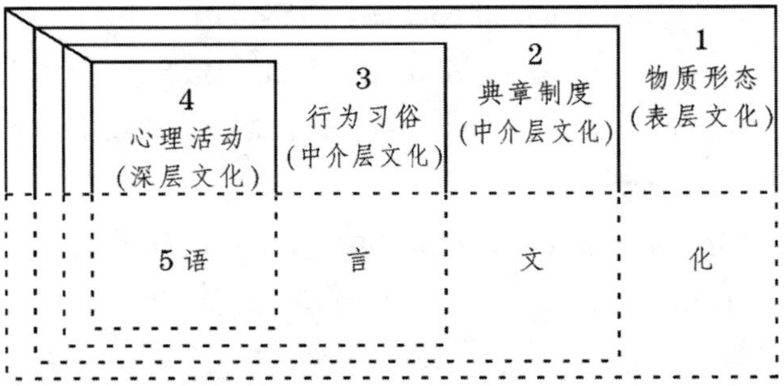

说明：有人认为“行为习俗”应在第二层，典章制度应在第三层。

图2—2　文化信息分布层次及与语言的关系

可以说，文化的每一个层级——从最表层到最深层，无一不与也不能不与语言发生休戚相关的映衬、依托和体现的关系。萨丕尔在论及语言对文化的重大意义时有一段重要的论述。萨氏云：[⑦]

Though language is not ordinarily thought of as of essential interest to the students of social science, it powerfully conditions all our thinking about social problems and processes. Human beings do not live in the objective world alone, nor alone in the world of social activity as ordinarily understood, *but are very much at the mercy of the particular language which has become the medium of expression for their society*. It is quite an illusion to imagine that one adjusts to reality essentially without the use of language and that language is merely an incidental means of solving specific problems of communication or reflection. *The fact of the matter is that the "real world" is to a large extent unconsciously built up on the language habits of the group. No two languages are ever sufficiently similar to be considered as representing the same social reality.* The worlds in which different societies live are distinct worlds, not merely the same world with different labels attached.（参见萨丕尔著《语言论》中译本：陆卓元译，陆志韦校，北京：商务印书馆，1985 年）

作为文化人类学家的萨丕尔首先充分肯定了语言至关重要的作用：人类不可能舍弃语言而生存于客观世界之中，语言是人类赖以表现自身存在的媒介（the medium）。萨氏的论断是："事实上，'真实世界'在很大的程度上是不自觉地建立在特定群体的语言习惯之上的"，语言中存在的世界是实实在在的不同世界，而"不仅仅是贴上了不同标签的同一世界"。随后，萨丕尔谈到了语言的特征性的问题，我们将在下面论证。

2.1.2 小结：语言中的文化矩阵

以上诸节剖析了文化系统的结构、文化信息的存在形式及分布，分析了语言与文化的关系。我们的剖析和分析证明了一点：翻译学对待文化的基本原则和视角是符合"文化"的实际的，"文化翻译研究"作为在翻译运作中如何对待文化问题、如何处理具体的文化形态表现、如何转换具体的文化信息（原语文化信息 ⇨ 译语文化信息）的一门次学科是建立在既符合文化实际、又具有充分的科学论证的基础之上的。至于这个基础是否坚实，取决于翻译家和翻译理论家齐心协力的构建，本书只是抛砖引玉，我们期望的是后来者的努力。

2.2 文化信息诠释的关键:语言的异质性——文化基因差异

由于语言具有“与之(民族)俱生,与之(民族)俱存”的民族性,因而特定的民族都有特定的语言:世界上不存在没有特征性的语言就犹如世界上不存在没有特征性的民族,所以,萨丕尔在上面说,在语言反映社会现实这一点上,世界上没有两种语言是完全类似的;不同的社会群体生活在不同的世界中,而不仅仅是同一世界被贴上了不同的语言标签。这样,语言的异质性就成了不同民族的**文化基因**。举个简单的例子:同样一种糖,说汉语的人叫它作“红糖”只是以之对比白糖;说英语的叫它作“brown sugar”(棕褐色的糖),则确实是因为它是褐色。为什么同一物件有这种“标签”之别呢?我们的答复是:起作用的是植根于不同的文化经验所凝结的不同的“文化基因”。这里所说的“文化经验”涉及语言文化心理和思维方式、语言习惯、名物传统等等,形成了含蕴极丰厚的文化积淀,这种积淀凝聚为“基因”而代代相传,衍生出语言的异质特征。一般来说民族文化基因的构成因素如下表:

表2—1

民族文化基因
- 特定的地缘因素形成的民族性(ethnicity,例如东方民族性与西方民族性的差异)
- 具有异质性的语言
- 民族文化演进和转型的轨迹(指民族进化中阶段性各不相同,Riane Eisler, 1988)
- 历史文化经验(例如不同的战乱、暴政、复兴、盛世等等)

在以上因素中，翻译学最关注的是语言的异质性，而异质性问题的本质是文化因素。当然，人类语言的第一位的性质是同质性：人类所有的语言都是符号序列，都是交际工具，都有大体相同的整体性（或宏观）结构（如语音、语法、词汇），都有从不完善到大体完善的发展演变史等等。语言如果没有相对的同质性，人类就不可能互相沟通，不可能共处于一片蓝天之下，当然也就不存在翻译问题。这种相对同质性维特根斯坦称之为“家族相似”（“family resemblance”, 1953）。同样，语言如果没有异质性，这个大千世界就不可能存在千姿百态的文化，各种文化不可能争芳斗妍，各显风流。果如此，则同样不存在翻译问题。

因此，语言的异质性也是语言的本质特征，虽然它也许只是第二位的特征；而且应当说明，这里所谓语言的异质性主要是就语言的文化异质而言，文化是本书探讨的主要领域。

2.2.1 语言文化异质性根源之一：文化源流

不同的文化源流（包括历史发祥、地缘格局、人文肇始、社会演变、典制沿革、政治及经济形态）是语言文化异质性最初的滥觞。文化源流通常被视为语言的母体基因。以荆楚文化为例。楚先民生息之地在长江中游，从民族构成来看，楚作为具有显著的民族特征的群体，是长江中游群落先民的融合。具体而言，楚民族是由来自北方的一部分汉先民与长江中游土著苗蛮民族的融合。《史记•楚世家》载：“熊绎当周成王时，举文武勤劳之后嗣，而封熊绎于楚蛮，封以子男之田……居丹阳。”[8]可见从文化源流来看，楚文化既具有周文化的共同性，又具有显明的荆楚特色，它含有复合的文化多生因子。这个文化源流的主体应该是荆楚，最早见于《诗•离颂•殷武》：“维女荆楚，居国南乡。昔有成汤，自彼氐羌，莫敢不来享，莫敢不来王，曰商是常，挞彼殷武，奋发（伐）荆楚，深入其阻……”[9]我们也可以从这里看到殷商与苗蛮从抗衡到融合，然后植根于以两湖为楚地中心的绵长的民族演变发展史，为期当超过一千年。[10]

楚地的地缘风物奇瑰绮艳，使楚民乐操土风，“南冠而系”的英烈不绝于史，人文荟萃，霞蔚云蒸；楚人情缅楚风，寄精魂于江汉，系云梦于睢漳。

这一切使楚文化带有特殊的、奇崛幽昧的浪漫色彩。这是我们领悟楚文化（包括翻译《楚辞》）的一把钥匙，也是我们解读老庄屈宋及至王逸、扬雄、陈子昂、范仲淹等一代又一代文哲大师之文本的入室之门。下面是庄周在《齐物论》的篇末写的“庄周梦蝶”一节：

昔者庄周梦为蝴蝶，栩栩然蝴蝶也，自喻适志欤！不知周也。俄然觉，则蘧蘧然周也。不知周之梦为蝴蝶欤，蝴蝶之梦为周欤？周与蝴蝶，则必有分矣。此之谓物化。

可以说，“庄周梦蝶”为《离骚》中的“览相观于四极兮，周流乎天余乃下”及至很多段落主旨作了最好的注脚。这就是中国文论史中所谓的“文虽异而源流于一”。

2.2.2 语言文化异质性根源之二：语言结构

对翻译学而言，结构只有与意义和功能紧密相连才有意义。没有意义和功能的结构只是一种空框架构，含蕴意义和功能的结构就成了可以赖以把握意义的物态手段或物质依据。这时的结构是翻译学绝对不能等闲视之的。[11]

从表层上看，汉英两种语言的差异非常明显：文字体系殊异，词汇形态殊异，发音生理特征及音位组接和组合方式殊异，这些都是表层形态结构方面的语言文化问题。

句法方面的形态（形态涉及类型学特征）和形式（形式关注结构特征）也充分表现出汉英两种语言的语言文化差异。由于这方面的问题比较复杂，我们可以用“以实带虚”来加以阐述。下面是《易经》中的《系辞上传》。《系辞》被许多西方学者视为中国古代哲学思想的精粹。实际上，只要我们悉心研读就可以领悟到，它也正是一段能充分显示汉英两种语言句法形式结构和语言文化特征（特别是就双语思维风格差异而言）的经典语段：

天尊地卑，乾坤定矣。卑高以陈，贵贱位矣。动静有常，刚柔断矣。人以类聚，物以群分，吉凶生矣。在天成象，在地成形，变化见矣。是故刚柔相摩，八卦相荡。鼓之以雷霆，润之以风雨；日月运行，一寒一暑。乾道成男，坤道成女。乾知大始，坤作成物……[12]

下面是大体上根据 James Legge 的原译改修过的英译：

The Great Treatise

Section I

1. Heaven is lofty and honourable; earth is low. (Their symbols), Qian and Kun (with their respective meanings), were determined (in accordance with this).

Things low and high appear displayed in a similar relation. The (upper and lower trigrams, and the relative position of individual lines, as) noble and mean, had their places assigned accordingly.

Movement and rest are the regular qualities (of their respective subjects). Hence comes the definite distinction (of the several lines) as the strong and the weak.

(Affairs) are arranged together according to their tendencies, and things are divided according to their classes. Hence were produced (the interpretations in the I, concerning) what is good ［or lucky］ and evil ［or unlucky］.

In the heavens there are the (different) figures there completed, and on the earth there are the (different) bodies there formed. (Corresponding to them) were the changes and transformations exhibited (in the I).

2. After this fashion a strong and a weak line were manipulated together (till there were the eight trigrams), and those eight trigrams were added, each to itself and to all the others (till the sixty-four hexagrams were formed).

3. We have the exciting forces of thunder and lightning; the fertilising

influences of wind and rain; and the revolutions of the sun and moon, which give rise to cold and warmth.

4. The attributes expressed by Qian constitute the male; those expressed by Kun constitute the female.

5. Qian (symbolises Heaven, which) directs the great beginnings of things; Kun (symbolises Earth, which) gives to them their completion.

对比而言，汉英在句法上具有明显的异质性差异。下面依照句法结构中的重大问题按上述汉语中引文出现的次序，将汉英语言文化在句法上的差异列举如下：

（1）汉语句子**可以用形容词作谓语**，“尊”和“卑”都是形容词，“天尊地卑”的结构是 SP+SP，句中没有动词；英语不可以用形容词作谓语，lofty 与 honourable 前必须加上 is，英语的句子中不可以没有作谓语的动词。

（2）汉语句中的**动词一律取泛时态形式**（timeless form），例如“定”（乾坤定矣，“定”发生在过去）是个泛时动词，意思是：汉语动词本身无所谓“时态”，动作发生的时间概念由词汇来表示；英语句中动词在任何情况下都有一个时态问题，用泛时形式有严格的限制。英语动词本身就能显示出这种范畴（“时间段”）：时间范畴的变化无一不表现在形式上，语法上将这种变化统而称之，叫作形态变化。汉语没有这一套。引文中“定”“位”“断”“生”“见”五个动词在形式上没有区别，也没有附加时间助词（着、了、过），因为说汉语的人并不去考虑这五个动词指涉的（动作）是在什么“时间段”中发生的。而英语必须一板一眼交代清楚：“定”（were determined）是过去，“位”（had their places assigned）也是过去。“断”译者用 comes the distinction 表示，用的是泛时态，因为“刚柔”什么时候都是根据“动静有常”来断定。“生”和“见”两个动词概念 James Legge 用了过去时态，可能是他认为它们指涉一种过去发生的“既成事实”。

（3）与时态问题相当，还有一个语态问题，即主动还是被动？在汉语中，动词本身也不带什么变化标志，如果是被动，汉语还是采取词汇手段，在动词前用一个“被”（或“受”“挨”等等）字，或什么助词也不用，语态隐含，我们称之为“**隐性被动**”，在汉语中用得极广。《系辞上传》中，“变化见矣”是“被见”，才符合印欧语的语法逻辑。但汉语就是汉语，按汉语的异质性语法本位观，不加“被”也是符合逻辑的。英语不能这样，必须一板一眼，被动、主动一目了然。

（4）相比之下，汉语**重意合**（parataxis），英语**重形合**（hypotaxis）。《系辞上传》前四句每句皆四字，句与句之间没有连接部件，完全靠“意”相连相合，我们称之为意合，即形散神合。但英语不是这样，译文中的括号部分（其实不只是括号中的部分）都是形合部件，没有这些形合部件，英语句子不能圆满成形。这是汉语重要的异质性句法特征。

（5）**与主语有关的异质性问题也很多**。首先，汉语与英语不一样，汉语的主语不是“不可或缺”的：“鼓之以雷，润之以风雨”，主语是什么呢？谁“鼓之”？谁“润之”呢？汉语可以免去。今天汉语中这种句子更多。“晓以大义”，谁“晓”谁呢？“是时候了”不是“时候是”的倒装；下雨、起雾、刮风、打雷、落雪都不是省略句（省略“天”吗？说不通，怎么能说“天刮风”，“天打雷”呢）。英语就不能没有主语，以上有些例子英语中一概加上一个其实只能说充当主语功能的 it。另外，汉语中的主语可以不是名词也可以与动词没有什么关系，例如“高不成，低不就”，“高”“低”都是形容词，在句中充当话题，称为话题主语。话题主语在汉语中占优势。当然也可以勉强解释为省略式（高的东西、位置、事业，等等），其实句中并没有省略什么，这是汉语的异质性问题。“酒不喝了”，“酒”与“喝”没有施事关系，是“人”这个隐含施事喝酒。这都是汉语句法中的主语的独特的性质，这在英语中是不行的。

以上五点，只是荦荦大端。

2.2.3 语言文化异质性根源之三：文化心理和思维方式

文化心理支配思维方式，后者也可以称为思维风格。思维方式指整体的、基本的表现模式及至行文风格，可见翻译学不能对之掉以轻心。中国人有一种重人的心性主体的文化心理，话语中谁是主体，不必言之凿凿，听者自必了然于心。

因此汉语句子不拘泥于有没有主语，语言心理逻辑上认为主语是一种“当然存在”，常常可以隐含。杜甫的诗说“出师未捷身先死，长使英雄泪满襟”，外国人觉得奇怪，英雄死了，为什么还能“泪满襟”呢？其实，按中国人的心理，“出师未捷”是一个人（死者），“泪满襟”又是另一个人（生者）。这类例子很多。

西方语言学家对思维方式与语言之间的关系关注甚早。近代德国语言学家洪堡（Wilhem von Humboldt, 1769–1859）提出一种见解，认为每一种语言都是独一无二的，它含蕴着操这种语言的民族的世界观。洪堡的观点得到萨丕尔的支持。萨丕尔的弟子沃夫（Benjamin L. Whorf, 1897–1941）进一步阐发了萨氏的观点。沃夫认为，诚如萨丕尔指出的，语言模式对构建不同的文化社会具有非常重要的意义，不仅如此，语言实际上制约一个民族看待生活现实的样式。于是沃夫提出了一个假说，认为语言不仅包含了操这一语言的人谈论世界的方式，还包含了受该语种（结构—功能）所制约的世界的模式，简而言之曰“语言决定世界观”。沃夫提出假说以后一直很难得到有力的科学验证。印证者、反证者都陷于“纸上谈兵”。看来，从洪堡、萨丕尔到沃夫假说有武断的一面，但也有其积极的参照意义。文化人类学家基辛评论说：[13]

> 沃夫之说绝妙地表达了语言和文化之间有着一种独一无二的关系的论断。如果我们的焦点放在说明民族差异上，放在他们的概念世界及他们的文化的差异上，那么沃夫理论可以说一方面指出了这种多样性，同时也对这种多样性提出了部分的解释。
>
> ……
>
> 对沃夫假说更进一步的反击来自一些断言思维与运用语言根本不是同一回事的论者，他们认为沃夫理论是企图寻求语言结构和思想范式之间的关系，因此无可避免地会陷入歧途；其实沃夫是将语言的范畴和类别当作思维本身的单位或传达媒介。由于语法系统由语言元素组成，所以思维方式必然显现出一定的结构。然而知觉和思想的元素就是语言的元素这种基本假设，现在似乎站不住脚，而且也会产生误导。但我们不应该就此反对沃夫的观点，因为他的观点

也有正确之处，富于启发性，使我们看到在思维方式这个层面上不同语言之间的变异。

我们大抵可以确定的是，语言中存在着操这一语言的民族文化在思维方式上的特征。⑭例如以汉语为母语的人在思维方式上注重结构和语义功能的整合，体现一种以语义功能为意念主轴的整体性系统化思维模式，重意形契合而不太注重形态或形式，不强调思维赋形于（外化为）语言时必须恪守某种以动词形态（形式）为主轴的形式程式。我们说“自从盘古开天地”（“开”显然是过去），“下月开个户头吧”（“开”显然是将来）等等时，只重“开”这个意念和它在句中的位置和搭配，不去想“开”用什么“时态”。汉语也相当充分地反映了说汉语的人重主体意识的思维方式。上面提到，汉语句子中的主语常常是言者主体思维中的一个话题（theme 或 topic），而并不执着于 SVO 这种结构模式。我们说:“这个想法你跟别人谈过吗?”“这个想法”是主体意识中的一个话题，成了主语，“你跟别人谈过吗?”是述题（theme 或 comment）因而呈 TR 或 TC 两段式句法模式，详见本书 5.1.1 节。二元并列也是中国人的思维—语言风格，如上下、是非、东西、好歹以及你来我往、上行下效、谁是谁非、声东击西等等都是二元正反并列或和合式。上句话英语必须说“Did you ever talk about this idea with others?”恪守了 SVO 结构，客体“you”才是主语。

2.3 语言中文化信息的扫描

上面我们探讨了语言中有关文化信息的诸多问题。最后还要提一提“语言文化信息的扫描”（cultural information scanning，简称 CIS），这是一个使文化翻译落到实处的对策。

“信息扫描”犹如信息的过滤或筛选，即将语言中存在的一切文化信息一层一层地筛选滤出，以便翻译处理。CIS 的重要意义是不言而喻的。由于 CIS 主要是一个操作问题，我们将在第八章中集中探讨。另外亦将在第五、第六、第七各章中以实带虚地论述这个问题。

2.4 结语

在所有的社会学科中，参与“文化”探讨的学科最多，学者人数最多，提出的课题最多，未获圆满解决的问题也最多。文化研究事业兴旺发达，当然是很好的现象，估计在21世纪中这个势头只会有增无减。翻译学肯定将在这种史无前例的广泛探讨中获益良多。

但是作为翻译学，我们出于“急本学科之所急、所需”的考量，将不得不关注与本学科最有关系的问题，例如文化信息问题，广泛涉及符号学、社会学、社会语言学、遗传学、心理学以及思维、认知科学和实际上属于哲学的价值观问题。当然，我们不可能也没有必要一一深入到各学科去探讨它们与翻译的关系，但一旦涉及文化信息传播，我们要尽力借鉴这些学科的处理对策。

对于翻译学，我们必须集中关注语言中的文化信息的转换传播问题，包括种种文化行为——具有特征的**文化自然（生理）行为**、集体和个体的**文化心理行为**和**文化语言行为**，而且我们的研究重心是后者，因为前两者都反映在后者中:“语言世界”的实质是一个“语言文化世界”（Humboldt, 1909），而这一切渊源于语言的人文性。另一个重点涉及翻译的文化历史使命，因为归根结底，翻译是一种**旨在**——也是**志在**传播促进社会发展和进步的文化思想的手段或桥梁，翻译者应该认识到自己肩负着促使本国文化积极吸取外来文化精粹的文化战略使命，应该具有我们的译界前辈所秉承的“舍我其谁”的进取精神。

〔注释〕

①请注意，“几乎”这个词是不可或缺的。人类文化的心理和认知活动机制和过程仍然还没有为人类所认识。因此对它的叙述和描写在本质上只能是“试验性的”（experimental in nature, M. Cole and S. Scribner, 1974）。列维-斯特劳斯（Levi-Strauss）为此作过结构主义的描写（1963、1966），但在文化人类学和心理

学学术界仍有颇多争议。

②在近一百年来的西方译论中，一般执着于两个层面来谈翻译：一是语言的层面（linguistic aspects），例如 Jakobson 的 *On Linguistic Aspects of Translation* 就是这方面的代表。二是修辞学或美学的层面（rhetorical or aesthetical aspects），这方面的代表人物始自西赛罗、杰罗姆和昆体良。精于对翻译的审美观察和论述的大作家也很多，如德莱登和歌德。20 世纪 20 年代德国的文论家及哲学家 Walter Benjamin 写过一篇专论《论译者的任务》（英译者是 H. John），着重谈了语言之间的关系，但未提文化上的关系问题，实际上没有脱出以上两个层面的约束。西方译论家摆脱不了传之远古的因袭之见，与西方学术界（特别是哲学界和历史学界）含含混混地将"西方文化"视为一个范畴不清晰的"统一体"，因而忽视了语言文化差异很有关系。

③西方学者对此有各种各样的分类和分析。请参阅 Roland Barthes 著 *Elements of Semiology*, transl. A. Lavers and Colin Smith, New York: Hill and Wang, 1977, pp. 25–34。威斯勒对此作过如下分类（1923）：

1. *Speech*: Language, Writing Systems, and the like

2. *Material Traits*: a. Food Habits; b. Shelter; c. Transport and Travel; d. Dress; e. Utensils, Tools, and so on; f. Weapons; g. Occupations and Industries

3. *Art*: Carving, Painting, Drawing, Music, and so on

4. *Mythology and Scientific Knowledge*

5. *Religious Practices*: a. Ritualistic Forms; b. Treatment of the Sick; c. Treatment of the Dead

6. *Family and Social Systems*: a. The Forms of Marriage; b.Methods of Reckoning Relationship; c. Inheritance; d. Social Control; e. Sports and Games

7. *Property*: a. Real and Personal; b. Standards of Value and Exchange; c. Trade

8. *Government*: a. Political Forms; b. Judicial and Legal Procedures

9. *War*

④有人认为"行为习俗"应居于第二层，比"典章制度"更具有基础性，这是有道理的，因为社会典章制度大体是人类文化行为的体制性总结，具有更强的观念内涵。但另有人认为典章制度是更基础的东西，因为没有典章规范的约束，人类就不可能实施有意义的文化行为，因此二者之间存在一种辩证关系，似不宜拘泥于一说，本书未作定论。

⑤转引自日本山洛胜屋著《生活集团》，载石川荣吉编《现代文化人类学》，

周星等译，1988年版，第110—111页。本书作者在文字上有技术性修改。

⑥这是一个极富争议的问题。参见M. Cloe等著*Culture and Thought*, a *Psychological Introduction*, Inc, New York: John Wiley, 1974, p.61。

⑦转引自Herbert Lander著*Language and Culture*, UCLA Press, 1965, pp.25–27。

⑧引自王建辉等著《荆楚文化》，辽宁教育出版社1995年版，第3页。有关"丹阳"之地望学术界有不同见解。原因可能是楚人迁都频繁，而且每迁一地均名之曰丹阳。

⑨另见沈括《梦溪笔谈》："荆或为楚，楚亦荆木之别名也。"

⑩参见王建辉等著《荆楚文化》，第4页。另见第2页载：

> 熊绎五传至熊渠作国君时，疆土扩大到长江中游。后建都于郢（今湖北江陵西北纪南城）。春秋时兼并周邻小国，楚成王时有"楚地千里"之称。并不断与晋争霸。楚庄王曾为霸主。疆域西北到武关（今陕西商南西北），东南到昭关（今安徽含山北），北到今河南南阳，南到洞庭湖以南。战国时疆域又有扩大，东北到今山东南部，西南到今广西西北角。楚怀王攻灭越国，又扩大到今江苏和浙江。在秦统一战争中最后失败，公元前278年郢失守，迁都陈（今河南淮阳），前241年又迁都寿春（今安徽寿县），前223年为秦所灭。

⑪"语言结构"的异质性对比分析是一个很大的题目，限于篇幅并考虑到必要性我们不拟在本书中作详尽的剖析，本节将主要探讨汉英句法结构中的谓语动词句法功能对比。比较详尽的汉英句法结构异质性对比探讨请参见刘宓庆著《汉英对比与翻译》，江西教育出版社1992年版；杨自俭、李瑞华编《汉英对比研究论文集》，上海外语教育出版社1994年版。

⑫以上一段《系辞》的白话译文如下：

> 天尊贵在上，地卑微处下，乾天坤地的位置就确定了。卑下和高大杂然并存，万物贵贱不同的地位就排定了。天动地静循着一定的规律，阳刚阴柔的性质就断然分明了。世间各种观念以门类相聚合，各种生物以群体相区分，彼此间利害的调和冲突而产生了吉凶。在天上的有日月星辰雨雷之象，在地上的有山泽草木鸟兽之形，事物变化的道理就从中显现了出来。因此，阳刚与阴柔相互摩擦交感（形成八卦），八卦又相互推演变动（而衍成六十四卦）。就像用雷霆鼓动，以风雨滋润，随着日月的运行，寒暑季节交替循环。又像乾道构成男性，坤道象征女性。乾的功能在于掌握万物伟大的创始，坤的作用在于承继乾的创始而生成万物。
>
> 译文取自《周易》，湖南人民出版社1991年版。

⑬引自R. M. Keesing著*Cultural Anthropology: A Contemporary Perspective*,

NY: Holt, 1976, pp.70–71。

⑭目前对这个问题仍是争论纷纭。下面我们介绍陈松岑在《社会语言学导论》一书中对这一问题所持的见解，供参考：

> 关于不同的语言是否决定了不同的文化，洪堡（W. Humboldt）认为：由于作用于一个民族的语言的主观因素不是相同的，所以在每种语言中都含有各自的世界观，"由于人的感知和活动都要依赖于人的观念，所以人和事物的关系就会完全受语言的制约"。萨丕尔（E. Sapir）认为词语的意义主要不是对客观现实的反映，而是由特定的语言改造客观现实的结果。萨丕尔的学生沃夫进一步系统化了乃师的观点，反复强调客观现实只能给予我们一些杂乱无章、川流不息的印象，只有语言才能使它们条理化。这种条理化并且能使操不同语言的人所理解的客观现实各不相同，所以语言不是以语音为特质外壳，以反映客观现实的概念作为主要基础，而是一个用来组织经验的概念的体系，它不仅迫使人们接受一定的世界观，而且决定了人们思维的规范，从而决定了人们的行为准则。从洪堡到萨丕尔、沃夫在这一问题上的唯心主义观点是十分明显的。我们承认人类在认识客观世界时往往会添加某些主观的成分，特别是对客观世界的认识用音形式固定下来成为词义的时候，更是如此。但是这种主观成分不是语言所固有的，而是来源于各个人不同民族的社会现实。语言虽然是与思维结合在一起的，但语言本身毕竟是音义结合的符号系统，它与思维不是同一个事物。产生不同思想感情的决定性因素是由社会生活所制约的过去的经验，而不是语言本身。语言对听话行为的影响和语言对人类思维的决定作用是两件事，不能混为一谈。……有许多语言学家并不把文化一词简单地等同于知识或思想，更不同意把它与人们的思维方式画等号。文化应该有更为广泛的内容。广义的文化指人类在劳动过程中所创造的物质财富和精神财富的总和。狭义的文化则指社会在特定发展阶段上的意识形态以及与之相适应的制度和组织机构。无论就广义或狭义的文化来说，语言都是表达它的重要手段（或称形式）之一。语言作为文化的表达形式并不是说语言的声音是形式，其意义就等于文化，我们是把语言符号的整体看成民族文化的重要表达形式的。根据这种理解，语言和文化之间的关系就是形式和内容的关系。一般说来，内容决定形式。它具体表现为特定的文化常把某种烙印加到语言之上。当然，最明显的是表现在语言的词汇平面上，但是，语法平面也不是绝无影响的……

第三章　翻译的文化信息诠释对策论探索

3.0　概述

“文化翻译”（有学者称之为“cultranslation”, T. S. Halman, 1978）首先需要一个科学的含义界定，这一点，我们将在第 3.2 节中探讨。在本章中，也就是说在我们给“文化翻译”以科学的含义界定之前，还要作一点历史的回顾或曰反思（第 3.1 节），这样我们才能论证树立某些新观念的必要性，才能充分说明在新观念（第 3.2 节）指导下“文化翻译”所应肩负的任务（第 3.3 节）。

3.1　回顾与反思

比之于 19 世纪，20 世纪的西方和中国译论可以说有了很大的进展。这一点，我们可以从译论家的回顾性批评中看得很清楚。20 世纪初，美国译论家 Flora Ross Amos 写过一本书 *Early Thoeries of Translation*，作者在《序言》中说：①

在翻译理论史中，我们根本找不到清晰可知的、有条不紊的文献

> 记录。翻译理论史缺乏延续性，实在令人惊奇。那些只给翻译开列条规的人大都对前人和当代人所作出的贡献不予理会。在伊丽莎白王朝之初，有几位文学批评家曾经对译者面临的问题提出过一些有实践意义的真知灼见。但很显然，这些新的、很有意义的见解对理论发展的进程影响甚微，甚至毫无影响。泰特勒撰写了一本《论翻译的原则》，于18世纪末问世。这本书也许有理由称为第一部详细论及翻译所涉及的问题的著作，但是除了有几处例证外，泰氏一如既往的作者，扬言他“没有发现有关翻译的任何专门论述”，这就表明他完全无视他所处的那个世纪中一些译者在译序中所做的详尽论述……泰特勒的这本书虽然不乏引人入胜的细节，但他的论述时而从散文跳到诗歌，时而从抒情诗跳到史诗，时而从古代跳到现代，致使它在读者心中留下的印象是支离破碎、混沌一团。

当然，Amos并没有言过其实。比之于18—19世纪，翻译理论在20世纪（特别是50—60年代以后）确实已经可能找到“清晰可知的、有条不紊的文献记录”了。这一百年中翻译专著先后出版，不少译论家发表了“新的、很有意义的见解”，而且显然对翻译实践的发展起了史无前例的推动作用。特别值得注意的是瑞士的结构主义语言学家索绪尔提出了语言研究的描写主义原则，使执着于规定、规则，执着于“只给翻译开列条规的人”大开眼界。结构主义在没有走向自己的反面也热衷于开列条规、划定结构框架以前，将语言视为一个可以通过成分切分从结构上加以剖析的“可认识的客体”（knowable object），这一认识论上的飞跃对欧美和中国的翻译研究确实起过相当积极的推动作用。翻译家和翻译理论家开始注意到要脚踏实地地研究“语言本身”才能找到翻译的规律。

但是，无可否认，结构主义由于其本身的局限性，也无异于给翻译研究设置了诸多掣肘。结构主义始终执着于语言的形式特征和机械属性，忽视了语言的人文特征和社会属性。

索绪尔在他一生的语言研究中作了四次对研究界影响很大的选择：在语言和言语这一对二元对立项中他选择了语言，在内部语言和外部语言二者中他选择了内部语言，在能指和所指二者中他选择了能指，在共时和历时现象二者中他选择了共时。最后，在结构与意义二者中他必然要选择结构。索绪尔的每次选择都强化了他的同质语言观，而排斥了基于社会的、文化的、民族心理的、历史的、个人的等等因素而发生的语言变异。[②] 正是这些变异使人类的语言呈现出缤纷的奇光异彩，使语言研究（并使译学研究）成为令人神往的求索。

在结构主义特别是索绪尔的影响下，意义研究备受冷落，不少语言研究者都直言不讳地立论于排斥意义。[③] 就是在20世纪风靡数十年的结构主义消极影响下，译学的意义研究取向出现了偏差（也很难不出现偏差）。试择其要论之。

第一，将意义指号化。

这里所谓“指号化”指翻译理论家根本无视意义的复杂性，而将意义与指号简单地等同起来，具体表现是否认翻译中的词语意义问题与深入、系统地研究意义问题的语义学有关。这个立论的浅薄之处是：论者根据索绪尔的结构主义基本观点，断言似乎只要抓住了音素（phoneme）这个指号，就可能把握义素（sememe）。因为，作为理论家，要描写无穷尽的义素组合是不可能的（它们是个开放系统），而音素充其量只有75个（指印欧语中），它们是个封闭系统，即“有限指号集”，因此对它们的理论描写是可以穷尽的，也是有价值的。正是根据这种观点，语言学派的译论家雅可布逊（Roman Jakobson, 1959）提出了著名的“诗不可译论”：[④]

> Syntactic and morphological categories, roots, and affixes, phonemes and their components (distinctive features) — in short, brought into contiguous relation according to the principle of similarity and contrast and carry their own autonomous signification. *Phonemic similarity is sensed as semantic relationship*. The pun, or to use a more erudite, and perhaps more precise term — paronomas reigns over poetic art, and whether its rule is absolute or limited, *poetry by definition is untranslatable.* Only creative transposition is possible: either intralingual transposition — from one poetic shape into another, or interlingual transposition — from one language into another, or finally intersemiotic transposition — from one system of signs

into another . . .（大意：语言中句法与词法的差异很大，因此，诗歌实际上是不可译的。）

雅氏认为“音素的相似性意味着语义关系”（引文中的斜体部分）是将意义问题指号化、简单化的典型论调，对西方译论影响很深。实际情况是：意义不等于指号，指号无以涵盖全部意义（或意蕴）。中国诗论家很早就提出过“意在诗外”的论点。诗的文化翻译的要诀恰恰是：越能摆脱指号的束缚，就越能把握诗外之意、译好诗。

第二，将意义孤立化。

所谓孤立化就是单维度化。由于受到索绪尔只重视语言不重视言语的影响，语言学家大都不重视口语（言语、话语），只研究书面语，这样就使意义研究被孤立、被封闭在具体的、理想化的、典范式的语符（语符系列）中。[⑤] 其结果是不能揭示意义的多维特征，这一特征具体表现在意义的结构层级中，如表 3—1。

表3—1

<table>
<tr><td rowspan="6">意义的结构层级</td><td>本体结构层</td><td rowspan="2">• 概念意义（所指意义）
• 引申意义
• 联想意义
• 含蓄意义</td></tr>
<tr><td>本义转移形成不同维度的意义，其特点是含义转移</td></tr>
<tr><td>社会结构层</td><td rowspan="2">• 语境意义（在上下文中）
• 情景意义（在社会情景中）
• 文化意义</td></tr>
<tr><td>统称为语句联立意义，其特点是随机附加</td></tr>
<tr><td>功能结构层</td><td rowspan="2">• 形式意义（修辞意义）
• 交流意义（人际意义）
• 审美意义</td></tr>
<tr><td>语言在交际中形成的意义，其特点是审美附加</td></tr>
</table>

说明：“情感”可能渗透到各个层级中。

翻译学在 20 世纪（特别是在 70—80 年代以前）的语义研究基本上只停留在意义的本体结构层，而且在本体结构层中只停留在概念意义层面，基本上没有摆脱“就事论事”的方法论束缚。可见将意义孤立化也是将意义严重地简单化的表现形式。大概可以说，越到社会结构层和功能结构层意义（含蕴意向）就变得越微妙，越难以把握，也就越需要译者悉心加以研究，下面再谈。

第三，将意义非人文化。

意义的人文性、社会性是它的本质属性。因此，从这一点说，索绪尔只抓住结构而放弃意义研究实在是舍本求末的选择。结构主义在 20 世纪最后二三十年影响的式微绝非偶然。[⑥]

其实，意义之最丰富多彩处恰恰在社会结构层和功能结构层。导致意义在两个层级中多维化的重要因素是语言所处的社会文化环境——也就是我们中国人所谓的“世态人情”的万花筒中。这就是为什么印欧语一般只具有 75 个音素（符号）的组合，却可以含蕴“万种风情”：洪堡将（语言的）这种机制称为“有限手段的无限运用”。德国的译论家肖特（Henry Schogt, 1985）在批评 20 世纪西方译论迟至 80 年代中仍忽视语义学、忽视意义的人文性时分析说，结构主义只抓住语音符号序列而忽视（指号）意义的复杂性，忽视意义的社会属性，有以下四方面的原因：[⑦]

1. Phonemes are discrete units, whereas the signified of lexemes is often much fuzzier. It is difficult to give general rules: while in some instances the meaning is discrete (e.g., kinship terminology), in most cases there is no clear delimitation of the different meaning-areas, but rather fuzzy edges and overlap; (Saussure’s) craindre, avoir pure and redouter fall into this category.

（大意：指号所指代的指称常常是非常模糊的，语义常常处在边沿十分模糊的场界中。）

2. Within a speech community there are only slight variations in the phonological system. Those variations are a group phenomenon, age, sex, social class, and regional origin being determining factors. Lexical field structure knows much wider deviations, and whereas the number of units in the phonological systems of a speech community is for all

variations very close to the average (in other words, the difference between maximum, average and minimum is small), the number of lexical units in a given field may vary greatly from one individual to the next. This has important implications for the precise, lexical meaning of each item: the fewer terms there are, the less specific their meaning becomes. It should be noticed that grammatical categories such as person, number, case, tense, mood, and aspect come much closer to the phonological model.

（大意："言语集团"及社会语境中的文化因素十分复杂，使变异难计其数；言语集团中的音位系统所具有的单位数目总是有限的，而词汇场界可谓无限，变异无限，个人用语可能人人有别；而且，印欧语中的语法范畴包括人称、数、格、时态、语态和体与音位模式非常贴近。）

3. Outside reality, social structure, way-of-life vary from one speech community to the other. Semantic fields reflect these differences (sometimes no longer pertinent in contemporary society). A unit may belong to different fields in different languages. For a Dutchman potatoes belong to the same field as noodles and rice (starch component of the meal), whereas in France they are listed with vegetables. If the fields provide generic terms, those terms will be different in cases such as the potato one.

（大意：言语集团可因社会结构及生活方式之不同而各不相同，因此语义场必然会反映出它们之间的差异。法国将土豆归在蔬菜类中，而荷兰人认为土豆与面条或大米一样，属于粮食。）

4. Immanent analysis has to be complemented by knowledge of reference. As reference brings in the outside world as well as the mental constructs that are without material denotation, the experience of each individual speaker colors his or her frame of reference in a special way, even within one and the same speech community.

（大意：在个人用语中，指称更因人而异。因此对指称的分析十分重要，因为指称反映外在世界及心理结构，而后者不具有物质含义。）

将意义非人文化，其后果便是20世纪末期西方形式主义语言学理论大行其道。形式主义只着眼于结构研究，忽视意义—功能研究，因而谈不上使翻译学受益。同时，显而易见，非人文化必然导致忽视语言的社会—文化属性。

在中国，近代、现代译论忽视文化层面的深入、系统的研究有许多原因。亦择要试论之。

第一，近代译论处于幼稚期。

中国译经盛举至唐代9世纪初“灭佛大劫”后急剧收敛，译论亦趋平寂。元、明、清“有译无论”（少数民族语言及科技翻译家均忙于实务），至清代后期及19世纪末叶翻译大师们除了只能翻翻“故纸堆外”，无联系学术翻译和文学翻译的传统可循，他们面临的是一个“长达数百年”的传统译论断层。面对这一望“洋”（西方学术文献）兴叹的局面，1884年马建忠提出“善译”，1889年严复提出了“三难论”，都慨叹于一个“难”字，确实是可以理解的。[⑧]在“难”字面前如何办？先驱们均倾全力于“解难”，以突破困局、闷局，实属自然。因此，整体说来，他们提出来的一些见解，诚然具有里程碑的历史意义，功不可没，但还谈不上是比较系统的理论（theory），实则只能算作关于翻译思想的“道中人”之议（其实，19世纪末期与马、严大体同时代的欧洲很多译论也大抵如此）。[⑨]这个历史的局限性我们不能忽视，也不能苛求于古人。理论发展未有不经历萌芽期、探索期、发展期、成熟期者。先驱之所以成为先驱，也只是因为他在举世迷茫中发现了真理之所在，并致力于“杀出一条生路”；然后陷入难局、困局、闷局仍未因之气馁，经历了艰苦卓绝的奋斗，提出了真知灼见。

第二，翻译的实践经验很有限。

理论来源于实践，这是普遍真理。佛经翻译平寂以后，翻译至明末清初始走出幽谷。近代翻译大约可以分为三个时期：萌芽期，从19世纪70年代至90年代；发展期，从90年代至20世纪初；后继期，从20世纪初至1919年前后。现代译论始自“五四”新文化运动一直延续到60年代至70年代，然后是当代译论期。

近代译论在中国译论发展史中影响深远。尤以马、严诸先驱提出的见解为然。近代译论没有得到充分发展的原因是实践规模有限，范围较窄，经验不多。梁启超对此作过剖析。梁氏在《西学书目表序列》(1896)中云：

> 已译诸书，中国官局所译者，兵政类为最多。盖昔人之论，以为中国一切皆胜西人，所不如者，兵而已。西人教会所译者，医学类为多，由教士多业医也。制造局首重工艺，而工艺必本格致，故格致诸书，虽非大备，而崖略可见。惟西政各籍，译者寥寥。

为期不长、范围太窄、从业者寥寥的根本原因是翻译没有受到社会政治经济发展、社会生产所需的强大推动力驱动，翻译业处在可有可无的“三教九流”之外。这是当时的历史背景，不是理论家的主观愿望所能断其掣肘的。

第三，时代变革的不稳定性影响了理论研究。

清末由严复、苏曼殊等人引领的学术及文学翻译为期并不长。由于实践经验有限，不足以推动理论探索。更重要的是，中国自 1911 年（辛亥革命）以后即进入了范围空前广泛、社会深度史无前例的政体、政制和经济形态的变革时代，征伐战乱、政局动荡及至全国范围的文化浩劫接踵绵延为期长达七八十年，使理论研究从动荡、欲起还落直至完全中断的情况在五六十年中时有发生，直至 70 年代末才趋于从根本上达致了稳定，结束了变革迭起影响理论研究的延续性和价值观的不稳定局面。由于理论研究大局不定，50 年代至 70 年代译论界为适应时势只能停留在“温故”阶段，谈不上拓展，当然更难顾及语言文化研究这样的次范畴问题。

第四，受西方语言学和译论研究片面性取向的影响。

西方以结构主义为主流的语言学研究不注重人文性研究，已如上述。语言文化层面上的问题其所以长期未被提到日程，部分原因是片面的因袭之见作梗，认为“欧洲文化是一体化的”，英美文化“同语、同文”，没有异质性差异，因而一贯忽视文化差异研究。加上索绪尔结构主义的排斥意义、排斥人文性，致使欧洲语言学理论研究主流深深地陷入了形式主义的狭隘歧途，强调演绎而轻归纳，强调逻辑形式而轻社会人文因素。西方应用语言学中重社会人文因素的社会语言学、心理语言学、现代语义学和语用学的发展迟至70年代才初具规模或大体成形。西方语言研究在社会、文化方面的努力也得益于文化人类学家的引导。正如中国语言文化研究的先驱罗常培在其著作《语言与文化》（1950）的“引言”中所描述的：

> 美国已故的语言学教授萨丕尔（Edward Sapir）说：“语言的背后是有东西的。而且语言不能离开文化而存在，所谓文化就是社会遗传下来的习惯和信仰的总和，由它可以决定我们的生活组织。”柏默（L. R. Palmer）也说：“语言的历史和文化的历史是相辅而行的，他们可以互相协助和启发。”另外有一位人类学者戴乐尔（E. B. Tylor）也说：文化是“一个复杂的总合，包括知识、信仰、艺术、道德、法律、习俗和一个人以社会一员的资格所获得的其他一切行为习惯”。由这些话看来，我们可以知道语言和文化关系的密切，……这些都是社会学和人类学上很要紧的问题。假如我这一次尝试能够有些许贡献，那就可以给语言学和人类学的研究搭起一个桥梁来。这在国外本来不足稀奇的，萨丕尔以语言学家晚年转向人类学，马林诺夫斯基（Bronislaw Malinowski）以人类学家晚年转向语言学，便是很好的例子。

由罗常培、魏建功（1950）等人所倡导的将语言与文化相结合的研究，迟至80年代中期才引起中国语言研究界较普遍的关注。[⑩]译学研究受到语言学整体发展水平的限制，加以处在更为广阔的社会科学研究取向的框囿下，对文化翻译的研究难有作为，自是必然。

3.2 建立新观念，为文化翻译研究铺路

学科研究的取向调整取决于新观念的指引。总结历史的经验教训的积极意义就在于：通过对历史的检视和反思，使人们可以在观念上得以涤旧扬新。

基本的一条是：在新世纪中，我们必须重视文化翻译，包括文化层面上的许多问题，如：意义的文化诠释、文本的文化解读和文化表现法以及

如何最大限度地限制文化的可译性限度，既充分发挥主体（译者）的能动性、主导性，又充分重视客体（文本）的可容性（文化上、语义上、审美上、逻辑上），做到梁启超说的“洽洽调和”。

3.2.1 必须将语言整体置入文化矩阵中加以审视

“文化矩阵”(cultural matrix)也可以称为“文化母体”或“文化发源地”。我们用“文化矩阵”一词是因为这一称谓可以比较形象地使我们想起在第二章（2.1.1）中所描绘的文化语言关系矩阵图（见第 29 页图 2—2）。

为什么说**必须将语言整体置入文化矩阵中**加以审视呢？

这首先是针对一种陈旧的观念，认为“文化在语言中的体现者是词汇”。这是很狭隘的皮相之见。词汇诚然是很重要的文化符号，特别是专名。但词汇大抵只从表面上反映文化，不是从根本上反映、体现文化及文化特质。“鸡村茅店月，人迹板桥霜”是六件事物的连缀，这六件事物可以发生在中国，也可以发生在日本、西欧。但这两句诗却体现了独特的中国文化素质，读者绝不会认为它发生在法国或比利时农村。原因是它所烘托出的意象是独一无二的中国式。我们可以从以下两个语段中看到，其中的词汇没有什么特别，更没有用任何文化专名，但在整体上体现了两种文化：英国文化和美国文化（尽管它们是同文、同语）。我们先略去作者，以利读者作整体的文化审视：

其一：

There were a boy and two little girls. They lived in a pleasant house, with a garden, and they had discreet servants, and felt themselves superior to anyone in the neighbourhood. Although they lived in style, they felt always an anxiety in the house. There was never enough money. The mother had a small income, and the father had a small income, but not nearly enough for the social position which they had to keep up. The father went into town to some office. But though he had good prospects, these prospects never materialized.

（她有一个儿子、两个小女儿。他们的寓所带有花园，很舒适宜人。请的佣人也言听力从。与四邻相比，他们自觉实在是高人一等。虽说他们衣食入时，但家里总免不了有一种焦虑感：钱总是不够花。女主人本人有一笔为数不大的收入，男的也有一笔小小的收入，但是要想维持他们那种社会地位，这点收入是远远不够的。男主人在城里办公，虽然也许可以说是前途无量，但前途并不等于现实。）

其二：

The wagon went on. He did not know where they were going. None of them ever did or ever asked, because it was always somewhere, always a house of sorts waiting for them a day or two days or even three days away. Likely his father had already arranged to make a crop on another farm before he . . . Again he had to stop himself. He (the father) always did. There was something about his wolflike independence and even courage when the advantage was at least neutral which impressed strangers, as if they got from his latent ravening ferocity not so much a sense of dependability as a feeling that his ferocious conviction in the rightness of his own actions would be of advantage to all whose interest lay with his.

（马车继续往前行。他不知道此行到哪里去。他们谁也不知道，而且谁也没有问起这是往哪儿走，因为一两天或者甚至三天以后，总会达到某个地方的，总会有一处勉勉强强可算是房子的东西等着他们。很可能父亲早有安排，去另一个农场租种一熟庄稼……他只好不再去想它了，他（父亲）就是这样，独行独往，就像一只野狼，在事情成败难料时，不露声色拼死一搏，甚至可以说有股勇气，这些都给陌生人留下了深刻的印象：他身上似乎隐伏着一种饿虎扑羊般的勇猛，这使他们似乎感到，与其说他可靠，倒不如说由于他坚信自己的行为天经地义，所以会给所有与他的利益息息相关的人带来好处。）

细心的读者通过一读再读就会感受到一种整体性文化氛围：其一说的是英国的故事（作者是 D. H. Lawrence）；其二说的是美国的故事（作者是 W. Faulkner）。两种文化，不可能在语段中“调包”：正如 Lawrence 不可能去讲美国故事，Faulkner 不可能去描写英国的农村。

可见语段中的文化气质体现者除了词汇以外，还有：

（1）场景（setting），常常是整体性场景或背景描写，其中包括环境、景物等等，也可以是个别事物，以此揭示文化心理、文化特征和特色；

（2）事件或行为（event or act），常常是事件过程描写（也可能是通过角色对话），以此揭示文化心理、文化特征和特色；

（3）气氛和情态（atmosphere or mood），语段中所透溢或含蕴的情感色彩和文化心理；

（4）人物（characters）特征，语段中的人（角色）常常具有微妙的特定的文化心理、社会习性甚至民族性，从而显示出地缘文化背景或色彩；

（5）作者的叙事行文风格（the author's way of writing or style），常常具有文化心理特征和气质。

以上五项再加上词汇统称为语段中的文化信息载体（carriers of cultural information）。毫无疑问，以上几项，每一项都值得译者充分关注，在整体性的信息整合中把握文化特征或典型性，信息整合的结果是某种富于文化气质的意象（image）或意境（prospect or situation），如图 3—1：

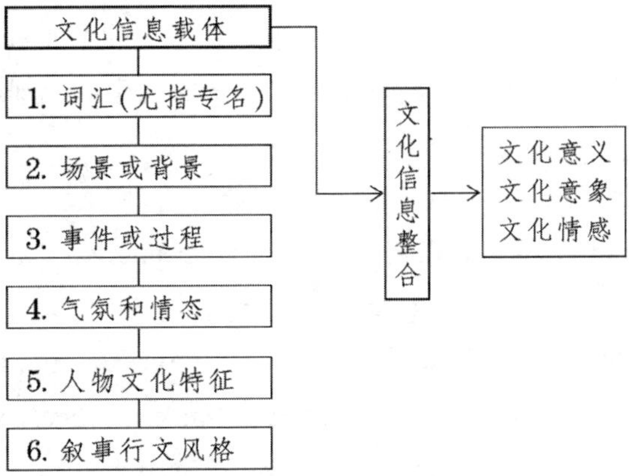

图3—1

可见整体性（totality）是文化信息整合的基础，它要求我们将语言整体置入文化矩阵中加以审视：以上六个分项缺一不可。语言“受制于文化”（culture-bound），这是一个基于整体观的基本事实，也是我们切切不可忘记的。看来，整体性文化信息整合是确保译者尽可能充分地表现原语的“原汁原味”的重要手段之一，我们将在第九章中再加论述。

3.2.2 必须强化主体的文化意识和文化信息感应能力

以上我们着重剖析了客体以及如何看待客体的问题。但客体只是“现实存在”的一面，另一面是主体，即译者。如果我们只关注客体，不努力加强主体对客体文化信息的感应能力，那么客体纵有五光十色的文化信息，而译者莫能感应，成了文化信息的“色盲”，那么客体的文化信息也就形同虚设。

因此，我们要建立的另一个观念是：译者必须努力学习，不仅是在语言上下功夫，还必须在文化上下功夫，以提高“文化意识”（Benedict, 1935）。**提高文化意识是文化信息感应力**的前提，也可以说是一种驱动力。

我们现在要探讨的问题是如何提高文化意识，从而增强我们的文化信息感应力。

文化人类学家的共识是：文化是后天习得的，不是先天遗传的。“社会习得”（social learning）是关键，文化人类学家称之为“enculturation”并强调跨文化交际除了“习得”别无他途。下文引自 Keesing 著 *Cultural Anthropology*（中译本参见陈其南校译《文化人类学》，台北巨流出版公司，1992）：[11]

> It is an obvious corollary of the above discussion that every individual is conditioned by learning and training within a particular context of cultural tradition. Nearly always it is within one culture, but sometimes it takes in more than one, e.g., a person of “mixed” ancestry having contact with cultures of both parents, or one growing up along a frontier of acculturation. The process of learning and being trained in a culture from

infancy is often called *enculturation, i.e.*, entering into a culture.

When the emphasis is on becoming a member of a society, the corresponding term is *socialization*. In reading, it may be found that the two terms "enculturation" and "socialization" are often freely interchanged. But, by definition, it will be realized that the first emphasizes the acquisition of cultural habits, the second the assumption of a place within a social system.

文化人类学家强调文化的习得性有其社会学的依据，那就是文化永远随社会的发展而发展，世界上不存在“稳定”的文化“形态”（Benedict，1935），“世界上最不幸的事情就是竭力认定所有的文化形态都具有一个定量的稳定性”。[12] 文化永远处在发展变化中，因此文化习得是不能（也是不会）结束的。几乎所有的文化人类学家都强调文化研究者必须不断强化自己的文化意识，以增进文化信息的感应力，而强化文化意识的途径则是学习。本节先作理论阐述。

按照阐释学的解释，文化信息感应属于文化解码。文化解码的先决条件是识别文化信息的能力，如果存在文化信息而不能识别，则潜在的文化信息无异于倏忽即逝的“过眼烟云”。因此，要能够唤起文化意识，增强感应必须发展先于识别—理解的一个“前结构”（pre-structure）。前结构的功能既是经验性的（empirical）也是能动的（dynamic），能动性来源于经验，而经验始于实践又得之于初步的认识。这样就产生了识别的能动力。文化经验亦复如此。人类不具备生而有之（inborn）的文化经验。据文化人类学家的研究，人类通过实践—认识即学习过程构建的文化理解前结构的主体包括三个组成部分：文化知识结构、文化心理结构和文化的功能调节结构（有的学者认为功能调节也属于心理活动），而这一切的基础则是基本智能结构。

下图中经验来源于文化活动或实践，前结构包括三个组成部分，其中知识结构与心理结构是核心，调节结构的功能表现为前结构能动性，即对感知的整合提升能力，离开了它就不能产生认识，即意识（consciousness）。感应力即感应—判断力，是感知的具体发挥。

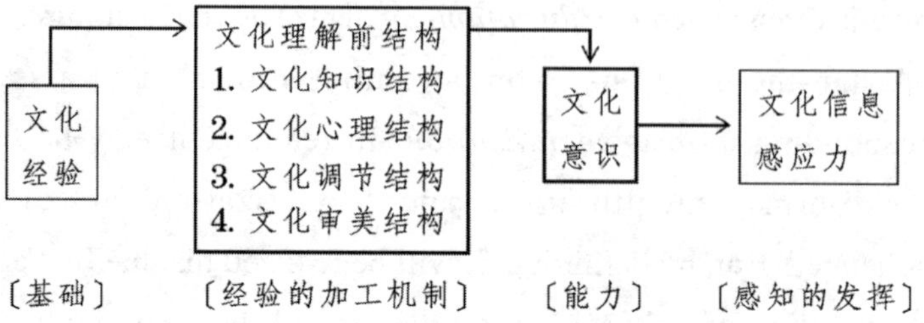

图3—2　文化前结构示意图

3.2.3　必须将文化适应性和文化适应的前瞻性纳入翻译的价值观论

“文化适应性”（cultural compatibility）是文化翻译的一个重要概念，指（1）准确的文化意义（或含义）把握（good comprehension of cultural meaning）；（2）良好的读者接受（good reader reception）；（3）适境的审美判断（good aesthetic judgment）。可见文化翻译中的文化适应性是十分重要的。不仅如此，我们还必须看到伴随经济全球化和多元文化的发展，人们的文化观念和价值诉求也在不断更新，因此翻译的文化适应性研究还必须往前看，不要抱着因循守旧的观点来看待社会**“有期待的精神需求”**（mental needs in anticipation）。

在进一步阐述文化适应性的重要性以前，我们必须先澄清一个概念。所谓“文化适应”既不意味着要让原语文化（代码是 C_1）去适应译语文化（代码是 C_2），也不意味着相反，即让 C_2 去适应 C_1，因此下面的公式是不存在的：

$C_1 = C_2$　（违反事实）

根据是：　$C_1 \neq C_2$　（事实如此）

道理很显然，中国文化不等于英国文化，爱尔兰文化不等于英格兰文化。这样，问题就发生了：在双语转换中，我们要怎么样处理这个难题，解决这个文化矛盾呢？

1819 年，极其重视翻译的德国诗人歌德（Johann Wolfgang von Goethe, 1749–1832）提出了一个解决问题的办法。他先从文化翻译的视角

论述了翻译存在着三种情况：第一种翻译是将诗歌散文化，诗不成其为诗了。他总结这种情况的特点时说：[13]

> There are three kinds of translation. The first acquaints us with the foreign country on our own terms; a plain prose translation is best for this purpose. Prose in and of itself serves as the best introduction: it completely neutralizes the formal characteristics of poetic enthusiasm to still water. The plain prose translation（第一类：平易的散文体式）surprises us with foreign splendors in the midst of our national domestic sensibility; in our everyday lives, and without our realizing what is happening to us — by lending our lives a nobler air — it genuinely uplifts us. Luther's *Bible* translation will produce this kind of effect with each reading.（马丁路德的《圣经》翻译即是一例）

歌德并没有否定这种办法，但这样一来将诗歌情感的澎湃之波化作了一潭静水，诗歌艺术的形式特征荡然无存，终究不是上策。

第二种办法歌德称之为纯粹的模仿式（parodistic）。他举出了法国当时的翻译为例。法国译者采用了大量的外来词，将域外的一切充分地、尽最大可能地化作了法国土生土长的产物。他举出了魏兰（C. M. Wieland）翻译的莎士比亚戏剧为例，并评议说：[14]

> Wieland's translations are of this kind; he, too, had his own peculiar understanding and taste, which he adapted to antiquity and foreign countries only to the extent that he found it convenient. This superb man can be seen as the representative of his time; he exercised an inordinate amount of influence in that, no matter what appealed to him, no matter how he absorbed and passed it on to his contemporaries, it was received by them as something pleasant and enjoyable.

魏兰的办法可以说是**替代式，以 C_2 替代了 C_1**，唯一考虑的是德国读者的传统趣味，让德国人“喜闻乐见”（pleasant and enjoyable）。但 C_2 是不可能等于 C_1 的，所以歌德说魏兰的翻译是“以他自己奇特的理解和品味”（his own peculiar understanding and taste），尽其所能“以自己得心应手的”（he found it convenient），即**向德语倾斜**，让 C_2 迁就 C_1）方式解决 C_2 与 C_1 之间的矛盾。

因此，歌德实际上是在倡导下述的第三种办法，即三者中最高级的办法（the highest of the three）。歌德论证说：

> Because we cannot linger for very long in either a perfect or an imperfect state but must, after all, undergo one transformation after another, we experienced the third epoch of translation, which is the final and highest of the three. In such periods, the goal of the translation is to achieve perfect identity with the original, so that the one does not exist instead of the other but in the other's place. This kind met with the most resistance in its early stages, because the translator identifies so strongly with the original that he more or less gives up the uniqueness of his own nation, creating this third kind of text for which the taste of the masses has to be developed.

情形确乎如此。由于译者只能以德国语文及手段体现外国文化，但又需力图保证其原汁原味，所以德国读者一开始肯定感到格格不入，感到译文中的人物都是**德国化的外国人**（Germanized foreigners）。但是歌德正确地指出，凡事总有个开始，读者终究会从不习惯（不喜闻乐见）到习惯（喜闻乐见）。总之，应该从发展来看读者认同，而不要囿于一时的取舍。这正是多元文化的必经之途。歌德列举了许多按这个原则翻译的成功之作，而且盛赞说：

> Now anyone who assesses the extent of what has happened, what versatility has come to the Germans, what rhythmical and metrical advantages are available to the spirited, talented beginner, how Ariosto

and Tasso, Shakespeare and Calderon have been brought to us two and three times over as Germanized foreigners, may hope that literary history will openly acknowledge who was the first to choose this path in spite of so many and varied obstacles. Think only of the undisputed applause we Germans have attributed to such a translation of the *Sakuntala*（《沙恭达罗》，印度古典剧名），whose success we can most definitely ascribe to its plain prose, into which the poem has been dissolved. Now would be the proper time for a new translation of the third type that would not only correspond to the various dialects, rhythms, meters, and prosaic idioms in the original but would also, in a pleasant and familiar manner, renew the poem in all of its distinctiveness for us. Since a manuscript of this eternal work is available in Paris, a German living there could earn undying gratitude for undertaking such a work.

最后，歌德以大诗人的远见卓识肯定了这个方向，即融外域文化于本土中，而不失外域文化的原汁原味（all the essence of the original），于是，翻译者似乎让我们身不由己地“被拽进”了（We are led, yes, compelled as it were）在原文文本中遨游的圆圈：

The reason why we also call the third epoch the final one can be explained in a few words. A translation that attempts to identify itself with the original ultimately comes close to an interlinear version and greatly facilitates our understanding of the original. We are led, yes, compelled as it were, back to the source text: the circle, within which the approximation of the foreign and the familiar, the known and the unknown constantly move, is finally complete.

其实，歌德在这里讲的正是下面这个我们应当倡导的范式：

C_2⇨（通过）C_1⇨（到达）C_3

这时，C_3 已经不是 C_2，更不是 C_1，而是一种 C_1 与 C_2 “洽洽调和”（梁启超的“再创造”即 C_3——a recreated C_3），它正是翻译高手们——最终也正是读者们——所向往的多元文化的产物。因此，我们不妨将这种文化翻译原则称为“歌德模式”（the Goethean Model）。[15]

“歌德模式”对文化翻译的意义是不言而喻的。在新世纪的译学研究中，我们应该继承前人的真知灼见，深入研究文化适应性问题（详见第九章），尽最大可能突破文化可译性限度。

我们要建立的新观念是：文化适应性应该是我们衡量作品质量的价值标准之一。在翻译批评研究中文化适应性应该成为翻译价值观论的必不可少的组成部分，不仅如此，我们还必须使这种适应性具有前瞻性（anticipatoriness），以此来提高文化翻译和文化翻译研究的重要的社会功能，真正认识到社会“有期待的精神需求”。我们的翻译事业和翻译研究应该从促进中国社会加速走向民主化的进步和使外国人深入理解中国深层文化的目标出发，努力介绍和准确诠释东西方文化的精髓（见本书序文“文化翻译中的价值观研究”），为建设多元文化社会而努力。下面（3.2.5 节）还要谈到。

3.2.4 必须将文化翻译与意义和形式同时挂钩

有一种很陈旧的观念，似乎“信达雅”与文化无关；意义的“信达雅”与文化翻译无关：翻译中，不忠于原文的意义才是个大问题；不忠于原文体现的文化，只要意义上过得去，就算不上是一个什么问题，充其量是表达方式问题，不应该上纲为不忠不信、不达不雅。

从文化翻译的角度来看，这种观点显然是错误的。传统译论忽视文化问题受历史的局限。翻译家进入翻译过程首先遇到的是意义理解和行文表达问题两大难题，要解决这两大难题殊非易事，因此当时的译论主旨都集中于解难（马建忠：“夫译之为事难矣，译之将奈何”；严复：“译事三难信达雅”；林纾：“顾译书之难，余知之最深”；梁启超：“翻译本属至难之业”）。其实这是很多学科和理论的初创发轫期相当普遍的现象。人类认识从“知之不深”到“知之较深”及至“知之甚深”往往有一个很长的过程。

我们的任务是深化译学理论，使之逐渐接近客观实际和客观规律，而这样做的第一步是摆脱陈旧的观念。

必须明确认识到文化是意义的一部分，形式又是表意的手段。文化翻译是翻译中意义转换的一部分，二者密不可分：忽视文化来谈意义必然导致谬误，与“信达雅”标准相悖。

第一，缺乏文化分析或排斥文化因素必将使语义—形式分析产生谬误。

我们可以看一看一些简单的例子：

（1）“孟姜女”：如果不作文化分析，一定会误认为“孟姜女”的“孟”是姓，姓“孟”名“姜女”。其实，“孟”表示排行第一，即长女，“孟姜女”经文化分析后的准确含义是“姜家的长女”。

（2）“Publius Cornelius Scipio Africanus Major”：如果不作文化分析，我们肯定会把这个名字错误地译为“P. C. S. A. 梅杰”。这是一种“文化误译”。这个人的真正名字是Scipio，汉译西庇阿（前238—前183），古罗马大执政官。原姓氏中Publius表示“罗马人名”（praenomen），只是一个古罗马人的标志，人人皆有；Cornelius表示氏族（uomen gentile），Scipio表示该氏族的姓（cognomen）或名（aguomen）；Africanus表示封号，纪念该氏族在非洲的战功（战胜Hannibal）；Major（有时也小写）表示“老大”“第一”。

问题出在不作文化分析，使语言符号的指号性（符号形态的意义提示性）可能产生误导，因为词语的指号性不能排除所指的非同一性（non-identity）。很多汉语书籍都将-burger译成“馅饼”[16]。其实-burger完全不同于馅饼，前者是hamburger（汉堡包）的省略式，指切成两片的圆面包，中间夹一片薄牛肉煎饼、奶酪、西红柿片等等。中国的“馅饼”从做法、外形到原料与之殊异。gripe water指排除腹内胀气的饮用药物，有人译为“清凉剂”（gripe字面上有“愤怒”“怒气”的意思）。“手气不佳”指运气（尤指打牌时），有位外国译者译为my hands are in trouble now，完全是望文生义。

第二，缺乏文化分析或排斥文化因素必将使句中的语势顿失。

文化语势产生于语境（微观及宏观语境）的限定或制约，忽视文化因素，意义肯定受损，注意下例，如果不作文化分析，根本无从下手翻译：“I tell you, I'm a gremlin—I mean gremmie, I'm not a gremlin."gremlin有两个意思，一是滑浪运动员，也叫作gremmie；另一个意思是"小精灵"（源出美国导演Steven Spielberg制作的同名电影），引申为"捣乱分子"。上句话的文化语势产生于上下文中的gremlin一词语义含混（ambiguity），原句的意思是："我告诉你，我是滑浪运动员，我不是来跟你捣蛋的！"

我们的基本原则是文化意义与文化形式挂钩，这中间，必须以文化意义为依据和依归，同时力求体现原语的文化形式，当然必须充分考虑目的语的文化接受，这是自不待言的。

3.2.5 必须使文化翻译研究具有与时俱进的战略使命感

翻译历来是一种文化战略手段，中外皆然。中西历史上发生的每一次宗教翻译、哲学思想翻译、政治文化翻译、科技翻译和文学艺术翻译的高潮都有深刻的文化战略需要的社会动因。18世纪欧洲启蒙运动时代的翻译，矛头直指神权和皇权以及哲学上的不可知论，比欧洲从14世纪到17世纪共四个世纪中翻译的总和还要多，这个借助于翻译的声势浩大的文化思想运动，由先进的人文主义光辉思想所推动，完成了欧洲几十位文化巨人赋予这个运动的深远历史使命，成为源于英国的工业革命（1750—1850）的曙光。我国元明时代的科技翻译和清末的文学和学术翻译都是推动历史前进的文化战略行为。文化翻译研究应该伴随时代的发展赋予自己不断提升的文化传播使命，应该对我国翻译事业的发展和翻译研究的提升和新的取向，发挥一定的引导或指导作用，指导中国翻译事业指向文化战略目标。我们的文化翻译研究应该在历史发展的广阔视野观察中西翻译活动的高潮、演进、蜕变、式微、转向以及流派消长的社会文化历史动因，其中包括：

第一，文化价值观的时代诉求和发展变化

文化价值观具有高度的文化行为导向作用，因为这时"作为价值的**需求**已经上升为具有行为**规范**的素质，具有引领行为的精神力量"（Max Weber, 1864–1920, *Protestant Ethic and the Spirit of Capitalism*, 1904—5），而人的需求和精神力量都是随时代的发展而发展演进的。文化翻译研究必须反映时代的价值诉求，而译者更能从当代人的价值诉求看到时代的基本特质，这是对文化翻译研究的最基本的也是合情合理的要求。我们需要把握两点：

（1）价值观与时代精神的相互映衬，价值观的进步反映了人类认知上的进展

翻译者把握这一点对我们理解词义、文本、社会乃至这个时代的实质、时代的精神是非常重要的。例如 20 世纪末期以来欧美文献的翻译者常常会遇到一系列冠以“生态”的词，如“生态人”（homo ecologicus）、“生态价值”（ecological value，源于美国环境学家 P. W. Tylor 的著作）、“生态哲学”（ecological philosophy，源于德国当代化学家及哲学家 Hans Sachschsse 的著作）等等。这个语言现象说明，人对自己的**基本价值**有了极大的改变。“生态人”的对立面是“经济人”“政治人”，可见这一改变标志着人已经认识到必须摆脱经济和政治对他的基本价值的扭曲，人类必须回归到“生我育我”的自然。

（2）符合科学发展、历史发展的价值观具有理想的憧憬作用和精神鞭策作用，以及对社会的推动作用

翻译者把握这一点也是同样极其重要的。我们千万不要抱着因袭、保守观点和一成不变的态度，将一切不符合本国传统的或流行的（或所谓“主流”）看法的外域论著、文献乃至报刊见解、评论、评述等等统统看作“外国人的偏见”“媒体的炒作”“别有用心的攻击”等等。阿拉伯谚语说，“甜的东西不一定是良药，苦的东西不一定是毒药”。作为文化研究者，我们应当看到东西方价值观确实各有所长、各有所短，应该取长补短（见本书《序文》）。西方从 16、17 世纪以来以人文主义、理性主义为基本指引所发展出来的价值观，如民主思想、人权思想、博爱思想等等确实值得东方人学习、借鉴、创新。

第二，强化翻译对社会精神文化发展的前瞻性推动功能

翻译引领时代精神发展的史例中外都有。清末严复（1854—1921）借助于翻译社科学术西典的进化论，涤荡封建思想和政治制度的实例已为大家所熟悉。严复的翻译在思想领域和政治领域发出了“变世”的前瞻性论调（严复《论变世之亟》，1898），加速了清末在政治历史发展的进程。葛兆光在《中国思想史》（第二卷）（2009: 550）中写道：

> 据说也是在这一年，他（指严复）译好了《天演论》（*Evolution and Ethics*），他还没有拿出去印，却在不久已经不胫而走，陕西未经售书处抢先把它拿出去印刷出版，很快就风行一时，特别是一开头的“物竞”“天择”两词，给处在十九世纪末那种难言心境中的中国人，增加了几分紧张，几分焦虑，而结尾处的“天演之学，将为言治者不祧之宗”（《天演论》上，《导言一•察变》），这句话仿佛成了二十世纪中国思想史的谶言。

翻译对历史发展的推波助澜之功，可见一斑。

第三，文化翻译研究要推动翻译实务最大限度地满足科技发展与创新的急需

有一种看法，认为文化翻译研究与科技翻译无关，文化研究不必关注科技翻译面临的种种课题，这是十分错误的，科技是文化中的主体部分之一，因此必须引起翻译文化研究的充分关注。当前尤其值得注意的是，“市场效应”常常冲击那些更加值得注意的科技翻译领域，使之陷入资源缺乏的困境，长此以往，必然会影响这些领域的发展和创新。因此，更加合理的资源分配（包括科技翻译研究）应该是当务之急。这也是文化翻译研究应如何重视前瞻性的课题之一。

3.3 结语

文化翻译研究应该是整个翻译研究中最富历史感和时代敏感性的翻译研究领域，因此，我们必须努力克服文化研究的“学院气”，“学究气”。具体来说，我们要努力做到：

第一、重视文化诠释的历史意义

文化翻译研究肩负的任务是多重的，它的对策性不仅着眼于通过翻译准确地表现出原语的文化内涵，更着眼于研究语言文化认识论和方法论，立足于通过翻译更全面、更准确地表现出原语的整体含义，其中包括意（meaning）、情（emotion）、势（force）以及更为广泛的行文风格问题，容后在语义诠释和文本解读中详加论述。

第二、重视文化诠释的当下意义

为了完成上述任务，我们必须更新与文化翻译有关的观念。因此，观念更新是第一位的：不除旧则不能立新。在这里，我们必须强调，我们的立意是积极的。我们的前人为译事做出了历史性的贡献，不能抹杀，但我们必须与时俱进。所以说，我们既需要有现实感，又需要有历史观，使我们的翻译事业不负文化战略手段的光荣使命。

〔注释〕

①引自该书 Preface, pp. X–Xi, Columbia University Press, 1920。

②参见刘宓庆著《翻译与语言哲学》，台北：书林出版公司 1999 年版，第 4.2 节。

③同②。

④雅可布逊是哥本哈根结构语言学派的主要代表。引文取自其论翻译的主要论文"On Linguistic Aspects of Translation"，载 *On Translation*, Harvard Press, 1959。

⑤参见吕叔湘著《语文论集》，商务印书馆 1983 年版，第 126 页。吕氏云："许多语法书，夸大点儿说，几乎所有语法书，都只举些很'听话'的例子。"

⑥"结构主义"是伴随西方工业化产生的一种思潮。从总体上看，欧美至 20 世纪 60—70 年代已步入"后工业化"（post-industrialization）时代。

⑦引自 H. Schogt 著"Semantics Theory and Translation"，载 R. Schuilte 等编 *Theories of Translation*, Chicago: University of Chicago Press, 1992, pp.15–196。

⑧马建忠的议论也始于一个"难"字。他说："夫译之为难事矣，译之将奈何？"（1894）他在"善译论"中的阐发都围绕"解难"，也就是述说他"平日冥心钩考"的结果。

⑨由于面对上千年传统译论的断层，面对西方文献汉译之困难局面，我国译界先驱对究竟何谓翻译都难以断语，无不志在摸索。我们可以从王国维评辜鸿铭的翻译看出我国学人先驱当时陷入的困局。辜氏之于《中庸》涵咏而译已 20 年，王国维评其译曰：

> 要之，辜氏此书如为解释《中庸》之书则吾闲然，且必谓我国之能知《中庸》

之真意者，殆未有过于辜氏者也；若视为翻译之书，而以辜氏之言即子思之言，则未敢信以为善本也。

参见《书辜氏汤生英译〈中庸〉后》（1906），《海宁王静安先生遗书》，卷十五。

⑩中国语言研究受西方影响只是就大方向而言。其实，中国传统中语言文化研究（包括方言研究）起步很早。近代语言文化研究可以说始自20世纪初，从事这个方面的语言研究者有刘光汉（1906）、刘师培（1907）、黄侃（1908）、梁启超（1916）、王国维（1917）、章太炎（1919）、张世禄（1923）、陈望道（1926）、魏建功（1926）等。中国早期至近代语言学研究没有得到充分发展，主要原因之一是受到社会政治变革及至语言系统变革的不断冲击，而就本身而言则是受到历来忽视宏观的同质语言学研究的因袭之见的掣肘。

⑪集中反映这种共识的是所谓“耶鲁习得理论”（Yale Learning Theory）。以文化人类学家J. Dollard（1950），G. P. Murdock（1945），J. Gillin（1948）及I. Hallowell（1955）的实验为依据，他们构建了D（drive）⇨R（response）⇨G（goal）的文化习得公式，并提出“至关紧要的是第一次的学习，它是后续学习的原型”。DRG原理其实是心理学家最先提出的，但人类学家以令人信服的实验证实了这个学说。这方面的研究一直继续到六七十年代。引文出自Keesing著*Cultural Anthropology*, p.35。

⑫参见R. Benedict著*Patterns of Culture*, London: Routledge, 1935。

⑬引自歌德著“Translations”（1819），英译者是Sharon Sloan，载R. Schulte等编*Theories of Translation*, Chicago: Chicago UP, 1992, pp.60–63。

⑭魏氏从1762年到1766年翻译了22部莎翁剧作，形成了他自己的翻译风格。

⑮其实，在欧洲文坛上有好几位大师与歌德的见解略同，如John Dryden，他的名言是：“让维吉尔（Virgil，约公元前900—前700年之间，古罗马大诗人）讲英语”（1680）。

⑯参见郑立信等著《美国英语与美国文化》，湖南教育出版社1998年版，第105页。

第四章　翻译的文化理解

4.0　概述

在本书第二章、第三章中，我们谈到语言中的文化信息，道理很明白，要把握语言文化信息才能谈得上文化翻译。谈到文化翻译，当然首先要研究从局部到整体的**文化信息理解**问题——我们简称为“**文化理解**”。所谓“文化理解”（Cultural comprehension; Comprehend culturally）指文化视角中的文本理解，即语言文化信息的多维度意义解码，因此它显然不同于语言学或心理学中一般所说的“理解”。在心理学中，理解指一般认知的过程或完成状态，即 knowing（领悟或了解），[①]在英语中它也与 understand, grasp 同义。但比较起来，comprehend 这个词涵盖的内容要比 know 和 understand, grasp 宽泛、丰富得多。试看以下例句：

（1）要知道他谈的这类问题是超乎常人的**理解**的。（闻捷《过来人》）

To tell you the truth, this sort of problem he's been talking about is beyond *comprehension* of the average person.（这里显然不宜用 know，grasp，under-standing）

（2）I think it's everybody's *comprehension* when Bernard Shaw says that his way of joking is to tell the truth and it's the funniest joke in the world.（*John Bull's Other Island*）

萧伯纳说他讲笑话其实就是在讲实话，因而是世界上最好笑的笑话。我想每个人都能**理解**他这番话的**深意**。

上述第二例的汉译“理解”后面还要加上“深意”就很有道理:这样可以调准前文“理解”一词的实际含义。“文化理解”一般都超乎一个词语的字面含义，比如中国的“百家争鸣”“文化大革命”，西方的“文艺复兴”“后现代”都有文化内涵丰富的、特定的（specific）文化含义甚至褒贬情态。唐代章碣有一首诗说:“竹帛烟销帝业虚，关河空锁祖龙居;坑灰未冷山东乱,刘项原来不读书。”诗中句子很平易,但如果不了解中国历史,根本就不可能理解诗人的深意:他原来是在绝妙地讽刺秦始皇。秦始皇怕读书人造反，烧了很多书，杀了很多知识分子，到头来，造他的反的人根本就不是读书人，而是刘、项两个草莽英雄!

即便是一般的词语其中也有一个文化理解问题，而不仅止于概念意义。比如今天伦敦时尚女郎常常偷偷骂让她们抽二手烟的人叫 funks，人们以为它是新词语，其实这个词很古老，在 18 世纪就出现在牛津，是“体面的绅士”骂吞云吐雾的穷烟鬼的词。nook 则是指上烟瘾的人常常聚集在一起吞云吐雾的街边小角落。这些词都是都市中近年禁止吸烟的产物。理解了这些词语的文化深意，才会感到语言与文化生活真是密切挂钩:可以说文化走到哪一步，语言就跟到了哪一步!②

在深入探求词语和文本的文化理解问题之前，我们必须先来考察一下词语文化意义的类型和它们生成的基本原因。

4.1 文化理解始于词语和文本文化意义的准确把握③

哲学家维特根斯坦说语言是一种“生活形式”。④概括说来，词语文化意义产生于人类生活形式中的**文化经验**，文化经验产生**文化概念**，文化概念承载**文化信息**，因此文化理解就是准确解构文化信息中的意义（下一节再谈如何做到“准确”二字）。翻译中有待我们准确解构的词语层文化概念（意义）可以分为几大类:

（1）反映文化物质生产或使用的概念——产生于人类文化物质的生产和使用，例如：桥梁、面包、饭店、丁字尺、中草药，napkin, chess, pickup， evening-gown, engine, etc;

（2）反映文化心理活动的概念——产生于人类精神活动、思想意识、情感、情志等等心理活动，例如：思念、祷告、幻想、爱情、毅力，empathy, sympathy, understanding, satisfaction, etc;

（3）反映人文自然关系或社会习俗的概念——产生于人类群居生活、社团活动或人际关系，例如：遗腹子、妯娌、元宵、继承，thanksgiving, uncle, friendship, etc;

（4）反映社会及科学技术活动或事件的概念——产生于人类群体文化活动，例如：战争、诗歌、数学、打官司、狗仔队，facebook, movie, dinner-party, sport, parade, etc;

（5）反映人文社会典章制度或组织活动的概念——产生于人类典章制度的功能，例如：政党、帮会、贿选、新闻发布会，delegation, convention, ritual, firebrigade, etc.

词语文化意义是文本文化意义的“细胞”，因此也是**文本文化理解**的最小单元。文本（篇章）是词字、成语、词组、句子、语段、语篇按句法序列构建的逻辑扩展式，因此它们的文化意义通常是组成它们的种种语言成分按句法结构规范而形成的意义集合（汉语词组常常表现为简单的“对接”，如“春夏秋冬”，中间不必用任何连接部件；或者是简单的“组合”，如“不吃白不吃”），因此也可以说，词语、词组、句子、句段是文本文化理解的基础。文本的文化理解是在细节清晰的基础和前提下的整体性整合了悟。以《论语•八佾》为例，它是古汉语一个典型的简约文本（篇章）：

子夏问曰：“‘巧笑倩兮，美目盼兮，素以为绚兮。’何谓也？”
子曰：“绘事后素。”
曰：“礼后乎？”
子曰：“起予者商也！始可与言《诗》已矣。”
（子夏问孔子说：“‘有酒窝的笑脸很美啊，明眸媚眼看起来真靓啊，白素的丝绡上画的(才这么美)啊!'这几句诗(究竟)是什么意思呢?"

孔子回答说:"先有白色做底子,然后画画。"

子夏又问道:"您是不是说'礼乐'的产生在'仁义'之后呢?"

孔子回答说:"卜商,你真是能启发我的人啊!现在我们可以在一起讨论《诗经》了!")

这个语段说的就是"文化理解"问题。子夏对一些诗句的字面意思好像还懂得,但放在一起成了语段(篇章),用意就不太明白了,于是就去问老师。孔子究竟是大师,他把"文化理解"**归结**为"绘事后素",并告诉了子夏;子夏到底是个高足弟子,又把老师的"文化理解"**推演**为"礼后",于是得到了老师的夸奖。这个例子说明语义理解与文化理解并不是一回事,要真正理解一个文本,能准确地翻译一个文本,只知其词句,没有文化理解是不成的。而从孔子的归结和子夏的推演来看,"文化理解"必须还有一个深厚的**文化认知**作基础。下面我们就来谈谈怎样从把握意义并透过意义准确地把握文化理解,这里的关键是把握文化理解的特点。

4.2 翻译文化理解的特点

其实,任何话语交流,都有或明或暗的"箇中玄机"——不过有些文本不容许有什么隐含的"玄机",它们的文化含义必须明白易懂地表现在表层文字上——而且必须尽量表现得明明白白,广大读者才能获得充分的文化理解,例如政府公文、议事规则、法律条文、合同条款、历史纪实、报刊社论、新闻报道、论文注释等等。但人类社会交流是与"生活形式"一样复杂的文化活动。话语"文本"则是"非常复杂的话语活动的非常复杂的文字记录",有许许多多话语文本是有意不讲明白或半明半白,有些则是为了文本的艺术性、简约性或特殊目的(如"时尚性"即所谓"fad")故意使"玄机四伏""悬念丛生"以强化它的效果,这其实就是"文风"的由来。"文风"五花八门,使读者在文化理解中颇费周章。因此,把握"文化理解"的关键在于把握它的结构和特点。

4.2.1 翻译文化理解的整体性（the Wholeness）

理解或处理事物，中国人有两句话很重要，“大处着眼，小处着手”（Try to make an overall assessment before you start from details）。这就叫先把握它的整体，因为事物总是以它的“整体形态”（the wholeness）呈现在你面前，你不先看它的整体，就如同“瞎子摸象”了。例如文学作品，它不像新闻，新闻中必有“what”，“when”，“where”，“who”，“how”等等“五大结构要素”作理解线索，有明白的呈现，帮助读者获得文化理解。而文学文本尤其是文化典籍、名家论集、诗词歌赋，根本就不是这样。你必须先认真观览它的整体（通读），再细细揣摩它的词句（细读）才有可能领悟他在说什么。英国有位很有特点的现代诗人 Wilfred Owen（1893–1919?）写过一首只有四行的诗：

Strange Meeting
“Strange friend,” I said, “here is no cause to mourn.”
“None”, said the other, “save the undone years.
The hopelessness. Whatever hope is yours
Was my life also.”

奇遇
“奇遇了，朋友”，我说，“没有理由枉自悲伤。”
“是啊，没必要，”他说，“除了那些蹉跎时光。”
万念俱灰。你期盼中的一切，
也曾是我人生中的一刻。”

如果你不将整个原诗读几遍，你恐怕很难理解 Owen 讲的是什么。这就是整体性的重要性，其中包括文本本身的整体性、作者的身世、他写作的年代和他的“话题主旨”（theme）等等。有不明白的地方，你还得去查找。只有把握了诗的整体性你才能理解：Owen 写的是第一次世界大战后欧洲人的心理创伤。可以说所有的翻译都需要有一个准确的**整体性文化理解**“打底”，而整体的、准确的文化理解，还必须具有深厚的**文化认知积淀**作支撑，否则你的翻译很可能迟早在中途“迷走失据”（lose bearings）。

以西方翻译界对老子《道德经》的文化理解为例。到2000年为止，西方人翻译《道德经》已经经历了280多年的历程，出现过大约252种版本，其中的英语版达130多种，[⑤] 其中不少人就常常遇到“迷走失据”的情形，许多译者可以说根本“未识大体”，只想凭借一点“语言功夫”和“想象力投射”来翻译《道德经》这样的中华典籍。不少西方译者更是摆脱不了本能地力图将老子按西方文化“归化”的诱惑，看不到《道德经》一书的哲理性，反而认为老子常常“自我矛盾”（例如经常提到的是《老子·三十六章》），并总是先下手去抠“道”“无”“妙”“玄”等等几个道家的关键性词语，又总是不理解这些基本概念的实质。这就说明一点：没有把握《道德经》思维哲理的整体性，更不具备通透理解《道德经》的中华文化积淀，要想达致准确的文化理解是不可能。

4.2.2 翻译文化理解的多维性

一般文本理解的目标比较单一，常集中于意义或审美。但在翻译学中，文化理解比较复杂。它的难度与它的多维性特质很有关系：“多维”原本就是“文化”一个很突出的现象。翻译的文化理解至少有五个维度，译者一个都不能疏忽：

一、文化理解的语义维度

文本理解的语义维度（把握意义）是一个最基本的维度。我们可以参考阐释学的方法，目的是为文本的文化理解服务。

第一，文化理解中语义解读的历时观

语言中的能指（或指称，the signifier）与所指（the signified）常常不是一回事，主要的原因之一是所指常常因时代而异（历时性）、因人地而异（共时性）。先讲历时差异。例如gun（手枪）这个词在近两个世纪中含义（主要是引申义）的变化就很大，直到今天还在变。在18世纪末 a gun 还可能指 a lie（谎言），到19世纪初有可能指的是 a thief or pickpocket（小偷或扒手），1890年这个词获得了 rascal（流氓）的词义，20世纪下半期获得了“精力”“劲头”的含义。⑥ 汉语有“因形见义”的传统用语规范，形态变异（同形异义）方面的问题小一些，但汉语文化历史悠久，语义演变、流变现象也很惊人，尤其是古韵和今韵相差很大，正因为这个原因明清考证、注疏、勘误之学才这么发达。例如“大事不二乎”，现在的说法是“大事不马虎”。

第二，文化理解中语义解读的共时观

语义因人因地而异就是个共时差异问题。上面提到的西方人对道家基本哲学理念的隔膜而导致概念的误译，就是个语义解读的共时差异问题。例如：道家思想中的“道”，有人将它译为“God”（G. G. Alexander, 1895），或“Godhead”（J. R. Marby），或“Creator”（?），或“Way”（A. Walley; J. Duyvendak, 1954），或“Word”（W. Bynner, 1944）等等。语义解读差异常常与文化价值观有关。例如西方人对“道”的翻译或多或少受到西方文化本位思维（尤其是基督教思想）即“归化”论的影响。直到20世纪末看到实在解释不通，只能放弃“归化”，才很不情愿地将它“异化”，回归到“*Dao/Tao*”。现在争议仍很多。⑦

第三，文化理解中的语义解读必须坚持辩证观

其实，老子自己在“道法自然”（《老子·二十五章》）中基本上点出了“道”的意思就是“自然规律”“自然法则”，王弼也解释过“道法自然”对诠释“道”的重要启示，王弼说道法自然的意思就是“道不违自然，乃得其性”，可见“道”的本性就是自然规律。这个重要的文本内证和外证都被很多人忽略了。西方人翻译中国典籍常常不管有关的考证注疏，须知这也是个学养问题、文化积淀问题，是中国人特有的“学术资源”，不要浪费了。这叫作“**本位优势**”，这个道理跟翻译西方文献一样，比如翻译《圣经》西方的参考文献肯定比我们的多得多，他们的理解也肯定有“本位优势”，但“**外位参照**”对双方都是不可少的。严复就曾经被邀请翻译过《圣经》，教会希望借助他的文化理解，宣扬基督福音。

毫无疑问，语义维度是文化理解的最基本的起点和依据。翻译中涉及语义理解的差异更是常见的现象，因此我们一定要认真做好语义辨析工作，广为参证，总可以得出比较合理的解释，为文化理解清除语义上的障碍。详见第五、第六章论述。

二、文化理解的心理维度

与意义伴随的是心理，因此语义学、话语学与心理学息息相关；美国当代的心理学家对心理学有一段比较经典的定义：

> What is human nature? Psychology answers this question by looking at *processes* that occur within individuals as well as *forces* that arise within the physical and social environment. In this light, we formally define psychology as the scientific study of the behavior of individuals and their mental processes. Let's explore the critical parts of the definition: scientific, behavior, individual and mental.
>
> （人性是什么呢？心理学是通过观察人的内心活动产生的过程以及物质和社会环境内部产生的力量来研究这个问题。据此，我们正式给心理学下的定义是：它是一种对个人的行为及其心理过程的科学研究。在这个定义中，关键的词是：科学、行为、个人，和心理。）(R. J. Gerrig & P. G. Zambardo, *Psychology and Life*. Pearson, 2004: 4)

可见我们所谈的“文化理解”与心理学息息相关，尤其是文化行为和文化心理：翻译不可能不顾文本中的**人物行为**（角色行为，也很可能就是作家自己的活动、经历、人生阅历、人际关系等等）和**情感**，而获得对文本的文化理解中的**行为理解**和**情感理解**。因此应该说任何文本都有一个**文化心理结构**，它的主体构件就是行为和情感。根据我们对《道德经》的英语翻译版本的了解，19 世纪的译者中绝大多人是西方的传教士，他们不可避免以基督教教士的宗教思想、行为逻辑和情感倾向来理解哲学家老子的思想境界与感情，这简直可以说是风马牛不相及。他们翻译《老子》的动机大多是想与中国的道教搭上关系，有明显的宗教目的，当然宗教的“借荫情感”也是一种情感，无可厚非。

语言中心理因素包括人的情感系统，所谓“七情六欲”，西方心理学称为“基本情感”（S. M. Kosslyn & R. S. Rosenberg, *Psychology*, 2004: 391）。其中还包括显露的情感和含而不露的情感，问题非常复杂，可以说如果不捋清（或捋不清）文本中的情感因素，要达至文化理解是不可能的。这中间最重要的问题是：

第一，如何准确感应和把握原语文本的情感含蕴

第二，如何准确分析和阐释原语文本的情感含蕴

第三，如何表现原语文本中的情感

我们再以西方对《道德经》的文化理解为例。司马迁在《史记·老子传》中说老子是楚国人。从老子的行文风格看，其基本风韵是**寓哲理于诗性，融诗性于箴言**。这种艺术手法极富楚风。楚文化的情感因素丰富多彩，而就清远深邃而论，《老子》五千言又居其首。其实老子的情感抒发不总是含而不露的。下面的《老子·五十三章》可见一斑：

> 使我介然有知，行于大道，唯施是畏。
> 大道甚夷，而民好径。
> 朝甚除，田甚芜，仓甚虚
> 服文彩，带利剑，厌饮食，财货有余。
> 是谓盗夸，非道哉！
> (假使我懂得了真理，行进在康庄大道上，唯一担心的是误入邪途。
> 大道很平坦，可是人们却喜欢邪门歪道。
> 朝廷里亭台楼阁高耸入云，可田间一片荒芜杂草，仓廪空空；
> 而人们却华服在身，还戴上闪闪佩剑，酒足饭饱，积财囤货。
> 这等夸耀权势的行为，根本违背天下之道！)

从这短短一章就可以看到老子的思想境界、情感倾向和表情特色。老子其人思维新异、视界广阔、是非分明，情操高洁，确实不愧为屈骚的先驱！两百多年来，不少西方有名有识的译者总觉得《老子》的眼光不可谓不犀利，思想不可谓不深刻，视野不可谓不广阔，但可惜他的言语“老硬生涩”、思路“奇绝幽晦”、情感“干涩诡异”等等，我们只能说这实在是

一种偏见，更多的则是由于文化隔膜，感应不到老子的**情怀中之真、文采中之情和情志中之美**。

三、文化理解的认知维度

可以说，科学的理性认识是达致准确的文化理解的关键。所谓科学地、理性地看待问题，主要表现在：

第一，历史地看问题

很多民族的古典文本历史非常悠久，要把握它的字面意义已非易事，更何况它的深层文化含义。这时文化理解的主要障碍是时空距离。时空距离可以造成古人和今人之间的**认识论、价值观、是非感**相差很大。例如《诗经·小雅·北山》里说："普天之下莫非王土；率土之浜莫非王臣。"有人曾经用"阶级观点"来分析说这是"对帝王权势的恣意美化"，认为《诗经》这两句"反映的是一种古代人民的控诉"。这就是所谓"以今释古"。其实《诗经》里说的是一种对社会进步的积极的赞颂，尽管其时社会本质上还是氏族宗法制，但皇权得到了强化，有利于国土扩展。历史地看问题还可以使我们对历史人物和他的主张多准备一分**理解的空间**。例如《老子》中的"小国寡民""民至老死不相往来"论（《八十章》），有人斥之为"反动的、反历史的愚民"思想。这就没有看到老子生活在战乱频频、生灵涂炭、"民无一日宁，生无半点乐"的野蛮世道中，他期盼一种"反世道"的安宁，其实是很可以理解的。

历史是一层厚厚的雾霾，足以屏蔽即便是重大的历史事实。我们的任务就是要拨云揭雾看到原著所由产生的"原生态"文化土壤和物态。本书后面还要以屈原所著《天问》为例，探讨文化的历史认知问题。

第二，理性地看问题

贯彻理性思维是探求文本理解的关键中的关键——其实上一节里提到的历史地分析文化现象或事件，文化思想或思潮，也属于**理性思维**。欧洲中世纪时代，意大利作家薄伽丘（Giovanni Boccaccio, 1313–1375）用了整整五年，创作了一部可谓名垂千古的力作《十日谈》（*Decameron*, 1348–1353），其中包括 100 个在其时令人瞠目结舌的动人故事，写的都是中世纪读者前所未见——甚至连想都不敢想的情色故事：从女性的裸体美、女性性爱的魅力、“幽会性爱”到“同性的性缠绵”等等，总之是“人性活动”的“合理性和圣洁性”，以及加害于人性的一切阴暗势力的丑恶和阴险。很明显，薄伽丘的矛头是指向以教会和政教权威为代表的“社会恶势力”。可以想见，这样的大胆揭露在黑道和瘟疫横行的欧洲14世纪，其威力不亚于那次掩埋庞贝城的大地震！其实，更强的地震余波——《十日谈》翻译的“道德合理性和出版合法性问题”在英、法、德、奥、西、美、日——当然还有中国——持续了大约五个世纪。令人庆幸的是，这个余波传到中国时，正值“五四运动”中科学和民主成为最强音的时代，杰出的翻译家王科一（1925—1968）克服了千辛万苦完成了中国第一部《十日谈》的汉译本！这是中国翻译界理性思考能力的一次大展示。

可以毫不夸张地说，理性思维是使我们准确达致文化理解的关键。离开了理性思考势必堕入非理性的矫情、滥情或对一个民族的典籍的污蔑和不怀好意的煽情。了解《十日谈》和《道德经》的文献研究者对这种非理性表现是不陌生的。

第三，分析地看问题

总的说来，每一个民族的文化文献都是一个宝库、一个百宝箱，珍宝无数，精彩纷呈。但这样说并不是意味着这个宝库、这个百宝箱中的一切对我们的某一个特定的专题研究都有用，都符合事实，符合我们的需要。不是的。其实，如果你仔细分析，文化史料库常常是锅驳杂不堪的大杂烩，对一切我们都需要悉心甄别。中国文史界历来有许多很有才学的人醉心于传说、野史、秘籍、轶事，他们笔下的“史料”常常很有“诱惑力”，我们分析问题不应受到他们的干扰，参考借鉴当然也有必要，但若要以此为据，以此立论，就必须有科学论证。

分析地看问题更重要的是要严于明辨是非，善于探究底蕴。即便是圣贤之言也会有失当之处。例如孟子是儒家“大户”，对当时被认为是道家的杨子（又作“阳朱”）的人品论就很成问题，孟子说“杨子取为我，拔一毛而利天下不为也”（《孟子·尽心上》），这种已经涉及人身攻击的品评就不符合实际。事实上，杨子的基本观点是“贵己”，相当于今天所说的“自我珍惜”，不为“外物”伤及自身，而杨子所谓的“外物”，指道家所轻视的一切功名利禄、仕海沉浮、褒贬扬抑等等。好在公道自在人心，刘安、苏非、李尚（合称“淮南子”）就挺身而出为杨子说了公道话：“全性保真，不以物累形，杨子所立也。”（《淮南子·氾论训》）。文化理解必须以文化认知的科学性、严肃性、准确性和深厚的**文化积淀**为根基和依据。

四、文化理解的审美维度

翻译必须把握文本的审美结构，因为审美是文化理解的重要目标之一，道理很简单，**审美结构**是文本整体结构的一部分，准确的审美再现是文化理解的重要内容。文本审美结构分为以下层级：(a) 词语层：主要表现为词语选择（diction）；(b) 句子层：主要表现为句式、句型（pattern）选择；(c) 语段层：句组、句段的有组织发展；(d) 篇章层：比较完整的语段组合，一般指风格；(e) 超文本意涵层：包括文本的情感、意象、意蕴、意境等等。

《道德经》五千言是韵文体，到今天仍留下古韵遗风，它的语势**节奏感**、结构**对称感**和行文**律动感**都很强。全篇用词非常古雅精炼，五千言中找不出平庸、流俗用语；但它的审美重心在句式（sentence form, 语言美学用语）、句型（sentence pattern, 句法用语）。老子常用的审美优化句式、句型有：

(a) **并列式**，通常是二项并列式，例如：道可道。非常道；名可名，非常名。（一章）信言不美，美言不信。（八十一章）

(b) **周遍式**，通常是一个范畴内的多项联立概念，例如：道生之，德蓄之，物行之，势成之。（五十一章）故道生之蓄之，长之育之，成之熟之，养之覆之。（五十一章）

(c) **连珠式**，通常是尾首相连，例如：道生一，一生二，二生三，三生万物。（四十二章）人法地，地法天。天法道，道法自然。（二十五章）

(d) **回旋式**，通常呈掉尾结构，例如：上德不德，是以有德，下德不失德，是以无德。上德无为，而无以为，下德为之，而有以为。（三十八章）

(e) **迭进式**，通常反映一种进递逻辑，例如：夫唯病病，是以不病。

圣人不病,以其病病,是以不病。(七十一章)天得一以清,地得一以宁,神得一以灵,谷得一以盈,万物得一以生。(三十九章)

(f)**联合式**,以上各种句结构的审美混成,例如:以正治国,以奇用兵,以无事取天下,吾何以知其然哉?以此。天下事多忌讳,而民弥平;民多利器,国家滋昏;人多伎巧,奇物滋起;法物滋彰,盗贼多有。故圣人云:我无为,而民自化;我好静,而民自正;我无事,而民自富;我无欲,而民自朴。(五十七章)

《道德经》的意象美极富特色。很多意象构建手法来自《周易》。老子构建的意象含义非常深刻脱俗,例如他说:"合抱之木,生于毫末;九层之台,起于累土,千里之行,始于足下。"(六十四章)以入微的生活观察,启示深刻的哲学道理,成了中国人的思维方式和生活格言。与具体而微相反的是他的意象的高度哲理性和模糊性,例如《老子》中有名的第一章,就以深刻的模糊美流徙远洋,流传千古:

道可道,非常道,名可名,非常名。无名,天地之始;有名,万物之母。故常无欲以观其妙,常有欲以观其徼。此两者同出而异名,同谓之玄,玄之又玄,众妙之门。(《道德经•一章》)

(可以用语言表达的道理就不是永恒的道理,可以用文字描述的概念,就不是永恒的概念。无法用语言加以表述的初始状态,就是天地的本来面目。已经用言辞确定了的概念,那就是万物的身生之母。经常保持虚无状态,为的是要观察世界的幽微本质,经常保持实在的状态,为的是要观察世界的明显表象。虚无与实在,这二者同出于人心,却有不同的名称,无论是虚无或实在,都可以说是玄秘的现象,玄秘中之玄秘,那就是天地之间一切奥秘产生的根源了!)

(Tao that can be spoken of, is not the Everlasting (*ch'ang*) Tao. Name that can be named, is not the Everlasing *(ch'ang*) name.

Nameless *(wu-ming)*, the origin (*shih*) of Heaven and Earth;

Named (*you ming*), the mother (*mu*) of ten thousand things.

Alternate,

Non-being (*wu*), to name (*ming*) the origin (*shih*) of Heaven and Earth
Being *(yu*), to name (*ming*) the mother of the thousand things
Therefore, always (*ch'ang)* without desire *(wu yu)*
In order to observe (*kuan)* the hidden mystery (*miao)*
Always *(ch'ang)* with desire *(yu yu)*
In order to observe the manifestations *(chiao)*
Alternate,
Therefore, by the Everlasting *(ch'ang*) Non-being (*wu)*
We desire *(yu)* to observe *(kuan)* its hidden mystery (*miao)*
By the Everlasting (ch'ang) Being (*yu*)
We desire *(yu)* to observe the manifestation (*chiao)*
These two issues from the same origin, though named differently
Both are called the dark *(hsian)*.
Dark and ever darker,
The door at all hidden mysteries (*miao)*.（取美国陈张婉莘英译，1989）

《道德经》在中国文坛一贯被认为“精妙五千言”，作者行文之简约深邃使后来者莫不仰视其精而莫能近之。上引英译者力求保持原汁原味，其志可嘉，但大量使用音译意在帮助西方读者释义，徒使译文有“支离感”。因为汉语是一种“因形见义”的语言，语音对释义帮不了什么忙，除了对学汉学、懂文言的外国人以外，频频使用音译对词语意义转换可谓“画蛇添足”。

五、文化理解的逻辑维度

对文本的逻辑审视是文化理解中的重要一环。所谓“重逻辑”，主要指关注思维的清晰性、行文的条理性和叙事的合理性，这是翻译学所谓“重逻辑”的三条基本规范；它的反面是思维轨迹混乱、行文理路驳杂、叙事表述不合情理。叙事学所谓文本叙事逻辑往往体现以下手法（简称“四C手法”）：

（a）相比相喻（Comparison and Likeness）

就是用比较法、比喻法来说明事理，大半都是以小比大，以实比虚，以易比难，以近比远，以今比古，以己比人，以本域比外域，以生活比哲理等等。《道德经•六十章》中有个比喻几乎中外皆知："治大国，若烹小鲜。"（"鲜"指"小鱼"，不是指"一盘小菜"）这个比喻其所以精彩就是因为它既以小比大、以实比虚，又以易比难，以生活比哲理而且言之成理。

（b）相通相较（Congruity and Transduction）

就是用相同或相通的道理来彼此"串解"，以疏通理解上的难点。这其实是一种扩展的比喻，把两件（或多件）事情的内在相似性串联、串通起来，以通其理。

《道德经•七十七章》就是用的这种办法："天下之道犹如张弓乎？高者抑之，下者举之；有余者损之，不足者与之。天之道，损有余而补不足，人之道则不然，损不足，以奉有余。……"（上天的法则犹如张弓拉箭一样吧？太高时放低一点，太低时举高一点，有余的削减一点，不足的多给一点。上天的道理是削减有余的而补助不足的。人间的法则则不然，反而削减不足的给了多余的。……）可见比较法（a）不同于相通相较法（b），前者比较以显其同，后者比较以显其异。

（c）相生相伴 (Concomitancy and Relationship)

老子非常重视事物相生相伴的道理，例如《道德经•四十二章》："道生一，一生二。二生三，三生万物。"这里的"生"意思就是"衍生、派生、产生"，说的就是世间事物相生相伴的道理，有西方译者执意将它归化为基督教中的 Unity, Duality, Trinity (Lionel Giles, 1917)，实在是风马牛不相及。老子理论陈述的特点是他先基于一个道法自然**逻辑审视框架**，依此观览、观照现实世界的**现象规律**，也就是说他是**先有其"理"**（哲学逻辑理念），**后述其"见"**（现实的纷繁现象）。例如《道德经》的一章、二十五章、五十四章、七十一章、八十一章都是很好的例证，老子的论述法则也非常符合当代西方传播学、叙述学的所谓"导语现行"（"Let the lead take the lead"，第一个"lead"是"导语"的意思）的陈述、写作规范。

（d）相对相成（Counteraction and counterpoise）

这就是辩证法的思维逻辑。老子笃爱精言微语，绝少陈铺，给读者留下的是广阔的思考空间，同时留下相与析的疑义。为了启发思考、辩证推理，他的手法是运用语言的模糊性——这也正是他的语言美之所在。例如《道德经•三十六章》中有一个词“微明”究竟是什么意思？

将欲歙之，必固张之；将欲弱之，必固强之；将欲废之，必固兴之；

将欲夺之，必固与之。是谓微明。

柔弱胜刚强，鱼不可脱于渊，国之利器不可以示人。

(若想将某事化小，就一定要先将它放大;若想将它弱化，就一定要先使它强化;若想将它废弃，就一定要先使它兴盛;若想要夺取它，就一定先要将它给予。这就叫作“隐而不露”。柔弱的战胜刚强的，鱼不可以离开深渊，国之利器不可以示人。

If you wan to belittle a thing, you will have to make it bigger first,

If you want to weaken a thing, you will have to make it stronger first

If you want to waste a thing, you will have to make it prosperous first

If you wan to capture a thing, you will have to give it away first.

This is what we call “Indistinct Appearance” (*Wei Ming*).

The weak is to prevail the strong in the long run.

The fish can not live on without a deep pool

A country’s powerful weapon must not be shown off.)（取刘宓庆英译）

文本中的“微明”究竟应如何突破字面、深入深层、准确解读？古代两位权威老子注释家各执一说。河上公说它的意思指“道微事明”，王弼认为老子列举的都是大的事物，对大的事物就要使它们不断膨胀到自毁——这种“而已反危”的道理很奥妙，所以说是“微明”。我们现在是按字面意义译为“隐而不（全）露”，实在是差强人意。就整体而言，老子的用词确实是小中见大，易中见难，平淡中见奇巧，隐蔽中见“**微明**”。

仅仅在西方，从1816年到1988年《道德经》已有252种译本问世（《宗教学研究》，1997, Vol 4, 101页：北辰著“《老子》在欧洲”）。这就说明一个道理：“语言理解”并非难事，难就难在深层的“**文化理解**”！本章的要旨，即在于此。

4.3 翻译学文化理解图式

从上面的探讨中，我们需要归结一下所谓“达致准确的文本文化理解”的基本策略的特点：

第一，以求真的**意义解构**为基础

这是文化翻译绝对不可以忽略的起步。可以说，在语言上不求甚解或囿于字面，想一步跨到深层文化理解，就岌岌于动手翻译，正是很多西方的《道德经》（及其他古籍的）翻译者的教训。当然也包括中国的某些译者。

第二，以多维的**文化解构**为依据

对于汉译外而言，在文化理解中应该特别重视的是文本的审美解构，因为，从《周易》开始，文本各层级的**审美**就是中国语言的基本要素。[8]

第三，以揭示和表现原语文化**深层意涵（内涵）**为目标

深层文化内涵与价值观紧密相连。忽视双语民族文化价值的翻译是没有任何意义的。《道德经》与《孙子兵法》被西方翻译得最勤力，道理即在于此。

必须说明，本书对这些特点的阐明，是根据描写主义的原则：“翻译无定式（程式）”，也可以说“翻译无定法（法度）”。用科学哲学的话来说，重要的是“任何理论都不应无的放矢”，我们必须说明文化理解的最一般的“有效特征”（“efficacious features,” E. D. Klemke, 1988: 197–213）。

至此，我们可以将文化翻译的关键——文化理解的**含义**、**过程**和完成的**标志**以图式表示如下：

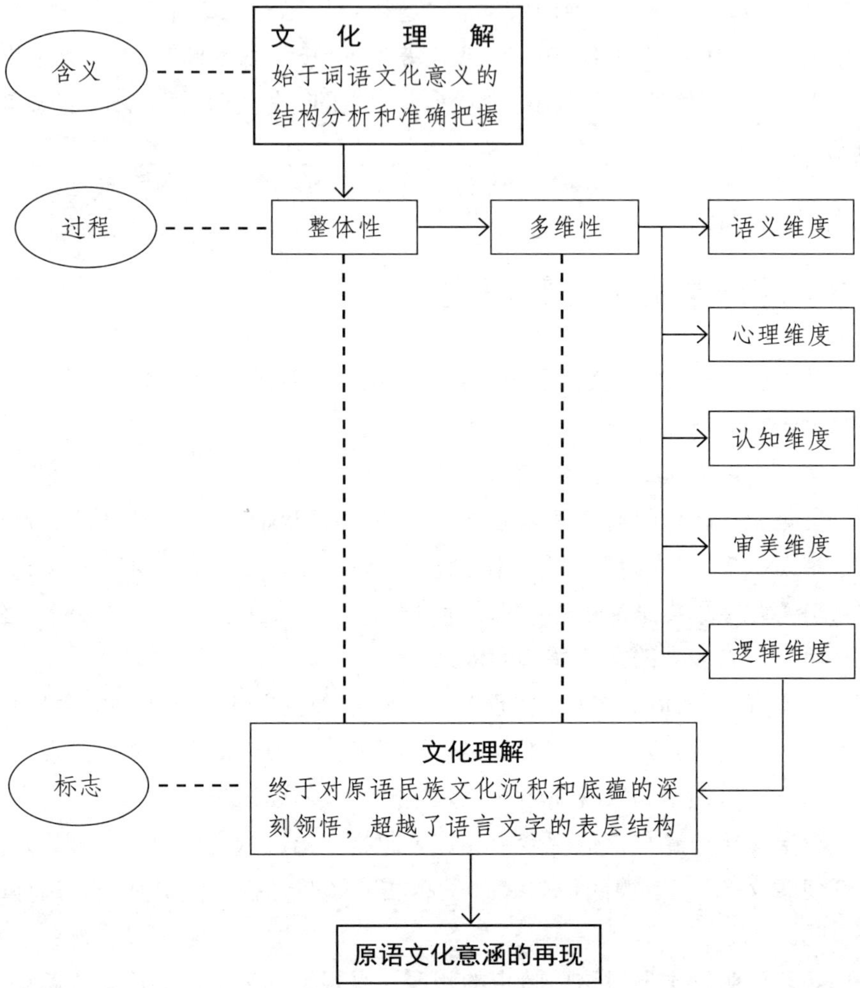

图4—1

毫无疑问，对原语深层的文化理解，是对原语准确的文化再现的基础和依据，这是做任何文体样式的翻译的最基本的一条要诀和体悟。很明显，这个“基础和依据”是不能超越的。西方很多《道德经》译本就是由于超越了文本的文化理解，死抠字面，才陷于“译犹不译”的尴尬局面。

4.4 文化理解的最大障碍:“文化视差”（Cultural Parallax）

所谓“文化视差”就是审视文化事物的角度出了偏差，这样自然得不到事物的**准确视像**，把握不到事物的**本质特征**。一般说来，**文化视差**产生于以下因素，我们从事文化研究和翻译文化理解时都不能忽视，当然“视差”一般只产生“差”（偏差），并没有“误”（错误）那么严重：

（a）文化价值观差异

我国儒家的价值观与道家、墨家、法家的价值观差异不仅仅很大，而且在很多方面儒家的智慧之光远远不如其他诸家，如道家的生命智慧、墨家的逻辑智慧、法家的法理智慧都是不容我们抹杀的。因此，我们在理解和译介中国文化精粹时不能以偏概全。尤其重要的是不能张冠李戴，用儒家的视角和价值观来阐释“非儒家的”（Non-Confucian）的一切。毫无疑问，这也是译者对“翻译主体性”的一种滥用。（参见 I. Morries, 2011: 257–259）不仅翻译如此，连语内理解也是人的价值观操控着一切。中国文献史上著名的例子是韩非子的《解老》和《喻老》。《解老》反映法家重功效的可取性，而《喻老》则完全是以法家之心度道家之腹，陋见连篇！（陈鼓应《老子今注今译》，2003: 353—354）

（b）文化时空隔膜形成的认知局限

文化时空隔膜常常是文化偏见之源，而文化偏见对文化理解可以造成认知上的极大局限。西方对东方的文化理解最主要的障碍莫过于“归化”论，许多西方译者总想将一切纳入西方的认识论框架和价值范畴。他们之所以这样做绝大多数并非出于带有敌意的“西方中心论”，而是源于时空隔膜。问题在于，这样的“简单化”大大低估了文化翻译的难度和它的终极目标。《道德经》是中国道家的经典著作，《道德经》中有些思想或理念或许与基督教教义有相通之处，但两者绝对各自自成体系，道家老子的基本理念“道”与基督教的“God”，“The Almighty”，“Creator”，“Trinity”等等绝对是风马牛不相及。这种主体操控不啻“主体对原语的颠覆”。（参见 I. Morries, 2011: 478–479）

（c）历史文献版本不一、文卷缺如或片面记述形成的因袭偏见

文化视差在文化典籍翻译中几乎处处可见，即以《老子》（分上下连篇，自汉代起始由皇家御赐《道德经》之名，前37章为《道经》，后44章为《德经》）为例，就有多种版本，据说共计有注者“三千家”（《道德玄经原旨》），其中常以河上公和王弼的注疏本及《老子马王堆帛书》（1973）及《郭店楚墓竹简老子》（1993）为依据。翻译文化理解的依据是准确的原语文本，如果原语文本本身莫衷一是，给翻译造成的混乱则是不言而喻的。但这个问题译者是不能回避的，我们唯一的办法是对权威评注多加分析、比较和鉴别，择善而从之。

（d）特殊文化事件带来的后果

这种事件中外都有。在中国历史上最著名的是发生在秦代的“焚书坑儒”。其实“焚书”与“坑儒”是两场文化劫难：前者发生在秦始皇三十四年（公元前213），后者在次年。秦始皇在丞相李斯建议和主持下下令焚毁除《秦记》以外的诗书史籍，相继坑杀了460多人（主要是方术士，但确有儒生）。秦始皇的残忍和极端手段甚至引起他自己的长子扶苏的不满。据史籍记载，扶苏曾向其父王诉说：“诸生背诵法孔子，今日皆重罚绳之，恐天下不安。”但秦始皇一意孤行，甚至将儿子也贬遣至上都。韩非子也因李斯陷害而自杀。

焚书浩劫给中国文化带来了难以估价的损失。今日能见到的春秋战国时期的古籍已是“劫后余生”。能查证到的散佚典籍就有：《曾子》《子思》《漆雕子》《宓子》《景子》《世子》《晏子》等儒家著述；《田俅子》《随巢子》等五种墨家著述；《太公》《文子》《杨子》《列子》《伊尹》《鬻子》等道家著作；《李子》（李悝）、《慎子》、《申子》等法家著作。以上提到的显然这只是挂一漏万。据史书记载，秦地焚书烟火连天，书生哀号，三月未息。

4.5 文化比较研究

深入的文化解读是准确的文化表现的前提，自不待言。为此翻译文化研究非常需要开展不同文化之间的比较研究，应该说文化比较研究是翻译研究的一种不容忽视的基础研究。文化比较研究一般涉及:(1)文化形态比较、语言文化形态比较;(2)文化价值观比较;(3)文化心理与审美意识系统比较;(4)思维风格及思维方式及表现法比较(文化表现对策论比较)。毫无疑问,这些课题都有一定的难度,但我们不能知难而退。汉语与英语是世界上文化史料最丰富、使用人数最多的两种语言,也是语言文化共性和差异都很大的语言。文化比较研究必将责无旁贷地落在我们的肩上。我们应该有这种舍我其谁的使命感。

4.6 结语

小而言之,"文化理解"是译者理解一个文本的起点,大而言之,"文化理解"又是理解一个民族的文化、理解一个民族的心灵的起点。莎士比亚翻译家卞之琳说:"你可以读 100 遍 'To be or not to be' 而不理解《哈姆雷特》,你也可以读 100 遍《道德经》而不了解老子,原因就在于 'To be or not to be' 和《道德经》下面有一个其深无比的英国文化和中华文化的历史积淀,你不了解这个文化历史积淀有多深,只不过在它们的光滑的水面游了一圈又一圈。"(《记 1987 年卞之琳生前与刘宓庆最后一次谈翻译》)因此,必然的结论是,我们的翻译家一定要沉下心来,努力研究文化、研究如何获得文本的深层文化理解;更重要的是,如何通过深层文化理解的研究,体验到一个民族的文化积淀的光芒,投射到你的认知上的那种震撼力和灵动力!

〔注释〕

①参见 Stephen M. Kosslyn and Robin S. Rosenberg 合著,*Psychology: The Brian, the Person, the World*, Pearson Education, 2003, Chapter Eight, Language and Thing.

②参见 Eric Partridge 著 *Dictionary of Historical Slang, Abridged by Jacqueline*

Simpson. Penguin Books, 1986.

③见注解①

④参见 L. Wittgenstein 著 *Philosophical Investigations* (1965), Part One, Section 248.

⑤这类统计仅供参考。此处根据 *Michigan Paper in Chinese Studies,* No 30, Centre of Chinese Study, University of Michigan, Ann Arbor.

⑥参见②中所述著作。

⑦在文化翻译研究中，像“归化”和“异化”这类“二元对立式”命题是解决不了问题的。文化和翻译都是很复杂的事物，用二元对立式作对策论原则必然会引起思想混乱，因为在语言现实和翻译实践中根本行不通。在中国典籍的外译中，西方译者的“归化”主张有泛政治化倾向，这一点确实比较明显。但也不宜一概而论。比较妥当的对策论原则似乎是有读者接受和效果考量的描写主义表现法——这里的“读者”既包括目的语读者，也包括原语读者，而且多多考虑原语读者的约定俗成用法和语义，常常是比较稳妥的办法。“道”之最终被翻译为 *Dao* 和 *Tao*，就说明这个问题，“钉子户”被译为“nail house”，而且被英美报刊（如英国的 *Daily Post*）采用，似乎也是这个道理：文化词语的文化含义是由原语使用者积淀下来的，应该受到尊重。

⑧参见刘宓庆、章艳合著《翻译美学理论》，第二章“论语言审美”和第四章“论翻译审美”，北京：外语教学与研究出版社，2011 年。

第五章　文化与意义

5.0　概述

文化翻译的任务不是翻译文化，而是翻译容载或含蕴着文化信息的意义（cultural meaning）。[①] 意义始终是我们关注的中心：一般说来，它既是我们的出发点，又是我们的目的地。

根据这个前提，我们可以从两个维度来审视文化意义：宏观文化意义和微观文化意义；也可以从两个维度出发，将文化翻译分为广义文化翻译与狭义文化翻译。宏观的、广义的文化翻译涵盖容载一切文化信息的意义转换，其中包括语法意义。我们的理据是：语言本身是文化符号系统，其组织规律就是语法。语法规律（及范畴）具有语法意义，如动词的时、体、态、语气，代词的格、数、性，形容词的级都是有意义的，翻译时不能忽视它们的语法意义；还有些语用规律诸如主语与谓语的定位、形合与意合等等，此类手段所涉及的语言文化异质性问题也与意义和意义表现式密切相关。语法意义的可译性限度很大。问题在于：可译性限度虽然很大（如印欧语某些人称代词和若干名词的性、格、数等等是汉语所没有的），但既然有意义，译者就不能熟视无睹。这里涉及两种异质性很明显的语法体系，二者各有其语法信息表达的独特方式或手段，因此我们可以在表达方式和手段上想办法。例如英语语法体系和汉语语法体系，就是两个不同的语言文化信息体系，含蕴两种不同形态的语法意义，这两个不同形态的意义系统之间的对应手段和方式转换就是广义的文化翻译。这时，我们采取

的途径通常是以词汇手段替代形态手段，或者相反。正如雅可布逊说的：[②]

> If some grammatical category is absent in a given language, its meaning may be translated into this language by lexical means（词汇手段可以替代语法范畴来表示意义）. . . As Boas neatly observed, the grammatical pattern of a language (as opposed to its lexical stock) determines those aspects of each experience that must be expressed in the given language: "We have to choose between these aspects, and one or the other must be chosen."（人类语言的表意手段是可以有选择的：二者必居其一。）

根据雅可布逊及其引述的鲍阿斯（F. Boas, 1938）的见解，语法意义与词汇意义相对。人们可以选择词汇手段来表达自己的经验（意义），也可以选择语法手段来达到同样的目的。可见语法意义不仅在理解中起着思维组织者的作用，在表达上也大有文章，我们不能置之不顾。因此它是文化翻译不应回避的问题。但必须指出，它只是广义的文化翻译，其实质是个功能问题。

狭义的文化翻译是我们议论得最多的，指文化矩阵（第二章 2.1.1 节）中各层次反映在语言中的意义，集中于词汇、词组、句子、语段（句子的有组织集结）、风格和语言文化心理等层面中。本书中所谓的意义，既关注这些层面中狭义的文化意义，也不忽视语法层面广义的文化意义——道理很简单，语法通常是意义的规约者、制约者，也是语言异质性的体现者。

总之，意义是语言中最复杂的问题，因此理所当然地成为语言学和翻译学关注的核心问题。归根结底，文化翻译研究必须围绕意义问题展开。

5.1 文化意义的宏观视角：广义文化翻译

按上文所述前提，从大的方面说，意义有两个文化维度：宏观维度和微观维度，也可以说广义的文化意义和狭义的文化意义。我们先从宏观视角探讨广义文化意义的双语转换问题。由于这方面的问题太广泛，我们只能择要而谈。

人类语言都有共性，语法都有共性，共性也就是同质性（homogeneity），这是问题的一面。另一面是异质性（heterogeneity）。由于文化母体不同，语言都表现出异质性，因此语言异质性问题的本质是语言文化问题。下面我们选择两个比较突出的议题来论述：一是汉语的主语异质性（5.1.1），另一个问题是虚词的语言文化功能转换问题（5.1.2）。

5.1.1 汉语主语话题性：文化心理和美感分析

汉语的主语表现独树一帜，是汉语非常突出的语言文化特征，也反映了汉语的文化心理和文化审美倾向。

首先是汉语主语的话题性（topicality）远比它的施事性（agentiveness 或主语的使役性 causativeness）广泛。试分析下列句子：

（1）李大妈死了四只鸡。（TR / TC）

（比较：四只李大妈的鸡死了："四只李大妈的鸡" 作主语时，"死了" 谓语很短，形成头重脚轻，不符合汉语美感和重自然的文化心理）

（2）海水不可斗量。（TR / TC）

（比较：海水不可以被人用斗量："被人用斗量" 很拗口，不符合汉语重主体感的文化心理和美感）

例中 "李大妈" 和 "海水" 都没有施事性，与行为（动词）"死" 和 "量" 无关：（1）中 "死" 的是 "鸡"（鸡死了）；（2）中 "量" 的施事是隐含性逻辑主语 "人"，"斗" 在逻辑上是 "被（人）用斗"，即表示方式或工具的状语词组中的宾语。与此类似的句子极多，如："村里死了人" "一张床睡两个人" "两个月挣七千元" 等等，这些句子的共性是：一、（主位部分的）主语具有突出的话题性，它只是话语主体心目中的一个话题（T），而不具备施事功能，但却统领全句，可见是信息中心；二、汉语无主语或逻辑主语隐含与汉语的 **"无名之朴"**（《老子·二十五章》）的文化心理审美也很有关系；主语或被置于动词之后，形成了逻辑上的VS式（“死了鸡”“结了冰”“着了色”等等），成了一个述题（rheme, R或comment, C），即表述—描述成分，表述与话题有关的事。在说汉语的人的语言文化心理中，言者关注的中心（话题）应该先表达出来（处于主位thematic position），使听者一目（一听）了然，让述题在后面自然相接，形成TR（theme+rheme）两段式，符合“重意”而“不重形”的中国式思维审美方式：**道法自然**（《老子·二十五章》）。而英语是“重形”的，英语句法SV / SVO / SVO_1O_2 / SVA / SVC等等都恪守以SV主谓提挈（句法主轴）的形式程式原则，所以我们说汉语是以话题占优势的话题型（TR / TC）语言，英语是主谓型（SV提挈）语言。以上（1）、（2）句英译后都从TR型变成了SV型，这种转换既是顺应英语语言文化心理考量，也是符合英语的形式美感的：

(1) Four of Aunt Li's chickens died. (SV)

(2) The sea cannot be measured with a bushel. (SVA)

Seawater is immeasurable. (SVC)

主语话题化有极鲜明的文化意义。话题句在汉语中源远流长。楚文学中有很多例子。例如在《庄子》中有：

（1）东海之鳖左足未入，而右膝已絷矣。（《秋水》）

（2）故此数子者，事业不同，名声异号。（《骈拇》）

（3）彼其父为戮于楚，其心又狷而不絜。（《大宗师》）

以上三例中“东海之鳖”“此数子”“彼”都是话题主语，“左足”“事业”“其父”则是述题中的主语，所以中国语法学界又将前者称为“大主语”，后者称为“小主语”，看起来，两个主语是平起平坐，其实“大主语”是上位，“小主语”是下位。这都是汉语句法的异质性语言文化特征。这一特征在《离骚》中又有变体，但话题性实质仍是一样的：[3]

（4）伏清白以死直兮，固前圣之所厚。

（5）忽驰骛以追逐兮，非余心之所急。

（6）謇吾法夫前修兮，非世俗之所服。

（7）不量凿而正枘兮，固前修以菹醢。

（8）鸷鸟之不群兮，自前世而固然。

自（4）至（8）句中上段都是话题分句（T），下段都是述题分句（R/C），所以仍是 TR/TC 句式。汉语话题主语的语言文化特征可以设法反映在目的语中，有造诣的翻译家大都勉力为之，以上数句 David Hawkes 翻译如下：

(4) But keeping pure and spotless and dying in righteousness:
Such conduct was greatly prized by the wise men of old.

(5) Madly they rush in the covetous chase,
But not after that which my heart sets store by.

(6) I take my fashion from the good men of old:
A garb unlike that which the rude world cares for:

(7) Straightening the handle, regardless of the socket's shape:
For that crime the good men of old were hacked in pieces.

(8) Eagles do not flock like birds of lesser species:
So it has ever been since the olden time.

汉语话题主语优势的文化意义是：

第一，反映了以汉语作母语的人的文化心理：**主体感的优势**，以说话者心目中的议题为信息交流中心，而不必首先顾及句法逻辑和句子的形式程式，这就是说，主体意识的先导性可以超越形式程式的规约性。

第二，这样就形成了以汉语作母语的人**重意的思维**方式特征：**意念的主轴性**。从汉语的宾语特征也可以看出汉语意念主轴的句法构形作用（“我吃大碗，你吃小碗”，吃的逻辑宾语应该是大碗、小碗中的内容，而不是碗本身）。中国哲学传统历来重意，从王弼到朱熹一脉相承。朱熹认为“意者，心之所发也”（《四书章句集注》），“意”就是思想的外化，很有道理。

第三，“话题述题”式（TR/TC）结构是二元（二项）并列（和合），反映了中国人的思维方式和风格，即**二元并列**的**和合之美**；如天地（天大地大）、长短（三长两短）、东西（东成西就）、东山再起（东山＋再起）、立竿见影（立竿＋见影）、有情人终成眷属（有情人＋终成眷属）等等。以上几点翻译语言审美都不应掉以轻心，要体会文化心理与语言审美常常具有“**联袂玉成**”的辩证关系。

5.1.2 汉语句法结构异质性：虚词的语言文化功能

汉语的句法结构机制独树一帜：在形态语言（inflectional language）中认为必不可少的句法形态变化或形式部件（如 be, being, been; have, having, had 等）在汉语中悉付缺如，而代之以为数相当有限的虚词。在汉语中虚词都是用以表示语法关系的功能代偿词，用词来表示语法关系，是汉语先民的一大创造，反映汉民族“实以表意、虚以结气”的语言文化心理，所谓结气，就是缀结句法的内在气理，就是语法关系。汉语句法结构就是凭借这些为数有限的虚词，变化多端，左右逢源，变出了在形态语言中起句法结构功能作用的几乎所有的形式，包括语法范畴和句法序列。以《离骚》为例：屈原共写了 372 句，几乎每句都有一个虚字，从而使《离骚》句式散文化，对后世影响极深。除了“兮”字外，用得最多的虚词共 9 个，分布如下：④

之	98 句	其	41 句
以	77 句	而	71 句
於（于）	9 句	乎	17 句
夫	20 句	此	12 句
与	7 句		

据上文统计，“之”用得最多，其中 87 句属于标准用法，11 句属于变异用法；“其”41 句，其中 33 句属于标准用法，8 句为该词的变异用法。以下各词的标准用法与变异用法之间的比例如下：“以”：75 比 2；“而”：68 比 3；“于”：9 比 0；“乎”：11 比 5；“夫”：9 比 11；“此”：10 比 2；“与”：5 比 3。

可见屈原的原则是以传承为主，创新辅之。这种态度也是很值得推崇的。我们将在第九章表现论中再进一步论述这个问题。

5.1.3 英语文化心理反映:句法形态的规范性和灵活性

英语语法的严谨性也是一种民族文化特征的反映，尽管它的规范化历史并不长。第一部英语规范语法即 Robert Lowth 的《英语语法简介》(*Short Introduction to English Grammar*）迟至 1762 年才出版，比《马氏文通》仅仅早 100 年。继 Lowth 之后，Lindley Murray 在 1794 又编了一本《英语语法》。Murray 力倡英语必须纯正、规范、准确，就是他所谓“三 P 法则”(“Perspicuity requires the qualities of *purity, propriety and precision*”)。《英语语法》在英美出了 20 版，Murray 的“三 P 法则”在美国影响尤深。严谨的语言规范工作其实反映了欧洲启蒙运动的理性素质和在法则面前任何权威也不得僭越的人文主义平等思想。英语语言高度规范化与所谓“合理柔性”(“reasonable flexibility”）相结合，使英语独树一帜，载誉全球。英语语法最突出的语言文化特征是它的句法形态(syntactic forms)的多样、严谨、规范和端庄。多样性主要表现为形态手段和词汇手段并用、语序和语义并重。严谨、规范、端庄的具体表现是：

第一，恪守动词语法范畴规范，时、体、态、数等等均见之于形，而且一丝不苟。

第二，恪守句子的句法单元分布形式规范;S、V、O、A、C 各单元分布均有形迹可寻;SV（主语加谓语动词）的提挈机制贯彻到每一句。

第三，恪守语段中的各级、各类应接手段（cohesive devices/ties）的用法规范，主、从层级分明，类属标志清晰可辨。

第四，恪守在严谨性、规范性的前提下的灵活性原则，同时又维护了句式配列和变化的开放性原则，始有英语文风的斗妍争芳。

英语以上四个语言文化基本特征，无不有板有眼地表现在几乎每一个有造诣的英美作家的作品中。下面是 James Joyce 的短篇小说《初恋》(*Araby*）中的一段（此处仅标出六项，代号注于原文行下:S——从属，T——时态，V——语态，M——语气，A——体，NF——非定式动词）：

原文中之第三段（译文见下）：

When the short days of winter *came* dusk *fell before* we *had* well
[S] [T] [S] [S] [A]
eaten our dinners. *When* we *met* in the street the houses had *grown* sombre.
[A] [S] [T] [A]
The space of sky above us was the colour of ever changing violet and
towards it the lamps of the street *lifted* their feeble lanterns. The cold air
[NF]
stung us and we *played till* our bodies *glowed*. Our shouts *echoed* in the
[T] [T] [S] [T] [T]
silent street. The career of our play *brought* us through the dark muddy
[T]
lanes behind the houses *where* we *ran* the gauntlet of the rough tribes from
[S] [T]
the cottages, to the back doors of the dark dripping gardens *where* odours
[S]
arose from the ashpits, to the dark odorous stables *where* a coachman
[T] [S]
smoothed and *combed* the horse or *shook* music from the buckled harness.
[T] [T] [T]
When we *returned* to the street light from the kitchen windows *had filled*
[S] [T] [A] [A]
the areas. *If* my uncle *was seen turning* the corner we *hid* in the shadow
[S] [V] [V] [NF] [T]
until we had *seen* him safely housed. *Or* if Mangan's sister *came* out on the
[S] [A] [S] [T]
doorstep to call her brother in to his tea we *watched* her from our shadow
[T]
peer up and down the street. We *waited* to *see whether* she *would* remain or
[NF] [T] [NF] [S] [M]
go in and, *if* she *remained*, we *left* our shadow and *walked* up to Managan's
[M] [S] [T] [T] [T]
steps resignedly. She was *waiting* for us, her figure *defined* by the light
[A] [NF]
from the halfopened door. Her brother always *teased* her *before* he *obeyed*
[T] [S] [T]
and I *stood* by the railings *looking* at her. Her dress *swung* as she *moved*
[T] [NF] [T] [T]
her body and the soft rope of her hair *tossed* from side to side.
[T]

《初恋》并不是作者的重要作品。但从英语语言文化特征的视角来看可以使我们认识到：作为以创新和变异闻名于世的作家，James Joyce 又具有非常严谨规范的一面。就像一位绘画大师，他那变幻莫测的潇洒风格原来——而且必须——建筑在功笔精微的素描功底之上。这一点是不容我们误解或忽视的。

按照上面（5.0）中提到的雅可布逊的论述，我们必须在英汉转换中将上例原语语段（《初恋》）中的英语语法范畴（见行下重点号）以汉语的词汇手段（助词、副词、关联词组等等）表达出来；同时又有很多形态手段汉译时可以不作任何转换而略去：

冬天，昼短夜长。还没等我们吃完晚餐天色就暗了下来。当我们在街头聚会的时候，房屋早已沉浸在昏暗的暮色之中了。这时，天空犹如紫罗兰瞬息万变；街上的路灯闪烁着微弱的灯光伸向天边。寒风刺骨，我们玩啊玩，一直玩到身上感到热烘烘的，不时发出的叫喊声在寂静的街道回响。随后，来到屋后黑暗泥泞的小巷，当我们在巷里穿过时，两旁小屋里的粗俗之辈便会窜出来咒骂我们；来到滴着水珠的花园后门，废墟坑散发着阵阵臭气；最后来到昏暗腥臭的马厩，马夫有时梳理着马匹，有时拍打着扣紧马匹的挽具，发出阵阵悦耳的声响。当我们又回到大街上的时候，厨房的灯光已经透过窗户照亮了天井。如果碰巧遇见我叔父从街角处走来，我们就躲进阴影里，要看着他走进屋子以后，才敢放心走出来。要是曼根的妹妹走到门前的台阶上，招呼她哥哥进屋喝茶，我们就在阴影中瞧着她向着大街的两边来回张望。我们在那儿等待着，看她是否回到屋里去，要是她不回屋去，我们只好走出阴影，无可奈何地向曼根家走去。她在那儿等着我们，在从半掩的门中射出的灯光里，她身体的轮廓清晰可见。她哥哥总是先要讪笑捉弄她一番，然后才肯听从她的命令；而我呢，则站在栏杆边看着她。她的衣服随身飘动着，柔软的束发带晃来晃去。

以上例证说明：（1）英语语法范畴不仅具有“虚”的结构意义，而且也具有“实”的词汇意义；（2）凡是英语用形态手段体现语法范畴的地方，在不具备形态手段的语言（如汉语）中大抵可以用词汇手段（语法代偿词）取而代之，不存在捉襟见肘之处。可见形态手段与词汇手段之间的区别只在于语言文化特征有异，不存在此优彼劣之别。譬如，从上例可以看到，汉语中不存在“一般时态”，也不必用什么词汇手段来表示“一般现在时”和“一般过去时”，却仍然不会引起说汉语的人误解，而英语就必须一板一眼地借助时态标出时间段来，这就是语言文化心理差异。时态是汉英语言文化心理差异外化为结构差异的典型例证之一，而且几乎无处不显露出来。从 Murray 的时代起，英语就讲究“三 P”，其中准确性（Precision）又是很重要的一条，时间上（和空间上）含混不清，在英语文化心理上是一大忌，因为他们认为让任何“存在”在时间和空间上的准确性，都是“真善美”的“真”的基本条件。而汉语讲究“意”和“悟”，美在“可意会、不可言传”，因为中国人深信“道法自然”，符合汉语约定俗成的“道”，就是自然之道，人人都可以意会的，事事点出时间和地点，实属多余。

5.1.4 小结

广义的语言文化意义涵盖全部语言文字、语音和语法特征，内容非常广泛。本书取论纲体式，难尽其意，但求凸显要旨。实际上，任何一种语言的语言文化特征都是广义的语言文化特征和狭义的语言文化特征的“整合”（整体性结合）。苏轼有两句诗可以概括汉语整个语言文化特征：“出新意于法度之中，寄妙理于豪放之外。”（《苏轼文集》卷七十）叶斯帕森在论述英语时说，英语是一种理性化程度很高的语言，英语具有的是一种“阳刚之美”（“masculinity”，转引自 E. Patridge 著 *The World of Words*, Section 3, Chapt. I）。按苏、叶之说来看汉英双语的语言文化特征各有千秋，也正体现了宏观与微观的整体性结合之妙。

5.2 文化意义的微观视角：狭义文化翻译

文化意义的微观视角审视，就是在语言宏观结构的各语法范畴所含蕴的语法意义（5.1.1—5.1.4）之外专注于词、词组、句、句段的表层、中介层及深层（文化心理）所蕴含的文化意义。可见，这种审视虽然是“微观”的，但其范围却很广，又深及心理层，“微观”只是相对于“宏观”而言。微观视角中的文化意义是我们的研究重点。下面我们将讨论文化意义获得的四种方式：**映射**、**投射**、**折射**和**影射**。

5.2.1 映射

“映射”（reflecting）也可以称为“反映”或“映象”（mirroring），“象”生成于“映”。映射是词语获得文化意义最基本的方式，能比较直接地借助物象反映或勾绘出实体指称，可见“相对直接性”（relative directness）是映射的基本特征，也就是东汉许慎所说的“画成其物”，例如汉字中的“弓”“刀”“书”（书写）等字：古代的“弓”字就是大体按实物物象做出的提示性描绘书写式，“刀”“书”是勾绘书写式（参见本书7.2.2节汉字意象性提示图）。这种方式的局限性也在于此。映射成象，以象（象形）出字（符号）；在中国的“六书”中称为“象形”（pictograph）。[5] 许慎解释“象形”时说：“象形者，画成其物，随体诘诎，日、月是也。”（《说文解字·叙》）“画成其物”指“弓”“刀”是文化物象；“随体诘诎”主要指日、月、马、鸟等等，都是些自然物象的大体勾绘，不同于文化物象词语（文化词语的构成字一般不反映实物，如“檀木椅”并不反映椅子的“象”）。古汉语文化物象词语集中于《尔雅》后十六篇，其中有相当一部分象形词，它们的文化意义是以映射方式将文化意义“映”在字（词）上。这是从词源学来分析的（etymological analysis），实际上今天的汉字已经很难看出来了。以映射获得文化意义说明符号的任意性是相对的，映射可以提供相当强的提示性文化意义（文化物象），如古代的皿、鼎、肜（古代的一种祭祀）；更多的自然物象词语，如淼、手、心等等也具有提示性自然物象意义。英语词汇系统（包括文化词汇和通义词汇）中不存在映射式获得的文化意义。

5.2.2 投射

“投射”（projecting）或称“文化色彩投影”，已基本上或完全摆脱了文化物象，不是在“形”而只是在“意”的层面上进行非直接的文化意义投射（在“音”的层面也有投射，使之携带文化信息，但一般没有改变概念意义）。这是语言获得文化意义的主要方式之一。所谓“投射”指文化群体、地域、人种、阶层、种性（caste）、职业等等的文化色彩、特征（质地）、特色（设计）或特异性（特质）间接作用于语言各层级，使之产生“文化着色（cultural coloring）”（Massella, 1988）。文化可以通过投射对语音、语法、词汇产生广泛的“着色效应”，使之携带文化信息。我们先从语音谈起。以英语语音为例，美国黑人英语的音位具有明显的文化特色，如“th”的发音在 the, then, that, those, these 等等词中很接近[d]，“th”在词尾时（如在 with, birth, both, truth 中）又发作了［f］。另一个音位是“r”。词尾音节中的“r”常被略去，于是 during 成了 doing，star 成了 stah。“r”在美国英语中的发音带有显著的文化特征，以下是社会语言学家拉波夫（W. Labov）所做的一次广为人知的调查。拉氏于 90 年代中期选择了纽约曼哈顿区三家不同等级的百货公司作“r”的发音调查，结果如下：

“Labov 第一图”是按三家商店的等级分（见图 5—1）：

图中 Saks 是一家高级商店；Macy’s 是一家中级商店；S. Klein 是一家下层人士商店：

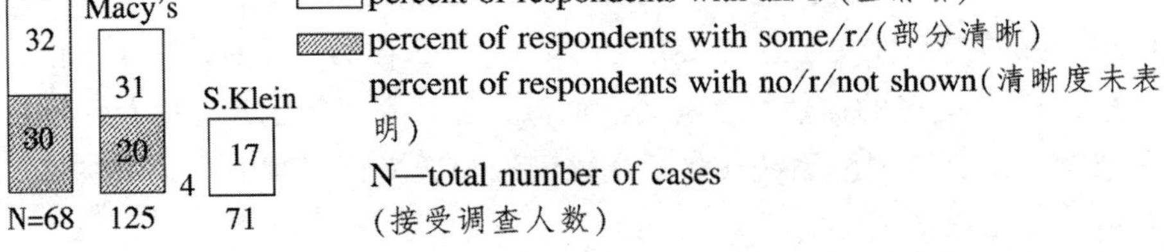

图5—1

“Labov 第二图”是按三家商店中的职业群体分（见图 5—2）：

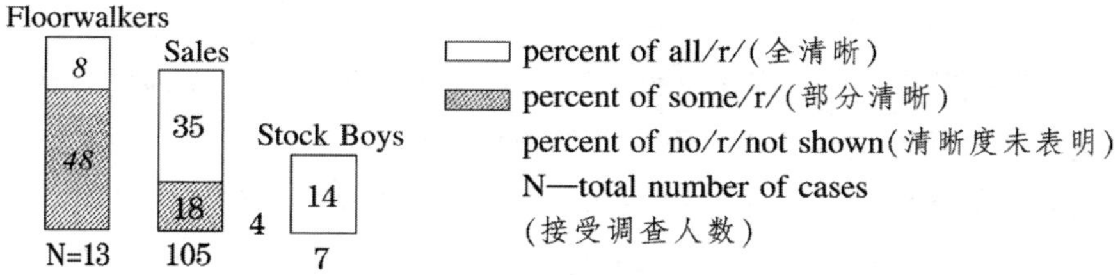

图5—2

上述二图均表明：社会文化层级（在纽约曼哈顿地区）越高，发“r”的次数越多，清晰度越高。说明文化背景作用于语音使之产生文化着色。

文字手段接受文化系统的投射而产生文化意义（语势）的现象可以从以下例子中（斜体部分）看出来：

1）*the whole megillah*: megillah 是希伯来文，意思是“经文”。这个词在借用到英语的文化条件下获得了“不折不扣而又令人生厌的全部……”的意思。

2）*his mal a propos style*: mal a propos 是法语词组，它的意思是“令人无可奈何的”，置入英语中后这个词组增加了文化语势，意思是“他那种令人百思不得其解的古怪作风”。

3）*the macaroni club*: macaroni 是意大利语，意思是“通心粉”。18 世纪中期意大利通心粉在伦敦属于欧陆奇珍佳肴，“通心粉俱乐部”具有“浮华世界的浪荡公子小圈子”的文化意义。

4）*still eating his sauerkraut:* sauerkraut 是德语，意思是“泡菜”。此词启用于第一次世界大战后。此处用此词可以获得“亲德”的语势。

5）*Oh, my, that la-di-da girl*: la-di-da 是美国俚语，意思是故作娇柔、风雅，Woody Allen 在他执导的电影 *Anni Hall*（1977）中采用此语，意思是“啊，我的天，瞧那个使人肉麻的小妞！”

6）*the abracadabra of presumption*: abracadabra 是无人能懂的语言文字，喻“胡言乱语”。

7）*the whole shtick*: shtick 是依地语（Yiddish），这个词组的意思是"全部情况"或"浑身解数"。

英美文艺作品甚至正式文件中常常出现斜体的拉丁文、希腊文、希伯来文、法文、荷兰文甚至东方语文拼音词语（如 yen 可能来自汉语的"瘾"，have a yen for 对……上了瘾；Alnaschar 阿拉伯文拼音，人名，Alnaschar's dream 意思是"如意算盘"）以增强文化语势。即便是英语，也可以借助文字形体（拼写式）之变增添文化着色，如爱尔兰和苏格兰英语、美国黑人英语等等。

词语组合是文化意义投射的主要形式，词组也是文化意义最主要的容载体之一，这是因为，投射既可以相当接近文化物象或非文化物象（指称），也可能与物象或指称拉开相当的距离（distance）或曰"疏离度"（distancing）。这是文化意义附着于词语呈现出不同方式的关键，因此，"疏离度"是一个关键词。

映射表示文化意义的获得是以物象与词语最贴近的方式完成的，意在勾绘或描写"镜中物"。**投射**就不同了：不同之处在"疏离度"。疏离产生的文化意义与词语的基本概念之间若即若离：恰如光影投射到显示屏上时可以很清晰、完整，也可能不太清晰、不太完整，尽管影像都发自光源。以下例子表示疏离度很小，若即若离中"即"明显大于"离"：walls have ears（隔墙有耳：法国王后 Catherine de Medicis, 1519–1589，建造 Louver 宫时在墙上安装了偷听装置，果然窃听到很多国家机要和秘闻），cannon fodder（炮灰：源自德语 kanonenfutter, futter 是饲料，文化意义与概念意义之间的疏离度很小：把士兵当作喂大炮的料草）；see through sb.（看穿；这一成语生命力极强，始于 16 世纪，如 Ben Johnson 在 1599 年写道：He is a mere piece of glass, see through him . . . Cynthia's Revels），等等。

投射与映射二者的疏离度前者远远大于后者，但投射性文化意义还是可以从字面分析出来。以下是文化意义投射于词语容载体的例子：bogtrotter, bog 是沼泽，特指"爱尔兰沼泽"，trot 是"走"，trotter 是"走过……的人"。爱尔兰多沼泽，所以 bogtrotters 成了爱尔兰人的俗称。march to the beat of a different drummer 意指不随大溜者，行军时击鼓是西方的习俗，不按军鼓的拍节声走的人肯定是一个不随波逐流的人。很多投射性文化意义产生于指称提供的有趣的联想：curtain lectures 中的 curtain 指西方旧式床帷，床帷之内的叮嘱再三，当然非妇道莫属了，可以译成“枕边训话”。爱尔兰人有很多姓 Murphy 的，Paddy 则是 Padrig 或 Padrick 的昵称，这样一来，as Irish as Paddy Murphy's pig（或 as Irish as pigs in Shudekill market, W. Hazlitt, 1869；有点幽默，并无贬义）意思就清楚了：“地地道道的爱尔兰人”，上面提到 bog 是爱尔兰沼泽，因此，straight from the bog 意思也一样是“货真价实的爱尔兰人（或物）”。投射性文化意义都比较容易从字面联想到指称，从指称析出有文化着色的概念的文化内涵。一般地说，投射的疏离度都不大：有文化着色，但仍不失明晓。

5.2.3 折射

折射（refracting）的疏离度又大于投射的疏离度：由折射产生的文化意义已相当曲折，不易从字面分析出来，大抵需凭透视推衍、引申、演绎、点化等手段曲折地析义。例如爱尔兰人将素质上乘的男孩子叫作“broth of a boy”，broth 是肉汤，肉汤富于营养，相当于“靓汤”，“靓汤童子”质素上佳。许多折射性文化意义产生于引申或典故，由典故衍生出比喻义。唐代刘禹锡有着名诗：“朱雀桥边野草花，乌衣巷口夕阳斜。旧时王谢堂前燕，飞入寻常百姓家”。（《乌衣巷》）个中文化意义相当深远、曲折。“乌衣巷”是金陵城内的一条街，“乌衣”指兵戎之服，三国时吴国曾经在那条街屯兵驻守。王谢指东晋王导、谢安等豪门世族，受兵家护卫，常住在离乌衣巷不远的豪宅中。但斗转星移，人事全非，如今豪门燕飞入了百姓家，诗人慨叹古今巨变，也预想到当朝权贵之必有“西山日落时”。爱尔兰英语中有一个引申性成语“paddy wagon”，paddy 来源于爱尔兰人的常用名 Padrick，这个词也就被用来泛指爱尔兰人，因为爱尔兰人的后裔在美国有不少人当警察，于是警察用的囚车就被称为 paddy wagon。中外很多词语的文化意义既来自于比喻，又源于典故。“金猴也跳不出如来佛的手心”就来自《西游记》，有人说这个故事远比《西游记》古老。英语“The ghost walks”一语有人解释为“有钱使得鬼能行”，这是望文生义，其实意思比这更曲折、复杂，典出莎士比亚的Hamlet。该剧中的“幽灵行走”就是The ghost walks的指称意义，但文化意义却曲曲折折地演变成了“发放薪水”。话说19世纪英国（一说是在英国的曼彻斯特）某莎剧团一连几周欠发演员薪水，演员正酝酿“罢演”。戏演到父王幽灵行走的时候，扮幽灵的演员在舞台一侧喊道：“No, I'm damned if the ghost walks any more until our salaries are paid.”（呸！要再不给我们发饷，我他妈的让鬼魂现身才怪！）*The World Book Dictionary*（以下略称WBD）举了一个例句：This is the day the ghost walks，相当于“今日发薪”或“今日出粮”。绝大多数的汉英形象比喻词组（成语、俗语）都有文化折射意义，如“死马当活马医”“一竹竿打翻一船人”“keep up with the Jones”，等等，难以数计。

5.2.4 影射

影射（insinuating）通常表现为一种或对人、或对己的情态，它的文化含义最隐晦，意有所指或情有所蕴而不言明，不知底蕴者根本不知所云，因此疏离度最大。这时，语言表面的文化意义与深层文化含义（通常是一种心态）可以大相径庭：表面的淡然、释然可以蕴含种种正面或负面的感情色彩或态度，如自嘲、自讽、自悲、自勉、蔑视、嘲讽、嘲弄、讥笑、敌意、夸张等等，隐隐约约，并经常以非常规方式（如旁敲侧击）表达出来，使知情者了然，不知情者茫然，可见其疏离度之大。元代诗人邓玉宾写过两句诗“天堂地狱由人造，古人不肯分明道”（《道情》）就被认为是借“古人”骂今人，而今人就是元代的统治者，“顺我者昌，逆我者亡”。陆游的两句名诗“无意苦争春，一任群芳妒”中“群芳”也是影射宋代的主和派，陆游主张坚决抗金，但得不到朝廷支持，忧愤之际写下了《卜算子•咏梅》，以梅花自喻。英语中大量存在着反映英国人对爱尔兰及苏格兰的负面心态的词语组合，以对爱尔兰者为例：

1）*harp shilling*：这是爱尔兰的一种旧货币，在爱尔兰值12便士，在英格兰只值9便士，这种硬币反面有竖琴的图形。这个词组蕴含轻蔑的心态。

2）*ballyhoo*:据说这个词来源于爱尔兰科克郡（County Cork）一个名叫Bally-Hooly的村庄，该地村民常狂饮喧闹作乐，于是这个词被用于指责“以鬼话骗人”“大吹大擂”等。如:Above all, don’t let them use a megaphone. It’s too much like a ballyhoo. (H. L. Fostor, A Tropical Tramp with Tourists, 1925)

3）*blarney*:源于Blarney Stone（布拉尼石）。Blarney是爱尔兰Cork郡的一座城堡，城墙有一块布拉尼石。据说吻了布拉尼石就会花言巧语地骗人。典出传记:城堡中一位爱尔兰将军曾用巧妙的言辞蒙骗了前来劝降的英国将军。如:I want none of your blarney!（别对我耍花枪！*WBD*）

4）*boycott*:原为英国军人Charles C. Boycott（1832–1897）的姓，此人退役后充当爱尔兰某伯爵的土地管理人。1879年爱尔兰成立了土地同盟。1880年时逢歉收，土地同盟通知此人必须减租25%，但他拒不执行，并与佃农顽抗。后由爱尔兰民族主义政治家Parnell组织对Boycott的全面杯葛，迫使他逃离爱尔兰岛。

5）*Bricriu’s feast*:意指借宴席制造流血事件，影射爱尔兰人“好斗”“嗜杀”，源出爱尔兰文学中有关Ulster武士的传说。

6）*burke sb.*:意指以闷死手段杀害某人，并出卖其尸体供解剖。Burke源出爱尔兰人William Burke的姓。此人伙同William Hare闷死被骗者并将尸体卖给爱丁堡的医生作解剖用，含影射意。此词在现代英语中已引申为“(秘密地）镇服”，如: The tribal riots were often burked before they spread like dominoes.（部落骚乱往往被秘密镇压以免广为波及。）

7）*donnybrook*:意指骚扰人的大混战。Donnybrook是都柏林南区地名，常有Donnybrook Fair，一般在每年夏季举行。以往逢集市时常出现骚乱打斗事件。*Word Study* (Feb,1964)说*Webster’s Third New International Dictionary*（《韦氏第三版新国际英语大词典》）因收集了此词“引起了轩然大波”，实属夸张。

8）*not give a rap*:毫不介意。rap是爱尔兰的一种面值仅八分之一便士的旧硬币。影射不值分文、不足挂齿等。

总之，从映射到影射表明了文化意义附着于本义的一个**疏离度递增的过程**。一般说来，文化意义越偏离本义就越向心理层次倾斜。这时表现式就越值得译者掌握好分寸，在用词上多加推敲，做出必要调整，但力求保持原汁原味。

5.3 文化意义的特征

语言是一种载体，承载各种意义，其中之一是文化意义。意义是个多维结构，文化意义是意义的文化维度，文化维度中的意义具有不同于一般意义的特征。

5.3.1 意义的人文化:文化意义的特定人文性

词（词组）的概念意义不一定具有文化意义，但是所有的概念意义都可以通过人文化（humanization）而获得特定的文化意义。所谓“人文化”就是人对语言的文化使用：人可以通过**使用语言**给不具有文化意义的词语注入**文化信息**，使之含蕴**文化意义**。文化意义是由特定的语言使用者赋予的，这是文化意义很重要的基本特征，符合维特根斯坦关于“意义即使用”的观点（Wittgenstein, 1953）。

我们在讨论语言中文化信息分布时说过，语言中有许多词本身就是文化词语（2.1），它们的概念意义具有文化意义，这就是说，它们所含蕴的文化意义也就是它们的指称。例如某一个词（字）可能是文化现象或象征符号（如汉字“弓”“刀”，等等）。在大多数情况下，词的文化意义并不是具象指称，而是某种文化观念或文化概念，可以称为观念指称（ideational reference）：它们都是非具象指称。在特定的情况下，语言使用者可以赋予非文化物象（非人文物象）以文化意义，这时，起作用的机制是文化心理。语言中的人名、地名、国家名等等的文化意义就是这样产生的。下表是汉

语的人名常用词：[6]

表5—1

意义类属		男名常用字	女名常用字
自然物象（非人文物象）	天地山水	天、宇、星、雨、阳、山、峰、岩、水、江、河、海、洋、波、涛、辉、东、西、中	月、霞、虹、雪、云
	动物	鹏、龙、虎、马	燕、凤
	植物	树、林、森、松、柏、桦	英、菊、梅、桂、花、兰、莉、玫、莲、萍、芝、菲、苹
人文物象、人文现象等	器物	金、鼎、鑫	玉、琳、瑜、璐、瑗、珂、珠、玲、琴、莹
	相貌	俊、仪	秀、淑、椒、贞、敏、惠、慧、彬、文
	品德	杰、德、良、忠、贤、才、智、武、义、福、寿、富、永、诚	
	与家庭、社会、国家的关系	堂、世、军、民、臣、栋、国、家、继	爱、娟
	动作行为或心理	振、建、立、兴、生、进、增、培、成、传、保、守、迎、跃、翔、胜、庆、有	洁、静、宁、平、清、青、红、翠、艳、晶、芳、香、佳、瑞、芬
	性质状态	刚、强、勇、猛、健、毅、巍、大、厚、博、广、长、宏、鸿、洪、浩、全、恒、凯、善、泰、明、达、明	

由文化心理（目的、意向）所驱动，我们可以将非人文物象（概念）人文化，使之承载文化信息从而具有文化内涵，即“人文化”（enculturalization 或 humanization）。专名的意义大抵得之于此。原生状态的“timber”和“land”并不是什么文化词语，但合并成“Timberland”（美

国知名品牌）就立即成了文化词语。这里通常牵涉到一个“原汁原味”的构成因素问题，翻译时不容掉以轻心。“可译”或“不可译”容当后论。

在文艺作品中通过自然物象（现象）的人文化而获得文化意义的例子几乎比比皆是。James Joyce 在他的自传体小说《青年艺术家的肖像》（*A Portrait of the Artist as a Young Man,* 1916）中曾不断地提到大海和海鸟这两个动态形象，就是将二者从非人文物象推向人文物象，从而使前者含蕴了文化意义：爱尔兰是一个岛国，终年有海鸟环飞。很明显，作家在这里寄寓了乡土情和萦思梦。小说中有很多场景海、鸟、情的交织：

> A girl stood before him in midstream, alone and still, gazing out to sea. She seemed like one whom magic had changed into the likeness of a strange and beautiful seabird. Her long slender bare legs were delicate as a crane's and pure save where an emerald trail of seaweed had fashioned itself as a sign upon the flesh. Her thighs, fuller and softhued as ivory, were bared almost to the hips, where the white fringes of her drawers were like feathering of soft white down. Her slateblue skirts were kilted boldly about her waist and dovetailed behind her. Her bosom was as a bird's soft and slight, slight and soft as the breast of some darkplumaged dove. But her long fair hair was girlish: and girlish, and touched with the wonder of mortal beauty, her face. (Penguin, p.195)

这是非常优美的自然景物人文化、意象化文化意义表现。这部小说先于 *Ulysses* 六年发表，很多意识流技巧在其中已初露端倪。

5.3.2 文化语势：文化意义的动态性

文化意义的另一个基本特征是它的动态性。有一种误解认为语言的文化意义是静态的、不变的。这种误解的根源是将文化物质化、器物化，另一个错误倾向是将文化与意义“脱钩”。

使用中的语言的意义永远是动态的，因为话语是一种行为（act,

Wittgenstein, 1953)，它伴随意向，而获得一种语势（force），奥斯丁（J. L. Austin）称之为意向性语势（illocutionary force, 1970）。[7]就意义本身而言，它可能是静态的（如字典中的词义），但一旦由人来使用，意义就被赋予了意向，被赋予了一种动态性（或曰能动性），那就是语势，可见语势是将意义人文化的结果。为说明这种动势，奥斯丁将意向性话语语句称为“实施性话语”（performative utterances, Austin, 1970）。

我们先从最粗浅的例子说起。常言说“水火无情”。“水”“火”都是自然物态，是非文化词语，但当它们一旦进入下面这些句子中，“水”与“火”立即被人文化（水与火似乎马上成了人的敌人），被赋予了一种意向性，即意义动态性：“他们俩就像水火不相容！”“不要大意，水火无情啊！”这种意义动态性必定处在某种人文环境中，我们就称之为**文化语势**[8]。

文化语势通常产生于两种机制。第一，转变或转换机制：在大多情况下是人文环境的转变以及在特定的人文环境下的话语（篇章）情景转变、话题转变、情态转变、句法结构转换、词语语用转换、语种（双语或多语）转换、文体或风格转变等引起的。语势（force）的获得一般不是在静态环境下无缘无故地产生的：事态或事物发展过程中产生某种转变或转换才能蓄积、集聚某种 force。第二，推进或发展机制：即在话语（篇章）铺叙或陈敷过程中词语意义获得了新的文化意义内涵，动势得以推进。

转变或转换通常可能使语言获得意想不到的文化动势。美国作家 E. R. Burroughs 写过一系列小说 *Tarzan of the Apes*，20 世纪 30 年代被改编拍成了电影《人猿泰山》。电影中 Tarzan（泰山）经常对妻子 Jane 说“me Tarzan，you Jane（我是泰山，小女子别怕）”，几乎成了 Tarzan 自我炫耀的口头禅。20 世纪 60 年代女权主义在美国兴起以后，人文环境风云突变，Tarzan（泛指大男子主义者）的口头禅一变而为 Jane（泛指女人）反戈一击的口头禅“me Jane，you Tarzan”，游行队伍中妇女还打起了写上这句话的牌子。这时文化语势“蔚蔚然而兴焉”，Jane 的口头禅的深层意义可以是“我是 Jane，你 Tarzan 靠边站吧！”“大男人们，还是别看扁了我们‘小女子’吧！”“大男子主义者们，老娘来了！”有意思的是，这句话还可以演绎成反诘语：“我是‘小女子’啊，你‘大男人’的功夫哪去了？”“喂，你不是‘强者’吗？怎么怕‘弱者’啦？!”等等。影星 Jane Fonda（1937– ）

就是当年美国女权运动的风云人物之一。

话语发展也可以赋予原本是平淡无奇的词语以强式文化语势。这是因为特定词语的意义在特定的文化环境下一步一步地累积了本来是无足轻重或模棱两可或根本不大明白的语义。陆游与唐婉“错！错！错！”和“莫！莫！莫！”就是词语迭进获得语势。著名的例子还有 James Joyce 的 *Ulysses* 第十八章（最后一章）最后七八行中的十个“yes”。十个“yes”语势不断累积到章末成了一个大写的“YES”：⑨

> the rosegardens and the jessamine and geraniums and cactuses and Gibraltar as a girl where I was a Flower of the mountain *yes* when I put the rose in my hair like the Andalusian girls used or shall I wear a red *yes* and how he kissed me under the Moorish wall and I thought well as well him as another and then I asked him with my eyes to ask again *yes* and then he asked me would I *yes* to say *yes* my mountain flower and first I put my arms around him *yes* and drew him down to me so he could feel my breasts all perfume *yes* and his heart was going like mad and *yes* I said *yes* I will YES.

这个强语势大写“YES”的意思比之于前面九个“yes”的意思究竟有什么区别，Joyce 的研究者现在似仍无定论，只有一点是肯定的：它是大写的强语势词！

这里还有另外一个问题需要注意。这个问题涉及文化意义在使用中内涵迭变现象，即双语转换中同一文化词语的指称在外语中不一定相同，指号（能指）的同一并不等于指称（所指）的同一，反过来也一样：引起变异的理据就是文化，不同文化可以使同一概念的文化符号的指称（所指）并不相同（如中国古代的弓与现代运动场上的弓形状其实很不一样）；或指称（所指）相同，实质不同：例如，汉语的“酱”不一定都是英语的 sauce。“酱”可以是 sauce，也可以是 paste；而英语的 sauce，也可以是汉语中的“油”，如“蠔油”就是 *oyster sauce* 而不是 oyster oil。但是，“酱油”的“油”英语又不是 sauce，而是 soy 了。另外，咖喱酱和番茄酱在汉语中都是酱，而英语只有咖喱酱才是 paste（curry paste），番茄酱成了 *catsup*（tomato ketchup）了。语言文化与思维方式密切相连。汉语意义相对地**重摹状式累积**；英语相对地**重推衍式重建**。上例说的食用"酱"这个概念，英语就没有一个累积式概括词。汉语重"观物取象"，而且是**"个体具象"**，重**"因物赋形""因形见义"**，形象机制对汉语语言文字系统构建始终起着重要作用。英语中的"backsack"到了汉语中一定要说明是"双肩背包"，英语中"surface"是水的表面，"surfing"表示在水的表面上的滑行运动（推衍式），到了汉语中就必须具体化、特征化为"冲浪"（摹状式）。英语是拼音文字，音位机制（功能）功过一切。由于重形与象，汉语语言文字在与义结合时的稳固性、执着性和不变性就比依仗音位的语言强得多。例如"闻"，汉语中的指涉可以累积耳（耳闻其声）、目（眼闻其形）、鼻（鼻闻其味）三种感官经验，这在英语中是不行的。思维方式及表现法涉及文化心理这一深层结构中的问题，本书还会在以后的章节中集中讨论。

5.3.3 文化意义的层级性

文化意义其所以比较复杂，原因之一是它具有比较复杂的多层级性。这里所谓"层级性"又有三层意思。

第一层意思是：意义是一个多维结构，而这个结构又可以一分为二：**通义词语（非文化词语）**的意义是一个层级，如山川日月，春夏秋冬（但四季的划分及节气定名，如秋分、冬至等等则是人的文化行为）；**文化词语**的意义又是另一个层级，如亲（亲属）官（政制）、器乐、衣食、工耕等等，这是体物类；还有阴阳五行、仁义礼智等等，这是抽象类。这一层级划分是从名物的视角从理论上探讨文化辨义的类属性。复杂之处是通义词语与文化词语之间的流动性。比如"堤岸"，可以是自然堤岸，也可以是人造堤岸，前者是通义词语，后者是文化词语；有人提出：人有父母兄弟，老虎也有父母兄弟，为什么前者是文化现象，后者则不是文化现象呢？我们只能这样回答：前者是人文关系（human relationship），而后者我们只将它看作自然现象（或生物现象）。

第二层意思是：按语言中的文化信息分布，我们可以将文化意义分为物质形态层、行为习俗层、典章制度层、心智活动层等四个大的层级。它们由表及里，从而形成一个层级性的结构矩阵（见第二章 2.1.1 节），这个层级划分有利于我们既从宏观的视角来审视及观照文化意义，又从微观的视角来分析及透视语言文化意义的内在格局。这种层级划分的理论意义是探究语言文化信息分布的结构性以及文化层级与语言的关系。

第三层意思是：从理论上剖析词语获得文化意义的层级性方式，中心问题是“疏离度”。文化意义附着于词语或者说词语获得（或含蕴）文化意义的方式并不是咸出一辙，有的与本义的疏离度大，有的与本义的疏离度很小及至于无。文化词语的文化意义获得的“疏离度递增模式”如图 5—3：

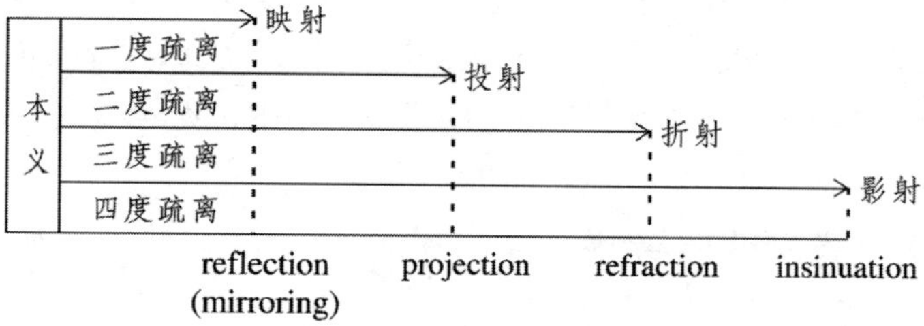

图 5—3 “文化意义获得”的疏离度（Distancing）

“文化意义获得”从一度疏离（映射）到四度疏离（影射）是一个逐步脱离本义的梯式过程。这种剖析大大有利于我们研究文化翻译的对策性和表现法，有利于提高我们的文化翻译实践的质量。

5.4 结语

文化意义的多维探索（视角、获得方式、特征）是文化翻译的外围课题，也可以说是基础性课题。我们之所以这样从外围到中心一步一步推展，目的在于贯彻“必先知之，而后治之”的学问之道。就整体而言，主体的盲目性（或半盲目性）也许是 20 世纪翻译实践的通病，也是翻译理论研究很大的缺陷。这里所谓主体的盲目性指：

第一，主体对本身的职能及职责缺乏清晰、全面的了解。首先，他与客体（原文文本）互为依存，他不具有超越客体可容性（文本的具体“实在”reality）的凌驾性，因此，单凭主体的悟性或主观认识制定主体的行为标准（所谓“翻译标准”）是不符合翻译科学的实际的。其次，客体可容性（文本的具体“实在”）的关键是意义，因此，应该对意义作深入系统的研究，翻译学应该有自己的意义理论和理解（文本解读）理论。当然，在保证上述二项的前提下，主体享有最大限度的、充分的酌情权。

第二，主体的盲目性还表现为“文化意识”薄弱，具体而言，包括未能充分认识到文化意义在“文本实在”中的存在形式以及它是如何产生的，我们又应如何把握它；未能充分认识到文化意义的特征，终致未能充分认识到全面把握文化意义的意义和途径，表现策略更是缺如。

第三，就文化意识而言，人们又倾向于将“文化”的内涵物质化、器物化，也就是浅薄化，表面化，谈文化只谈衣食住行、书报影视，没有看到文化是个金字塔结构，物质文化（器物文化）只是金字塔的基础，这个结构的上层依次**受制于**下层（**以 ← 表示**），也就是物质决定文化行为的实施（质量与规模），文化行为受制于文化制度，文化制度受制于精神文化，精神文化受制于文化价值观，这个内在制约机制可以简述为：**物质文化 ← 行为文化 ← 制度文化 ← 精神文化 ← 文化价值观**。这个认知缺陷直到今天还在影响我们的研究工作。

为此，我们有必要就第二、三点为一个世纪的实践和研究作一个总结，也就是本书第一至第五章的探讨，为的是巩固我们已取得的成绩、找出差距、为新世纪的征途跨出扎扎实实的一步。

〔注释〕

①这是就译学而言，但并不排除语音变异产生的意义。如果将语言分为语音、语法、词汇三大“板块”，那么这三个板块在反映文化的特征上各有千秋。反映文化最直接、最丰富的是词汇。其所以有程度差别，基本问题是意义。汉语语音中的声、韵、调、律都不直接承载意义，只具有某种意义特征，如高扬、沉郁、凄清等等。

这些特征，称之为“文化情感”，意义成分很微妙，很值得研究。汉语的声调（四声）蕴含丰富的语言文化意义，为汉语所独有。

②引自 Roman Jakobson 著“On Lingusitic Aspects of Translation”载 R. Schulte 等编 *Theories of Translation*, Chicago: UCP., 1992, p.144。

③（4）至（8）句白话文翻译（取陆侃如等译文）如下：

（4）抱定清白节操为正义而死啊，那本为古代贤人所称赞。

（5）忙忙碌碌追逐名利啊，那都不是我所关心的。

（6）我以古代圣贤为法啊，世间俗人怎能满意？

（7）不度量方圆就插楔子啊，前代贤人也正因此而遭罪。

（8）鹰隼不和燕雀同群啊，从古以来就是这般。

④引自廖序东《楚辞语法研究》，语文出版社 1995 年版，第 69 页。

⑤许慎所说的六书是指事、象形、会意、形声、转注、假借。《说文》中象形字共 364 个，只占 3%；形声字 7697 个，占 80% 以上。

⑥本表是按曹志耘《汉人姓名中存在的问题及其对策》一文（载《语言•社会•文化》语文出版社 1991 年版，第 474—475 页）中所提供的图表修订制成的。

⑦ 参见 Austin 著 *Performative Utterances, Philosophical Papers*, 2nd ed., OUP, 1970, pp. 233–252。另参见刘宓庆著《翻译与语言哲学》，台北：书林出版公司 1999 年版，第 5.13 节。

⑧这里说的“人文环境”（human environment）是使之与“自然环境”（natural environment）对立。自然环境（如山野的花卉溪流及至南北极冰川）在没有赋予它文化意义（人文化）以前谈不上文化语义和语势，而人文环境（也可说“社会环境”）则随时可能产生文化语势。

⑨以下是二式翻译，其（1）的译者是萧乾、文洁若，其（2）是金隄：

（1）有玫瑰园啦 茉莉花啦 天竺葵啦 仙人掌啦 在直布罗陀做姑娘的时候 我可是那儿的一朵山花儿 对啦 当时我在头发上插了朵玫瑰 像安达卢西亚姑娘们常做的那样 要么我就还是戴朵红玫瑰吧 好吗 在摩尔墙脚下 他曾咋样地亲我呀 于是我想 喏 他也不比旁的啥人差呀 于是我递个眼色教他再向我求一回 于是他问我愿意吗 对啦 说声好吧 我的山花 于是我先伸出胳膊

搂住他 对啦 并且把他往下拽 让他紧贴着我 这样他就能感触到我那对香气袭人的乳房啦 对啦 他那颗心啊 如醉如狂 于是我说 好吧 我愿意 好吧。

(2) 还有一座座玫瑰花园还有茉莉花天竺葵仙人掌少女时代的直布罗陀我在那儿确是一朵山花真的我常像安达卢西姑娘们那样在头上插一朵玫瑰花要不我佩戴一朵红的吧好的还想到他在摩尔墙下吻我的情形我想好吧他比别人也不差呀于是我用眼神叫他再求一次真的于是他又问我愿意不愿意真的你就说愿意吗我的山花我呢先伸出两手搂住了他真的然后拉他俯身下来让他的胸膛贴住我的乳房芳香扑鼻真的他的心在狂跳然后真的我才开口答应愿意我愿意真的。

第六章　语义的文化诠释

6.0　概述

语义的文化诠释是文化翻译的中心课题之一，与文本的文化解读、文化翻译表现论、翻译与文化心理探索、文化价值观与翻译（属于文化翻译的对策论）等合五大课题，被视为文化翻译理论的核心。这方面的探索是我们在20世纪理论工作中的重大缺陷，也是我们在新世纪中必将面对的重大挑战。翻译素质的提高，在很大程度上取决于我们对这项挑战的积极回应。

语义的文化诠释涉及面很广，有关文献和可供研究的译作浩如烟海，我们将不得不就最主要的理论问题对典型的作品和译作作整体观照和抽样性审视，意在通过这种观照和审视触类旁通，并以此为依据，构建我们的理论框架。

我们将集中考察中国的文化巨人楚国诗人屈原（生于公元前340年左右，卒于公元前约278年）最富文化内涵又最具争议的作品《天问》兼及《离骚》中的若干例证，借以阐发有关语义文化诠释的翻译理论问题。[①]

《天问》准确的写作年代已无史证可考，我们只能推断它写在《离骚》之后。它的篇幅也仅次于《离骚》，按现存篇章共374句，属于问难体长诗，无意求答。东汉学者、《楚辞》的第一位注疏家王逸（生卒年不详）在《楚辞章句》中说：

> 屈原放逐，忧心愁悴。彷徨山泽，经历陵陆。嗟号旻旻，仰天叹息。见楚有先王之庙及公卿祠堂，图画天地山川神灵，琦玮谲诡，及古圣贤怪物行事。周流罢倦，休息其下，仰见图画，因书其壁，呵而问之……

乃作《天问》。唐代诗人李贺（790—816）也说，“《天问》语甚奇崛，于楚辞中可推第一，即开辟以来，亦可推第一”。（明蒋之翘《七十二家评楚辞》）《天问》可以说是中国文化史上的第一奇文。《离骚心印》云：《天问》“创奇格、设奇问、穷幽极之渺奇、不伦不类奇、不经不典奇……奇气纵横，独步千古”。奇文难译，首先难在确知其**词之所指，意之所寄，情之所托**。在整个中国先秦文学中，《天问》可谓最难理解的作品之一。屈原用一个“曰”字，带出172个问题。所问涉及天文、地理、神癨、人事；上及天帝，下及庶民，错综衬贴，侧击旁敲。这172个问题中，有追问、诘问、质问、反问、戏问；有盘根究底的问，有含愠不露的问，有明知而故问。问问迭出、穷究本源之势逼人。全诗共374句（不计“脱简”之约6句），直到最后19句才道出诗人写《天问》的动机（共10句），表明态度（共6句）及抒发余感，并流露了辞世的隐衷（共3句）。乍读之下，只感到诗人情思狂渺，遒不可遏。诗中时空时有错动（如周史中本应取“文、武、成、康、昭、穆”的次序，而《天问》则取“昭、穆、文、武”之序，与史不符），致使王逸说诗篇之中“文义不次序”（《楚辞章句》）。[②]清人撰修的《四库全书总目》更说《天问》“语本恍惚，事尤奇诡”。我们不难从以上简短的介绍中看到翻译《天问》之不易。从翻译学的视角来看，翻译《天问》这类高品位、高难度的非常态古代典籍，首要是如何处理深层文化中的语义诠释问题。

6.1 语义诠释的文化论证（Cultural Verification of Meaning）

语义诠释任务的圆满完成取决于译者对客体文化内涵的多维观照的深度和广度，旨在质疑进而求证，求证进而求真，求真以利定夺。观照主要有以下三个方面。

6.1.1 文化历史观照:求证之一

"历史的清晰是认知清晰的条件和前提"。语言的历时变化可能造成今人理解古语、古文的极大障碍，而阻碍清晰认知的"历时变化"常常是个文化问题。《史记•留侯世家》中说"今以三寸舌为帝者师"，"三寸"究竟是以之喻舌长，还是以之喻舌短？按两汉时竹尺计（一尺等于 23.6 厘米），"三寸"长约七厘米，是人舌的实际长度，可见"三寸"只是一个具象化修饰语，犹"三重之泉""九重之天"。曲守约在《辞释》中云:"按三为虚数，非定为三重也。""三寸不烂之舌"与 a glib tongue 相当，数字不必译。北宋胡铨在《戊午上高宗封事》中说:"三尺童子,至无识也。"按汉竹尺计，三尺的儿童才 70 厘米，岂不奇怪？其实到北宋时中国改用木尺，一尺约 31.7 厘米，"童子"高一米一，英译则是"a three chi（about 1.1m）boy"，才是正常的。可见诠释语义的基本参照之一是社会历史背景，即一般所言之"史实":历史参照是我们获得文本外证（extra-text proof）以辅佐文本内证（intra-text proof）定夺语义的极重要的手段。

以《天问》的题解为例。前人有几说。我们必须对之进行历史分析才能做出在正确判断前提下的翻译定夺。王逸认为"天问"即是"问天",他说:"何不言'问天'？天尊不可问，故曰'天问'也。"洪兴祖同意此说:"《天问》之作,其旨远矣。盖曰遂古以来天地事物之忧（疑当作变),不可胜穷。欲付之无言乎？而耳目所接，有感于吾心者，不可以不发也。欲具道其所以然乎？而天地变化，岂思虑智识之所能究哉？天固不可问，聊以寄吾之意耳。楚之兴衰，天耶？人耶？吾之用舍，天耶？人耶？国无人莫我知也，知我者,其天乎？此《天问》之所以作也。"也就是说屈原满怀忧思疑虑,"问天"实属自然，亦是必然。王夫之的一说又不同:"原以造化变迁，人心得失，莫非天理之昭著。故著天之不测不爽者，以问'僭不畏明'之庸主具臣，是为'天问'，而非'问天'。"戴震之说则是:"问，难也。天地之大，有非恒情所可测者，设难疑之。而曲学异端，往往骛为闳大不经之语，及夫好诡异而善野言，以凿空为道古，设难诘之。"可见王、戴二氏均不附和“问天”之说。王夫之的基本论点是《天问》是用“天理”诘问庸主陋臣，戴震则认为屈子之问多诘质之意，是对“曲学异端”的诘难。概言之，王洪王戴四氏的解释合共二说，一是“问天”；二是“天问”（关于天象、天理之问）。

这就是说，根据注家各执一见的语内诠释进行翻译还需要我们善加历史分析：将意义放在历史的语境及视角中加以观照，让史实来作注脚，总之是整体的历史观照。我们必须将《天问》的一词一句及至整个文本放在屈原受谗陷、遭流放，即楚襄王十三年（公元前286年）至二十二年（公元前277年）这段时间（甚至更早）的历史观照下，才能疏解和定夺其语义以正翻译。这里涉及词语音、义的历史演变和历史事件的来龙去脉以及当时流行的神话、传说和瞽史箴谏等等，都可以作为我们获取外证以印证及定夺内证的重要的文化历史依据。只有这样，我们才能看到《天问》是屈原以满腔义愤表达他对所处的社会现实的抨击的一种特殊的艺术样式。

据此，我们先评析一下诗题“天问”一词的英译。业绩斐然的汉英翻译家David Hawkes（以下简称“霍氏”）的翻译是“Tien Wen—The Heavenly Questions”。按“heavenly”的意思是“Of or pertaining to or having to do with heaven”（*American Heritage Dictionary*）即“关于天象的”，霍氏将《天问》理解为“关于天象的发问”。这样解释显然有悖于当时的历史背景和屈原的处境，可参见王逸的训释。此外，统观屈原提出的172个问题，关于天象的问题只有22个；而诗人有关世事、人事之乖张悖理的提问则多达120余个。总之，与天象无关的问题，占绝大多数，根本无涉于“heavenly”。更有甚者，屈原在发问的时候对天采取的是质问、诘难的态度。例如“皇天集命，惟何戒之？”（皇天集大命于天子，他们说自己是替天行道，实则滥施淫威，叫老百姓怎么能警戒他们呢？）“天命反侧，何佑何罚？”（皇天要福佑谁、要惩罚谁，为什么总是这样莫名其妙、反复无常？）这类的质问句在《天问》中有很多。屈原当时身处危逆之境，终日焦心愁悴，是没有闲心去多问天象的，他是托天象以喻人事，自是显然。这个问题看来还是王逸说对了一半。王逸在注疏中说“何不言问天？天尊不可问，故曰天问也”。王逸的意思是说屈原将“问天”改为“天问”，只是一种婉言修辞法，而且动宾倒置在《天问》中还有（如“夫谁畏惧”？自然语序是“畏惧谁？”）可见王逸说“天问”实际是“问天”（我问苍天，Query the Heaven）这一点是对的，但“天尊不可问”则说不过去。统观全诗，屈原对“天”“天命”“天道”“天志”（“天命”即“天意”。“天道”即自然，《庄子•天道》：“天道运而天所积，故万物成”，同“天理”。“天志”是墨子的哲学命题，犹言是非标准。“天志”也就是“天意”）一概采取十分怀疑的态度。“我问苍天”对一个诚心秉正，又屡遭谗陷的人来说原是很自然的情绪反应。屈原明知“天尊”（“天式纵横”，《天问》）而问天，正是他的高洁可贵之处。

另一个词“民”的语义，也不是那么简单。我们不能按今天的理解，统一诠释为“人民”。如《天问》中说，“帝降夷羿，革孽夏民”（33句）[③]，霍氏译为“the people”（67—72），其实“夏民”就是“夏人”，犹今日所谓“中国人”。《离骚》和《九章》中有更多这样的例子，如：

a) 皇天无私阿兮，览民德焉错辅。
b) 民好恶其不同兮，惟此党人其独显。
c) 民生各有所乐兮，余独好习以为常。
d) 怨灵修之浩荡兮，终不察夫民心。
e) 瞻前而顾后兮，相观民之计极。
f) 长太息以掩涕兮，哀民生之多艰。
g) 愿摇起而横奔兮，览民万尤以自镇。
h) 民离散而相失兮，方仲春而东迁。

从上面的例子看，我们显然不能将“民”统统译成“人民”。在屈原那个时代，人们在观念上没有什么“阶级意识”，并不存在将“民”（人民）视为一方，将“帝”（统治者）视为在政治上互相对立的另一方的政治观念。屈原观念中的“民”，常常是一种“自我称代”，也可以说是一种“自然人”概念的泛称。[④]在很多情况下“民”的含义是“人”“众”“众生”“人们”等等，霍译是对的。但又不能一概而论。以上（a）至（f）句霍氏英译如下：

a) High God in Heaven knows no partiality;

He looks for *the virtuous* and makes them his ministers.

b) Most *people's* likings and loathings are quite separate,
Only these men differ in this respect.

c) All *men* have something in their lives which gives them pleasure.
With me the love of beauty is my constant joy.

d) What I do resent is the Fair One's waywardness,
Because he will never look to see what is in *men's* hearts.

e) I have looked back into the past and forward to later ages,
Examining the outcome of *men's* different designs.

f) Heaving a long sigh, I brush away my tears,
Grieving for *man's* life, so beset with hardships.

以上自（a）至（e）句霍氏对“民”的理解是对的，足见译者之精思善夺。但（f）句“哀民生之多艰”中“民生”确实是指人民（或庶民）的生活（状况）。《战国策·韩策》中也提到当时楚国人民生活的“多艰”：“民羸馁日已甚矣”“道？相望”“盗贼公行，弗能禁也”。译者将“民生”理解为“man's life”，那就是说也包括当时楚国的王公权贵，显然不妥，看来此处应该是“the people's life”。语义的历史观照不可须臾忽视。

6.1.2 文本内证与文本外证：求证之二

应该说典籍翻译最突出的问题是语内诠释。中国语言文字经历了秦汉、隋唐、明清、近代及至现代几个大的发展演变期，文字和语义变化都很大，这是考据学发展的历史缘由。中国所有的重要典籍，几乎都经过历代注疏家逐字逐句的勘校，以注释义，疏解本旨，澄清謁（音“讹”）夺。其所以要这样做，是因为“古今异言，通之使人知也”（唐·孔颖达）。屈子《天问》先后经东汉王逸（《楚辞章句》）、宋代朱熹（《楚辞集注》）、洪兴祖（《楚辞补注》）、清代蒋骥、王夫之、戴震以及近人闻一多、刘永济、游国恩、王泗原等作注辨析阐释，背景文献极为丰富。特别是王逸和洪兴祖，针对扬雄、班固对屈原的贬抑质疑，阐释疏解更多。王逸是故楚地南郡人，通楚方言古语；洪兴祖是曲阿人，也通古楚语。注家对典籍词语意义的语内诠释，可以帮助我们在语际转换中定夺语义，是非常可贵的析义、定义依据，也是不可少的历史文化指引。

但是根据注家语内诠释进行翻译还需要我们善加辨析。注家各执一见，孰是孰非，翻译者应将原文本作统体观照，在文本内找到可以助语义定夺的内证，这个“文本内”指的就是上下文。上下文既可以限制语义，又可以为语义提供诠释线索。《天问》第 39 问是：

> 天式纵横，阳离爰死。
> 大鸟何鸣，夫焉丧厥体？⑤

上问霍氏的英译是：（英译文第 79—80 句）

> The heaven-made pattern embraces all, and when the yang-spirit leaves him a man dies.
>
> Why did the great bird cry? How did he lose his shoe?

问题是在“大鸟”之“鸣”，不是“the great bird cry”。屈原这里是用“大鸟”指的是“大风”，“鸣”也不是“cry”；既然是“风鸣”，动词就应当是 rave，roar，wail 等等。“大鸟”为什么是指“大风”？我们可以找到内证，即第 10 问“伯强何处？惠气安在”。“伯强”指厉风之神（古俗“伯”是敬畏之称，“强”指凶神“隅强”），与之相对的是“惠气”，指和风之神，可见于第 39 问。该问又是第 10 问的呼应。我们要按上下文机理来解码。它的意思是：自然法则（霍氏将“天式”译为 heaven-made pattern 也不妥，此处似应是 natural laws）无处不在，阳气离开了躯体，人和动物就会死。那么，凶煞的风神为什么没有躯体却能拔地呼啸？屈原的言下之意是，神话之凿凿有词，其实是没有什么道理可为依据的，因此也就难以令人信服。

以文本内证为据定夺语义是至为重要的一条语义辨析法则。作者的观念与行文思路伴随延展，此起彼伏，常常出现前后呼应的情况，这时，“前”可以为“后”作解码照应，“后”也可以为“前”作解码注脚，语义理据有时全靠我们凭慧眼慧心的搜寻和发现。例如《天问》第21问“四方之门，其谁从焉”？这里“四方之门”是谁的“四方之门”呢？答案其实就在前面的“昆仑悬圃”中的“昆仑”。霍氏翻译为：

> Where is K'un-lun with its Hanging Garden? How many miles high are its ninefold walls?
>
> Who goes through the gates in its four sides?

译者的理解是对的，他对“从”的解码（语义诠释）依据是前面的注脚“门”（gate），既然是“门”那么“从”的意思应该是“go through”了。可见以内证定夺语义除了要精于扫描式搜寻观察以外，更要求译者精于分析，把握文章中含蕴的事理。我们常常需要作一种链锁式的内证互证参照，在内证参照系中定夺语义。例如《离骚》中有两句“跪敷衽以陈辞兮，耿吾既得此中正”。句中“中正”一词是什么意思？怎么译？霍氏译为“righteousness”，有的译者更译为“the true”。二者与屈原原意均差之甚远。首先我们可以为“中正”找到一个文本内证，就是诗人所说的“内美”（“纷吾既有此内美兮”），其实“内美”就是“中正”，而“内美”又可以诠释为“内德”或“内得”。有了这个内证我们就可以进一步做出分析，澄清、更正不少诠释注疏家所理解的“中正”——“中正之道”（righteousness即根据此意译出）。现在我们要分析的是屈原最珍视的“内美”（内德、内得）究竟是什么？我们在《离骚》中找到的文本内证是“内美”前的“有此”，“有此”又是指前照应二句：名余曰“正则”兮，字余曰“灵均”。按诗人自己的解释，这都是他名副其实的“嘉名”。因此，我们没有理由否认“正则”“灵均”与“内美”有关。“正则”就是心中的正平之气，“灵均”就是心中精灵之气，可见屈原所说的“中正”就是内心的“平正精气”，可以译为internal essence或vital essence。[6]

至此就自然而然地牵涉到文本外证问题，牵涉到文本内证要与文本外证相结合，互为参照论证的问题。“中正”的实质是一种心灵的内美，而内美则本乎精气，符合当时在荆楚稷下学士界占统治地位的老庄哲学的精气说。我们可以比较清楚地看到“中正”与《庄子·达生》所云“无累则正平”的联系。庄周在《逍遥游》中说:“若夫乘天地之正而御六气之辩，以游无穷者，彼且恶乎时哉?”这里庄子所提到的“天地之正”，确实非常接近屈原的“中正”的理想。这时，屈子标举的并不是他的行为规范的righteousness，而是内心深处那种无远弗届的气质上的力量，也就是由精气升华的精神道德力量。正是这种精气驱动的力量，使屈原身怀厚重的国家感投进了彭咸之所居！《天问》中需要借助文本外证以定夺语义的地方很多。我们再举其中第60、第61、第62三问为例：

(60) 成汤东巡，有莘爰极。
何乞彼小臣，而吉妃是得?
(61) 水滨之木，得彼小子。
夫何恶之，媵有莘之妇?
(62) 汤出重泉，夫何罪尤?
不胜心伐帝，夫谁使挑之?

这三问中的问题很多，必须依仗外证妥为定夺。先看看霍氏的译文：

60) T'ang the Victorious travelled to the east and came to Yu Hsin. How did he come to ask for that bondsman and win a goodly queen.
61) From the tree by the water's edge they got that little child. Why did they so hate him that they sent him away with the lady of Yu Hsin?
62) When T'ang came out of Ch'ung Ch'uan, what crime had he done? When he marched with impatient heart against his Lord King, who was it that had provoked him?

第60问中“有莘”是古“有莘国”(“莘”音“深”shen，有莘是State You Shen，霍氏音译有误)。“有莘爰极”是就中原夏地而言。因为“有莘”在今山东莘县一带（山东西部)，“极”指尽头。“爰极”犹言多么遥远的尽头。英译应是as far as the State You Shen，霍译未尽其意。“小臣”的“臣”古代指男奴仆，“小妾”指女奴仆，见《书•费誓》。人贱，“役人贱者男曰奴，女曰妾”。问中所言“小臣”指伊尹，他是有莘国宫廷里的一名厨师，只因为他有能耐，被成汤弄到宫里当了奴仆。“吉妃”按《古今姓氏书辩证》:“黄帝裔孙伯倏封于南燕，赐姓曰镬，后改为吉。”有莘国人当以吉为氏姓。“吉”在60问中语义双关。屈原的问题是，他既百思不解，又十分反感:汤（就是“成汤”,“成”是古尊称，意思是成功、胜利者、征服者）东巡远至有莘国却不知怎么的低三下四向奴仆要女人，竟成功地得了个吉妃(“何乞彼小臣,而吉妃是得”)。屈原的反感是有道理的。其中另有文章:这个故事见《吕氏春秋•本味》。汤看到伊尹很有能耐,虽然是个“贱人”(霍氏译为“bondsman”)，但还是想弄到手，不料“有先（莘）氏不可”（不答应)。汤于是另想办法，施出了一个“顺手牵羊计”。他不远千里巡视有莘国，当面向国王要女人，国王见汤赫赫有名果然答应了，将吉妃连同她的保姆厨师一并相赠，伊尹于是当作了吉妃的嫁妆，被遣至成汤。这就牵涉到第61问了，“媵”（音ying，同映）是古代女子的陪嫁者，可男可女，属于古代奴隶制群婚风俗。第61问说“水滨之木，得彼小子”说的是伊尹的身世。《吕氏春秋•本味》中说:

> 有侁氏女子采桑，得婴儿于空桑之中，献之其君。其君令烰人（即“厨师”）养之，察其所以然，曰:其母居伊水（今河南伊河）之上，孕，梦有神告之曰:“臼出水而东走毋顾”。明日视臼出水，告其邻，东走十里而顾，其邑尽为水，身因化为空桑，故命之曰伊尹。

屈原认为孕妇摇身一变成了桑树，已经够奇特的了，却还能产子，伊尹岂不是个十足的“荒唐宝贝”？诗人的问题是:这么一个“大宝贝”爱之犹恐不及，为什么竟这么蒙受国君之恨（“夫何恶之”)，把他当作嫁妆送了人？根据这个外证来看霍译，译者大抵是把握了基本意义的，但“they”的指代欠明确，“恶”（是个动词，犹“恨”）与“媵”（嫁女以……作陪）的主语应是有莘国的国君。第62问是故事的进一步发展,关键问题是“重泉”“胜心”二词。霍氏将“重泉”专名化,有误。“重泉”是很深的黄泉,“出重泉”是“出于深深的黄泉”,犹言九死一生、死里逃生。霍氏有误译。“不胜心”中的“胜心”犹言“二心”(《尔雅》:“胜，二也”)。“使”的意思是“从

而”,“使挑之”犹言“从而去挑动（某人）”。程嘉哲引《帝王世纪》《商书》和《韩非子》解释此问的背景时说：[7]

> 汤还是诸侯的时候，因为野心暴露，就曾被桀弄去囚在夏台过（见《帝王世纪》）。他出监狱后，并没有变得老实起来，反而更加渴望推翻桀，把天下夺来。后来汤登上了天子宝座，考虑到要使子孙万代“永保天命”，才后悔当初一切做得太露骨了。据《商书·仲虺之诰》说：“成汤放桀于南巢（当即鸣条的异名），惟有惭德，曰：‘予恐来世以台（我）为口实’。”所谓恐以台为口实，就是怕人学样，也起来造反。汤惭德一番，终于想出了一个“显忠遂良”的办法，大力提倡奴隶道德的“忠”。我国文献里出现忠字，就是从《商书》开始的。
>
> 汤知道要叫别人“为下克忠”，还得把自己过去的种种不忠加以巧饰。当初汤想方设法想把伊尹弄到手。本意就是利用他去颠覆夏王朝。聪明透顶的伊尹，岂能猜不出他的用心？所以当汤让他在朝臣们面前公开发言时，他就侃侃而谈。从“鱼之美者，洞庭之鲑，东海之鲕”说起，说了许多四方的美味，最后归结到“君之国小，不足具之，为天子然后可具”。他这番话本来是为投合汤的心意而说的，可是汤后来为了把自己打扮得安分守己一些，便说起初自己无心造反，是受了伊尹的鼓动才反的，甚至说是伊尹向他进了七十次说词他都不接受，直到第七十一次才动了心（见《韩非子》）。

我们引外证以说明背景，这一问的意思就可以捋清楚了。屈原看透了汤这类人的花招，他问道：你（指汤）不存心要造反，又有谁能挑动你这样做呢？你从监狱死里逃生，还有什么你不敢干的！霍氏对“胜心”的理解是 marched with impatient heart against，有误，因而对整个一问的诠释就有了偏差。可见对词义的正确诠释是全句诠释的前提，而词义的正确诠释必须将文本内证与文本外证相结合，内外互辅互证，相辅相成才可望接近原意，这是古籍翻译很重要的理解策略，中外皆然。

6.1.3 互文观照:求证之三

互文性（intertextuality）是西方现代文论的重要课题。克里斯蒂娃（J. Kristeva, 1974）在解释互文性时说，互文参照是针对文本的非自足性而构建的重要手段。克氏认为，由于文本的非自足性是必然的，互文参照就成了理解文本的必经途径，因为文本永远不可能是一只“well wrought urn”（精工制作的瓮），完美无缺。这是由语言的异质性（heterogeneity）决定的:异质必然导致“意义的变化”，导致文本“意义上的缺口”（gaps in meaning）。这时，必要的策略是引入互文参照以应变补缺。⑧

互文观照也可以用于我们的语义文化诠释。例如《天问》中第 33、第 34 问:

33）帝降夷羿，革孽夏民;
胡射夫河伯，而妻彼雒嫔?

34）冯珧利决，封豨是射;
何献蒸肉膏，而后帝不若?

问中最后一个词“不若”是什么意思?《尔雅•释训》对“若”的解释是:“善也”。但后帝“不善”,讲不通。这时,我们可以找到楚卜筮文以资互文佐证:

帝令雨足年? 贞:帝令雨弗其足年? （《前》1. 50. 1）
□辰卜，贞:帝其降我莫? 贞:帝不我降莫? （《乙》7793）
我期祀宾,乍（则）帝降若;我勿祀宾,乍（则）帝降不若!（《前》7. 38. 1）

可见“若”与“不若”对立而言，犹“悦”与“不悦”。霍氏译为 pleased 及 displeased 是对的。但第 33 问他没有准确把握语义。屈原的前二问见上，第 35 问问的是:

(35) 浞娶纯狐，眩妻爰谋。
何羿之射，而交吞揆之？

以上三问霍氏翻译（67—72）如下：

(33) God sent down I Yi to overcome the calamities of the people below. How did he shoot the River Lord and take to wife the Lady of Lo?
(34) He bent his bow to the full and made good use of his thimble, and Feng the Swine was shot. Why, when he offered fat of his flesh cooked as a sacrifice, was the Lord God displeased?
(35) Cho took to wife the Black Fox, and that Dark Wife plotted with him. How was Yi's body boiled, and how did they conspire to have him eaten?

“雒”是古“洛”字，“雒嫔”即洛水之神。曹植在《洛神赋》中说她是“伏羲女”。洛水流入黄河，黄河由河伯所主宰，是为黄河之神，洛神于是由河伯所霸占。河伯经常肆虐。上帝于是遣夷羿为夏民除害（帝降夷羿，革孽夏民）。羿原本是一位大英雄。《山海经》上说，上帝“赐羿彤弓（红色的弓）素矰（白色的箭）以扶下国”。羿把九个太阳射落了下来使夏民免受煎熬，又见河伯为虐，于是拔箭射之，可惜只将河伯的左眼射瞎了。河伯逃脱一命，黄河之患未除，羿也未尽其功，却夺了别人的老婆（河伯之妻洛神）：屈原用的词是“妻（vt）”，霍氏用的是“take to”（夺人之妻）。这件事我们可以在《离骚》中找到互文参照：“夕归次于穷石，朝濯发乎洧盘。”穷石是羿的家，洧盘是河伯的家，写的就是洛神朝秦暮楚，耽溺于婚爱。屈原的问题含义很明白：羿不是大英雄吗，为什么夺了人妻丧了志，这算什么英雄？！第35问中说的是“浞娶纯狐”，浞（音 zhuo 浊）指的是寒浞。《左传》说浞是伯明氏的弃子，羿收养了他作家臣，没料到浞后来成了杀羿的同谋，这位英雄也够糊涂的了！原来浞的妻子是羿送给他的，屈原用的词是“（浞）娶”，霍氏仍用“take to”，与原意有出入。“纯狐”是“黑狐”，犹言黑狐狸精。《左传·昭公二十八年》载“昔有仍氏生女，鬒黑而甚美”。

这位黑美人嫁给了夔（kui 奎），生了一个孩子封豨。封豨性凶恶，羿当然不放过他，羿于是将夔和封豨都杀了，又将黑美人（纯狐）送给了浞，所以屈原用的是"浞娶纯狐"。没料到黑美人复仇之心未死，就与浞合伙（"交"）将羿杀了又将羿的尸体煮熟吞吃（"吞揆"，"揆"的意思是谋害）了。这个故事《左传》《淮南子》和《孟子·离娄》都有记载。其实浞实在是一个奸细，《左传》说他"行媚于内，而施略于外"，愚弄其民。使屈原感到百思不得其解（一连三问）的是，像羿这样的英雄豪杰而且身手不凡，怎么会落到一帮庸歹之辈手中而不能自拔，终遭杀身之祸，这不是太离谱了吗？（霍氏用一般过去时，无情态可言，似乎在问过程，不合屈原情态，容当后论。）

我们从以上故事的简略叙述中可以看到：文化语义诠释根本离不开互文参照或曰合不同文献而共为参照以明其义。就《天问》而论，最具有互文参照价值的文献是《山海经》（有关参照点达 90 余处）、《淮南子》（有关参照点约 75 处）、《史记》（有关参照点约 40 处）及《左传》（有关参照点约 35 处）。此外还有《庄子》《帝王世纪》《尧典》《孟子》等。所谓文化语义诠释，就是要充分把握意义含蕴的文化内涵，"取证释疑"，"以证（纷繁的文化信息）定义（意义）"。

6.1.4 人文互证：求证之四

更确切地说，人文互证是以人证文：许多文化语义问题可以以作家其人来验证作品的语义疑点。这里所谓的作家其人，包括作家的身世生平、经历遭遇（生活历程）、著述言论、观点立场，特别是他的世界观、价值观、学术观、政治观等等。作品是作家心迹的记录，是他（她）的一种超时空的微缩剪影。对此，刘勰作了一句总结："不有屈原，岂见《离骚》。"

我国文献对屈原精神和屈原人格的探讨极为丰富，并历来存在两种对立的观点，一是腐儒观，另一面是反腐儒观。腐儒观上至扬雄、班固，中及（北魏）刘献之，下至胡适⑨，他们否定、贬抑屈原的动机不一，但见解均极浅陋。屈原的一生经历了助施美政、忠贞遭弃、反顾回归、法依古贤、渴诉通情（于帝）、求卜解围直至矢志殉道（美政理想之幻灭）等等心路历程，直至情枯志竭。屈原一生都怀抱着厚重的使命感和国家感、正义感和不惜“尸谏”的清廉忠节感。《天问》正写在他这种襟怀和情操的“沸点”。陈子展在《楚辞直解》中分析说：[⑩]

> 屈原《天问》作在何时？作在何地？《天问》末段说：“伏匿穴处爰何云？荆勋作师夫何长？悟过改更，我又何言？吴光争国，久余是胜！何环穿自闾社邱陵，爰出子文？”戴震注说：“吴光当破楚人郢，国几亡。屈原之时，屡困于秦。此于终篇言吴光子文，盖叹敌国可惧，执政无人。”按《史记•楚世家》，怀王十六年，秦欲伐齐，患楚与齐纵亲，使张仪约楚绝齐，许以商于地六百里。王大悦，遂绝齐。秦不予地，王怒，兴师伐秦。十七年，兴师伐秦，与秦战丹阳，秦大败楚军，斩甲士八万，虏大将屈匄，遂取汉中郡。楚悉国兵复袭秦，大败于蓝田。韩魏闻楚困，袭楚至邓，楚引兵归。这当是《天问》说的：“荆勋作师夫何长？”怀王二十四年，倍齐而合秦。秦昭王初立，厚赂楚，楚往迎妇。二十五年，兴秦盟于黄棘，秦复与楚上庸。这当是《天问》说的：“悟过改更，我又何言？”话中都带有刺。我们可以假定地说，屈原在此以前只是被疏，初次被放汉北当在怀王二十四五两年以内。其时郑袖、靳尚正被宠信，楚难未已，所以《天问》有执政无人，敌国可惧之叹。《天问》当作在这两年中，屈原在汉北过着“伏匿穴处”的生活。试想这几年间，楚国定策背齐合秦，和屈原结齐抗秦的策略绝不相容，还许屈原安然在朝吗？

了解了这个人事历史背景和变迁脉络，我们就可以理解为什么屈原《天问》“东一句、西一句，东一问、西一问”（刘熙载，刘氏此言无贬义，言其诗落宕、流洒），之后终于在最后跳出一个诗人自己来：那正是他在公元前304年（周赧王十一年）流落于山泽间（今湖南益阳冶南六十里弄溪之滨[⑪]），情不自已，愤世自白，共19句，分节如下：

1—6

薄暮雷电，归何忧？

厥严不奉，帝何求？
伏匿穴处，云何爰？

7—16

荆勋作师，夫何长？
悟过更改，我又何言！
吴光争国，久余是胜。
何环间穿社，以及丘陵，
是淫是荡，爰出子文？

17—19

吾告堵敖以不长，
何试上自予，而忠名弥彰！

上例前六句是情景和情采的融会，第7—16句是诗人情理的阐发铺叙，第17—19句是情理和情志的交融。这19句很清楚是屈原心声的直接抒泻，主调是“情”也是“愤”！翻译时如果没有把握住这个主调及心理结构，肯定是“译犹不译”，而且还会给人很多误解。以下是霍译：

Towards evening there was thunder and lightning. Why was the lady sad? His majesty was not shown forth: what was the god seeking for?（霍氏句3）

He lay in hiding and lived in caves. What was his sorrow? When he awoke to his errors and mended his ways, what did he say then?（霍氏句2）

Ching with glory went to war: why were we the leaders? When Kuang of Wu seized power, why were we so long defeated?（霍氏句1）

How did she run round the gate and pass through the altar of earth till she came to the burial mounds, and by this wantonness and lightness bring forth Tzu Wen?（霍氏句6）

. . . Tu Ao would not reign for long.（霍氏句4）

How was it that, sure of his own right, he threatened his king, yet the fame of his loyalty gloriously spread?（霍氏句 5）

霍氏的英译句序，是本书作者根据近世诸家勘校本作了调整，以便参照原诗句序阅读。读者可以从英文注码看出原译句序。从霍译来看，无论是语义诠释或文本、情态透析都与原作有很大的出入。现将原诗试以白话译出，注意铺垫部分：

薄暮将临，雷电交加，我又何忧乎归宿？
国势日衰，我没有恭奉严威，上帝又怎能苛求于我：
我浪迹山泽，隐伏穴居，还有什么好说的呢？
楚国一帮大师权贵，作恶多端，日子一定不会久长。
盼存君兴国，我多进忠言;国君如果改了，我又何必多说？
当年吴国的公子争位伐楚，战火扩延，楚国才被制服。如今呢——
楚亡六郡，怀王也作了阶下囚！
何不在王室周围打个地洞，通到山野，让那帮淫夫荡妇去撒野，养些楚王族的余孽！[12]
我曾以忠言告楚王国势颓危，反受谗陷；
而谗陷之徒以私隐之心侍国君，却忠名彰著，天理何存?![13]

《天问》的这 19 句，已经相当明显地表露了诗人的情理、情志，其中积愤、义愤交织，总之是情、愤溢于言表，它是全篇的结语，也可以说是统领全篇旨志的一把钥匙。对《天问》这 19 句如何解释，后世论争纷纭，归根结底是对屈原的“人”与“文”的关系的感应和理解差异很大，翻译不能漠然处之。后二句更有明显的跳脱。我们如何在“解构”中诠释其义，容后在第七章中再议。

以上四节，谈的是语义文化诠释的四个求证的手段，下一节我们将对求证原则作一个总结性的分析和阐述。

6.2 语义文化论证的原则 (Principles in Cultural Verification)

综上所述，诠释原语文本中的语义疑义必须把握两个方面：一是析义（意义），应博览注家对同一疑义的疏解，这是一种横向的求证；二是析理（逻辑），应将名家之见加以比较、探究，对孰是孰非作逻辑上的推断分析。这时，我们既要从宏观视角出发，把原文文本放在社会历史的大框架下作通体观照，又要从微观视角出发，将原作者本人视为“特定文化的体现者（cultural exponent）”（C. Bell, 1928）加以考察。总之，译者不是消极的“传话人”，而是积极参与决嫌疑、明讹夺的“真理的裁判员（a judge of the truth）”（Kurt Lewin, 1947）。我们的原则是以证定义，其中包括求证、参证与举证。

第一，勤于求证，避免臆断

臆断就是“想当然”，望文生义；主观臆断的反面就是客观地求证。望文生义在汉译英中最易发生，因为汉语的字没有形态上的变化。《天问》：“惟浇在户，何求于嫂？”霍氏的英译是“When Chiao was in Hu, what did he want with his sister-in-law?”（85—90）问题在“在户”的意思。霍氏将“户”当作地名来译，其实“在户”就是“在家”。王逸注云：“言浇（人名，无义）……往至其户，佯有所求”（……等到了他家中，又佯装有所求）。《天问》“覆舟斟寻，何道取之？”霍氏译为“He overturned the boat of the Lord of Chen-Hsun. By what means did he take it?”（88—90）原诗中“覆舟”指山东淮水发源处的箕屋山，古称“覆舟山”（见《淮南子•地形》），专名。专名意化而译，常出于望文生义。这里“斟寻”既是地名，也是部落名，指覆舟山的斟寻部落（《左传•襄公四年》）。按古制：部落定居后，地名即随部落名。诗中的“道取”是动宾“取道”倒置（go by way of），以适应疑问词“何”在语序和语义上的需要。就疑义求证，一定要破除成规、成见，大胆存疑，以析理、析义求证于若干基本的参考书。《淮南子》《左传》和《山海经》非常有助于《天问》译者的求证，不可不备。

第二，精于参证，避免传讹

“传讹”就是把不正确的考证当作正确的结论，接受之、传播之，成了以讹传讹。避免传讹的重要手段是参证，以注家之言交互参照，看谁说得对或说对了。参证还包括文本内证与文本外证的参照互证。文章常常是前后呼应的，文后的疑义常常可以在文前找到“伏笔”（foreshadowing），加以冰释。《天问》写在《离骚》之后，所以《天问》中一些疑义可以以《离骚》作参证。这种文本内证与外证交互参证，至关重要。《天问》“桀伐蒙山，何所得焉？妹嬉何肆？汤何亟？”霍氏译为“When Chieh attacked Meng Shan, what did he get? How did Mo Hsi bewitch him and how did T'ang kill him?”（91—94）前面两句没有问题。“妹嬉”是女子。王逸注云“桀得妹嬉，肆其情意”，以“桀”与“肆”是施动关系，不合洪戴之说，也不合情理。按原文看，“妹嬉”与“肆”是受动关系。王泗原认为此处“肆”应为“被肆”。霍氏所云“Mo Hsi，bewitched him（Chieh）”应该是“Mo Hsi was bewitched by Chieh，”才符合史载。杨树达在《古书疑义举例》卷一中说，类似“肆”与“被肆”的用法，古籍中很多，属于“施受同辞”，并举出《公羊传•二十八传》例云“春秋伐者为客”，“伐者为主”，前一“伐者”应为“见（被）伐者”。霍误另一例是《天问》“阻穷西征，严何越焉？”的英译：“When Kun came to the end of his westward journey, how did he cross the height?”（73—76）这里有两处误译。“穷”是专名，指穷石，在今山东德县境内。“阻”通“祖”，“祖”通“始”，“阻穷”的意思是“启程于穷石”，不是“came to the end”。这两句问题难在没有主语，各注家似多认为主语是鲧（传说中夏禹之父），因此霍氏以讹传讹。按明末学者毛奇龄考证“此羿（有穷族之酋长）事也”。《山海经•海内西经》里说：险峻昆仑乃“百神之所在，在八隅之岩，赤水之际，非仁羿莫能上岗之岩。”（“仁羿”就是羿，“仁”是古尊称）此即可参证“阻穷西征”而“能越昆仑之岩”者，确实是指羿，不是鲧。

第三，勇于举证，以定行文

所谓“举证”，指译者能提出对文本语词及文化内涵的见解，不囿于注家或因袭之见。这是深层文化翻译中很重要的问题。译者的优势是有客观性，能以现代人的价值取向、从学术研究进展（特别是历史学、文学和哲学）的新水平的高度，洞察文本所涉及的人文风物、世态政情以及作家的风骨气度（例如《史记》为什么说屈原其文约、其辞微、其志洁、其行廉，而且可以“与日月争光”，这是很了不起的评价），以新证驳旧说。

以“帝”字为例。《天问》172个问题中，一共用了12个“帝”字。在先秦的文献中，“帝”一般指“天帝”“上帝”，有时也指“帝王”，注家常不加注释，认为不言自明。但翻译时不能不确定。如何确定，只能靠译者自行定夺。今举数例。值得注意的是，无论是指上帝或帝王，屈原提到他们的时候，常常带着调侃的口吻：

（1）顺欲成功，帝何刑焉？

“帝”指“上帝”。注家有云指“舜”，误。《山海经•海内经》载：“洪水滔天，鲧窃帝之息壤以湮洪水，不待有命。帝令祝融杀鲧于羽郊。”（“息壤”：可以平息洪水的泥土）屈原不平地质问：鲧有意把事情办好，上帝为什么偏要把他杀了呢？霍氏的英译是“And if he accomplished the work according to his will，why the High Lord punished him?”（23—24）

（2）登立为帝，孰道尚之？女娲有体，孰制匠之？

“帝”指“帝王”，霍氏仍译为“High Lord”。“登立”就是“登位”（长沙马王堆出土《十大经》）。王逸云指“伏羲”，洪兴祖云指“舜禹”，总之不是天帝、上帝。屈原调侃地问道：请问登上帝位的人，哪一位是凭德行爬上去（“尚”通“上”）的呢？霍译“By what means was she（Nu Wa）raised up? When she mounted on high and became High Lord?”（95—98）在中国古文化中，女娲是人化的女神，不能说她当过皇帝（《淮南子•览莫训》）。以上两问之间没有关系，第一问说的“帝”，与女娲是两回事。霍氏把二问糅在一起了。第二问屈原问的是：谁那么神通广大，制造出一个有形有体的女娲来？

（3）中央共牧，帝何怒？蜂蛾微命，力何固？

“帝”指上帝，《庄子》也提到“中央之帝”，指天主。霍氏译为“King”。“共”是名。“牧”按《礼记•曲礼》篇中的解释是“九州之长”。“中央共牧”的意思是“共”成了“九州之长，入主中央”。这里涉及《竹书纪》中记载的一件史实。共牧是西周时期的一位比较开明的族长，他赶走了残暴的周厉王，实行了中国历史上的第一个原始形态的共和政制（另见《史记•周本纪》《鲁连子》）。但这个得人心的共和却为上帝所不容，降大火将共牧的房子烧了，随之更以大旱虐之。《诗经•桑柔》曾经记载过百姓对天的诅咒:“天降丧乱,灭我立王。降此蟊贼,稼穑猝痒。哀恫中国,具赘卒荒。”屈原对此耿耿于心,遂质问上帝:“共牧实行‘共和’,百姓安宁,你皇天动什么肝火,烧人家的房子呢?小小的飞蛾、蜜蜂都有牢固的内聚力,你皇天能奈何它们吗?”霍氏英译为:“When the lords of the centre ruled together, why was the king angry? Wasps and ants have a mean life: how could their power be enduring?”(霍将“bees”误译为“ants”)(173—174)这样译与原问意义相异甚殊,译者如确信自己有理,则宜举证作注,以阐释其理。

(4)彭铿斟雉,帝何飨。

帝“彭铿”霍译为“god”。“彭铿”是人名,善烹调。朱熹的《楚辞集注》载:“铿好和滋味,进雉(音 zhi,就是山鸡)羹于尧,尧享之而赐以(指彭铿)寿考至八百岁。”屈原此问的大意是,传说尧是大圣君,但却是如此贪馋,喝了点鸡汤,就大施恩惠,这算什么“圣君”呢?霍氏英译为:“P’eng Chien made a drink-offering of pheasant’s broth. How did God eat of it?”(171—172)有附注云:“P’eng Chien, i.e., P’eng Tsu or Old P’eng, the Chinese Methuselah(长寿翁)”,西方读者定不知所云。

在勇于举证方面我们有许多先辈学者堪为表率。以举证勘误为例。古籍由于古代印刷术不佳,加以问世年代久远,又屡经浩劫因而文本中常有讹误错漏,这就要求研究者勇于存疑举证勘误。例如《天问》中第 52 问“何条放致罚,而黎服大说”。“黎服”王逸注“黎,众也”,没有解决“服”是何义的问题。刘永济《屈赋通笺》说,“叔师于‘服’字无说,而以天下众民大喜悦释此句,可知古本作‘黎民’”,因“民”与古“服”字形近而讹。这类勘误还有不少。除形近而讹以外,还有音近而讹,闻一多考证出将“错”讹为“凿”即是一例。又如将“夫”讹为“父”,“夫”讹为“去”(第 50 问:“熟期去斯,得两男子”)则是洪兴祖所勘正的形讹。这些举证勘校都为后世读者解了难。

6.3 情态的文化内涵 (Cultural Intension in Emotion)

人的情感是不是有文化意义?萨丕尔的回答似乎是肯定的:因为“情”

总是与心智活动相连。他在《语言论》(*Language*，陆卓元译，陆志伟校，北京:商务印书馆，1985）中谈到“词”与“情”的关系:

> The feeling-tones of words are of no use, strictly speaking, to science; the philosopher, if he desires to arrive at truth rather than merely to persuade, finds them his most insidious enemies. But man is rarely engaged in pure science, in solid thinking. Generally his mental activities are bathed in a warm current of feeling and he seizes upon the feeling-tones of words as gentle aids to the desired excitation. They are naturally of great value to the literary artist. It is interesting to note, however, that even to the artist they are a danger. A word whose customary feeling-tone is too unquestionably accepted becomes a plushy bit of furniture, a *cliché*. Every now and then the artist has to fight the feeling-tone, to get the word to mean what it nakedly and conceptually should mean, depending for the effect of feeling on the creative power of an individual juxtaposition of concepts or images.

应该说，萨丕尔既是就广义的文化意义而言，又是就狭义的文化意义而言。广义的文化意义认定人类语言本身就是文化，而且是文化的主体、文化的基本现象。萨氏认为语言、情感、思维、审美实际上总是密不可分的。

“情”的文化意义主要属于狭义文化意义的心理层，就是刘勰说的“夫情动而言形，理发而文见，盖沿隐以至显，因内而符外者也”(《文心雕龙·体性》)。但是情这个范畴相当复杂，原始人的自然感情（如母爱，大抵如母狮之爱幼狮）谈不上文化意义。因此可以说，含蕴文化意义的“情”是人类文明发展的产物，刘勰将情与理合而议之并不是没有道理。

文艺作品（其实不限于文艺作品）中蕴含的“情”(情感）是一个审美范畴，是文化心理结构中最活跃而且贯彻始终的因素。我们研究文化翻译不能忽视“情”的文化内涵。刘勰将“情”比作文章的“经”，“言辞”比作文理的“纬”(《文心雕龙·情采》:“故情者，文之经，辞者，理之纬”)，说“经正而后纬成，理定而后辞畅，此立文之本也”。因此翻译要把传达“情”当作传达“意”一样重要的任务，如经纬之不可分。此外，在伴随有鲜明文化色彩或文化内涵的辞理时，“情”的本身就是一种文化形态。宋代朱熹在《答方宾王书》中对“情”的解释也说明古人对“情”的文化内涵是有认识的:“仁义礼智同具于性，而其体浑然，莫得而见。至于感物而动，然后见其恻隐、羞恶、辞逊、是非之用，而仁义礼智之端于此形焉，乃所谓‘情’。”屈原满腔忠义而屡遭谗陷，这时他“感物而动”的情，就必然会透溢他的诗篇，因此洪兴祖才说他是“激俗之问”，朱熹说他是“警世之问”。翻译时我们必须移情而译，不能弃情不顾。乍读《天问》，似乎只感到诗人在不断地提问题。其实，只要拨开表层，深究其意，就会发现诗人每一个问题几乎都是缘情而发，不问不快。在这个意义上看，可以说没有情就没有《天问》。在屈原那个时代，诗人能提出那样的问题，实非大智大勇者，莫敢为之。

根据大略统计，屈原提出的172个问题，属于挑战式含情的质问、诘问、反问者占一半以上（近90个），属于调侃式含情的戏问、穷问、明知故问、无人能答之奇问约占四分之一。单纯的不知而问（也带有几分“我倒想请教”的口吻）只有大约20问。今举例说明，并对霍氏的翻译在传情达意方面的问题提出一些意见。

在屈原那个时代，人们对天、天命与皇权是根本不敢怀疑的，连孔子也申明在先“君子有三畏:畏天命,畏大人,畏圣人之言”(《论语·李氏篇》)。而屈原却对所谓天命、天志、天理的“公正性”非常怀疑，提出很多疑窦和反诘。如:

（1）天何所沓，十二焉分?

从表面上看，诗人问的只不过是个知识性问题。其实不然，看情态要看整体，如医生的把脉，触其腕而知血行。《易·系辞》上说:“天尊地卑，乾坤定矣;高卑以陈，贵贱位矣。”屈原不以为然，这可以从《天问》中得到很多内证（如他对伯夷、叔齐从高沦为卑、从贵沦为贱的取笑）。上一问说邃古之时，渺渺冥冥，谁也不知底蕴，有人却说得神乎其神，好似他自己亲自考察验证过（“何由考之”;那时天地混沌一片，你凭什么去考察呢?）、真正了解了（“何以识之”）似的，这不是太武断吗?按“沓”同踏，表示以足支撑。屈原问:天是靠什么支撑在地上的呢?古代天文历法将黄道分为12等分，配以地支，遂成12辰（或星次），这种看不见、摸不着的东西，凭什么言之凿凿呢？所以“九天”“八柱”“四维”“九野”（《淮南子•天文》）等等在屈原看来统统是“泛滥无稽”。这确实反映出屈原“上下求索”、朴素而执着的唯物主义理性精神。对于诗人认为虚无而提出来的问题，英译时最好多用分辨语气（mood），善用情态助动词（modal coverbs）。上句霍译："How does Heaven coordinate its motions? How are the Heavenly Houses divided?"（13—14）用一般现在时表示不怀疑其真实性，不合屈原以疑窦上诉穹苍的情态（另外，“何所沓”的意思也不是“coordinate its motions”）。情态得之于深层的分析，不能止于皮相之见。另外我们还可以参证屈原的其他作品，他在《哀郢》中说："皇天之不纯命兮，民离散而相失。"无异于对天提出直接的质问、抨击。

（2）冯珧利决，封豨是射。何献蒸肉之膏，而后帝不若？

“冯”，大也。“冯珧”是装饰华美的大弓。“利决”是象征吉利的“般指”。这四字是说带着利决拉开大弓。“封豨”是古楚语，指“封豕”（《山海经》载：巴国“有封豕”），“是”，古虚词。“蒸肉”是祭天的烧肉，“膏”指脂肪，引申为恩泽、福利、好处、油水。“若”按《尔雅•释训》，善也，已如上述。“后帝”指上帝（《左传•文公二年》："皇皇后帝"，“后”是一个定语，古尊称，犹“尊贵的皇天”）。拨开这句话的表层意思，诗人连讥讽带挖苦的情态就可以显现了：羿是一个好猎手，射杀了封豨（“封豨”象征妖孽），为民除了害。可不知怎么的，上帝并不喜欢他。屈原把话讲得很幽默：上帝吃了人家送来的烧烤，油水也沾了，可就是不善待好人。霍氏英译："He（Yi）bent his bow to the full and made good use of his thimble, and Feng the Swine was shot. Why, when he offered fat of his flesh cooked as sacrifice, was the Lord God displeased?"（67—72）英语没有表达出原句有“竟然”“反倒”“谁料到……竟……”的情态，即 Who would have thought that . . . should . . . 之类的情态表达式。霍氏用直陈语气（the indicative mood）表示一般陈述，重“实”（fact）不重“情”（emotion），不了解原语《天问》的读者，读了英译以为屈原只是在就事论事地“摆龙门阵”。《天问》还涉及不少古楚神话，屈原既问得幽默，又问得有情有理。如“女歧无合，夫焉取九子？”（女歧还没有与人交合过，怎么可能一生就是九个孩子呢？）霍译 How did the Mother Star get her nine children without a union?（19—20）不合屈原之情，此时情态应是 How could it be that . . . 如果用直陈语气，就成了只是问问“取九子”的方法或过程了。有些神话被屈原借题发挥，问题提得很挖苦。如“穆王巧梅，夫何为周流？环理天下，夫何所求？”穆王指周穆王姬满，是当官不干事的浪荡天子。《左传•昭公十二年》幽默地写道：“昔穆王欲肆其心，周行天下，将皆必有车辙马迹焉。”“巧梅”中“巧”通“考”，“考”通“老”；“梅”通“微”，“微微”犹言“老眼昏花”（以上三例都是语义的历时演变）。屈原没有放过这位昏君（《竹书纪年》中亦有有关此君的记载）。他问：一个两眼昏花的老朽，竟周游天下，他还想搜括些什么东西？霍译“King Mu was a breeder of horses. For what reason did he roam about? When he measured the circuit of the world what was he searching for?”（137—138）从英语译句看不出有什么情态。《天问》中还有不少这类的质疑性戏问，如下面的一则：

（3）昆仑县圃，其尻安在？墻城九重，其高几里？

“县”是古代的“悬”字。“悬圃”意谓悬空的花园。《尔雅》载昆仑山有上、中、下三层：第一层叫“板桐”（《水经注》）；第二层叫“悬圃”，第三层叫“增城”。《淮南子•地形》中更说得有声有色。屈原这一问有趣的是“尻”字。“尻”的意思是臀部。他问：都说昆仑山有座空中花园，我们抬头望，怎么连它的屁股都见不着呢？霍译“Where is K'un-lun with its Hanging Garden? How many miles high are its ninefold walls?”（35—55）“尻”是古楚语口语词，屈原显然是故意用这个词来打趣的，翻成英语后，情态失之殆尽。

在中国及西方的文艺美学中，“情”是重要的（而且是贯彻始终的）审美活动、审美范畴。例如中国传统文艺美学认为有审美价值的“情”的外围包括情与志（《毛诗序》：“诗者，志之所之也”）、情与理（《荀子•礼论》：“文理情用，相为内外表里”；《文心雕龙•体性》“情动而言形，理发而文见”）、情与采（《淮南子》“以文灭情则失情，以情灭文则失文”；《文心雕龙•情采》“繁采寡情，味之必厌”）与情与景（刘熙载：“情景齐到，相间相融”）。情与性是一个哲学概念，属于心理学范畴（《白虎通义》：“情性者，何谓也？性者，阳之施，情者，阴之化也；人禀阳气而生，故内五性六情”），不在我们讨论之列。总之美学中的情有一个外围次系统（a peripheral sub-system），其中属于感知形态的，有情景和情采；属于认知形态的有情志和情理，而这个次系统中的四个次范畴又是互相联系的，如图 6—1 所示：

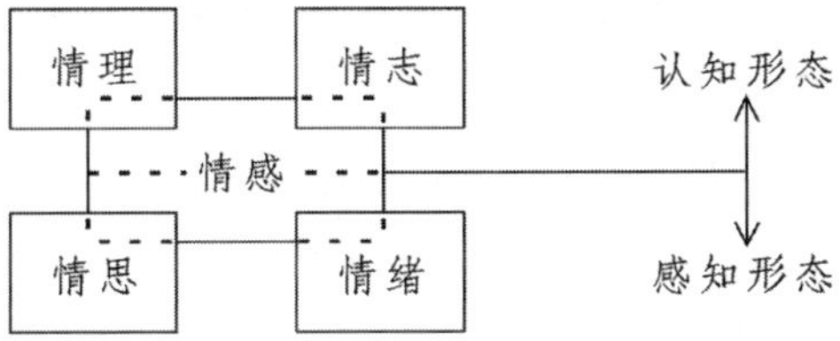

图6—1

可见“情”是一个非常复杂的心理及审美模糊集（set of fuzziness，其中的“采”“景”“志”“理”通常具有特定的文化特征，因此“情”大体相当于语法上的“情态”。但汉语的语法没有情态范畴。汉语的情态是一个比较笼统、不排斥任何一种外围中的次系统形态的提法），也是文化翻译中应该探讨的课题。就文艺创作而言，情与志、理、景、采的结合是“由里及表”；就翻译而言则是心志，知其心志而后表其情怀。无论中外诗文典籍，篇章之中直言其志、直言其理，直表其态、直表其情的作品当然有，但隐而不露或半隐半露者居多。因此我们应当研究“情”以及“情”的表现形式，本书第九章将再作探讨。

6.4 语义文化内涵的符号学论证

符号学对文化研究意义重大。现代符号学家认为符号（能指）与内容（所指）之间实际上存在着四种关系。一种是索绪尔指出的关系，即能指（Sr）指代所指（Sd），其范式是 $\frac{Sr}{Sd}$（垂直指代关系）。以下是巴特转述索绪尔之说：

1) $\frac{Sr}{Sd}$: In Saussure, the sign appears, in his demonstration, as the vertical extension of a situation in *depth*: in the language, the signified

is, as it were, *behind* the signifier, and can be reached only through it, although, on the one hand, these excessively spatial metaphors miss the dialectical nature of the signification, and on the other hand the "closed" character of the sign is acceptable only for the frankly discontinuous systems, such as that of the language.（即深层与表层的对应关系）

第二是杰尔姆斯列夫（L. Hjelmslev, 1899–1965）指出的关系，其范式是 ERC（水平替代关系），其中 E 代表 Expression（表达；表现式），R 代表 Relationship（关系），C 表示 Content（语义内容）。以下是巴特转述杰氏之说：

2) ERC: Hjelmslev has chosen in preference a purely graphic representation: there is a relation（R，代表"照应关系"）between the plane of expression（E，代表"表示法"）and the plane of content（C，代表"内容"）. This formula enables us to account economically and without metaphorical falsification, for the metalanguages or derivative systems ER（ERC，以表现法"代表"被表现的内容）.

第三是拉康（Jacques Lacan, 1901–1980）提出的范式$\frac{S}{s}$（链式筛选关系）。以下是巴特转述拉康之说：

3)$\frac{S}{s}$: Lacan, followed by Laplanche and Leclaire, uses a spatialized writing which, however, differs from Saussure's representation on two points: i) the signifier (S) is global, made up of a multilevelled chain (metaphorical chain): signifier and signified have only a floating relationship and coincide only at certain anchorage points; ii) the line between the signifier (S) and the signified (s) has its own value (which of course it had not in Saussure): it represents the repression of the signified.（即能指对所指的筛选式）

罗兰•巴特（Roland Barthes, 1915–1980）在转述了以上三氏之说后提出了他本人的范式 Sr≡Sd（相对对应关系或非等值关系）。他解释说：

> 4）Sr≡Sd: Finally, in non-isologic systems (that is, those in which the signifieds are materialized through another system), it is of course legitimate to extend the relation in the form of an equivalence (≡) but not of an identity (=).（即相对对应或不对应关系）

我们现在以例证来论证四种范式与语义文化诠释的相关性（relevance）。《天问》第 81 问中有“伯林雉经，维其何故？”与“何感天抑坠，夫谁畏惧？”二问，我们先讨论第一问，其中“雉经”的意思很明白：《国语•晋语》中说“雉经”就是“自缢”。“维其何故”中“维”同“唯”（惟），“其”是代词指“上句说的那件事”。问题在于“伯林”是什么意思？按王逸的解释：“伯长也，林君也。谓普太子申生为后母骊姬所谮，遂雉经而自杀。”王逸的解释符合索绪尔的范式。霍克斯的英译也是根据王逸的注翻译的：

> 63—64
>
> Shen Sheng hanged himself by the neck. What crime was he guilty of? When Heaven was moved and the earth oppressed, who was then afraid?

杰尔姆斯列夫的范式关注的中心是 E（表现式）与 C（内容）之间的 R（关系），很适用于词组和句结构，例如“近水楼台先得月”中“近水楼台”是 E，“先得月”是 C，E 与 C 之间的关系是解释关系（interpretative），前者是现象，后者是事实（或结果）；“Like father like son”中 Like father 与 Like son 之间的关系是比况，等等。很明显，像“伯林”这样的问题，杰氏范式解决不了。那么“伯林”究竟什么意思，后世争议极多，大都不同意王逸之说（即“伯林”指代“申生”）。阮籍在《达庄论》中提出反驳说，屈原说的是管叔雉经而不是晋太子申生自尽之事，“伯林”是“柏林”之误，“柏林”是地名，阮氏此说得到徐文靖等人的认同。徐氏指出，伯林是地名(《水经注》),但“伯林”不是“柏林”,而是“北林”,古“伯”与“北”通。但此说站不住脚,因为按前文看(第80句:“武发〔武王发〕杀殷〔殷纣王〕”),屈原只可能是问殷纣的事,而且“伯林”也确实是柏树之林,《周书•武成》记述了商、周会战于牧野,商军前头部队倒戈(“前一倒戈”)逼纣以红飘带自缢的事。屈原的问题是商纣自缢于柏林,究竟是什么缘故呢(“这家伙”究竟作了什么孽啊)?屈原显然是明知故问,因为众所周知纣是遗臭万年的暴君。其实屈原的深层妙意在第82问:“皇天集命,惧何戒之?受礼天下,又使至伐之?”(“集命”的意思是完成某种功业,“戒”意思是防备。)“受礼天下”指纣受上帝之命而治天下,“使(姬发)至伐之”的意思是“又让姬发取而伐之”。屈原针对暴君之死发了一问以后,即把矛头针对“皇天”(上帝):你皇天也真个是“好玩人命”,先让一个暴君来完成“伟业”,后来马上翻脸不认人,让姬发起而收拾了纣,你这么翻云覆雨,让老百姓怎么受得了?!

我们可以从例证论证来看巴特的对应式范式谈不上什么相关性,因为“伯林雉经”不可能径直对应于“柏林自缢”(自缢于松柏之林),要达至对应,还是不能不靠文化诠释中的“内证—外证”参照推理分析。这种转换运作,当然也含有“对应扫描”,但扫描的性质却更接近拉康的筛选模式,将最贴近的文化内涵锁定(anchor)在某一个对应点上。即在众多的s_1、s_2、$s_3 \ldots s_n$中,锁定一个经过筛选的s来。这时,文化理据对语义的筛选、锁定无疑具有决定一切的作用,上文所举的例子“中正”“内美”的意义就是根据这个道理论证的。可见关键的问题是文化理据以及对理据的求证。

6.5 行为符号的文化意义诠释问题(Cultural Intension in Behavioral Signs)

我们在2.1.1节中提到人的行为符号(behavioral signs)问题,其中包括体语和手势语。其实,从更宽泛的视角来看,日常生活中人的很多举动(不是一切)都是有含义的,行为者(the actor)究竟赋予那举动什么含义,端赖解码者如何作行为的语义诠释。概括说来,人类行为符号分为两类:

第一类是**群体规约性**表意行为（包括体语、手势语）；第二类是**个体特征性**表意性行为（也包括体语和手势语）。这两类行为的随机性文化语义内涵，都与言语交流的目的性和效果有关，翻译学不容忽视。而且，由于行为文化语义的随机性和群体及个体特征性殊异，所以我们在诠释行为中含蕴的意义时必须分外小心，以免“差之毫厘，谬以千里”。例如，“let her hair down”（松开她的束发）可以表示：（1）自在感（如回到家中，松开束发比较自在自如）；（2）颓丧感（如再也无心梳妆打扮了）；（3）诱惑感（飘逸松散的长发比较性感）；（4）启示性，暗示准备休息、沐浴、换装等等。很显然，人们有“言下之意”，也一定有“行外之意”。以下是英语文本（尤其是文艺文本）中常见的几个文化行为的语义诠释（根据 Curtrise Garner 著 *The New Rules of Etiquette,* Adams Media, 2009: 62–63）

Air kiss（贴面，双贴面）：表示友谊，相当于握手，不宜作感情引申

Actual kiss（接吻）：表示亲密友谊或爱情

French kiss (湿吻)：表示爱情或冲动的感情

Arm clutch（比较热烈的握手）：通常是在男性之间的较热烈握手，常伸出另一只手握住对方的前臂

Semi-hug（半搂抱；搭肩式搂抱）：通常在男性之间表示亲密友情或亲情；如果被搭肩一方是女性，则大半是父女或兄妹

Bear hug（紧紧搂抱，或“熊抱”）：表示热烈的爱情、亲情，也可能是较深友情；西方人认为同性者“熊抱”则很可能是同性恋

Blow a kiss at（飞吻）：一般只表示亲切，不宜作感情引申

Kiss one’s hand（吻手）：男性对女性的礼貌动作，表示尊敬，不应作感情引申

语言符号中有隐喻，行为符号中也有隐喻，后者就叫作隐喻性行为（metaphorical act）。对隐喻性行为的准确解码，不仅对理解至关重要，对表述也同样重要，我们的准则是不能止于行为表面而必须深及“行下之意”“行中之意”和“言外之意”，特别是在理解上，应该是丝丝入扣。但也不宜作过分引申。

6.6 文化典故及俗语的翻译问题

语言中所有的典故都是语言的历史文化积淀，语言本身并没有什么"典故"。因此，含有文化典故的词语的文化语意诠释，关键在其中的那个"典故"。例如"而立之年"的文化意义集中于"而立"（出自《论语·为政篇第二》），自是显然。俗语也是一样，但俗语一般很难找到特定的出处。

为什么语言中的典故、俗语都有文化含义呢？因为典故和俗语反映的总是某种特定的"生活的形式"（L. Wittgenstein, 1889–1951, 1953: 234），而"生活的形式"都不可能不是"文化形式"。这是典故、俗语的本质性特征。俄罗斯绝不会有关于狒狒袭人的典故，中国也绝不会有关于伏尔加河纤夫的典故。因此，我们可以说任何典故和俗语都包含四个层次的信息：语义内容、文化审美、故事或事件、超语言意蕴。可见，翻译时译者面临的是四重转换任务：

(1) 语义信息转换（代码 A）——集中于词语意义，即**基本概念**

(2) 文化审美信息转换（代码 B）——集中于**审美性**（如形象性、结构形式）

(3) 典故信息转换（代码 C）——集中于**典故含义**及出处

(4) 超语言意蕴（代码 D）——集中于**寓意外**延

先看例子，每个例子都可能有几种译式：

• 而立之年（语出《论语》，"而立"指三十岁）——
(a) 30 years old（AC 兼顾）
(b) the year in life at which a person should be independent (A)
(c) thirty something（ABC 兼顾）
(d) become fully adult to go in for a profession (or support a family) (D)

• 癞蛤蟆想吃天鹅肉（俗语，据说始于元代）——
(a) for a toad to think of eating a swan's meat (C)

(b) beyond one ability to realize (something) (A)

(c) to indulge in wishful thinking (A)

(d) unaware of one's humble conditions as expect to marry a pretty woman (usually from upper social status) (D)

- The buck stops here（"责任由我承担"，据载是美国前总统杜鲁门办公桌上的铭言牌，这句话实际上是由另一句历史悠久的成语点化出来的："pass the buck to"，意思是"把责任推给……"）——

（a）推卸责任，到此止步（A）

（b）出了事，由我负责（D）

（c）敢干就要敢承担（D）

- If you can't stand the heat, get out of the kitchen（美国俗语，据载出自美国作家 William Safire 于 1984 年写的新闻稿，现在很流行）——

（a）你要是怕热，就别下厨（A）

（b）想吃好的，就得敢下厨（AC）

（c）尽想捡便宜，没门（D）

可见翻译典故其实是颇费周章，也是很有趣的事情。从基本对策论来考虑，我们可以有以下的选择：（1）**按原意直译**；（2）将典故**泛化释义**；（3）对典故作深层**提示性解释**，即所谓把握深层寓意，请注意以上所有的 D 式翻译，因为 D 式可以一竿子插到深层文化理解。看来，译者决定译式的关键是交流对象、交流环境和交流效果的综合考量，根据这个要求，选择的关键是：**择善从优**，即在上下文中具有最佳可读性，因此 D 式常常中招。

6.7 结语

根据尽可能充足的文化理据对词语进行语义的文化论证，其中包括两个缺一不可的方面：意（意义）和情（情感）。在这两者中，"意"是情之所由，"情"是意之所寄。我们重视意义当然是对的，但同时不能忽视"情"对意义的补足、着色功能：它们都是语义文化论证的重要内涵，而论证的手段则一是求证，二是分析——这也正好说明了客体与主体的关系。

总之，就文化翻译而言，翻译之功功在文化诠释的求证和分析运作，功到自然成：获得准确的文化理解。我们面前没有捷径，只有一座藏宝于幽深处的迷宫，等待译者的探索搜寻：这，大概正是文化翻译探索的魅力所在。

在迷宫取宝以后，剩下的问题就是如何表现了，我们将在表现论（第九章）中阐述。

〔注释〕

①一般认为，楚国始于帝颛顼而终于秦亡楚，也就是从公元前25世纪至公元前3世纪。帝颛顼也就是《离骚》中所说的“帝高阳”。屈原是楚文学的当之无愧的代表。

②《天问》是否存在“文义不次序”的问题曾引起学者们的长期论战。清代林云铭认为文义没有什么不顺当。他在《楚辞灯•天问总评》中说：“兹味其立言之意，以三代兴亡作骨。其所以兴在贤臣，所以亡在惑妇……至于引舜、象、王乔、二姚、简狄、女娲、昭王、穆王、幽王、彭铿、吴光、子文，皆逐段中错综衬贴，反击旁敲，原不分事迹之先后。占染呼应，步步曲尽其妙。看来只是一气到底，次序甚明，未尝倒置，无疑可阙，亦无谬可辟……”林氏在解释周史中昭、穆之事迹在前，而文、武之事迹反而在后时，先把127、128、129问有关昭、穆的事与130、131问有关周幽王得褒姒之事划为一段，概而言之为“十二句皆天命所罚者”，又将146问至150问涉及周文王、武王之事则列入“皆问周取殷之事”。林氏认为人们提出问题有不同角度，不同着眼点，昭、穆之事虽出现在文、武之前也“次序甚明，未尝倒置”，只是着眼点不同而已。此外，林氏认为“不所经见”之事（非史实），在文艺作品中不必强作次序，可以“错综衬贴，反击旁敲，原不分事迹之先后”。林氏所云，不无道理，但亦只是一家之言，值得翻译时注意。

③“夷羿”即“仁慈的羿”（人名），“革孽”的意思是“铲除妖孽”。全句意思是仁慈的羿为夏人平害，铲除了妖孽。

④参见姜亮夫著《屈原赋校注•九歌题解》。

⑤“厥”的意思是“其”。这句话的意思是“既然已经失去了它的躯体，厉

风之神为什么还能（如此凶猛地）鼓鸣？”

⑥管子对“精气说”有精辟的论述。他在《内业》中说“精也者，气之精者也”，“精存自生，其外安荣；内藏以为泉源；浩然和平，以为气渊。渊之不涸，四体乃固；泉之不竭，九窍遂通”。这就是说，精气之备可使肢体强劲，耳目通顺、心智充盈。管子在《心术上》中还做了进一步的阐述。他说：“神者，至贵也。故馆不辟除，则贵人不舍焉。”《心术上》又说：“去欲则寡，寡则静矣。静则精，精则独立矣。独则明，明则神矣。”黄老之学认为人只要有了精气，就不仅有了智慧，而且有了道德。《心术下》说，“气者，身之充也”，“充不美，则也不得”。充而美，即为是“内得”“内德”：“正形饰德、万物毕得，翼然自来，神莫知其极。略知天下，通于四极。是故曰，无以物乱官，毋以官乱心。此之谓内德”，“内德”也正是“中得”，“不以物乱官，不以官乱心，是谓中得。以有神自在身”，很显然，这就是屈原所说的“内美”“中正”。人具有中正之气“乃能穷天地，被四海，中无惑意，外无邪灾”，“不逢天灾，不遇人害”，“大心而敢，宽气而广”，“是谓云气，意行似天”，这正是屈子向往的精神升华，也是他自杀的最根本的原因。

⑦ 引自程嘉哲著《天问新注》，四川人民出版社 1984 年版，第 152—153 页。

⑧ 参见 Michael Payne 著 *Reading Theory: An Introduction to Lacan, Derrida and Kristeva*, 1993, Chapter 4。

⑨腐儒观的基本态度是否定屈原的精神和人格及至根本否定屈原其人。刘献之认为屈原是“疯子”。近代贬屈派的代表人物是胡适，胡适的粗率无知和偏见曾令学术界瞠目结舌。1921 年及 1922 年胡适陆续发表文章和演讲，否定、攻击屈原。下面是他写的《读楚辞》：

> 屈原是谁？这个问题是没有人发问过的。我现在不但要问屈原是什么人，并且要问屈原这个人究竟有没有？

于是胡氏提出了否定屈原其人的两点“证据”：

> 第一，《史记》本来不可靠，而《屈原贾生列传》尤其不可靠……
>
> 第二，传说的屈原，若真有其人，必不会生在秦汉以前……
>
> 依我看来，屈原是一种复合物，是一种“箭垛式”的人物，与黄帝、周公同类，与希腊的荷马同类……

按胡适的荒谬论证，屈原就这样从“一种复合物”沦为“伦理箭垛”：

> 我想，屈原也许是二十五篇《楚辞》之中的一部分的作者，后来渐渐被人认作这二十五篇全部的作者。但这个时候，屈原还不过是一个文学的箭垛。后来汉朝的老学究把那时代的“君臣大义”读到《楚辞》里去，就把屈原用作忠臣的代表，从此屈原就成了一个伦理的箭垛了。

对屈原的作品，胡适也提出了浅陋而不值一驳的粗率、武断之见：

> 这二十五篇之中，《天问》文理不通，见解卑陋，全无文学价值，我们可断定此篇为后人杂凑起来的，《卜居》《渔父》为有主名的著作，见解与技术都可代表一个《楚辞》进步已高的时期。《招魂》用“些”，《大招》用“只”，皆是变体。《大招》似是模仿《招魂》的。《招魂》若是宋玉做的，《大招》决非屈原作。《九歌》与屈原的传说绝无关系，细看内容，这九篇大概是最古之作，是当时湘江民族的宗教舞歌。剩下的，只有《离骚》《九章》与《远游》了。依我看《远游》是模仿《离骚》做的;《九章》也是模仿《离骚》做的。《九章》中，《怀沙》载在《史记》，《哀郢》之名见于《屈贾传论》，大概汉昭、宣帝时尚无《九章》总名。《九章》中也许有稍古的，也许有晚出的伪作。我们若不愿完全丢弃屈原的传说，或者可以认《离骚》为屈原作的。《九章》中，至多只能有一部分是屈原作的。《远游》全是晚出的仿作。

反腐儒观的代表人物是司马迁。他对屈原作做了可“与日月争光”的崇高评价。

⑩陈子展:《楚辞直解》，复旦大学出版社 1997 年版，第 528 页。

⑪《楚辞直解》，第 529 页。

⑫毛奇龄《补注》云屈原“为此言，痛愤极关”。

⑬《天问》最后这几句话，注家始自王逸，均无定论。本书这个译句按屈原情、义推衍而出，无前注依据，仅供参考。

⑭《论语言》第 40 至 41 页（A Harvest Book, NY, 1949）。

第七章　文本的文化解读

7.0　概述

可以毫不夸张地说，没有准确的文本文化解读，就不可能有准确的翻译。但是文本文化解读还必须以语义文化诠释为基础，二者关系极为密切。如果说语义的文化诠释重在对词语文化内涵的微观剖析，目的集中于借此析出词语的准确含义；那么文本的**文化解读则是重在对文本的宏观兼及微观审视**，集中关注对文本结构的拆析和重构，一则达致对文本的整体性理解或解释，二则以利双语的文本在整体形式上的大体契合和对应。要达到这两个目的，当然也不能忽视从文化视角进行审视，因为不如此，则必然不可能理解原作者在篇章整体上的意匠运斤；这时，执着于词语的微观语义辨析也就没有什么意义。可见，文章的意义和审美价值既离不开词语，更离不开篇章（文本）。我们可以重温一下上一章中提到的王逸评《天问》之“文义不次序”所引起的各家对《天问》文本的议论：“不次序论者”和“有次序论者”由于对文本层次结构各执一见，结果对文句理解、作家意图及至作品的审美价值的评估相差就可以很大。

因此，文化翻译总是而且必须在两个相辅相成的维度上进行：对词语意义的文化诠释及对文本的组织结构（或层次）的解析（analysis）和文化解读（interpretation），而后者实际上是译者在以上两个维度上进行工作的结果。**可见词语诠释是基础，具有不可或缺的先导性；文本解读是对词**

语诠释在整体上的推衍、推导和综合，具有明显的后续性、归递性。对文本的解读在很大程度上取决于对词语诠释的有机整合：文本解读通常是对词语诠释的整体性含义推展和衍化、提升和阐发。通俗地说，如果连词语文化内涵都浑然不知，就谈不上对文本有一个清晰的解读了。这是我们要言之在先的。

但是在阅读实际和翻译理解实践中，情形远不是这么简单。不同读者或译者对词语不尽相同的诠释和理解，很可能产生对同一文本的截然不同的解读或阐释（英语均为 interpretation）。上一章，我们是从词语文化诠释的微观维度上对此进行了探讨，这一章我们将在文本的整体平面上进行探索。为避免论述上的松散，我们的研究对象在上一章中是以屈原的某些作品为主；在这一章中，我们将集中考察 James Joyce 的作品。总之，我们是以诗人屈原和作家 James Joyce 兼及楚文化和爱尔兰文化作为两个“理想的客体”来加以审视，在审视中探索文化翻译的理论问题。就本章而言，我们关注的中心是文本的文化解读。由于涉及的问题太多，为恪守本书的论纲体式，我们将只能择要加以论述。

7.1 文本的类型学分析

翻译的文本论所涉及的问题比较多、比较复杂，这是因为文本论既牵涉到文本这个客体本身，又牵涉到文本的接受者也就是主体（主体包括译者和读者）。显而易见，这时的客体、主体涉及的问题及其相互关系都比较复杂：有各式各样的文本，有各式各样的接受者（译者和读者），也有各式各样的交流目的（如艺术目的或陈述目的）。我们先分析客体。

7.1.1 传统文本论的启示

中国传统的文本论内容丰富，论述精辟。[①]初论发轫于《周礼》的《太师》，按《四部备要》的记载是“太师……教六诗，曰风、曰赋、曰比、曰兴、曰雅、曰颂”。也就是说，古文体论家认为可以用诗来作代表，将文本分为六种类型。到汉代的《毛诗序》重新肯定了《周礼》的“诗有六义论”。汉代杰出的文本论家王逸结合《离骚》的实际，最先阐发了“比”“兴”的含义。他在《楚辞礼注》的《离骚经序》中说：

离骚之文，依诗取兴，引类譬谕，故善鸟香草，以配忠贞；恶禽臭物，以比谗佞；灵修美人，以媲于君；宓妃佚女，以譬贤臣；虬龙鸾凤，以托君子；飘风云霓，以为小人。其词温而雅，其义皎而朗。凡百君子莫不慕其清高，嘉其文采，哀其不遇，而愍其志焉。

西方传统的文本论始于古希腊及古罗马，其特点完全不同于中国的传统文本论。西方传统文艺学的文本论述将文本的组织机理归纳为三个方面：一是语法（grammar），二是修辞（rhetoric），三是风格（style），而且首先是前二者。西方古代的文本论者认为，三者之中，最基本的是语法，所谓“text”，只是“语法组织的延伸”。

晋梁时期传统文本论有很精到的阐发。这是因为，到晋梁时采风式的诗作式微，写文章的人多了。于是钟嵘将文本类型归结为三品：兴、比、赋。他有一段经典论述，见他的《诗品序》：

故诗有三义焉：一曰兴，二曰比，三曰赋。文已尽而意有余，兴也；因物喻志，比也；直书其事，寓言写物，赋也。宏斯三义，酌而用之，干之以风力，润之以丹采，使味之者无极，闻之者动心，是诗之至也。若专用比兴，患在意深，意深则词踬。若专用赋体，患在意浮，意浮则文散；嬉成流移，文无止泊，有芜漫之累矣。

钟嵘以后，文本论者都集中于阐发他所做的总结。例如宋代的胡寅，就说得相当精彩：②

叙物以言情谓之赋，情物尽也。索物以托情谓之比，情附物者也。触物以起情谓之兴，物动情者也。故物有刚柔缓急、荣悴得失之不齐，则诗人之情亦各有所寓。非先辨乎物则不足以考情性，情性可考，然后可以明礼义而观乎诗矣。

传统文本论的权威论述出自宋代的朱熹。他的阐述言简意赅，为后世所取法：[③]

赋者，敷陈其事而直言之者也。

比者，以彼物比此物也。

兴者，先言他物，以引起所咏之词也。

中国传统的文本论者认为赋（陈敷、陈述）、比（比拟、比喻）、兴（抒情、抒感）是文本的“三股绳”，这“三股绳”组成文章的机理。当然“三股绳”不是等量齐观，而是或多、或少，因文、因人而异，因此而呈现出纷繁多彩的文本特色和样式。即便是同一位作家，他的作品也会有赋、比、兴的不同文体的主次倾向。以屈原为例，他的《天问》是一种理性困惑之问，[④]实际上是以问为形式，“以敷陈其事而道言之”为实质，因而是“赋体”。《离骚》情思落拓沉郁，意象丰绰，而言辞隐曲幽折，处处“以彼物比此物”，因而是“比体”。《橘颂》则以感怀抒意为主调，披露了诗人高洁的情志和意气，是典型的兴体，其艺术目标是构建一个隽永的品德意象。从整体上说，《楚辞》文本集组成的基本特征是以下四点：一、以比兴手段咏物，以物比人；二、以比兴手段咏情，以人（美人）比德（忠君以施美政）；三、以比兴手段咏仙，以仙比俗（俗世）；四、以比兴手段咏史，以古比今。这样，《楚辞》就以中国乃至世界文学史上罕见的气势和艺术魅力塑造了一个光艳夺人，历千余年而不减的常态意象群。

值得注意的是中国传统的文本观，与后结构主义符号学的阐发可以有相通之处。例如后结构主义提出了一种文化社会发展轨迹与文艺创作发展轨迹的平行模式：我们先以屈原的创作历程为例：

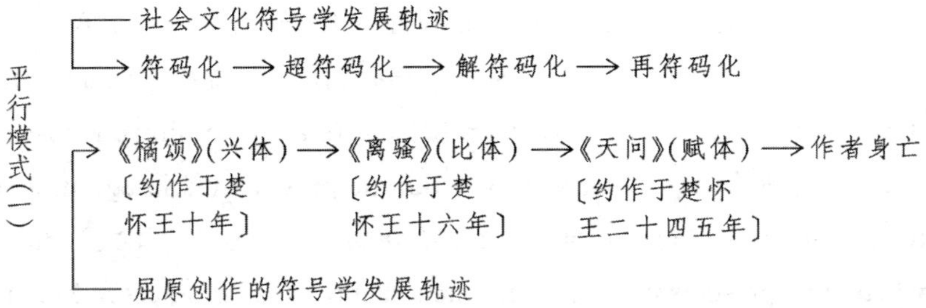

图7—1　以屈原为例

下面我们再以 James Joyce 的三部代表作《都柏林人》(*Dubliners*)、《尤利西斯》(*Ulysses*)和《芬尼根的苏醒》(另译《芬尼根的守灵夜》，以下简称《芬尼根》即 *Finnegans Wake*)为例：

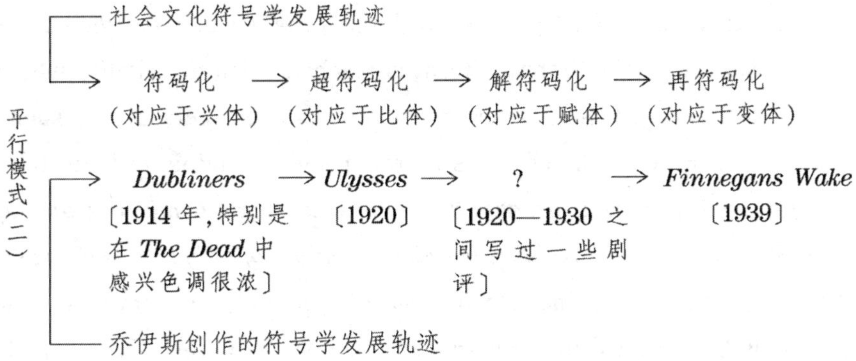

图7—2　以乔伊斯为例

我们作这样的描述，意在比较，无意于说明什么带规律性的东西。有趣的是，中国传统文本论实际上具有相当广泛的理论描写功能，不仅适应于古，也大抵适应于今；不仅适应于中，也大抵适应于外。下面是 James Joyce 的一段论述，他提出来的三种形式(lyrical form **抒情体式**，epical form **叙事体式和** dramatic form **戏剧化体式**)可以供我们分析文本时参照研究：[5]

Art necessarily divides itself into three forms progressing from one to the next. These forms are: *the lyrical form*（抒情体式）, the form wherein the artist presents his image in immediate relation to himself; *the epical form*（叙事体式）, the form wherein he presents his image in mediate relation to himself and to others; *the dramatic form*（戏剧体式）, the form wherein he presents his image in immediate relation to others ... *The lyrical form is in fact the simplest verbal vesture of an instant of emotion* ... He who utters it is more conscious of the instant of emotion than of himself as feeling emotion. The simplest epical form is seen emerging out of lyrical literature when the artist prolongs and broods upon himself as the centre of an epicalevent and this form progresses till the centre of emotional gravity is equidistant from the artist himself and from others. The narrative is no longer purely personal. *The personality of the artist passes into the narrative itself, flowing round and round the persons and the action like a vital sea* ... The dramatic form is reached when the vitality which has flowed and eddied round each person fills every person with such vital force that he or she assumes a proper and intangible esthetic life. *The personality of the artist, at first a cry or cadence or a mood and then a fluid and lambent narrative, finally refines itself out of existence, impersonalises itself, so to speak.* The esthetic image in the dramatic form is life purified in and reprojected from the human imagination. (186–187)（文中斜体是本书作者所用）

当然，无论是中国传统论述也好，James Joyce 的论述也好，都大体上是就事论事，因此有一定的局限性。也就是说没有看到，作为社会性文学实践，文学语言的表现体式应该有而且必然有一个赋比兴以外的变体，这一点，我们应推陈出新，不囿于古。原因是：文本绝不可能是一个封闭系统，而是一个开放系统。变体是文本开放性的主要表现。其实，世界上也很少存在（除小诗以外）清一色的赋比兴体，很多文章都是赋比兴交互生辉，这叫作“文本的非整体性”。

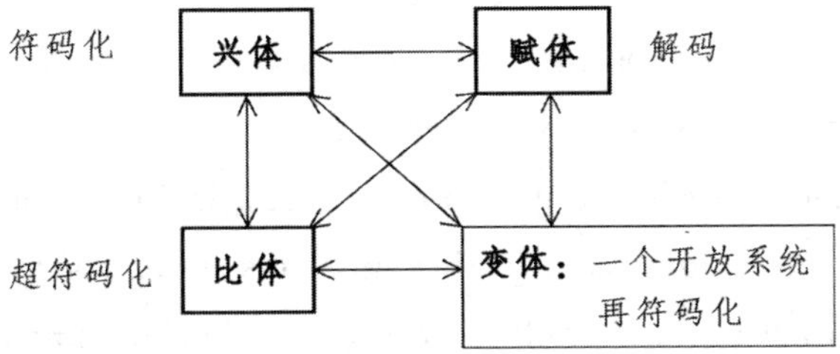

图7—3

根据上图，本书将首先讨论常态文本，同时，我们也将更加关注对文本变体的探讨。下节探讨常态文本(7.1.2),然后再讨论非常态文本(7.1.3)。

7.1.2 常态文本

常态文本是一种基本上不超出各种**文本常态**（textual normality）的文本，而所谓“常态”指符合以下各方面的常规性：

（1）语言规范（linguistic norms）

语言常规包括词法常规（lexical norms）和句法常规（syntactic norms)。词法常规表现很多，它是一种最基本的常规，包括词类（词性）、词语用法（usage)、词语搭配、语域以及语音、拼写规范等等。据研究，James Joyce 在《都柏林人》中的语言常规率达到95.5%（即便是用都柏林的方言词语,它们也都是方言中的规范,就像北京人准确地使用“咱们”,使言者意在包括听者)。以下是《死者》中的一段，作者恪守了无懈可击的语言规范，现摘引于下，意在与下文中的非常态文本作一比较：

> Gabriel had not gone to the door with the others. He was in a dark part of the hall gazing up the staircase. A woman was standing near the top of the first flight, in the shadow also. He could not see her face but he could see the terra-cotta and salmon-pink panels of her skirt which the shadow made appear black and white. It was his wife. She was leaning on the banisters, listening to something. Gabriel was surprised at her stillness

and strained his ear to listen also. But he could hear little save the noise of laughter and dispute on the front steps, a few chords struck on the piano and a few notes of a man's voice singing.

He stood still in the gloom of the hall, trying to catch the air that the voice was singing and gazing up at his wife. There was grace and mystery in her attitude as if she were a symbol of something. He asked himself what is a woman standing on the stairs in the shadow, listening to distant music, a symbol of. If he were a painter he would paint her in that attitude. Her blue felt hat would show off the bronze of her hair and against the darkness and the dark panels of her skirt would show off the light ones. *Distant Music* he would call the picture if he were a painter.

（盖布里尔并没有与其他人一起走向门口。他站在大厅背光的地方，注视着楼梯。一个女人站在靠近扶梯的顶部，也背着光。他看不清她的脸，可看得清她那红褐色镶粉红色条纹的裙子，在阴影中显得黑白分明。她就是他的妻子。她靠在扶手的栏杆上倾听着什么。盖布里尔感到很惊奇，她那样一动不动，这使他自己也尖起耳朵倾听起来，但什么也听不到，只听到吵吵闹闹的笑声和前厅的争吵声、钢琴的琴弦声和一个男人的歌唱声。

他静静地站在大厅的一片朦胧中，很想听清楚那个人唱的曲调，看清楚他的妻子。她的仪态很优雅神秘，似乎象征着什么。他在自问，一个女人站在扶梯的阴影里，倾听着远处的音乐，这象征着什么呢？如果他是个画家，他就会把她的那副仪态画下来。在她那褐色的头发衬托下显出了蓝色的绒帽，她的长裙的暗色条纹也在昏暗中衬托出了那淡色的条纹。倘若他是个画家，他会把这幅画题为《远方的音乐》。）

常态文本语言规范性的最突出的表现是句法形式（尤其动词形态）的严谨性、排斥模糊性和句型的任意性。

（2）结构规范（textural norms）

这里的“结构”指文本结构即语段的文句组织机理及谋篇布局，即从语句（sentence）到语段（text），从微观到宏观的结构模式。以《都柏林人》为例，其中共 15 个短篇。从语段结构上说，每一篇中的接应（cohesion）、组成及发展都十分严谨，语段进递中时有衬贴（foil）、悬念（suspension）、压缩（suppression），但都很清楚，可以说没有脱出西方现代记叙文体（narration）的常规。《都柏林人》中的 15 个短篇也都是互相照应、互为补充，因而使读者可以清楚地看出作者的整体立意。

结构常规的特点是通常可以在语段分析中比较清楚地找出句法规律以及语段扩展规律。下面是 Joyce 的自传体小说《青年艺术家的肖像》（*A Portrait of the Artist as a Young Man*, 1916；中译本译者徐平，青岛出版社，2003 年，可供参考）的结尾，书中主人公 Stephen 与他的朋友长达四页的对话而其结构模式仍然清晰可辨，没有什么超常脱格之处，均属于叙述常规（下文中的叙述部分，即斜体，是本书作者所用）：

—Do you consider that poetry? Or do you know what the words mean?

—I want to see Rosie first, *said Stephen.*

—She's easy to find, *Cranly said.*

His hat had come down on his forehead. He shoved it back and in the shadow of the trees Stephen saw his pale face, framed by the dark, and his large dark eyes. Yes. His face was handsome and his body was strong and hard. He had spoken of a mother's love. He felt then the sufferings of women, the weaknesses of their bodies and souls; and would shield them with a strong and resolute arm and bow his mind to them.

Away then: it is time to go. A voice spoke softly to Stephen's lonely heart, bidding him go and telling him that his friendship was coming to an end. Yes; he would go. He could not strive against another. He knew his part.

〔以上是过渡性叙述：通常引导情节的推展〕

—Probably I shall go away, *he said.*

—Where? *Cranly asked.*

—Where I can, *Stephen said.*

—Yes, *Cranly said*. It might be difficult for you to live here now. But is it that makes you go?

—I have to go, *Stephen answered.*

—Because, *Cranly continued*, you need not look upon yourself as driven away if you do not wish to go or as a heretic or an outlaw. There are many good believers who think as you do. Would that surprise you? The church is not the stone building nor even the clergy and their dogmas. It is the whole mass of those born into it. I don't know what you wish to do in life. Is it what you told me the night we were standing outside Harcourt Street station?

〔以上是铺叙性对话:通常是对情节信息或背景的补充〕

—Yes, *Stephen said, smiling in spite of himself at Cranly's way of remembering thoughts in connection with places.* The night you spent half an hour wrangling with Doherty about the shortest way from Sallyap to Larras.

—Pothead! *Cranly said with calm contempt. What does he know about the way from Sallygap to Larras? Or what does he know about anything for that matter? And the big slobbering washingpot head of him! He broke into a loud long laugh.*

〔以上是过渡性叙述:通常表示情节的进一步推展〕

—Well? *Stephen said*. Do you remember the rest?

—What you said, is it? *Cranly asked.* Yes, I remember it. To discover the mode of life or of art whereby your spirit could express itself in unfettered freedom.

Stephen raised his hat in acknowledgment.

—Freedom! Cranly repeated. But you are not free enough yet to commit a sacrilege. Tell me would you rob?

—I would beg first, *Stephen said.*

—And if you got nothing, would you rob?

—You wish me to say, *Stephen answered, that the rights of property are provisional, and that in certain circumstances it is not unlawful to rob.* Everyone would act in that belief. So I will not make you that answer. Apply to the jesuit theologian, Juan Mariana de Talavera, who will also explain to you in what circumstances you may lawfully kill your king and whether you had better hand him his poison in a goblet or smear it for him upon his robe or his saddlebow. Ask me rather would I suffer others to rob me or, if they did, would I call down upon them what I believe is called the chastisement of the secular arm?

〔以上是铺叙性对话，同上〕

—And would you?

—I think, *Stephen said,* it would pain me as much to do so as to be robbed.

—I see, Cranly said.

He produced his match and began to clean the crevice between two teeth. Then he said carelessly:

—Tell me, for example, would you deflower a virgin?

—Excuse me, *Stephen said politely,* is that not the ambition of most young gentlemen?

—What then is your point of view? *Cranly asked.*

His last phrase, sour smelling as the smoke of charcoal and disheartening, excited Stephen's brain, over which its fumes seemed to brood.

—Look here, Cranly, *he said.* You have asked me what I would do and what I would not do. I will tell you what I will do and what I will not do. I will not serve that in which I no longer believe, whether it call itself my home, my fatherland, or my church: and I will try to express myself in some mode of life or art as freely as I can and as wholly as I can, using for my defence the only arms I allow myself to use—silence, exile, and cunning.

〔以上是铺叙性对话，同上〕

Cranly seized his arm and steered him round so as to lead him back towards Leeson Park. He laughed almost slyly and pressed Stephen's arm with an elder's affection.

〔以上是过渡性叙述，同上〕

—Cunning indeed! *he said*. Is it you? You poor poet, you!

—And you made me confess to you, *Stephen said, thrilled by his touch,* as I have confessed to you so many other things, have I not?

—Yes, my child, *Cranly said, still gaily.*

—You made me confess the fears that I have. But I will tell you also what I do not fear. I do not fear to be alone or to be spurned for another or to leave whatever I have to leave. And I am not afraid to make a mistake, even a great mistake, a lifelong mistake, and perhaps as long as eternity too.

〔以上是铺叙性对话，同上〕

Cranly, now grave again, slowed his pace and said:

—Alone, quite alone. You have no fear of that. And you know what that word means? Not only to be separate from all others but to have not even one friend.

—I will take the risk, *said Stephen*.

—And not to have any one person, *Cranly said, who would be more than a friend, more even than the noblest and truest friend a man ever had.*

His words seemed to have struck some deep chord in his own nature. Had he spoken of himself, of himself as he was or wished to be? Stephen watched his face for some moments in silence. A cold sadness was there.

He had spoken of himself, of his own loneliness which he feared.

—Of whom are you speaking? *Stephen asked at length. Cranly did not answer.*

〔以上是终结性对话，同上〕

Joyce 在这里用的是语段扩展的常规技法，将对话、铺叙性对话（通常涵盖比较丰富的内容）、过渡性叙述（加速语段的扩展或铺垫背景），最后以修辞性反诘突然“刹车”。这是很高明的常规技法运用。

这段对话的语段结构特点都是**常态性质**的：

第一，整个对话部分的特点基本上是一问一答，未失常态，而且很有层次感；

第二，在二、三或四组问答以后即出现必要的叙述或描述性过渡（或 foil），目的在于补充背景情况、揭示心理活动或压缩过程；

第三，问答的基本句法模式是：Q（question）or A（answer）+ Stephen（or Cranly）+ said（个别地方用 asked 或其他或省略）（可能加上状语）。

（3）思维逻辑规范（logical norms）

常态文本在思维逻辑上处于常态，而就译学而言，所谓思维逻辑一般体现在语言上，离开语言的思维逻辑，不在译学的本体研究范围中，这一点先说明一下。所谓表现在语言中的思维逻辑，尤其是就英语而言，指：

1）时空逻辑（space-time logic）

即由时态体现的思维逻辑，具体地说就是时态必须符合行为或状态发生的逻辑时空顺序。

2）指代逻辑（referential logic）

即指代的明晰性和始终一贯性；首要的是指代的明晰性，指代含混必然导致思维逻辑混乱。

3）数的逻辑（logic in number）

“数”指单数（the singular）及复数（the plural），数的一致性（concord）与始终一贯性也是重要的逻辑问题；一切形式的数的“discord”（如单数名词后用现在时动词单数第三人称未加“s”）在英语思维中都是不合逻辑的形式。

4）施受逻辑（logic of voice）

施受逻辑在汉语形式中很弱，“手续都办好了”我们完全不必说“手续都被办好了”；而英语中施受必须泾渭分明，上句话英语必须说 all formalities *were*（*have been*）completed。非逻辑化施受句属于语义变化，而且在英语中为数很有限（如“Roses smell sweet”）。

5）虚实逻辑（logic of mood）

“虚”指虚拟语气（subjunctive mood），“实”指直陈语气（indicative mood）。按照形态语言的语法逻辑，“真实世界”应该用有别于“非真实世界”的语言表现式去表现才符合逻辑，因此，英语一定要说“if I were you”，而汉语只需说“如果我是你”（或“要是我”“要依了我”“如果是我”，等等）。这两种表现式都符合逻辑，区别只是形态手段与词汇手段之分。我们不能说手段之别就影响了逻辑实质。英语恪守形式（形态）主轴。汉语依仗意念（及意向）主轴，辅以形式（词汇）手段，意念（及意向）和形式（词汇）都受制于语境。常态文本虚、实逻辑性在汉语中也是没有“不能表达”的。

6）行为逻辑（logic of behaviour）

人的行为方式有一个逻辑问题，例如人不可以立着睡觉、不可能左眼朝东看，右眼朝西看，等等。文学翻译时尤宜注意。但事实上不合行为逻辑的翻译却极多。《尤利西斯》中文译文（译林出版社，1996 年版）第 748 页有一句说“一个男子趴在垃圾箱上，用胳膊和帽子掩着脸”，汉语中说“趴在”地上是胸、腹贴地，“躺在”地上是脸朝上，既然是“趴”（Joyce 的原文是 sprawled against）怎么还能“用帽子掩着脸”呢？显然不合逻辑。

7）序数逻辑（logic of order）

“序”是事物发展的顺序，“数”指自然序数，“序”是“数”的逻辑次序排列。因此，这里的“数”是语法意义中的“数”。序数逻辑就是《易经》中所云“言有序”，言有序就是符合自然的时空次序。序数逻辑的具体表现就是言语中的 coherence（条理性）和 cohesion（内聚性），它的反面就是混沌杂乱（confusion and disorder），混杂显然是非逻辑的。

8）焦点逻辑（logic of focus）

所谓“焦点”指思维中的某一意念上的重点、集约点、聚集点。没有“焦点”的语段就是“松散的”（loose）或“无意义的”（pointless）行文。Virginia Woolf（1882–1941）写过一篇著名的短篇小说（*The Mark on the Wall*），整个故事都集中在墙上的一个小小的记号上。围绕焦点扩展，并受序数逻辑的制约就构成了整体逻辑。这都是文本逻辑性不可或缺的因素。

（4）文化心理常态

心理常态的特征是自然平衡。心态失常就是失去自然平衡，严重的失常意味着病态（A. J. Massella, 1984）；一般称之为“变态”。变态心理的表现是不同程度的言语反常（语无伦次），从而从根本上、整体上破坏了心态平衡（R. C. Carson, 1988）。变态文化心理必然外化为失常语言的文本，主要表现为语法上的非规范化。

常见的情况是，作品中往往出现常态心理描写与失常（或变态）心理描写交相映衬，交互出现。因为归根结底，常态心理是人的心理运作的基础，是常轨，失常心理只是正常人的常态心理的“脱格越轨”，这种情况，是正常的**性格化**心理现象。因此，即便是在“最诡秘”的、由作家精心设计的“最晦涩的”作品中，也常常会出现反映常态心理的“非常态语段”，即仅仅是角色发音、用词的**性格化**。以下是 *Finnegans Wake*（FW 引语后数字表示原件的页码及段数）中的一段，斜体词都是作者的**变体词**，无法按 Joyce 原式翻译，至今无任何译本（包括德语、法语译本）：

> I am a worker, a tombstone mason, anxious to *pleace* (please) *averyburies* (everybody) and *jully* (jolly) glad when Christmas comes his (omit) once ayear (a year). You are a *poorjoist* (bourgeois), *unctuous* (anxious) to *polise* (please) *nopebobbies* (police) and tunnibelly *soully* (terribly sorry) when *tis* (tis) *thime* (time) took o'er home, *gin* (time to go home again). We cannot *say aye to aye* (see eye to eye). We cannot *smile noes from noes* (smell nose: tell). Still. One cannot help noticing that rather more than half of the lines run north-south in the *Nemzes* (Nemc) and *Bukarahast* (Bugarist) directions while the others go west-east in search from *Maliziies* (Malaysia) with *Bulgarad* (Bulgaria) for, side other

incunabula (nestling in cradle), it has its cardinal points for all that. These *ruled* (road) barriers along which the traced words, run, march, halt, walk, stumble at doubtful points, stumble up again in comparative safety seem to have been drawn first of all in a pretty checker with lampblack and blackthorn. Such crossing is antichristian of course, but the use of the *homeborn shillelagh* (black-thorn stick) as an aid to calligraphy shows a distinct advance from savagery to barbarism. It is seriously believed by some that the intention may have been *geodetic* (pertaining to surveying) or, in the view of the cannier, domestic economical. (113. 34–114. 15)

以上语段表现的是“I”（“We”）与“You”的对话。这里读者遇到的困难当然也有心理的（如I并不代表Joyce），但除了一些特殊的Joyce式的用词外（如ayear，poorjoist布尔乔亚的谐谑式变体，aye to aye即eye to eye等等，仍属于谐音，变形未变义），语段中并无心理上的晦涩之处，作者想表现的显然是文化心理常态。

（5）审美设计规范（norms for aesthetic device）

常态文本的审美设计一般不超出常规，包括各种传统的修辞手段。可以毫不夸张地说，几乎一切有成就的作家都精通常规的修辞审美手段，他的非常规手段都是在他娴于常规手段以后的“出格”或“破格”（get out of a rut，英语也称为licence）。个中底蕴，如骑术之于骑师。很难想象连在马鞍上坐都坐不稳的人能“扬鞭策马走江陵”。在中国传统文论中，这个道理叫作“正与奇”“通与变”：未有不能“居正”而可“致奇”者，亦未有不“精于通”而“善于变”者。齐梁刘勰以来很多文论家都谈过这个道理。明代学者董其昌在他的《评文》中有过一段妙论，很有道理。他说：

且定一取舍，取人所未用之辞，舍人所已用之辞；取人所未谈之理，舍人所已谈之理；取人所未布之格，舍人所已布之格；取其新，舍其旧；不废辞，却不用陈辞；不越理，却不用皮肤理；不异格，却不用卑琐格；得此思过半矣。

董文的可贵之处，就是他提出了“不废辞”“不越理”“不异格”的审美价值标准：必须推陈才能出新。这也就是董氏的同时代人李贽所谓的“我为文章只就里面攻打出来”（《与友人论文》《续焚书》）的道理。下面一首 James Joyce 追念乃父的诗《哀思》（*Ecce Puer*），他追求的是典型的传统爱尔兰诗歌美（试与本书 1. 2. 4 中叶芝的诗《二度圣临》作一比较）：

Of the dark past	在过去的黑夜里，
A child is born;	孩子诞生；
With joy and grief	在欢乐与悲哀中
My heart is torn.	我破碎了心。
Calm in his cradle	摇篮里的安静，
The living lies.	躺着那生命，
May love and mercy	愿爱与怜
Unclose his eyes.	使他睁开眼睛。
Young life is breathed	年轻的生命在觉醒
On the grass;	草地上，
The world that was not	世界没有
Comes to pass.	走完它的旅程。
A child is sleeping:	孩子在酣睡：
An old man gone.	老者已远行。
O, father forsaken,	啊，我离弃的父亲，
Forgive your son!	“原谅你的孩子！”请说一声。

这首诗无论文字、意境、情态和心理都浅白易懂，可见 Joyce 总是两手并用：他首先是**精于通达、精于传统、精于常规**，而后才是**善于通变、善于开拓、善于破格**。这大概就是李贽所谓的“就里面攻打出来”：

归根到底，“里”是“本”、是“原”，是“基础”、是“轴心”。下面这段引文描述的正是 Joyce 怎样费尽心机（madness）“就里面攻打出来”：他怎样“grind up”，怎样“graft”，怎样“create”，怎样“open up”等等以使渺渺冥冥者（the undefined）成为有声有色或有形有体的清晰可辨（the defined）：[⑥]

> And perhaps it is madness to grind up words in order to extract their substance, or to graft one onto another, to create crossbreeds and unknown variant to open up unsuspected possibilities for these words, to marry sounds which were not usually joined before, although they were meant for one another, to allow water to speak like water, birds to chirp in the words of birds, to liberate all sounds of rustling, breaking, arguing, shouting, cracking, whistling, creaking, gurgling — from their servile, contemptible role and to attach them to the feelers of expressions which grope for definitions of the undefined.
>
> （或许，乔伊斯为行文之精妙而在用词上费尽了心机，或嫁接出新，或衍生求变而屡出新招，或在词音上配搭出奇，虽则只是异音同义、同音异义，水声如斯潺潺，鸟声如斯缨嘤，而他却能让一切人间声色归于自然本原，沙沙声、噼啪声、吵吵声、叫骂声、破裂声、啸啸声、折裂声、嘎嘎声——一切都发自他那些低层的下贱角色，使读者感应的触角茫然而不知其所以由然。）

7.1.3 非常态文本

一般说来，非常态文本的艺术目的远远强于陈述目的：“非常态”往往是一种艺术手段，其目的是创造某种**非常态意象或意象群**（也有人称为意象集 image set。例如 Joyce 的《都柏林人》就包含了一个很有典型意义的“意象集”，但不是“非常态意象集”）。

非常态文本几乎在每一个方面都是常态文本的非常规化（abnormolization），即在语言规范、篇章布局、思维逻辑、文化心理及审美设计上都脱出了常规，目的在于：第一，增大信息含量和自由度；第二，增强审美效应。我们可以将非常态文本的特征归纳如下，试一一论之。

（一）高度符码化（high symbolization）

其实，语言的符码化是一种文化常规。汉语中的“青梅竹马”就是常规性符码化，它的文化背景是中国，文化语义含蕴是“沿自童贞的爱”：青梅代表“女童”，竹马代表“男童”（见李白诗：“郎骑竹马来，绕床弄青梅”）。

将语言文字符号（及其他符号）的使用推向极端是非常态文体语言结构的重要特征，这也可以说是一种“标新立异”，“用到恰好处”（王国维）时确实能使人产生一种新颖感。

语言结构（特别是表层形态上）的标新立异几乎成了James Joyce的文体在后期蜕变的标志，被许多批评家称为对传统（也是对常态）的“离弃和回归（departure and return）”（V. Mahaffey, 1988），实质上是一个文化心理问题，下面我们在分析文化心理时再详述。这一节中我们只关注表层形态的变异。试注意以下引文中的斜体部分（斜体为本书作者所用）：

> The fall (*bababadalgharaghtakamminarronnkonnbronntonnerronntuonnthunntrovarrhounawnskawntoohoohoordenenthurnuk*!) of a once *wallstrait* oldparr is retaled early in bed and later on life down through all *christian minstrelsy*. The great fall of the offwall entailed at such short notice the *pftjschute* of Finnegan, erse solid man, that *the humptyhillhead* of *humself* prumptly sends an unquiring one well to the west in quest of his *tumptytumtoes*: and their *upturnpikepointandplace* is at the knock out in the park where oranges have been laid to rust upon the green since *devlinsfirst* loved livvy. (FW3)

如果说语言文字上的变异只是令人莫名其妙，那么语段体式上的结构变化就不能不使读者目瞪口呆了。试读以下《芬尼根》中另两例：(FW272)

. . . Pappapassos, Mammamanet, warwhets-wut and whowitswhy. But it's tails for toughs and titties for totties and come buckets come bats till deeleet.

Pige pas.

PANOPTICAL PURVIEW OF POLITICAL PROGRESS AND THE FUTURE PRESENTATION OF THE PAST.

Dark ages clasp the daisy roots, Stop, if you are a sally of the allies, hot off Minnowaurs and naval actiums, picked engagements and banks of rowers. Please stop if you're a B.C. minding missy, please do. But should you prefer A.D. stepplease. And if you miss with a venture it serves you girly well glad. But, holy Janus, I was forgetting the Blitzenkopfs! Here, Hengegst and Horsesauce, take your heads out of that taletub! And leave your hinnyhennyhindyou! It's

Seidlitz powther for slogan plumpers.

haunted. The chamber. Of errings. Whoan, tug, trace, stirrup! It is distinctly understouttered that, sense you threehandshighs put your twofootlarge timepates in that dead wash of Lough Murph and until such time pace one and the same Messherrn the grinning statesmen, Brock and Leon, have shunted the grumbling coundedtouts, Starlin and Ser Artur Ghinis.

以下是另一例，同出于 *Finnegans Wake*（FW293）：

Coss? Cossist? Your parn! You, you make what name? (and in truth, as a poor soul is between shift and shift ere the death he has lived through becomes the life he is to die into, he or he had albut—he was rickets as to reasons but the balance of his minds was stables—lost himself or himself some somnione sciupiones, soswhitchoverswetch had he or he gazet, murph come, murphy go, murphy plant, murphy grow, a maryamyriameliamurphies, in the lazily eye of his lapis.

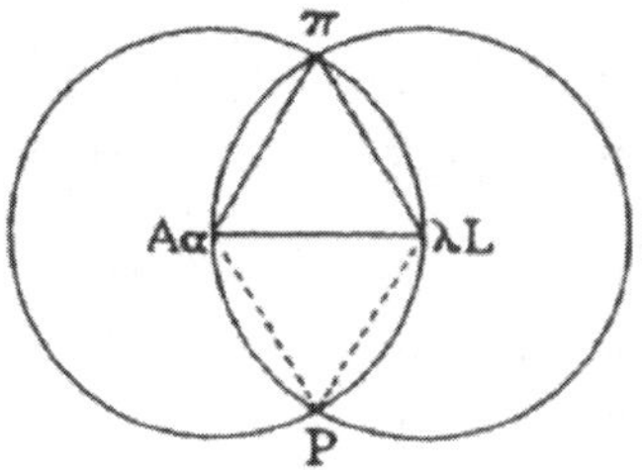

图7—4

就语言表层结构变异设计（实际上有深层含义）而言，James Joyce 笔下最令人惊诧的“绝招”是 FW 的最后一个字（FW628）竟与该书的第一个字（FW3）是连成一句的。下面是 FW 的最后一句：

> We pass through grass behush the bush to. Whish! A gull. Gulls. Far calls. Coming, far! End here. Us then. Finn, again! Take, Bussoftlhee, mememormee! Till thousendsthee. Lps. The keys to. Given! Away a lone a last a loved a long the

没想到这最后一句正好接上了该书那个使人摸不着头脑的第一句——难怪它的第一个字竟是一个小写的“r”（试译见下章）：

> riverrun, past Eve and Adam's, from swerve of shore to bend of bay, brings us by a commodius vicus of recirculation back to Howth Castle and Environs.

James Joyce 作这样的安排当然不是偶然为之的心血来潮。这是一个绝妙的文本的“离”与“归”的设计，但含义当远不止此：Joyce 认为它表示没有开始，也没有终结，那正是自然、历史和人类的循环回归。

（二）高度疏离化（high distancing）

所有的非常态文本都因高度的符码化而使形（能指）与义（所指）高度疏离，而这也正是文本作者意旨之所在：为了追求异化，作者有意拆除语言（语音、语形）对意义的禁锢（这种“禁锢”也可以说是语言 logos 的“强制性权威”），从而为人的思、情交流探求出了新的途径，这一途径的起点和终点也就是作家自我，可以说，作家所描绘的任何一个人物都是为了揭示他的“自我”的某一个侧面，正如 Joyce 在《尤利西斯》中借人物之口说的：

> Maeterlinck says: *If Socrates leave his house today he will find the sage seated on his doorstep. If Judas go forth tonight it is to Judas his steps will tend*. Every life is many days, day after day. We walk through ourselves, meeting robbers, ghosts, giants, old men, young men, wives, widows, brothers-in-law, but always meeting ourselves. (U 9.1042–1046)
> （请参见金隄及萧乾等的译文并加以评论。）

遗憾的是，到今天为止，不少作家在作品中表现的“多维自我”的意义还没有被我们完全了然揭示，因而也就无法赋之于译笔。当然，解读也并不是全无进展。以本节所引的第一段（FW3）为例。The fall 后面的那个长达 100 多个字母的词其实是由以下不同语言的 thunder 组成的，其中除英语外，还有日语的 kaminari、意大利语的 tuono、瑞典语 aska、爱尔兰语的 tornach、葡萄牙语的 fordenen 等等词的错综连缀，可见这是一个拟声词。这一语段中其他已弄明白的词如下：wallstrait 是 Wall Street 的谐音词；oldparr 是“色迷心窍的百岁老人”（这个词曾经给 Joyce 带来很多麻烦，有人认为他是“有意地亵渎人伦”）。christian minstrelsy 是 Christy's Minstrels（美国、爱尔兰和苏格兰的黑面歌手，尤指沿街卖唱以谋生的穷艺人）。entail 这个词看似一个常用词，但在 Joyce 的笔下，它表示一种挥之不去、摆脱不了的遗传性。另一个非常奇特的词是“pftjschute”。这个词其实很简单，意思就是“chute”（=fall），“pftjs”五个辅音字母都是谐音拟声修辞设计。

在更多的情况下，非常态文本的语义疏离产生于作者精心安排的隐喻，于是隐喻性（metaphoricalness）就成了非常态文本疏离度的重要表现，实际也正是非常态文本作者反对“强制性语言权威（irrational power of language）”（V. Mahaffey, 1988）还文本一个更大的疆界的主要手段，用拉康的话说是作家必须“颠覆”（subvert）语言的禁锢。由于语义的疏离度很大，隐喻在非常态文本中可以使初读者不知所云，但它实际上蕴藏着作家非常深刻、非常广阔的寓意。下面一个语段中的斜体字部分就是一个疏离度很大的隐喻：

> Only a mother and deadborn child ever buried in the one coffin. I see what it means. I see. To protect him as long as possible even in the earth. *The Irishman's house is his coffin.* (Ulysses110)（请参见金隄及萧乾等的译文并加以评论。）

在葬礼中人们通常看到的当然只是葬礼仪式、送葬者和死者的棺木。《尤利西斯》的主人公 Bloom 也如此。然而，这时 Joyce 让他突然从死者想到泥土，从泥土想到棺木，从棺木想到爱尔兰人的房子——Joyce 显然是想说：爱尔兰人生不如死、虽生犹死！就这样，隐喻给读者留下了很大的空间——疏离度得以让想象左右于其间！

（三）超时空化（spatio-temporal transcendence）

非常态文本是一种超时空的心理活动记录，其突出的特点是缺乏或根本无连续性（non-consecutiveness），充满随意性（randomness）、横向性（horizontal）或“横向扩展”。E. A. 考柏（Edward A. Kopper, 1998）在评 Joyce 无标点的《尤利西斯》尾声（第十八章“Penelope”）时说：⑦

> Joyce's technique in "Penelope" is illustrated not so much by stream-of-consciouness narrative as it is developed by word association—that is, Molly's thoughts do not "flow" in a consecutive, narrative pattern; instead, in "Penelope", Joyce reproduces the seemingly random ideas of a sleepy woman in the wee hours of the morning. This technique suggests that

Molly is infinity, whose symbol is a horizontal 8. Molly (Marion Tweedy) was born on September 8, 1870, and on her birth day, Molly recalls, Bloom once bought her *eight* poppies.

实际上，“word association”（语词联想）也就是意识流的写作方法论概括，因为前者与后者都具有无限性（infinity）：犹如天马行空。语词的自由联想往往隐去表层的连续性，使之充满随意性和自由度，使心理活动成为一股股此起彼伏、时隐时现的意识潜流，超时空地、无定向地扩展。在具体技法上，作者广泛利用所谓“联想点”（associative locus 或联想基点），也就是富于联想性的中心语词，实现思维上的“无定向非线性”连接扩展。《尤利西斯》第三章（“Proteus”）开篇两段被认为是 Joyce 典型的意识流文笔，读者必须反复阅读才能领悟语言文字隐蔽下的哲理性意识潜流：

Ineluctable modality of the visible: at least that if no more, thought through my eyes. Signatures of all things I am here to read, seaspawn and seawrack, the nearing tide, that rusty boot. Snotgreen, bluesilver, rust: coloured signs. Limits of the diaphane. But he adds: in bodies. Then he was aware of them bodies before of them coloured. How? By knocking his sconce against them, sure. Go easy. Bald he was and a millionaire, *maestro di coier che sanno*. Limit of the diaphane in. Why in? Diaphane, adiaphane. If you can put your five fingers throught it, it is a gate, if not a door. Shut your eyes and see.

Stephen closed his eyes to hear his boots crush crackling wrack and shells. You are walking through it howsomever. I am, a stride at a time. A very short space of time through very short times of space. Five, six: the *nacheinander*. Exactly: and that is the ineluctable modality of the audible. Open your eyes. No. Jesus! If I fell over a cliff that beetles o'er his base, fell through the *nebeneinander* ineluctably. I am getting on nicely in the dark. My ash sword hangs at my side. Tap with it: they do. My two feet in his boots are at the end of his legs, *nebeneinander*. Sounds solid:

made by the mallet of Los *Demiurgos*. Am I walking into eternity along Sandymount strand? Crush, crack, crick, crick. Wild sea money. Dominic Deasy kens them a'.

Won't you come to Sandymount,
Madeline the mare?

其实作者的意识潜流并非全无定向：他的思维确实是沿着"联想点"（聚焦中心词）作连接或跳跃延展，这些基点的连接就成了作者的思维（自由联想）轨迹，如下所示：

modality of the visible（有形事物的形态）
⇩
thought through my eyes（通过眼睛获得认识）
⇩
signatures（标志）
⇩
I am here to read（我才可以辨认）
⇩
in bodies（以形体现）
⋮

通过对文本如此这般的"联想点扫描"，我们就可以在语义层面上大体捋清作者的潜意识脉络和流向。同时，这种扫描也可以凸显非常态文本意识流结构的主要特征。但做到了这一步还不足以使译者胜任愉快地将文本译成目的语，当然也不能使读者心悦诚服地解读意识流文本。要做到"胜任愉快"和"心悦诚服"，还需要作文化心理分析，涉及解读对策论，下文（7.3）再述。以上两段汉译见 8.4.2 节。

（四）高度个性化（highly idiosyncratic）

用语的高度个性化是几乎所有的非常态文本的共同倾向及特征。原因是用语个性化可以为文本增添特异色泽，使文本读来具有"不同凡响"文化语势。

仅以《尤利西斯》的前两章为例，Joyce 所用的个人词语就有（例中左边是 Joyce 的个人用词，右边是常用词或解释）：

第一章　特里马裘斯（Telemachus）

Joyce 的用词	通用词语（尤指爱尔兰英语）或释义
(1) Suctter	diarrhoea
(2) Bowsy	ruffian
(3) kip	brothel, hovel(sl.). Dublin's notorious red-light district was called the kips.
(4) tilly	small added measure given by milkmen, shopkeepers, etc. to their customers. [-Ir. tuilleadh, added measure.]
(5) Silk of the kine	Ireland (poet.). [-Ir.Siodana mbo]
(6) poor old woman	Ireland (poet.). [-Ir, sean bhean bhocht]
(7) horn of a bull, hoof of a horse, smile of a Saxon	three things an Irishman should beware of (triadic prov.).

第二章　　内斯托尔（Nestor）

Joyce 的用词	通用词语（尤指爱尔兰英语）或释义
(1) Croppies	rebels (nickname); after those of 1798 who wore close-cropped hair.
(2) Soft day	wet day (sal. used on a day of gentle rain). [-Ir. la bog]
(3) crawsick	suffering from a hangover is the usual meaning of the term. 但在该章行文中意义似乎是"sick in the stomach"。
(4) the strangers	Norman and English invaders of Ireland (poet.).

个人用词可以加强文化语势。Joyce 常用以表示自己的态度（attitude）或认同（identity）。例如他在使用 chapel 与 church 两个词时就是十分严谨的。在 Joyce 的时代，chapel 是天主教善男信女崇敬的圣地，而 church 则是新教徒的圣坛，不能混为一谈。因此，大凡该用 chapel 的时候 Joyce 用

了 church，或反之，那就可能蕴含文化语势了，如 Joyce 在《都柏林人》中描写矫揉造作的基尔南太太（Mrs Kiernan）时写道：

> … she still hurried to the chapel door whenever a wedding was reported and, seeing the bridal pair, recalled with vivid pleasure how she had passed out of the Star of the Sea Church in Sandymount, leaning on the arm of a jovial wellfed man. (156)

至于个人生造词（也是一种 neologism）在非常态文本中几乎是家常便饭，Joyce 就是这方面的高手：他的高明之处是词形变异不失表意功能，如下例（《尤利西斯》第十一章末）中的那几个奇特的词：

> Bloom viewed a gallant pictured hero in Lionel Marks's window. Robert Emmet's last words. Seven last words. Of Meyerbeer that is.
>
> —True men like you men.
>
> —Ay, ay, Ben.
>
> —Will lift your glass with us.
>
> They lifted.
>
> Tschink. Tschunk.
>
> Tip. An unseeing stripling stood in the door. He saw not bronze. He saw not gold. Nor Ben nor Bob nor Tom nor Si nor George nor tanks nor Richie nor Pat. Hee hee hee hee. He did not see.
>
> Seabloom, greaseabloom viewed last words. Softly. W*hen my country takes her place among.*
>
> Prrprr.
>
> Must be the bur.
>
> Fff. Oo. Rrpr.
>
> *Nations of the earth.* No-one behind. She's passed. *Then and not till then.* Tram. Kran, kran, kran. Good oppor. Coming. Krandlkrankran. I'm sure it's the burgund. Yes. One, two. *Let my epitaph be.* Kraaaaaaa.

Written. I have.

Pprrpffrrppfff.

Done.

（请参见金隄及萧乾等的译文并加以评论。）

"Tschink. Tschunk"就很有意思：第一是谐音（举杯饮酒时的吸酒声 tsch ... tsch）；第二是表意。这两个词中第一个词中间是"chink"（裂口、漏洞、比喻喝起酒来嘴就像个无底洞），另一个词是"chunk"（大量、大批、暗指痛饮、豪饮），都是音、意交加。

"Seabloom, greaseabloom"也很有意思。这一段是写主人公 Bloom 在旅馆酒吧的一段迷迷糊糊的遐想。第一个词是在 Bloom 这个名词上加上 sea，读起来很近似 sea room（意思是"行动大有余地"），使人感到自己在茫茫大海上"飘忽忽而去也"。第二个词是在 Bloom 前加上 grease（油唧唧），暗示主人公此时已是"油水灌中肠"，该找人写墓志铭（epitaph）了。

7.2 文本的文化审美解读

文化审美是文本解读的一个重要维度，因为文本是由语言材料构成的，而有语言就必定也必须有语言审美的任务，就有一个遣词造句的择善从优问题。由于语言都是为了交流，交流必定也必须有一定的预设目的，有预定的基本效果，因此，世界上不存在不经遣词造句的优化而构建的文本。

7.2.1 文本的文化意义审美

文本中的词句承载了文化信息又携带了审美信息，而且常常是两相结合，因此我们常说"审美"是一种"文化形态"。当然，文本中并不是所有的词语和句子都有一个文化意义审美问题，语言中有许多词语是没有什么文化审美意义的。有待于我们在文化审美解读中进行**文化意义审美解析**的通常有三种情况，有赖于译者凭借自己的文化审美认知和经验，首先将它们从原语中析出，然后表现在译语中：

（1）关键词语

文化审美关键词语是在比较中显现的，它们的特点是具有鲜明的文化色彩、具有典型性或具有很强的情感审美功能，因此也叫作“文化审美功能词”。美国诗人弗罗斯特（R. Frost, 1874–1963）曾经为自己写过一个墓志铭，就叫 *Epitaph*。

> I would have written of me on the stone:
> I had a lover's quarrel with the world.
> （我原本应该在我的墓碑上写明：
> **我**与**人世**有过一场**恋人**间的**口角**之争。）

“碑文”中的四个黑体字就是文化审美关键词语，换掉任何一个关键词，就会顿失文化审美色泽。毫无疑问，关键词之浮出，取决于整体的文化审美意义，与分布密度并没有什么关系，但是在汉语中也应注意往往与对称、对仗、对偶有关。宋代诗人陆游写过一首诗《夜吟》，其中的关键词分布就很有规律：

> 六十余年**妄**学诗，功夫深处**独**心知。
> 夜来一笑**寒灯**下，始是金丹**换骨**时。

这首诗写的是诗人晚年的神悟心态，其中关键词“妄”与“独”相对，“寒灯”与“换骨”相对，读者把握这些词就能基本透析其中的文化审美立意，这种语言文化审美表现手法在古代叫“烘云托月”，至今还有人常用。这说明，关键词都是在非关键词的陪衬下浮现的。

（2）句群（句子组合）

富于文化审美意义的句子或句群常常反映作者的某种**审美经验，审美悟性，**或细致入微，或精心独到，或神情外显，或感悟深藏。晋代诗人陶渊明写过一首千古传诵的《归去来辞》，里面的句群就是中国式寓精神于田园美的典型之作：

……园日涉以成趣，**门虽设而常关**。策扶老以流憩，时翘首而遐观。云无心以出岫，**鸟倦飞而知还**。景翳翳以将入，抚孤松以盘桓。

从以上短短八句，就可以看到作者是一位情性品位很高的诗人。陶渊明当了80多天县太爷，对官场一切弃如敝屣，归隐老家时心情淡泊清雅、灵性完美无瑕，使陶渊明成了一个中国士人的“生命价值的符号”。林云铭在《古文析义》中对《归去来辞》作文化审美解析时说，“篇首曰独悲，篇中曰自酌，篇末曰孤往，如人饮水，冷暖自知”，点出了句群扩展的文化审美层次，很有典型性。

（3）篇章整体

篇章最能体现文化意义审美的深度、广度，自不待言，上面我们提到陶渊明的《归去来辞》，已经可以看到篇章的文化艺术内涵所具有的巨大张力。前文中提及的美国诗人弗罗斯特曾批评对其诗歌断章取义的做法，他认为看诗要看全篇，看诗人甚至应该看他一生的创作，才能把握大体，这当然说得不错。不过“一叶知秋，见微知著”也不无道理，弗罗斯特写过一首很多美国人喜欢的诗 *Acquainted with the Night*（《我知道这夜茫茫》，取刘宓庆汉译）：

I have been one acquainted with the night,
I have been walked out in rain—and back in rain,
I have outwalked the furthest city light.

I have looked down in the saddest city lane,
I have passed by the watchman on his beat
And dropped my eyes, unwilling to explain.

（我早已熟悉了这黑夜茫茫，
我冒雨出走——又回到故乡。
我远远走出了街灯照亮的地方。

我曾经穿过城里最惨淡的小巷，

巡街守夜的人，走过我身旁，
可我垂下了两眼，不愿多讲。）

弗罗斯特讲过一句在英美文学界很有名的话："No tears in the writer, no tears in the reader."（可译为：诗人笔下情，读者眼中泪，*Collected Poems*, Preface）弗罗斯特多次获得普利策文学奖，与 T. S. Eliot 一起，被封为美国诗坛"双杰"，实非偶然。上面这首诗，只有六行，道出了诗人对美国生活的大半个沉郁情怀。

7.2.2 文本的文化意象—意境审美

语言中的"意象"（image）属于美学中的审美表现法问题，语言审美表现法与文化关系很密切。文本文化审美解读的重要任务是捕捉语言中的文化意象和意境，尤其是在汉译英中。汉语书写系统（文字）富于意象，汉字就是意象的演化，文字的意象化是从视觉上加强语言的意象性。汉字意象提示性见下图：

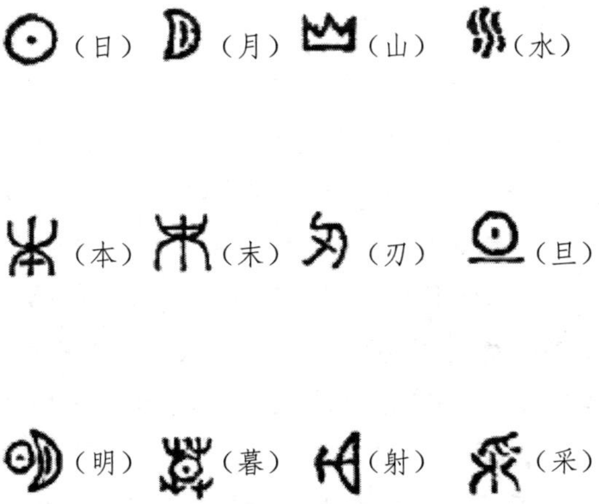

[资料来源]《中国书法艺术与技巧》，蓝铁等著，中国青年出版社，2005年，第226页。

图7-5 汉字意象提示性

语言的词语概念是意象的承载者，这在所有的语言中都是一致的，例如“彩虹 ⇨rainbow”“桥梁 ⇨bridge”“波浪 ⇨wave”，等等，但汉语更胜一筹，例如汉语的补语就可以为动词提供一个栩栩如生的意象：

跌**穿** ⇨ 例如“恒指跌穿两万大关”，“跌”的意义是完整的，但加上一个表示力度的“穿”就意象化了。

拉**拢** ⇨ 例如“极力拉拢”，“拉”的意义是完整的，但加上一个表示距离的“拢”就意象化了。

气**炸**（了）⇨ 例如“你这话把他气炸了！”“气”的意义是完整的，但加上一个表示爆裂的视听感性状态词“炸”就意象化了。

丰**满** ⇨ 例如在“圆润丰满”中，“丰”的意思是完整的，但加上一个表示充盈之至的视觉感性状态词“满”就更加意象化了。

亮**光光** ⇨ 例如在“月亮出来亮光光（汪汪）”中，“亮”的意思是完整的，但加上一个重叠词“光光”（汪汪）表示视觉感性程度，就更加意象化了。

油**唧唧** ⇨ 例如在“脸上好像油唧唧的”中。“油”的意思基本完整，但加上一个重叠词“唧唧”表示感觉、触觉效果，就更加意象化了。

可见意象化的本质是感性化。就整体而言，语言运用关注意象的目的是为求得“寓神于形”的感性效果，因为以“神”（spirit, power, force, etc.）注入“形”（word, phrase, sentence, etc.）语言才会有“生气”（life, vigor, etc.），而最能体现神形兼备的生气的手段就是可感、可知、可悟的**意象**。刘勰将这个道理称为“神理之数”（《文心雕龙•情采》）。黄瑞枝在《中国文学与美学》（台湾五南图书出版公司，1990: 93）中解释“意象”时说它是“跳跃的、流动的、又是蒙太奇的、铺排剪接的。也因为它是属于个人的体验与感受，所以它表现是独特的、多义的”。试体会以下例子中的意象：

采菊东篱下，**悠然**见南山（陶渊明《饮酒》）

云破月来花**弄**影（张仙《天仙子》）
红杏墙头春意**闹**（宋祁《玉春楼》）
零陵香草**露**中秋（刘禹锡《潇湘神》）
滩头细草**接**疏林（皇甫松《浪淘沙》）

当然意象是一个整体，不仅仅依靠关键词，但关键词在个中起了“跳跃”（跃然而出）、“流动”（游然不止）的更可感、更可知、更可悟的关键作用，体现了作者个人的、独特的体验与感受，常常是神与形、意与象、文与情的巧妙融合。这种融合状态，就是所谓“**意境**”（imagery）了，例如上引陶渊明的《饮酒》两句，“在东篱采菊，远望南山”，恬适之**境**，与诗人旷渺澄思之**情**融为一体，用词十分平易，但意境卓然清远，被喻为不朽的诗句，实非偶然。概括地说，意境就是意、情、景、境的多维复合。

7.2.3　文本的文化情感审美

文本文化审美中情感也是译者必须十分重视的着力处。“情”之于文，关系至深。清代的文论家龚自珍写过一首诗（《题红禅寺诗尾》），非常贴切地解读了“情”与“文”的这种互为内外表里的深刻关系：

不是无端悲怨深，直将阅历写成吟；
可能十万珍珠字，买尽千秋儿女心。

龚自珍在诗中说，文章有情而发，岂是无端呻吟？虽然只写下十万字，恰似字字珍珠，可感动千秋万古的人心。由此可见情感的审美力量之不可低估了！所以《诗大序》说“情动于中，而形于言”，语言是情感的载体，情感的安顿、寄寓之地，也恰恰是译者依据。我们要注意的是如何从语言中析出情感，译者有哪些可操作的手段：

第一，情感之本是意义

这里所谓“之本”就是源泉，意义是情感的源泉、情感的依据，没有意义的情感，充其量是所谓“滥情”，“滥情”当然不值得我们去理会。可以这样说，凡是有**深意**的地方，就可能寄寓了作者的**深情**，这里，最重要的是对情感要有一个宽广的视角，不能理解得太偏狭。深情不仅仅可能是爱情、亲情，更包括对生活之情、对人类之情、对大地之情、对自然之情、对万物之情、对真理之情、对科学之情，甚至可以有对历史之情。比如培根和爱因斯坦写的很多散文体作品谈的就是自己对真理之爱、对自然之爱、对科学之爱。司马迁的《史记》就洋溢着他对民族历史之爱。清代袁枚说过几句话，可以说是对太史公博大、深沉的历史情怀和幽远的渺思情趣的贴切赞颂："混元运物，流而不注。迎之未来，揽之已去。…… 逝者如斯，有新无故。因物赋形，随影换步。比胶柱者，将朝认暮。"（《续诗品•即景》，《小仓山房诗集》）《史记》文本中的历史豪情，使世世代代的中国人记住了一个令人崇敬的往古自我。

第二，要把握情感的语言特征

龚自珍说的"珍珠字"，就是情感语言特征的很好的概括。那么怎么去识别"珍珠字"呢？一般说来情感饱满的语言具有以下特点:（1）**精炼**，没有拖泥带水的表述;（2）**真挚**，没有空洞矫饰的辞藻;（3）**深刻**，没有浮夸敷衍的铺陈;（4）**感性**，没有生涩干瘪的语句。

人的情感是一个非常复杂的色谱，不能简单化，我们在第一节中已经提到。因此可以说，凡是符合以上四个特点的语段篇章，译者都不妨细心去审视、去感受文本的情感含蕴和色彩问题，尤其对于非文艺文本而言，作者行文中表现出来的立场、态度、倾向等等，都应该被看作文化的情感表现，例如正义感、责任感、道义感、爱国心、同情心等等。下面两个语段摘自美国建国时期出色的政论家潘恩（Thomas Paine, 1737–1809）的著作:（取刘宓庆汉译）

The sublime and the ridiculous are often so nearly related，that it is difficult to class them separately. One step above the sublime, makes the ridiculous; and one step above the ridiculous, makes the sublime again. (*The Age of Reason,* 1794)

（崇高与荒谬往往紧密相连，以致难以将它们拆离分档;崇高上升一步，就会成为荒谬，而荒谬再提升一步，又会成了崇高。）

Government, even in its best state, is but a necessary evil; in its worst state, an intolerable one. Government like dress, is the badge of lost innocence; the palaces of the kings are built upon the ruins of the bowers of paradise. (*Common Sense*,1776)

（即使在其最佳状态，政府也不过是一件碍难免除的祸害；而在其最坏的状况下，就成了不可容忍的祸害。政府好比衣裳，是一件纯真尽失的配件，帝王的宫殿都建筑在乐园的亭榭楼台的废墟之上。）

据此，对翻译而言，我们要用“情”的广角镜来扫描原语，明代的汤显祖说过一段颇为感叹的话：“《书》曰：‘诗言志，歌永言，声依永，律和声。’志也者，情也。先民所谓发乎情，止乎礼者，是也。嗟乎，**万物之情，各有其志**。”（《汤显祖诗文集》卷五十，黑体为本书所用）汤公将“志”看作“情”，很有道理。英国哲学家休谟（David Hume, 1711–1776）也讲过类似的话，可谓心同此理。

第三，原语的情感有待于译者的适当调节

这里说的是译文要从效果出发，考虑到目的语读者的接受，顾及他们所处的文化生态。尤其是汉译外，原用于对国内读者的宣讲材料即使“文情并茂”，也不一定适用于外国读者，这是很显然的。说到底，翻译属于跨文化交流，交流要讲效果，没有效果（或可能产生反效果）的交流都有悖于翻译的基本职能。这时翻译应该发挥**译者的主体性**，做出适当调节，浮夸、矫饰、架床叠屋（内容空洞的排比句）以及一切滥情辞藻翻译时都应删去，毫不足虑，毫不足惜，这就是王国维所谓“唯识体者方能适境”。

7.3 文本解读的对策论前提

文本解读的前提条件是语义的文化诠释（见第六章），因为后者是理解的基础：文本是词语组成的，如果在词语层级理解上的失误屡屡发生，意义似是而非，赘词频频出现，行文拖泥带水，显然谈不上文本在整体上理解的确切性。这是文本解读的对策论前提之一。以下是《尤利西斯》中译本（译林出版社 1994 年版，下卷，第 747—748 页）中之数段，加着重点部分均为误译或欠妥的翻译：

〔原文〕（*Ulysses*, 1922, p.409）

THE IDIOT

(*Gobbling.*) *Ghaghahest.*

(They release him. He jerks on. A pigmy woman swings on a rope slung between the railings, counting. A form sprawled against a dustbin and muffled by its arm and hat moves, groans, grinding growling teeth, and snores again. On a step a gnome totting among a rubbishtip crouches to shoulder a sack of rags and bones. A crone standing by with a smoky oil lamp rams the last bottle in the maw of his sack. He heaves his booty, tugs askew his peaked cap and bobbles off mutely. The crone makes back for her lair swaying her lamp. A bandy child, asquat on the doorstep with a papershuttlecock, crawls sidling after her in spurts, clutches her skirt, scrambles up. A drunken navvy grips with both hands the railings of an area, lurching heavily. At a corner two night watch in shoulder capes, their hands upon their staffholsters, loom tall. A plate crashes; a woman screams; a child wails. Oaths of a man roar, mutter, cease. Figures wander, lurk, peer from warrens. In a room lit by a candle stuck in a bottleneck a slut combs out the tatts from the hair of a scrufulous child. Cissy Caffrey's voice, still young, sings shrill from a lane.)

CISSY CAFFREY

I gave it to Molly
Because she was jolly,
The leg of the duck
The leg of the duck.

(Private Carr and Private Compton, swaggersticks tight in their oxters, as they march unsteadily rightaboutface and burst together from their mouths a volleyed fart. Laughter of men from the lane. A hoarse virago retorts.)

[译文]

白　痴

（结结巴巴地）（语义错误。gobble 是似火鸡发出咯咯的声音）。**施边儿**（“施边儿”这个音译按原文发音是错误的）他们放开了他。他打着趔趄往前走。一个**侏儒女子**（其实就是“女侏儒”）在两道栏杆之间**吊根绳子**（这种说法不确切。在汉语中“吊”的一头是 loose end，松的。确切的说法是“在两道铁栏之间拴了一根绳子”）坐在上面**打秋千**（晃悠），口中**数着数**（边晃边数数）。一个男子**趴**在垃圾箱上，用胳膊和帽子掩着脸（有逻辑错误。“趴”是脸朝下。既然是脸朝下，又怎么能用胳膊和帽子掩着呢？），移动一下，呻吟，咯吱咯吱地磨牙齿，接着又**打起**呼噜（汉语中“打起”……后必须接“来”）。台阶上，一个到处**淘垃圾**（“淘垃圾”最好用“捡垃圾”。“淘金”“淘米”用“淘”。“捡垃圾”当然是“到处”）的侏儒，蹲下身去（赘词），把一袋**破布烂骨**（“布”“骨”都多余）扛到肩上（往肩上一扛）。一个老妪**手执**（老太婆手里拿着）一盏满是油烟的煤油灯站在一旁，将她那（赘词）最后一只瓶子塞进他的口袋（垃圾袋）。男子扛起猎物（“他那袋破烂”，“猎物”显然不妥），将鸭舌帽**拽歪**（应该是“歪着一拽”），一声不响地蹒跚而去。**老妪**（这类词用在 90 年代太文绉绉了）摇晃着灯，也回到自己的窝（回窝了）。一个罗圈腿娃娃手里拿着纸做的羽毛球，蹲在门口，跟在她后面使劲地**横爬着**（这样译不妥。原意是“横步一蹦一蹦偷偷地跟在她身后”），并抓住她的裙子往上攀。一个喝得醉醺醺的**壮工**（“壮工”是一种工种，实际上即“年轻的工人”），双手握住**地窖子**（“子”字多余）前的栅栏，东倒西歪，踉踉跄跄地**踱着**（不合逻辑。既然“握住”了栏杆，怎么又能“踱着”呢？）。拐角处，两个披着**短**（赘词）斗篷（本来就不长）的夜班巡警，手按着装警棍的皮套（“手按警棍皮套”即可），朦朦胧胧中身影显得高大**无比**

（赘词，并有褒义）。**一只**（以下六个不定冠词有四个可以省略）盘子打碎了，**一个**女人尖声叫嚷，接着是娃娃的啼哭声。男人厉声咒骂，嘟嘟囔囔，随后沉默下来。**几个**人影晃来晃去，忽而潜藏起来（不合逻辑，“人影”怎能“潜藏”呢），忽而又从破房子里窥伺（不合逻辑，“人影”怎能“窥伺”呢）。**一间**点燃着嵌在瓶口里的蜡烛的屋中（句子很拖沓），**一个**邋里邋遢的女人（“邋遢女人”即可）正替**一个**长着瘰疬的娃娃梳理着**其乱如麻**的头发（“那满头乱发”。“其乱如麻的头发”是文绉绉的汉语，不合语境）。从**一条**巷子里传出西茜•卡弗里（“茜”音 qìan 或 xī，即“倩”或“希”，现多用 qìan 音作人名）**那**依然很年轻的高亢歌声（“高亢”是褒义，shrill 有贬义，意思是尖声唱）。

西茜·卡弗里

我把它（“鸭腿”）给了摩莉，
因为她无忧无虑（“喜欢那东西”，这是 Joyce 故意安排的淫秽语）。
（我）把鸭腿儿给了她（摩莉），
（我）把鸭腿儿给了她（摩莉）。

士兵卡尔和士兵康普顿，**腋下**（“胳肢窝里夹着”即可，“腋下”太文绉绉了）紧紧夹着短棍，**摇摇晃晃**（原意是“步履不稳地走”。“摇摇晃晃地走着”也可能是“得意地走”），向右转，**一起放屁**（这是明显的误译。原意是说“一齐从嘴里发出一阵放屁声”；“一起放屁”也违反常理）。从巷子里传出男人们的一阵**朗笑声**（“朗笑”有色彩，指很开心的笑声。这里只指“笑声”）。一个悍妇嘎声恶言还击。

这样的汉语，就叫作**不欣畅的汉语**。我们不厌其详地引证于此，意在标举一个原则，而不是对某一位译者进行批评：没有准确的语义文化诠释，就谈不上文本的解读。这情形犹如一方锦绣，如果织物本身或者它的图案千疮百孔，那么即便是一方锦绣，观赏者见了必定会倒抽一口惋惜的冷气。这个局部真善美与整体真善美的辩证关系，就是我们的前提条件之一。此外，为恪守本书论纲体式，前文已阐述过的许多对策性手段如内证外证互备、人文互证（互文性）以及对文本解读同样适用的种种手段，在本章中就不赘述了。本章将集中讨论三项对策：解码（7.3.1）、解构（7.3.2）和解析（7.3.3）。

前提之二是文本解读者的主体条件。我们论翻译不能只顾译文（也就是客体），也不能只顾译者（也就是主体）。我们要主体、客体兼顾并论，才符合科学的方法论。

从阐释学的（hermeneutic）角度来看，理解（understanding）是对文本进行诠释（text interpretation）的基础，而理解不是孤立行为，它不能脱离外在的现实存在。具体而言，理解是主体的“精神生活”（spiritual life）与客体世界的沟通、了解与认识，这个过程，伽德默尔（H. G. Gadamer）称为“视野融合”（fusion of horizons）。下面是法国当代的阐释学家利科（Paul Ricoeur）的一段常被引证的论述：[8]

> This concept of interpretation expresses a decisive shift of emphasis within the Romanticist tradition of hermeneutics; here the emphasis was put on the ability of the hearer or of the reader to transfer himself in the spiritual life of another speaker or writer. The emphasis now is less on the other, as a spiritual entity, than on the world that the work displays. Verstehen—understanding—is to follow the dynamics of the work, its movement from what it says to that about which it speaks. “Beyond my situation as reader, beyond the author’s situation, I offer myself to the possible ways of being-in-the-world which the text opens up and discovers for me.” This is what Gadamer calls fusion of horizons (*Horizontverschmelzung*) in historical knowledge.
>
> The shift of emphasis from: understanding the other to understanding the world of his work implies a corresponding shift in the conception of the *hermeneutical circle*. By hermeneutical circle Romanticist thinkers meant that *the understanding of a text cannot be an objective procedure in the sense of scientific objectivity, but necessarily involves a precomprehension which expresses the way in which the reader has already understood*

himself and his world. Therefore, a kind of circularity occurs between understanding a text and understanding oneself. Such is in condensed terms the principle of the "hermeneutical circle".

利科在文中所说的"hermeneutical circle"被称为"阐释学循环圈"。"循环圈"论认为:主体对文本的理解不可能是一个纯客观的过程，它不可避免地牵涉到主体本身的一个前理解（precomprehension），前理解包括主体的前在经验和能力。因此，当我们在进入某一文本的理解过程时，前在经验和能力就以循环的形式对之加以吸收、改造并不断提升。这样，人类的理解活动就如一个永远不可能完结的循环圈。利科认为，循环圈论的可取之处是:第一，它指出:对文本的理解是客观世界（文本指涉的世界）在我们思维中的投射，而不是某个人（作者）在我们思维中的反映。因此，对文本的理解不应受到"作者权威"（J. Lacan, 1955）的限制;第二，它指出:主体性的职能（the role of subjectivity）与其说是对客观世界的投射，毋宁说是主体使作品及其反映的客观世界扩大了他的自我理解（self-understanding）的视野;第三，因此，必然逻辑是:主体对客体的诠释过程是客体指涉的客观世界存在的新形式（new modes of being, P. Ricoeur; new forms of life，Wittgenstein），阐释循环给予主体的不是重复，而是主体认识自我的新的能力。[9]利科阐发的以上三点，也是我们的原则性意见。我们要强调的是"前理解"中包括的前在经验和能力与文化信息的理解和感应能力是密不可分的。

7.3.1 对策之一:解码（Decoding）

符号是意义的代码，因此，符号既可能成为意义的透镜，也可能成为意义的障碍屏。就文本（特别是非常态文本）解读而言，我们应更关注的是后者。

符码是一个开放系统，符码化是一个无穷尽的过程或手段，正如艺术是不可穷尽的一样，拉康将这个开放系统称为意指符码链（signifying chain）。因此，我们只可能就若干符码化的主要形态（modality）作一些探讨。

这里首先要提到的是隐喻（和隐喻化）。隐喻是一种非常古老的文本艺术化手段，其基本特征是通过语用手段使实际意义与字面意义疏离，从而使符码获得最大限度的信息含量和自由度。由于隐喻在文本中使用得非常广泛，其重要性也就居于首位。⑩

隐喻解码的基本任务是显现字面意义（以S表示）下的语义含蕴（以s表示），关键在于把握字面意义与实际意义之间的关系（以≌表示契合），有人称之为“拆除语言的视觉屏障”以便发现新的意义。⑪ 为此，J. 拉康给出了如下的隐喻结构式（metaphoric structure，f代表formula即公式）：⑫

$$f\left(\frac{S'}{S}\right) S \cong S\ (+)\ s$$

这个结构式对文本理解和翻译的意义是：隐喻词S’（也叫作vehicle）与$\frac{S'}{S}$中的S（metaphor）处于替代关系（substitution），≌表示意指上的“契合”或“对应”（congruence or equivalence of signification）。从译学本位上说，最重要的是S（+）s：其中（+）表示“能产的”（productive）选择机制，小写s（也叫作tenor）表示隐喻产生的实际意义（语义含蕴），在翻译中常常必须将这个s见诸陈述（以赋代比）。以a lone wolf为例：

“a lone wolf”(S) ≌ “loner”(S)(+)s：独行侠／独来独往者／形单影只的人……（即s, tenor）

隐喻常常带有婉言修辞色彩，即利用视觉形象屏障（或听觉的音响屏障）掩盖实际意义（即s）的负面效果（如过于粗鲁、粗俗、趣味低级甚至淫猥）。这种隐喻手段Joyce的作品（如《尤利西斯》）中几乎比比皆是。例如上面引述过的四行粗俗的诗行中的淫秽意念就是用隐喻掩饰的。

实际上在文本的理解翻译中需要解码的远远不止隐喻，亚里士多德说的使用外来语、生造词语以及糅合、截短或延展词语等等手段在Joyce的作品中都有，而且用得很频繁。这里值得一提是解读Joyce文本不可忽视的所谓**“玄机语”**（shibboleth，也可以说是schematic words），如《尤利西斯》第十五章“锡西”（Circe，借自《奥德赛》中的女妖名）中的“mirror”就是一个极重要的玄机语。Joyce的知名研究者V. Mahaffey在分析Joyce为什么把“mirror”作为一个**关键性玄机语**时写道：

A mirror can be used to represent and legitimate the inequality of doubles, but it can also represent the process of doubling and reuniting the self essential to cognitive and biological evolution. If the relationship between object and image is seen as an illustration of the heuristic splitting of the self necessary for selfconsciousness, doubleness then illustrates the necessity of human relationship.

（大意：镜子可以用于再现自我并使自我和映像二者的“非对等性”合理化；镜子再现了自我认知的一种生态演进过程。如果说自我和映像之间的关系被视为能够启发我们认识到自我分裂和双重化的必要性，那么，它也说明了人性关系的必要性。）

The interdependence of doubleness and identity becomes more apparent if we consider not the effect of a mirror, its ability to produce reflection, but its composition, the process by which recognizable reflection is produced. A mirror is created by highlighting the surface of some transparent medium, whether glass or water, silvering it with metal or light.

（大意：如果我们考虑的不是镜子的效果，不是它制造映像的能力，而是它的构图、它的呈现可辨识的映像的过程，那么，双重化和身份认同的相互依存关系也就变得显而易见了。）

A mirror, then, can be seen as something that facilitates a recognition of the identity of opposites as well as their difference through a medium that is both transparent and opaque, in this respect, it “mirrors” the duality of language, with its power to serve as a transparent showcase for intended meaning, apparently effacing itself as a medium, and its concomitant ability to block the transmission of conscious meaning, asserting its own opaque materiality as a system that relates only to itself.

（大意：可见，镜子可以被看成一种有利于我们认同映像的东西，同时镜子也是一个中介，通过它，我们既可以看到透明的也可以看到模糊的一切差异，而在这方面，"镜子"照出了语言的双重性，它具有充当透明橱窗的威力，可以显然抹去自身的中介角色，借以表述某种意向性意义，同时，它也具有一种随之而来的阻挡自觉意义传送的能力，依据是它具有自成体系的模糊物质的特性。）

Like a mirror, language offers both a means of self-recognition and a way of avoiding such recognition. Seen as a construct that is inherently double, it can alert us to contradictions in the perceiver; but seen as a method of establishing meanings that are absolute and unchanging, it may arrest the process of knowledge. (R. J. Mahaffey, 1988)

（大意：就像一面镜子，语言既是一种自我承认又是规避这种承认的手段。如果我们能把语言看成一种具有固有的双重性的结构，那么这种态度就可以使我们免于陷入矛盾之中，把语言看成绝对的、一成不变的东西，阻碍我们获取知识的过程。）

很显然，如果我们在理解翻译像"mirror"这类解码—暗示功能很强的玄机词时，只是"就事论事"地作表层文字处理，译者是绝对不可能走进作者寄寓于作品中的深层文化意蕴的深山密林中的，那也就谈不上达致我们在第四章中所论证的深层文化理解了。

7.3.2 对策之二：解构（Deconstructing）

必须首先说明，文化翻译所说的解构对策，与后结构主义文艺批评（post-structuralism in literary criticism）中的解构理论（theory of deconstruction）并不完全是一回事。[13]我们借用这个术语和解构论者的某些策略，但译学的文本解构策略有自己的**积极目标**，需要具体的操作指引。首先，译学的文本解构策略不否定结构主义的成分分析法对意义分析的意义。解构论者指责结构主义强调"linguistic competence"（"语言能力"，乔姆斯基的主张）、强调通过结构来推导意义是"犯了直观的错误"（R. C.

Murffin)，这是不公平的，也不符合事实，**结构分析对意义推导显然具有十分重要的意义**。以下举两组简单的例子：

（1）“不见不散”（1） / “不胖不瘦”（2） / “不吃不喝”（3）

表层结构完全一样，但深层结构殊异：其中（1）是意合条件句；（2）和（3）都是并列词组，但（2）的并列表示对比、对立，即“既不 X 也不 Y”；而（3）的并列则只是简单并列即“不 X+ 不 Y”。

（2）“电话”“电视” / “电动”“电热” / “电能”“电压”

这三组词表层结构完全一样，但深层结构殊异：第一组的施事是人；第二组的施事是电；第三组中的“电”是定语，它们是偏正结构。

在常态和非常态的情况下，我们对文本的理解首先是诉诸语言结构分析，语感（直觉）只起一种揭示作用（而且常常只限于母语）。《芬尼根的苏醒》之所以难以理解，正是由于它的语言结构有时“一反常态”，使读者摸不着头脑，典型的例子是“he does be ...”（FW 408.33），“gent who prayed his lent”（FW 86.27）等等。

在语段层级，**语言结构分析也通常是通向理解的一把钥匙**，读者如果不具备 linguistic competence（这实际上是前理解中能力的一部分），显然是不能解读文本的。我们在常态文本（7.1.1）分析中所举的例证（Joyce 的小说《青年艺术家的肖像》中的最后一大段）即可佐证，此处不赘述。解构论者否定结构主义重视文本中的隐喻、换喻、语义含混和模糊性等等问题的结构意义，其实，正是结构主义者启发了他们投入新的探索。

非常态文本的超时空性和疏离度虽然很大，但它的潜在意义轨迹也可能通过**联想基点**扫描（ALS）显现一个大体的**脉络**。以下是《尤利西斯》第十八章中的一段意识流叙述，我们可以从文本中筛选出如下一些基点，从而形成了以下 ALS 纲络——**联想**由一个**基点**（虚线中显现部分）跳到另一个**基点**：

〔原语:《尤利西斯》，第十八章，第 691 页〕

I was sick then wed see what attention only of course the woman hides it not to give all the trouble they do yes be came somewhere Im sure by his appetite anyway love its not or hed be off his feed thinking of her so either it was one of those night women if it was down there he was really and the hotel story he made up a pack of lies to hide it planning it Hynes kept me who did I meet ah yes I met do you remember Menton and who else who let me see that big babbyface I saw him and he not long married flirting with a young girl at Pooles Myriorana and turned my back on him when he slinked out looking quite conscious what harm but he had the impudence to make up to me one time well done to him mouth almighty and his boiled eyes of all the big stupoes I ever met and thats called a solicitor only for I hate having a long wrangle in bed or else if its not that its some little bitch or other he got in with somewhere or picked up on the sly if they only knew him as well as I do yes because the day before yesterday he was scribbling something a letter when I came into the front room for the matches to show him Dignams death in the paper as if something told me and he covered it up with the blottingpaper pretending to be thinking about business so very probably that was it to somebody who thinks she has a softy in him because all men get a bit like that at his age especially getting on to forty he is now so as to wheedle any money she can out of him no fool like an old fool and then the usual kissing my bottom was to hide it not that I care two straws who he does it with or knew before that way though Id like to find out so long as I dont have the two of them under my nose all the time like that slut that Mary we had in Ontario Terrace padding out her false bottom to excite him bad enough to get the smell of those painted women off him . . .

以下是意识流中的**自由联想基点**示意，意识是由此一点跃进到下一点的推展运动：

I... sick......attention.........woman hides it not to give......trouble......yes he came somewhere...sure by his appetite......love its not or......feed thinking of her...either......night women if......down there...... the hotel story......pack of lies......Hynes......yes I met......Menton..............that big babbyface......not long married flirting with......girl......turned my back......he slinked out looking...conscious......but......impudence............mouth almighty...boiled eyes......big stupoes......thats called a solicitor......wrangle in bed......some little bitch............picked up on the sly......yes......the day......scribbling something............for matches......Dignams death in the paper......covered it up............pretending......business...very probably.......................softy in him because all......a bit like......out of him......old fool......kissing my bottom......hide it............who he does it..............Id like to find out............two of them..............like that slut...Mary......Ontario Terrace......false bottom to excite him......smell of......painted women......

一般说来，凸显的常常是一些比较“实在”的意念（而且多半是名词），隐含的则通常是表示关系的词语。可见这种联想基点的凸显法只是一种结构淡出（fade out）解析，它的作用是在与原文对比中造成“differance”（“延异”，大体相当于中国传统文论之所谓“跳脱”），使矛盾在映衬中明朗化，以帮助读者在对比中理解难以理解的文本，这也正是解构论者的目的。下面是由 R. C. Murffin 转述的一段出自知名的解构论者 J. H. Miller 的论述：

Miller has written that the purpose of deconstruction is to show “the existence in literature of structures of language which contradict the law of non-contradiction.” Why find the grain that runs against the grain? To restore what Miller has called “the strangeness of literature,” to reveal the “capacity of each work to surprise the reader,” to demonstrate that “literature continually exceeds any formula or theory with which the critic is prepared to encompass it”. (Miller, *Fiction* 5)

（大意：解构的目的是揭示文学语言中的矛盾，有点像在“找茬”，其目的是要复现米勒所谓的“文学的蹊跷”，揭示“每一作品都能给读者以惊喜的潜力”，展示“文学可以不断超越批评家所厘定的公式或理论”。）

通过揭示语言结构的矛盾来展示“文学的奇异之处”，这是解构主义文学批评的目的。对译学而言，揭示语言结构中的“奇异之处”则是为了取得结构变异的启示，以利于探求意义，以便于落笔行文。下文再议。

7.3.3 对策之三:解析 (Dissecting)

解析就是对有机体的剖析。文本文化解析的任务是:在对文本这个有机体中进行以心理分析为轴心和主导的语义、逻辑论证，目的在于在解构分析的基础上按作者的主体构思和心理轨迹来铺垫、填充跳脱（解析“延异”，differance）、捋顺思路，以利文本的意义整合（7.3.4 对策之四），以达致对文本的深层文化理解。D. R. Schwarz 在论述对文本的心理分析时写道:[14]

> A psychological criticism needs to consider issues that undermine traditional shibboleths about the separation of life and text. For Joyce uses his life as a source and believed that the universal genius (himself) “found,” as Stephen says of Shakespeare in the “Scylla and Charybdis” section *of Ulysses*, “in the world without as actual what was in his world within as possible”. Joyce created characters who were metaphors for himself, who were the means by which he explored and defined his identity. Joyce’s fiction draws upon the actual—the life he lived—and, influenced by Wilde’s *The Decay of Lying*, he creates masques for what he fears to become. Isn’t Gabriel a metaphor for one facet of Joyce, just as Stephen Dedalus and Bloom are metaphors for other facets?
>
> （大意：文本心理分析关注的问题是颠覆那种将生活与文本割裂的传统招数。乔伊斯是以生活为源本，认为在生活中总是可以找到文学独创的原型。他创造的角色常常是以他自己为模型的某种借喻，映衬出他自己本我。）

Schwarz 的意思是说小说中的人物心理描写和人物性格塑造是作家的

心理活动及至整个性格特质的写照：文本中的一切延异、矛盾和非稳定性（uncertainties）都不是偶然的、无缘无故的：一切都是作家心迹坐标图上的“支点”（*point d'appui*），像一个有机的整体，在语段意义整合中担负着各自必须担负的任务。

上节（7.3.2）中引述的一段《尤利西斯》第十八章（Penelope）的无标点语段所述事件发生在主人公 Bloom 的卧室内，时间是 1904 年 6 月 16 日，所写的是女主人公 Molly 的意识流，但它实际上正是 Joyce 内心深处关于女人的遐想。按照 Joyce 自述，Penelope 具有“four cardinal points . . . the female breasts, arse, womb and . . .”，后来他又修正了自己的说法，说第十八章写的是“the untamed torrent of womanhood”（不羁女人心）。这应该是我们对之进行心理分析的线索。在引述段中，Molly 袒露了自己内心深处对男性温存的渴求、性遐想、嫉妒心、猜疑、哀怨和对“无端端的情敌的无端端的鄙视”等等。这样，我们就有了一条供意义整合的轴心或线索。对第十八章中反映的这种微妙的女人心态，Joyce 自己作了很贴切的自我剖白。他的友人 Louis Gillet 写的回忆录中说：[15]

> *In Ulysses*, he told me *once*, in order to convey the mumbling of a woman falling asleep, I wanted to finish with the faintest word that I could possibly discover. I found the word yes, which is barely pronounced, which implies consent, abandonment, relaxation, the end of all resistance. For “Work in Progress”（指《芬尼根的守灵夜》）, I tried to find something better if possible. This time I discovered the most furtive word, the least stressed, the weakest in English, a word which is not even a word, which barely sounds between the teeth, a breath, a mere nothing, the article *the*. (PAE 197)
>
> （大意：乔伊斯说，《尤利西斯》想表达的是女人在睡梦中的喃喃自语，他想找一个最纤微的词来对全书做一个了结，结果找了“yes”这个几乎听不出来的词，用它来表示首肯，表示放弃，表示放松，表示对反抗的了却。在《芬尼根的守灵夜》中，乔伊斯想找一个更好的词来结束全书，它必须是一个英语中最微不足道的词，一个微弱之至

的词，一个连词都够不上的词，它在人们的唇齿之间、屏息之间轻轻地漏了出来——它就是“the”。)

说到这里我们确实不得不佩服 Joyce 的艺术匠心。从表面上看，他是在咬文嚼字，但实际上，他已经潜入到英语语言心理和心理语言中的最深处了！美国人用了 20 年才理解 Joyce 的艺术匠心。

从这里我们也可以看到，为准确解读文本，内证、外证互备和人文互证的方法论的重要性。这个问题我们在前面的章节中已有论述，此处从略。

7.3.4 对策之四:整合 (Integrating)

整合是从解码、解构到解析的全程性对策终端，它的标志是**理解**，包括从语义到文化、到审美的**全局性文化理解**，也是将文本解读落到实处的关键的一步。翻译学文本解读对策论图式如图 7—6 所示：

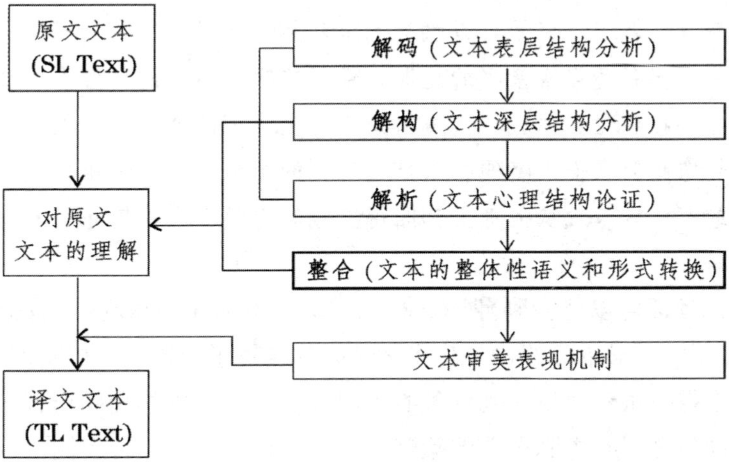

图7-6 翻译学文本解读对策论图式

现按图 7—6 图式，将以上引述过的 Joyce 的《尤利西斯》第十八章无标点行文中的一段意识流，从解码到整合试译如下：

等着瞧吧要是我病了有谁来关心照料就只有当然啰女人有病总得遮遮掩掩哪能像他们那样麻烦多多我敢肯定他去过什么地方才有这么好的胃口要是爱上什么人心里老惦着哪能吃得下呢他如果真去了那一带没准某个夜里拉客的女人什么旅馆里的事全是他编的一派鬼话还有什么海恩斯把我留住啦我碰见了谁是啊我碰见你还记得门顿吗还有谁让我想想见到那个娃娃脸大块头啦结婚没多久就在普耳斯的玛瑞奥朗纳画展上跟一个年轻姑娘调情他见到我好不自在的样子想要溜走我就背过身这有什么大不了啊可有一次他倒是真厚颜无耻想占我的便宜他那张嘴说起话来谁都得服输眼睛水泡泡的就像煮过似的从没见过这么个大笨猪还算是个什么律师啦我讨厌在床上这么没完没了地拌嘴莫非他在什么地方勾搭上一个小妖精偷鸡摸狗拉了进来但愿她们也跟我一样知道他的底细是呀前天我去前屋取火柴顺便给他看报上登的狄格南姆斯死讯的时候他好像在东涂西画地写信什么的也真是鬼使神差他见我进去就用吸墨纸盖住他写的东西装着在想什么事很可能是写给什么女人的她以为那家伙是一把软骨头因为所有的男人特别是到了他那把年龄说话就四十啦她可以哄呀闹地从他身上摇出钱来天下没有人傻过老傻瓜接着还得来亲我的屁股怕露了馅我才不管他跟谁干或者早先就干过那种事呢虽然我也想搞搞清楚也免得那两个东西成天在我鼻子底下转像我们在安大略的特莱斯时碰到的那个臭女人玛丽把屁股垫得高高的勾引男人我从他身上都闻得出她们的脂粉味真是够呛……

翻译者都可以体会到翻译这种意识流文本的无穷乐趣:译者似乎永远存在着一种“突破欲”,缘由是作者故意为你设置了一层又一层疏离度屏障,而你则不得不跟着他投入到这种心灵游戏中。你可以感受到作者在对你施展“将欲告之,必先隐之”的策略。为此,译者可能辗转反侧,不寐而求之。这样,当他一旦得到“隐之”的底细以后就会备感欣慰。实际上,这也正是文本文化解读的令人神往之处。

7.4 结语:文本解读的多样性——一个开放系统

毋庸置疑，文本解读是一个开放系统，文本可以根据不同的意识形态、审美态度、价值观和批评方法做出不同的解释。[16]

应该注意的是，翻译学不是文艺批评或文艺学。我们可以借鉴西方现代文艺批评各流派的文本解读策略，但翻译学的文本解读始终恪守基于自己的本位观的以下原则：

第一，翻译学解读文本的基本依据是理解“文本本身”（text itself），它不以解读者的意识形态和信仰为转移。中国近代史中有人曾用历史虚无主义的思想来解释屈原，欧洲也有人用社会民主主义的思想来解释 Joyce 的《都柏林人》等等，都不是翻译学应取的文本解读原则。我们所应做的是翻译而不是阐发或批评。

第二，翻译学对文本本身的理解和解码（如对隐喻、疑义、讹夺等等）应该恪守取证定夺（包括文本内证、文本外证、人文互证等等）的原则，排斥由意识形态所支配的主观臆测和推断。一切以原语文本的意义和意向为轴心。所谓“取证定夺”是取证以定夺文本的意义而不是定夺译者的阐发或预设。

第三，应该看到，由于主观、客观条件的发展变化，文本的文化解读完全可能因人而异。例如社会历史的发展和进步可以为文本解读提供更为翔实可靠的证据。翻译者智能和知识水平、文化素养和表达技能的提高也可以使他获得比前人及同时代人更完美的文本理解。

因此，用一成不变的、机械僵化的观点或原则来看待文本显然是反科学的。因而也必然是有害于翻译事业的，是不可取的。

这就证实了一个重要论断:世界上不存在一劳永逸的翻译。

〔注释〕

①文本不同于“文体”,“文体”的意思是体裁（genre），文本指篇章（text

或 discourse）结构（texture）。译学之研究文本的篇章结构是为了：一、探求意义与意向；二、尽可能做到形式与原语的契合对应。

②引自（宋）胡寅《与李叔易书》引李仲蒙语，《裴然集》卷十八，四库珍本初集本。

③引自朱熹《诗集传》卷一，上海古籍出版社。

④《天问》既非“比”，也非“兴”，而完全是一种艺术化的理性思索和困惑的陈述。沈德潜在《说诗耳卒语》中说：屈子“思而不得，转而为怨；怨而不得，转而为问；问君问他人不得，不容不问之于天也。此是屈大夫无可奈何处”。

⑤后来乔伊斯侨居罗马，才认识到自己对都柏林的负面感兴太多，深感内疚。参见 C. G. Anderson 著 *James Joyce*, Thames Hudson, 1967, p.63. “The Dead” 是 *Dubliners*（其中包括十五个相对独立又互为联系的短篇小说）中最有代表性的一个短篇。

⑥转引自 Morris Beja 著 *James Joyce: A Literary Life*, Gill and Macminal, 1992, p.90。

⑦引自 Edward A. Kopper 著 *Joyce's Ulysses*, Nebrask: Cliffs, Notes Incorpated, Lincoln, 1998, p.106。

⑧引自 M. J. Valdes 编著 *A Ricoeur Reader: Reflection and Imagination*, NY: Harvester, 1991, p.314。

⑨利科的论述原文为法文，英译（编译者为 M. Valdes）如下，供参考研究：

> But my claim is that the hermeneutical circle is not correctly understood when it is presented 1/as a circle between two subjectivities, that of the reader and that of the author, and 2/as the projection of the subjectivity of the reader in the reading itself. Let us correct the first assumption in order to correct the second one.
>
> That which we make our own, we appropriate for ourselves, is not a foreign experience or a distant intention, it is the horizon of a world towards which this refers: the appropriation of the reference no longer finds any model in the fusion of consciousness, in “empathy” or in sympathy. The coming to language of the sense and the reference of a text is the coming to language of a world and not the recognition of another person.
>
> The second correction of the Romanticist concept of interpretation follows from the first one. If appropriation is the counterpart of disclosure, then the role of subjectivity is not correctly described as projection. I should rather say that

the reader understands himself before the text, before the world of the work. To understand oneself before, in front of, a world is the contrary of projecting oneself and one's beliefs and prejudices; it is to let the work and its world enlarge the horizon of my own self-understanding.

Hermeneutics, therefore, does not submit interpretation to the finite capacities of understanding of a given reader; it does not put the meaning of the text under the power of the subject who interprets. Far from saying that a subject already masters his own way of being in the world and projects it as the *a priori* of his reading... I say that interpretation is the process by which the disclosure of *new modes* of being—or, if you prefer Wittgenstein to Heidegger, of new *forms of life*—gives to the subject a new capacity of knowing himself. If there is somewhere a project and a projection, it is the reference of the work which is the project of a world; the reader is consequently enlarged in his capacity of self-projection by receiving a new mode of being from the text itself.

In that way the hermeneutical circle is not denied, but it is displaced from a subjectivistic to an ontological level; the circle is between my way (or my mode) of being—beyond the knowledge which I may have of it—and the mode (or the way) of being disclosed by the text as the work's world.

引自 *A Ricoeur Reader*, pp.315–316。

⑩亚里士多德在《诗学》中说，隐喻包括利用外来语、新造词、延长词、缩减词等手段，使之与词的常用意义分离。利科认为，“在文本诠释中，对隐喻的理解是对文本理解的关键”，参见 A *Ricoeur Reader: Refleorion and Imagination*, Mario J.Valdes, NY: Harvester, 1991, p.313。

⑪参见利科论隐喻，*A Ricoeur Reader*, pp.316–318。

⑫与此同时，拉康还推导出了换喻的公式。以下是他的原文的英译（英译者是 Alan Sheridan):

We have shown the effects not only of the elements of the horizontal signifying chain, but also of its vertical dependencies in the signified, divided into two fundamental structures called metonymy and metaphor. We can symbolize them by, first:

$$(a)\ f\ (S \ldots S')\ S \cong S\ (-)\ s$$

that is to say, the metonymic structure, indicating that it is the connexion between signifier and signifier that permits the elision in which the signifier installs the lack of—being in the object relation, using the value of "reference back" possessed by signification in order to invest it with the desire aimed at the very lack it supports. The sign-placed between ( ) represents here the maintenance of the bar—which, in the original algorithm, marked the irreducibility in which, in the relations between signifier and signified, the resistance of signification is constituted. Secondly,

$$(\mathrm{b})\ f\ (\frac{S'}{S})\ S \cong S\ (+)\ s$$

the metaphoric structure indicating that it is in the substitution of signifier for signifier that an effect of signification is produced that is creative or poetic, in other words, which is the advent of the signification in question. The sign+between ( ) represents here the crossing of the bar—and the constitutive value of this crossing for the emergence of signification.

转引自 J. Lacan 著 *Ecrits: A Selection*, NY：Norton, 1977, p.164；此外 D. R. Schwarz 有一段论述可供我们参考：

Poststructuralists break with formalists, too, over an issue they have debated with structuralists. The issue involves metaphor and metonymy, two terms for different kinds of rhetorical *tropes*, or figures of speech, *Metonymy* refers to a figure that is chosen to stand for something that it is commonly associated with, or with which it happens to be contiguous or juxtaposed. When said to a waitress, "I'll have the cold plate you're serving today" is a metonymic figure of speech for "I'll eat the cold food you're serving today". We refer to the food we want as a plate simply because plates are what food happens to be served on and because everyone understands that by *plate* we mean food. A *metaphor*, on the other hand, is a figure of speech that involves a special, intrinsic, nonarbitrary relationship with what it represents. When you say you are *blue*, if you believe that there is an intrinsic, timeless likeness between that color and melancholy feeling—a likeness that just doesn't exist between sadness and yellow—then you are using the word *blue* metaphorically.

⑬"解构"（deconstruction）是法国文艺批评家德里达（J. Derrida）提出的名噪一时的批评理论。德里达的理论思想很芜杂，而且具有相当偏激的叛逆性。德氏认为，必须完全摆脱西方哲学传统的禁锢，他称之为"logocentralism"；logos

是语言，传统由语言传达，因而被视为“逻各斯中心”，废弃和排斥因袭之见和作者主体的“在场”（presence），因为作者本人及其作品充满矛盾和对立，它 / 他 / 她实际上“已将自己解构”了。其结果是：词的语音、字面意义和实际意义之间广泛存在着差异，德氏为此杜撰了一个词“differance”（可试译为“延异”）。R. C. Murffin 在解释这个策略时说（引自“What is Deconstruction”，载 D. R. Schwarz 编 *James Joyce*: *The Dead*, Boston: St. Martins, 1994)：

> Because the meanings of words lie in the *differences* between them and in the differences between them and the things they name, Derrida suggests that all language is constituted by differance, a word he has coined that puns on two French words meaning “to differ” and “to defer”: words are the deferred presences of the things they “mean,” and their meaning is grounded in *difference*. Derrida, by the way, changes the “e” in the French word *difference* to an “a” in his neologism *differance*; the change, which can be seen in writing but cannot be heard in spoken French, is itself a playful, witty challenge to the notion that writing is inferior or “fallen” speech.

由于德氏的理论思想过于芜杂，有关“解构”的文献又浩如烟海，迄今为止，还没有人（包括德氏自己）对“解构”作过经典性的描写与界定。以下一段引述是 Schwarz 的有关论述：

> This is how deconstruction works: by showing that what was prior and privileged in the old hierarchy (for instance, metaphor and speech) can just as easily seem secondary, the deconstructor causes the formerly privileged term to exchange properties with the formerly devalued one. Causes become effects and (d) evolutions become origins, but the result is neither the destruction of the old order of hierarchy nor the construction of a new one. It is, rather, *deconstruction*. In Robert Scholes’s words, “If either cause or effect can occupy the position of an origin, then origin is no longer originary; it loses its metaphorical privilege”.
>
> Once deconstructed, literal and figurative can exchange properties, so that the prioritizing between them is erased: all words, even dog and cat, are understood to be figures. It’s just that we have used some of them so long that we have forgotten how arbitrary and metonymic they are. And, just as literal and figurative can exchange properties, criticism can exchange properties with literature, in the

process coming to be seen not merely as a supplement—the second, negative, and inferior term in the binary opposition creative writing/literary criticism but rather as an equally creative form of work.

美国知名的文艺批评家 Jonathan Culler 就此评论说：

It is not difficult to see the attractions of deconstructive reading, . . . given that there is no ultimate or absolute justification for any system or for the interpretations from it, the critic is free to value "the activity of interpretation itself, . . . rather than any results which might be obtained". (*Structuralist Poetics* 248)

⑭引自 Daniel R. Schwarz 著 "A Psycho-analytic Perspection"，转载于 *Case Studies in Contemporary Criticism*, Schwarz 编，Boston: Bedford Books, 1994, p.103。

⑮转引自 Morris Beja 著 *James Joyce: A Literary Life*, UK: Gill and Macmillan, 1992, p.121。

⑯西方现代文艺批评中对文本的解读策略大致有以下流派：一、形式主义（Formalism 或新批评主义 New Criticism，始于四五十年代），主要关注文本内在（"within"）的区别性形式特征；二、结构主义（Structuralism），始于索绪尔（F. de Saussure）的语言理论，由语言学而引发雅可逊（R. Jakoson）、斯特劳斯（Levi-Strauss）和罗兰•巴特（Roland Barthes）等学者发展出欧洲的 semiology（符号学或 semiotics 即 science of signs）。结构主义以神话（myth）为主要研究对象，将其结构微分为"mytheme"（神话素），结构主义者热衷于分析"神话素"的历时和共时的行为模式，认定语言（langue）而非言语（paroles）才是"凌驾一切的"（overriding）；三、后结构主义（poststructuralism）是一个反结构主义的"松散的概念"，它的成员包括后结构主义者（如巴特）、弗洛伊德学派心理分析（如 J. Lacan）、女权主义者、马克思主义者、解构论者（如德里达）和读者反应批评（Reader Response Criticism）学派；四、新历史主义学派（New Historicism），认为文学批评必须发展"高度自觉意识"，同时又不能脱离人类其他的创造活动和艺术形式。他们认为文学是"自在客体"（object in itself），因而必须恪守"自在"的原则。文学批评的基本态度是：应该关注的是文本中的实际存在，而不是作者（author）意欲（intend）体现的东西，即他们所谓的"广义作者意向"（authorial intention defined more broadly）、意向性（intentionality）。意向性包括作家的创作动机、目的性等等，都是"非自觉的"（unconscious），不应该被视为文本的实际内容（what's actually in）。新历史学派是西方当代文艺批评的新发展。

第八章　翻译与文化心理探索

8.0　概述

中国古代文论家非常重视作家和作品的文化心理分析，认为这是解密文本深意的一把重要的钥匙。唐代韩愈说过一段很有名的话：

> 大凡物不得其平则鸣。草木之无声，风挠之鸣。水之无声，风荡之鸣，其跃也或激之，其趋也或梗之，其沸也或炙之。金石之无声，或击之鸣。人之于言也亦然。有不得已这而后言，其歌也有思，其哭也有怀，凡出乎口而为声者，其皆有弗平者乎？
>
> （韩愈《送孟东野序》，《韩昌黎集校注》）

韩愈说的就是我们今天所讨论的主旨：特定的文本一定有它特定的文化心理。言为心声，无缘无故的"言"，没有必要去理会它，翻译也一样。

那么，具体地说，翻译与文化心理（或文化审美心理）之间有什么关系呢？换句话说，研究翻译为什么有必要研究文化审美心理？

为阐明这个问题，我们就必须从若干最基本的问题谈起，其包括**文化心理范畴**、文化心理与**语义生成**以及**文本组织形态**之间深刻的相互关系等等。很明显，不探究这些问题，文化翻译也只能停留在表层；还可能只停留在"知其然不知其所以然"的"必然王国"（无意识状态）内，不能进入“自由王国”（知性状态）窥其堂奥，将文化心理与翻译中的语义与文本赋形挂钩。将两者联系起来研究，就能知其然又知其所以然，这正是文化翻译的关键。此外，翻译学研究文化心理问题还有一个实际目的，就是为文化审美表现法研究做铺垫，这是我们在第八章要讨论的问题。另外要说明一点，文化心理范畴很广，包括思维和精神领域里的很多命题，但语际语言转换主要涉及语言文化审美，因此本书的文化心理探讨主要局限在用优化的语言表现出来的**文化审美心理**。

8.1 文化心理（文化审美心理）的范畴论、系统论和功能分析

人类对心理的认识经历了漫长的过程。语言、心智、思维、精神、情感等等之间究竟是什么关系，长期以来，人们还不甚了然。我国古代的哲学家荀子在《天论篇》中说:“形具而神生，好恶喜怒哀乐藏焉。”他认为情感源于神，但“神”又是什么呢？他只能用“形”的对立面来解释。这一点中国古代的哲学家是有共识的。《淮南子•原道训》中说:“耳目非去之也，然而不能应者而也？神失其守也。”（他的意思是，有时候，人并没有失去他的耳目，但就是没有反应、感应，这是什么原因呢？原因是神不守舍，“舍”就是人的形体）。中国学者开始接触到心理学奥秘时间相当晚。1830年，我国清代学者王清任首次提出“灵机、记性不在心，而在脑”。这是很了不起的真知灼见，可惜古代中国学术不重实验而重悟性，他的见解未得开发和发展。在西方，心理学观念和对心理现象的关注也早已引起很多学者的注意，但真正称得上最早从事心理学本体论研究的人是德国的哲学家莱布尼茨（G. W. Leibniz, 1646–1716）。莱布尼茨是唯理论（理性论）者，他对感觉、意识和知识的认识也都建立在理性知识之上。他认为人先有感觉，由感觉提升为知识。莱布尼茨的感觉论影响了英国的哲学家洛克（J. Locke, 1632–1704），但洛克认为知识并不源于感觉，而是源于观念，知识始于观念，观念又始于经验。人是从在

特定的人文环境里对观念的反省中获得知识。

人类对心理现象和心理活动（心理现象也就是心理活动，但前者通常表现在后者中，后者强调表现）的科学探索始于19世纪末。心理学家在哲学和医学发展的促进下对感觉、知觉、表象、思维、想象和记忆进行了系统的探索和研究，[①]从而认识到从感觉到记忆的连续性活动，就是人的**认知过程**。认知过程是人类之所以成为人类的非常重要的心理过程。

与认知过程并行不悖的还有三个过程：一是**情感过程**，二是**意志过程**，三是**表现过程**。

人在认识客观事物（构成其认识中的客观世界）和主观事物（构成其认识中的主观世界，也就是自我）的过程中大都不会只停留在认识维度上。伴随认识，他必然会获得感受，做出反应，也就是采取某种态度，这时认识就表现为情绪和情感，也就是荀子说的“好恶喜怒哀乐”，当然这六个字只是一种概括，实际上人的情绪和情感“色谱”是言语不可穷尽的。[②]本书第六章已有论述。

第三个维度是意志过程。[③]人对事物有了一定的了解、认识，作出了情感反应，同时伴随某种感情、心态、情绪等等，就会上升为某种态度，从而进入意志过程，其中包括相应的行动意向、决心，及至进入某种实施过程以实现自己的意图。如果是艺术家、作家或翻译家，就会产生创作冲动、创作意向，这就到了最后一个过程：表现过程，也就是将一切认知、情感、态度、意向统统诉诸自己的表现手段，终而结出成果的过程。

以上说的四个过程统称为心理过程。这四个过程都与文化心理密切相关：它们都不能在“真空”中，而是在特定的人文环境中完成的。就翻译而言，以上四个过程可以图解如下：

翻译的文化心理过程

- 认知过程：对原语文本（SLT）的理解 (SLT Comprehension)
- 情感过程：对原语文本（SLT）的感悟 (SLT Feeling)

（从情感过程到意志过程的过渡是关键）

- 意志过程：对译语文本（TLT）的酝酿 (TLT Structuring)
- 表现过程：对译语文本（TLT）的赋形 (TLT Formation)

图8-1

除心理过程以外，心理现象还包括两个次范畴，其一是个性心理，其二是群体心理。

个性心理反映个人或个性的取向（倾向性），也反映个人或个性的心理特点。与之对立的是共性取向或共性心理特点，我们常常称之为群体心理特点。

先谈个性心理特点。在心理学中，所谓“个性”指具有一定倾向性的心理特征的总和。这就是说个性是多维的、具有概括性的。比如，有些人个性比较开放、外露，有些人个性比较孤僻、含蓄；有些人自信心强、比较主观，有些人自制力强，也可能比较矜持；有些人很重情、很深刻，有些人很重利、很浅薄等等。总而言之，这些特征都是在特定的人文环境中形成（发生、发展、完成）的，它们都表现出文化的个人特质（cultural qualities）。知名的瑞士心理学家荣格（C. G. Jung, 1875–1961）于是将个性分成两个基本类型：一是内倾型（introvert），二是外倾型（extrovert）。他说所谓“大千世界”，就是由种种表现出个人特质的以上二类芸芸众生组成的。

群体心理特点是特定群体的心理共性。这个群体可以是某种相对稳定的社会集结体，它们可能是某个社会阶层、阶级，也可能是某种松散的社会群族（如“上班一族”“单身族”）。通常最受关注的社会集结体是民族。每一个民族都有自己独特的民族心理特征，这些特征都是在特定的人文环境中形成的。[④] 所谓“民族文化环境”，指具有特定的文化历史传统、地缘经济形态、地缘政治形态和地缘社会形态的环境（environment of particular cultural-historical traditions, geo-economic, geo-political and geo-social patterns），与人种或种族（race）没有什么直接关系。

至此，我们可以将文化审美心理范畴（心理现象及其次范畴）表现如图 8–2：

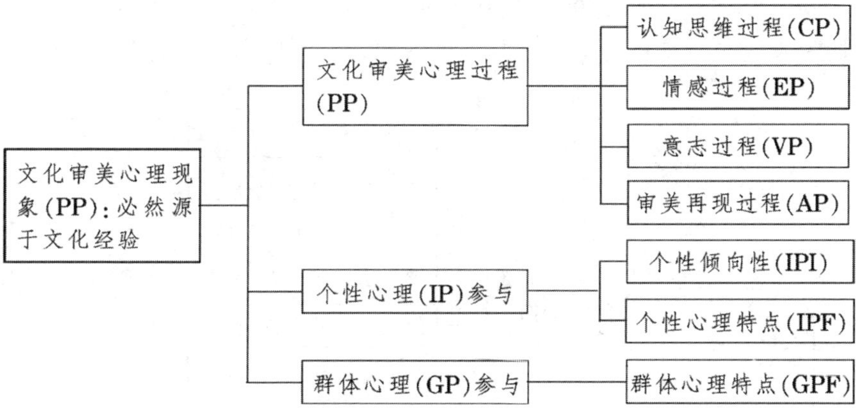

图8—2 文化审美心理结构：范畴与次范畴（1）

文化心理范畴是从文化信息心理结构的视角来剖析文化心理。除范畴问题以外，文化心理还有一个次系统论。文化心理系统是从文化信息内容的属性的视角来剖析文化心理。

首先是文化心理的价值系统（文化价值系统，system of cultural values），与价值属性有关，也就是我们通常说的人们的价值取向。人的价值系统是由认知决定的，源于经验，也有情感参与，并常常见诸行为。文化价值系统包括以下几个次系统：（一）人生—生命价值；（二）自然—环境价值（例如儒家传统中的天道观）；（三）道德—宗教价值；（四）智力—知识价值；（五）经济—政治价值；（六）审美—情感价值等六类。[⑤] 文化价值系统几乎是人人都有的，尽管有的人并没有用言语表明他的价值取向。

其次是文化行为系统。人类有些行为在一般情况下是没有什么意义的，如打喷嚏、打哆嗦一般属于“自然行为”或“生理反应行为”，我们称之为非意向行为（unintentional act），但许多行为在一定的条件下或环境中可能具有特定的文化意义，我们称之为意向行为（intentional act），有些意向行为发生在特定的人身上，文化意义还非常深刻，如屈原的自杀，足可称“千古之谜”。[⑥]李白的嗜酒也不是简单的嗜好或习惯性行为。

最后是表现(法)系统。文化心理的表现(法)系统分为言语表现(verbal expression）和非言语表现（non-verbal expression），非语言表现又下分情态表现与体语表现（body expression），可见表现法与文化翻译关系相当密切。表现法问题我们将在第九章集中探讨，概称为文化翻译的表现论。

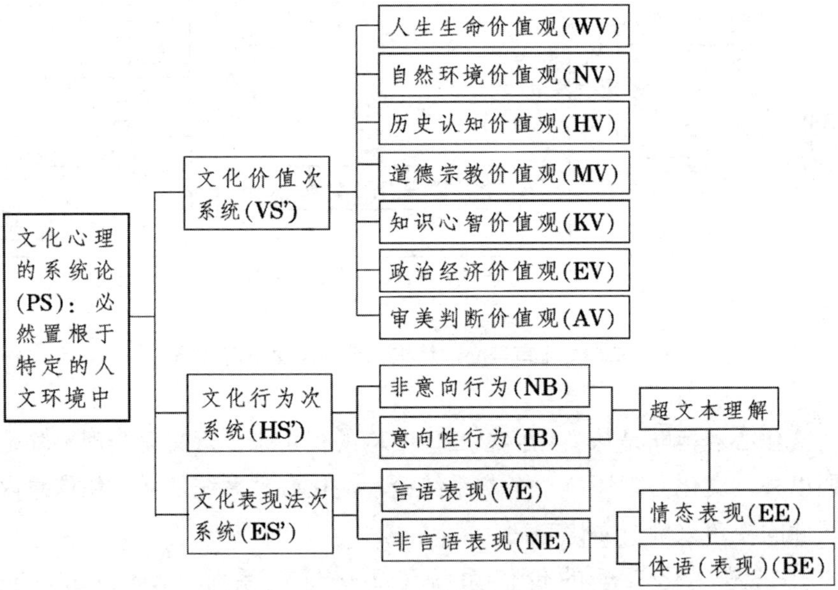

图8—3　文化心理结构：系统与次系统（2）

在文化心理的系统论中文化表现法次系统对文化翻译具有特别重要的意义。可以毫不夸张地说，如果文化翻译不注重研究表现法，那么我们的一切研究成果就不可能落到实处而化为乌有。故此。我们将在第九章中作专章探讨研究。

下面我们需要了解的是人的文化心理能起什么“作用”、担负什么“工作”，英语叫作文化心理的“task”。

根据当代认知科学家（Duncan, 1999; Motter, 1999; Merikle, 2000, etc.）的研究，人在有所行动（action）以前受着三股作用力的支配，一是**感觉**（sensations），二是**记忆**（memories），三是**思维过程**（thought processes），这三股作用力被整合为一个心理过程，这个过程表现为“注意”（attention）。由“注意”发出“行动”指令，这里的“行动”（行为）当然也包括语言表现。值得注意的是这个心理过程的重要特征是受文化制约的（culture-bound），具体而言就是受表中所列的各种价值观的支配，人不可能违背他的心理结构中的价值观来说话。这就说明人的话语受制于他的文化心理结构。例如赞赏印象派作品的人不可能说出贬抑印象派大师的话。这就使我们得出以下结论：

第一，人的话语表现（式）受制于文化心理，反过来说也一样，文化心理也必然会反映在话语表现式中。这样，我们就可以根据一个人的话语表现（式）分析、推断其文化心理；

第二，因此，要深入理解一个人的话语表现（式）中的深层意义、意向、意蕴，就可以从剖析其文化心理入手，取得依据；

第三，同理，要准确再现例如在翻译的双语转换中一个人的话语表现（式）（SL），也同样可以从剖析其文化心理入手，从中取得再现（TL）的依据。

综上所述，翻译学必须了解文化心理这个与文化翻译密切相关的大问题。我们研究的目的是：

第一，**打开理解的文化视角**，不能仅仅对文化的这个深层领域一知半解，而是必须扩大视野“登堂入室”；

第二，加深理解的文化深度、弄清原作**深及心理层面的文化底蕴**，克服我们对文本理解（包括对词、词组、句子、语段、文本整体的理解）止于 face value（表层价值）的缺点；

第三，在加深、校正理解的基础上，着力搞好“文化表现”，了解文化心理支配表现法的道理，以**确保文化翻译的效果**。

8.2 文化审美心理个案分析

以上我们对文化心理作了理论上的概括性剖析和描写。根据以上剖析和描写，我们将以屈原所作的《橘颂》为特定的个体做个案分析。⑦

[屈原的原文]	[陈子展的翻译]	[郭沫若的翻译]
1）后皇嘉树，	君王有美树，	辉煌的橘树啊，
2）橘徕服兮。	橘来习服啊；	枝叶纷披。
3）受命不迁，	禀性不移，	生长在这南方，
4）生南国兮。	生在南国啊。	独立不移。
5）深固难徙，	根深柢固难以迁徙，	绿的叶，白的花，
6）更壹志兮。	更加圣定的意志啊。	尖锐的刺。
7）绿叶素荣，	绿叶白花，	多么可爱啊，
8）纷期可喜兮。	那是多么的可喜啊。	圆满的果子！
9）曾枝剡棘，	层层的枝子、尖尖的刺儿，	由青而黄，
10）圆果抟兮。	圆滚的果实一团团啊。	色彩多么美丽！
11）青黄杂糅，	青的黄的杂糅一起，	内容洁白，
12）文章烂兮。	文采的斑斑斓斓啊。	芬芳无可比拟。
13）精色内白，	外貌晶莹、内心洁白，	植根深固，
14）类可任兮。	类似有力可以负重啊。	不怕冰雪虹霏。
15）纷缊宜修，	来丰满、恰宜修饰，	赋性坚贞，
16）姱而不丑兮。	俊脸而不是丑容啊。	类似仁人志士。
17）嗟尔幼志，	唉，你的幼年志气，	啊，年轻的人，
18）有以异兮。	和那有什么差别啊？	你与众不同，
19）独立不迁，	独立不移，	你志趣坚定，
20）岂不可喜兮？	难道不可以喜悦啊？	竟与橘树同风。
21）深固难徙，	根深柢固难以迁徙，	你心胸开阔，

22）廓其无求兮。	那是超旷的无所求啊。	气度那么从容！
23）苏世独立，	醒世、独立，	你不随波逐流，
24）横而不流兮。	像航过去而不随波逐流啊。	也不固步自封。
25）闭心自慎，	内闭此心、自守慎密，	你谨慎存心，
26）终不失过兮。	不至终有过失啊。	决不胡思乱想。
27）秉德无私，	执行本性、没有偏邪，	你至诚一片，
28）参天地兮；	可配天地无私啊！	期与日月同光。
29）愿岁并谢，	愿在岁寒俱凋的时候，	我愿和你，
30）与长友兮。	相与长做朋友啊。	永做个忘年的朋友，
31）淑离不淫，	善和美都不可动摇，	不挠不屈，
32）梗其有理兮。	那是梗直的而有条理啊！	为真理斗在尽头！
33）年岁虽少，	年纪虽然少小，	你年纪虽小，
34）可师长兮。	可以做人师长啊。	可以为世楷模，
35）行比伯夷，	志行比于伯夷，	足比古代的伯夷，
36）置以为像兮。	树立以为榜样啊！	永垂万古。
	（取自《楚辞直解》）	（取自《楚辞》英译中 1997）

比较而言，《橘颂》是《楚辞》中一首比较短小、浅明的“兴比式”抒情诗，详论如下。

8.2.1 文化历史背景

《橘颂》究竟是不是屈原写的？质疑者自古有之。这个问题，只要我们慎作文化心理分析，大体可以不言自明。

屈原生在一个盛世与乱世撞击的时代。华夏初始文化的灿烂之花和战乱征伐的岁月寒光他都目睹过，感受过。那确实是一个“需要巨人，而且可以产生巨人的时代”。《橘颂》就是一位不幸的巨人的孤独的自勉。[⑧]

在根据上述文化心理范畴论和系统论，对文本作文化信息扫描（CIS，见本书 2.3）以前，让我们对屈原所处的“乱世”的本质、这个乱世加之于诗人而使之不寒而栗的现实和前景，以及屈原在那个寒气逼人的时代阴霾下所作出的心理反应，作一个简略的描述。

屈原生于楚宣王二十七年（公元前340年），61岁时投江自杀，时为顷襄王十六年（公元前278年）。屈原11岁时，秦封卫鞅于商，南侵楚。楚威王六年，楚伐齐，败于徐州。十一年，威王卒，魏闻楚丧，伐楚，破楚军于陉山。楚怀王元年，秦使张仪联楚、齐、魏以伐韩。韩败后，秦欲伐齐，齐幸速与楚从亲。怀王十六年，张仪使楚，贿惑楚王疏齐。楚王大怒，兴师与秦战于丹阳，大败，楚将士于二十六年、二十九年连遭虐杀，死八万。三十年，秦复伐楚，取八城。顷襄王元年，秦兵战楚，斩首五万，虏怀王。王死于秦，秦楚绝交。六年后，秦兵大举伐韩于伊阙，韩将士24万壮死，血染阙山。楚畏于秦，谋与秦复平。顷襄王十四年，秦楚结和而仇冤未泯。二年后，屈原自投汨罗江而死。楚国这一段辛酸的衰败史，屈原历历在目，耿耿于心。在屈原心理结构中，这一段楚衰败史无异于一个被强行置入的“恶性肿瘤细胞”。

楚国战事频频受挫的根源是政治败绩。因此屈原一进入政坛（25岁，楚怀王十年）身任“左徒”就目睹、亲历“三争”：楚秦之争、君臣之争与忠奸之争。

中国古代政治体制本身存在两个“自毁基因”：第一是“世袭”，世袭排斥优选，昏淫之君入主中央的或然率居半，而且与嗣继俱增。中国历史上改朝换代的直接原因可以说百分之百是昏君误国。昏君一登位即处在忠良者与奸恶者你挤我，我挤你的包围之下。这时昏君选谁辅佐就成了国家生死存亡的生命线。由于屈原的楚人秉性，长于才情而短于谋略（特别耻于谗媚），自不待言。于是“失君宠”始终是屈原摆脱不了的厄运。回顾屈子从政二十年，楚王近之者仅约十年（25岁至30岁，从左徒贬为三闾大夫，后者为闲职，直至45岁。是年，即怀王三十年，屈原谏请王勿入秦，王拒之）。屈原与君主之间始终处在若即若离状态，而离间者，均为奸人。

忠奸之争每每引致奸逞忠败的悲剧性结局，这是中国古代政制的自毁基因之二。屈原要对付的不仅仅是昏庸之君，更有甚者是昏君支撑下的一帮无恶不作的群小奸佞。屈原在他作品中屡屡提起的“党人”“众女”“兰芷”“茝蕙”就是奸佞的代码。被司马迁点了名的是令尹子兰、郑袖和靳尚。

屈原的伟大之处是他在“三争”之中屡战屡败，终致遭到流放，但并没有落荒而逃；相反，他败衄不屈，越战越勇，不惜以死相抗争。他在楚秦之争中始终坚持联合抗秦的战略，在君臣之争中始终坚持以忠谏求省纳的策略，在忠奸之争中始终坚持履忠贞而不畏谗邪的针锋相对的立场。从这里也可以看出战国时代士人文化精神中的理性自觉：屈原所做的是以极大的痛苦为代价的“生命实践”（用自己的生命来回答“to be or not to be”的问题）来树立并完成自己的理性意识。大概可以说，屈原在理性意识完成中经历了三个阶段：

第一阶段　理性意识萌发期：以《橘颂》为标志
（楚怀王元年至楚怀王十五年）
- 作《橘颂》
- 任左徒、三闾大夫

第二阶段　理性意识执着期：以《离骚》为标志
（楚怀王十六年至顷襄王六年）
- 完成《离骚》；《天问》当作于此时

第三阶段　理性意识终结期：以《远游》为标志
（顷襄王二年至顷襄王十六年）
- 作《远游》（顷襄王二年）
- 作《九章》（顷襄王十五年）
- 作《渔父》《卜居》（顷襄王十五年）
- 作《怀沙》《悲回风》（顷襄王十六年）
- 怀石自投于湖南汨罗江

我们在作了以上文化背景分析以后，再细读原诗，就可以比较清楚地看到《橘颂》的文化心理结构及其特征了。这样就为翻译理解（解码）获得了一把钥匙，从而为翻译构思和选词对策打下了比较坚实的基础。这时严谨的译者还会要求了解更多关于原作者的概况，特别是作者一生经历中的“聚焦点”——例如就从政的屈原而言，他的理性意识是一个聚焦点，这个聚焦点也就是他的“美政”观。这里牵涉到他的政见。那么他的政见究竟是什么？《楚辞》研究家姜亮夫在《屈原与楚辞》（1996）中阐述云：

屈原的政见可归纳为《离骚》中的一句："莫足与为美政"的"美政"。他的美政理论主体为二：(1) 称说古代的圣君、贤臣、贤后，说明圣君受命于天，明德在躬，施及于民，圣君有德者具体说则如尧舜之耿介，禹汤之"俨而祗敬"，那是屈原心目中所愿意奉侍的圣主，而他所希望"选贤与能"的臣子则为以义可用、善而可服的人；(2) 屈原有强烈的民本思想。他认为为君者不但要选贤而且要得民心："皇天无私阿兮，览民德焉错辅"，"瞻前而顾后兮，相观民之计极"。他很懂得为政治的基本因素这个道理。他不仅有治政理论，还有措施。《大招》里的一些话可以作为他治政措施的总结：(1)"豪杰执政，流泽施只"，是言贤能在位。(2) 对人民则要"察督夭隐，孤寡存只""禁苛暴""善美明"。(3)"田邑千畛，人阜昌只"。(4)"名声若日，昭四海只。""德誉配天，万民理只。"(5) 开拓疆土，"北至幽陵，南交阯只"。(《大招》是否屈原所作虽有争议，但这五点治政措施却是散见于屈原其他作品中治政见解的归纳！)

这个问题研究者意见不一定一致。以上一家之言很值得翻译者参考。

8.2.2 文化信息扫描

文化信息扫描一是服务于理解，二是为表现做准备。扫描一般可以在两个平面上进行。首先是总体平面，即在四个层级（物质形态、典章制度、行为习俗、心理活动，见本书 2.3）上对文本进行一词一句的分析、甄别和筛定。这项工作不仅仅是出于教学上的需要（要求学习者从文化上认识文本及其一词一句），对翻译实践也很有帮助。其次是在文化心理层面（第四层次）进行更加细致的分析、甄别和筛定（见本书 8.1 中的次范畴表及次系统表），以确定文化心理信息内容及类别。

我们可以将语言文化信息分布层次标出如下代码，并将整个文本代码化：

第一层次物质形态 ⇨1Mat（简作 1M）

第二层次行为习俗 ⇨2Ins（简作 2S）

第三层次典章制度 ⇨3Beh（简作 3B）

第四层次心理活动 ⇨4Psy（简作 4P）

《橘颂》的文化代码化文本如下：

《橘颂》可以大体分为两段：从第 1 句到第 16 句是前段，从第 17 句到第 36 句是后段。以下代码化文本中带括号的阿拉伯数字表示句子的序号。

我们在总体平面上进行了扫描分析、甄别和筛定以后，就可以清楚地看出来：《橘颂》所蕴含的文化信息大都是属于心理活动层次。于是我们就可以在这个基础上对《橘颂》文本进行心理活动层次的进一步扫描。《橘颂》中的文化信息基本上属于文化心理活动层（4P），其文化价值观系统的信息分布大体示意如下：

《橘颂》前段	(1) 4P1M/AV	(2) 3B/NV	(3) 4P/KV
	(4) 4P/KV	(5) 4P/KV	(6) 4P/JV
	(7) 4P/AV	(8) 4P/AV	(9) 4P/AV
	(10) 4P/AV	(11) 4P/AV	(12) 4P/AV
	(13) 4P/AV	(14) 4P/AV	(15) 4P/AV
	(16) 4P/AV		
《橘颂》后段	(17) 4P/WV	(18) 4P/WV	(19) 4P/MV
	(20) 4P/MV	(21) 4P/MV	(22) 4P/MV
	(23) 4P/MV	(24) 4P/MV	(25) 4P/MV
	(26) 4P/MV	(27) 4P/MV	(28) 4P/MV
	(29) 4P/NV	(30) 4P/MV	(31) 4P/MV
	(32) 4P/MV	(33) 4P/WV	(34) 4P/WV
	(35) 4P/MV	(36) 4P/MV	

文化信息扫描属于一种定量及定性分析，我们可以凭借定量和定性分析展示文本的总体特色和倾向性，对分析翻译表现有益。上例前段主要信息集中于审美价值（AV），后段则集中于道德价值（MV）。可见《橘颂》的总体文化心理特征是表现屈原的审美价值观和道德价值观。

8.2.3 个案扫描分析的意义

我们对文本进行文化信息的个案及扫描分析的目的是准确地把握原作者的文化心理及原语语义及文本文化内涵，从而将其体现在表现法中、体现在译文中。以下是《橘颂》的一式译文。为便于说明我们的意图，也便于以下二节的探讨，现将英译全诗转录如下：

Hymn to the Orange Tree

(1) Fair tree on earth without a peer;
(2) Laden with oranges, you grow here, oh!
(3) You are destined not to be moved;
(4) In the southern land you are loved, oh!
(5) Your root's too deep from us to part;
(6) What's more, you have a single heart, oh!
(7) You have green leaves and flowers white.
(8) What an exuberant delight! oh!
(9) Your branches thick armed with sharp pine
(10) Are laden with fruit round and fine, oh!
(11) A riot of yellow and green,
(12) What a dazzling splendid scene! oh!
(13) Within you're pure; without you're bright,
(14) Like a man virtuous and right, oh!
(15) Luxuriant and trimmed, you thrive;
(16) No blemish but charm's kept alive, oh!
(17) While young, you aspire as you please,
(18) Quite different from other trees, oh!
(19) Grown up, independent you stand.
(20) How you're admired in southern land! oh!
(21) You're too deep-rooted to transplant;

(22) Seeking nothing, you're so exuberant, oh!
(23) You stand alone in this world wide,
(24) Unyielding to the vulgar tide, oh!
(25) You seal your heart and act with care;
(26) You've done nothing wrong anywhere, oh!
(27) So selfless, you have virtues high,
(28) And become one with earth and sky, oh!
(29) All the trees fade by the year's end;
(30) I will forever be your friend, oh!
(31) You're free from sin, so pure and bright,
(32) And your trunk is ever upright, oh!
(33) Although you appear young in view,
(34) Even the old may learn from you, oh!
(35) You're an example and inspirer,
(36) And I am your humble admirer, oh!

下面我们将对以上转录的译文加以评析。

8.3 语义诠释与文化审美心理探索

文化心理可以在很大的程度上校正、调整、调节并最终决定词语的准确意义。这在文化翻译中是一个很重要的问题。例如中国传统哲学中一个重要的范畴“道”的意义，就完全取决于不同的哲学流派的界定。很显然，不同哲学流派在界定“道”的时候是根据自己的认识论和方法论行事的：这就是一个文化心理参照问题。在道家的文化心理中，“道”要通过“无”来认识，才可以把握它的质朴性、绝对性、虚无性。因此，老子说:“道可道，非常道。名可名，非常名。”庄子也说:“夫道，有情有信，无为无形。”(《庄子•大宗师》）对比之下可以看到，儒家的文化心理具有完全不同的结构，孔子心目中的“道”，指儒家的政治主张和思想体系，也可以说就是儒家所宣扬的大同世界。总之“道”是儒家政治理想的一个代码，比道家的“道”要实得多。所以《论语·公冶长》中说：“道不行，乘桴浮于海”，《卫灵公》中说：“道不同，不相为谋”，可见它是“可行”“可谋”的东西，是相当具体的。法家的“道”又基于另一种认识。在法家心目中，“道”就是“法治”，“守道”就是坚持按法律办事（《韩非子·守道第二十六》）。可见法家的“道”更实了。

毫无疑问，以上三种文化心理中的“道”不能不加分析、鉴别，或不加调整、修润地统统译成“the way”，“the doctrine”或“the ideal”等等。

《易经》（周代古文献经典）的“易”也是这样。在不同的心理结构中，“易”的意义是不同的。儒家心目中的“易”往往符合中庸心态，犹《礼记》所云：“君子居易以俟命”（似乎在说，“你就安安稳稳地给我待着等待命运的安排吧”，这是很消极的人生态度）。《周易》的心态（认识）完全不同。《易经》中“易”的理性认识水平相当高，它的基本思想是人必须“观变”，因为客观世界在变。《易经》的主旨是“观变于阴阳而立卦”（卦生于象，象就是符号，古人欲以符号来记录客观世界的变化）。《易经》的思想非常深刻。《系辞》云：“穷则变、变则通，通则久。”可见 James Legge 将《易经》阐释地译为 I Ching, Book of Changes 是完全把握了《易经》的文化心理深层理念的，在题目上点出了要旨，是很好的对策。德国人很严谨，批评 Legge“画蛇添足”，有失公平。

词以上的语言单位亦复如此：意义之定位在相当大的程度上视乎甚至取决于文化心理参照。“明哲保身”在饱经劫乱的中国人的消极心态中是个贬义词组。但在盛唐时代理性思维居于主导时，明哲保身完全是个褒义词组。唐代孔颖达解释此词组时说：“既能明晓善恶，且又是非辨知，以此明哲择安去危，而保其身，不有祸败。”前两句足以表明这种人的心理素质堪称一流。

8.3.1 文化审美心理与语义定夺

现在让我们回到《橘颂》。

从文化心理结构的视角看，《橘颂》由三个有力的支柱托起：一是理（理想）；二是志（意志或志向）；三是情（情怀或情感）。前段是颂橘，以橘的嘉美生性和生态喻人。后段是自颂自勉，注家李陈玉说："橘颂，屈子自赞。"以上评述可以说是理解《橘颂》及至解释注疏其中每一个词的一个纲。现在我们不妨按句序来看看上述英文翻译。

首先是"后皇"的翻译。英译按郭沫若的理解译为"fair tree"，归咎于郭氏完全无视文化历史背景以至望文生义、不求甚解，令人惊诧。译者不宜附和，信以为真。"后皇"一词后世注家的解释是"君王"，与郭沫若的"辉煌"沾不上边。"后皇嘉树"很可能类似于《汉书•礼乐志》中所云"后皇嘉坛"，后者将"嘉树"移词曰"嘉坛"。坛就是祭坛（颜师古），"后皇嘉坛"犹云"皇上有上佳的祭坛"。那么屈原为什么不说"皇上"而说"后皇"呢？《礼记•内则》中说"后王命冢宰"，《释文》引孙炎解云，"后王"即"君王"，可见"后皇"较端重。从屈原的心理上分析，后皇指皇上、君王也是自然之理。《橘颂》写在诗人理性意识萌发期，他心中的理想犹如一株嘉树之生生可发，更值年轻有为期。尤其值得考虑的是其时诗人与楚怀王过从甚密，屈原为王左徒，"王甚任之"（司马迁），出入相随，屈原对君王敬重之情，溢于言表，而冠于诗首，这正是"后皇嘉树"的"后皇"之称的文化心理依据。[⑨]

其二是"受命不迁"一句。[⑩]郭沫若译为"独立不移"，"独立"之意没有根据而且与原意相左。"受命"正好不是"独立"。这里的"受命"指受天候水土之命，意思是说，橘子这种"习服植物"（"习服"是医学名词，指适应于宜于栽培之水土环境），禀性是不移的。按当时屈原的心态，正是君臣融洽时，也不会特别强调要"独立"，而确实是安于受命。这些心理因素，郭沫若就一概不管了！幸好英译没有盲目附和。但"laden with orange"则缺乏依据，原文只说了"绿叶素荣"（绿色的叶子，白色的花），后面才提了果实圆浑之类的词。

从第 11 句到第 16 句，郭沫若的理解大都莫名其妙。"青黄杂糅"就是青色和黄色杂糅在一起，根本不是"由青而黄"。英语摆脱了郭氏的谬误，译为 a riot of yellow and green 是对的。"文章烂兮"意指文采斑斓与郭沫若所谓的气味"芬芳"扯不上。英译也未将错就错。"纷缊"的意思是五彩斑斓之状，郭沫若译成"赋性坚贞"，差之千里。"姱而不丑"指面容俊俏，这几句都是仪表描写，是“精色内白”的发挥，郭译扯到“仁人志士”去了，这怎么能算翻译呢？“类任道兮”意思是“看来是可以委以重任”的，郭沫若任意发挥为“不怕冰雪雰霏”（意下为耐寒，不合原意），英译者看似吃不准，给了一个模棱两可的修饰词“virtuous and right”。

第24—27四句郭沫若的理解真可谓十分荒谬。其实“横而不流”不难理解，“横”意思就是横江而过，横而不流就是“横浊世之流而过，而不随之漂流”，这与“固步自封”差得很远，如果说这也是“语义调整”，那么也未免调整过了头。看来译者主要是昧于文化心理分析。“闭心自慎，终不失过”意思是“常常扪心自勉，勿失言失密，以求行为审慎，不至于到头来造成过失”，郭沫若理解为“不胡思乱想”，真可谓“胡思乱想了。”下面的“秉德无私”（第27句）意思也很清楚，英译为so selfless, you have virtues high，但郭氏的理解却是“至诚一片”，按此回译（back translation）应是perfectly honest，与“秉德无私”无干矣。

第29—30句中屈原说，“愿岁并谢，与长友兮”，“长友”就是长与为友，不是什么“忘年交”。忘年交是年龄、辈分不相当而结为好友。《南史•何逊传》云:“弱冠，州举秀才，南乡范云见其对策，大相称赞，因结忘年交。”我们试分析一下屈原写《橘颂》时的文化心理（其时屈原才二十四五岁），虽“嗟尔幼志”，也不到辈分不相当的地步。英译能不受郭沫若误译的影响，难能可贵，至于英译文字上不够自然，那是一个审美问题，语义上大体是没有错的。

从以上分析中我们可以得到的教益是：

第一，语义诠释一定要符合原著的文化历史背景及作者的文化心理及其创作契机和理念。**语义的最终定夺必须在原文的文化心理框架中进行**，不应望文生义，更不应“胡思乱想”。即便是意译也应该有个“意”的依据。

第二，在大体同义的情况下，**表现式的微调**（包括分析甄别、调整、鉴别、修正）**也应以文化心理为依据**，调过了、调偏了或调错了都是没有准确地把握作者的心理因素。例如“美政”在屈原的政治理念中是一个关键词。在翻译这个关键词时应十分细心进行微调。如果屈原只是一般地说说实际上相当于“从政”时，译成“engaged in politics”，“enter politics”等等未始不可，但在下面这一句中（屈原《离骚》的《乱辞》最后两行），“美政”

就具有充分的“屈原个性”甚或是他的政治理念性、纲领性：

既莫足与为美政兮，
吾将从彭咸之所居。

这时我们唯有将诗句放在文化历史的整体观照及文化心理结构中进行分析、定夺：屈原这时的“美政”指的是他心目中的治国方略或抱负理想，相当于屈原的 guiding principle 的实现。David Hawkes 的英译如下：

Since none is worthy to work in making good government, I will go and join P’eng Hsien in the place where he abides.⑪

如果不是从文化翻译的严格的文化内涵要求来看，这样翻译当然也可以达意，只是留下微妙的文化意义或文化心理特征上的欠缺，因为这些的“政”是“政治”，不是“政府”，good government 可以是治国有方的工具，但却并不一定是屈原式的“美政”政府，还不如译为“to work with to meet my political ideal”。

第三，可见，文化心理的探索固然是艰苦的，如何表达也殊非易事，并不是在任何情况下文化心理都是可以如愿以偿地表达到原语中的，因为译者的理解不一定不悖于原作者的文化心理。因此必须仔细斟酌。这里还涉及文化心理的可译性问题了，容后再述。

8.3.2 文化审美心理与语势获得

宋代的诗人毛滂写过两句诗：“酒浓春入梦，窗破月寻人”（《临江仙·都城元夕》），妙就妙在“破”字和“寻”字的语势：月色撩人，破窗而入，似乎是在有意地跟踪、纠缠住思绪万千的半醉者。特殊的文化环境可以给原本没有生命的词语带来极大的动感、动势：上两句诗中的行为者不是人，竟是月！月在这种情况下的这种动势感就是语势。对比一下“月明星稀，乌雀南飞”（曹操），这两句诗虽然也很美，但月字没有动势，“明月几时有，把酒问青天”（苏轼）也是一样，月是静态的。要把静态词“激活”，使它获得动势，关键在作者的文化心态，并营造一个可以产生语势的意境。莎士比亚的哈姆雷特王子口中的那六个小词“to be or not to be”的be的动态语势也就是这样获得的。

现在让我们回到《橘颂》。在一般情况下，橘是毫无语势的，如“江南多红橘”“潮落橘子洲”，等等。但《橘颂》中的橘字却充满语势：它似乎充满芬芳、充满色泽，充满志、充满情：它好像充满了生命，充满了人格！

可见，对“橘”字的人格化、动态化、语势化译者是决不可以掉以轻心的，因为这里正蕴含着屈原的创作动机。现在我们来看看译者是如何认识的。

第二句“橘徕服兮”，郭沫若译成“枝叶纷披”，不知译者如何理解“徕服”。译者忽视了一个很重要的文化信息，这个信息正好反映了屈原的心态。屈原在第三句提到“受命不迁”者，即指橘。据《考工记》：橘踰淮而北为枳。陈子展在《楚辞直解》中云：“橘本热带植物，移至温带地区，尚能如常结实。人及其他生物之一种高度适应环境状态，今在学科上称为习服。屈原出生地为橘之乡，秭归至今犹称为‘三峡橘乡。’”董说著《七国考》中云：《橘颂》言楚王好草木之树，而橘生其土。因此，“橘徕服兮”这一句是不能在翻译中省略的，译成“树叶纷披”更没有依据。此句文化心理信息有三：其一，屈原开宗明义地以比兴手法托出橘来，并将橘的植物科属目名及本性也一一交代了；其二，屈原开宗明义地将橘树称之为君王之树，其心理因素很明显，表现他的忠君、爱君情结；其三，既一开始就说了君王的美树，又赞之以洁志的不移，就等于表明了他与君王的亲密关系。据王逸说屈原相当年轻就当了三闾大夫，职掌楚国王室屈、景、昭三姓之学子。在《橘颂》的后段自颂时他说“年岁虽少，可师长兮！”我们也可以在这里找到互文参照，即“离骚”中所说的“余既滋兰之九畹兮，又树惠之百亩”。这时屈原的心态是踌躇满志。英译也没有反映出他这种心态，将屈原颂橘、颂己的心理活动体现在遣词造句上。很明显，这时的“橘”已获得了语势，它不是一般的橘，它已经被人格化、被人化了：诗人赞颂的是一个形质雅洁的人，一个磊落挺秀的人，一个意气风发的人！

在任何情况下，语势都是一种微妙的附加意义，它具有动态性，它的“势”（force）来源于随“语境”之机的 change（变化），turn（转折），shift（转移），因此需要有心人的把握。

8.4 文本解读与文化审美心理探索

比之于词语，文本可以含蕴更深不可测、更难以言喻的文化心理，读后更有可能为读者留下“a complete blank”（一片茫然，Sigmund Freud, 1953）而不得不掩卷叹息。可惜，译者不是一般的读者，他不能像一般的读者那样，合上书、闭上眼，茫茫然往沙发上一躺，叹一口气，在无可奈何的心情中不了了之。

翻译家没有那份“福气”。为了翻译——也由于有那份情志，他必须穷根究底。那是一种永恒的欲罢不能！文本是作家心迹的记录，文本也是作家心理的透镜。翻译家不能不把握文本：他必须缩小他与文本之间的疏离度——不管它有多远！文本可能是一片望不到头的处女林，可能是一座迷宫，一片荒原，也可能像 James Joyce 自己说的，“一头怪物”！

Finnegans Wake（简称《芬尼根》）可能就是这么“一头怪物”。为此，Joyce 给自己开了三个方便之门：一是无时空限制；二是无语言规范限制；三是无情节限制。从很多方面来说，《芬尼根》都是《尤利西斯》的反面，最重要的一个反面是：《尤利西斯》写的是白昼遐想而《芬尼根》写的夜晚梦呓。Joyce 说“我已经写过文学中最漫长的一个白天了，我现在要想象出的是最黑暗的一个夜晚了”。[12] 因此，Joyce 给了自己最大的自由度以摆脱语言常规带来的约束，这样也就给了他最大的自由度来构筑一个读者始料所及的内心世界和文化心理迷宫。

《芬尼根》是一本梦幻书（dreambook），无系统的情节可言。传统小说中的所谓主人公在《芬尼根》中是一个叫作 Humphrey Chimpden Earwicker（缩写是 HCE）的酒吧老板。整个一部作品大抵不出人们在夜梦的似睡非睡中的奇思怪想，更像阴阳界里那种人鬼情未了者的心理交流。由于 James Joyce 在总体设计中摆脱了三项限制（时空、语言和情节），他

就可以从容地在文本中构建“历史”。对此，Joyce的研究者述评说：[13]

The book's（指《芬尼根》）ambition is immense in numerous ways. Once . . . he thought he would write a history of the world (DMW 203). That history is evoked through what the Wake calls the "monomyth" (FW 581.24), in which many—sometimes the effect seems to be that all—of the world's myths, legends, folklore and historical events are evoked through the figures of a single family living in Chapelizod, near Dublin: the husband and father, HCE (Humphrey Chimpden Earwicker); the wife and mother, ALP (Anna Livia Plurabelle); and their two sons (Shem, similar in some key ways to Joyce himself, and Shaun, often reminiscent of Stanislaus); and their daughter (Issy). An important grounding for the presentation of the monomyth was the thought of the eighteenth-century Italian philosopher and historian, Giambattista Vico, who believed that the study of both language and mythology can illuminate the course of history, which is thereby revealed to occur and recur in cycles. As the Wake puts it, history "moves in vicous cicles yet renews the same": the seim anew . . . Anna was, Livia Plurabelle's to be (134.16–17; 215. 23–4) . . .

（大意：乔伊斯曾经雄心勃勃想以小说的形式阐述世界历史的发展，并深受18世纪历史学家维柯的影响，认为语言和神话可以说明人类史的进程，其基本形态是“循环论”。）

Joyce受到维柯的著作《新科学》（*Scienza Nuova*）中阐述的循环论历史观的影响是毋庸置疑的。[14] 在维柯看来，万物周而复始，在自身的存在上更新（the seim anew），生者必死，死者犹生。这是《芬尼根》文化心理的“中枢神经”。实际上这也正是这本梦幻书的题旨所在：

The title itself reflects both Joyce's methods and his themes: the traditional ballad *Finnegans Wake* (with the apostrophe) tells of the fall and death of a hod carrier, Tim Finnegan, who turns out not to be dead after all, rising up— awaking—during a free-for-all fight at his wake. Without the apostrophe, Joyce suggests that all Finnegans shall awake, and that their counterpart the Irish mythical hero Finn MacCool shall awake again. The title meant so much to him that he kept it secret until the publication of his work in book form in 1936; until then, he told only Nora its actual title, publishing excerpts as *Work in Progress*.

(大意:乔伊斯曾经在这本小说的命名上大费周章，而且一直秘而不宣，一直到1936年出版才正式公开小说的定名。)

我们应该顺着这个心理轨迹去了解作者的文本，这就是所谓“文心即人心”。

8.4.1 文化审美心理主轴

从文化心理上分析，《芬尼根》有四条发展线索，其中融贯全书的主轴也就是中心线索是历史的回归意识:人与历史的关系——人对历史的思考——这显然是Joyce心中最重要的问题。人不能回避历史本身的规律，而必须认识、正视这种规律，否则只有毁灭（fall）;但是同时，人只有经历毁灭才能获得新生（rise up）——也就是苏醒（wake)。这是维科所描绘的历史的历程。[15] Joyce在《芬尼根》中写道:

The Vico road goes round and round to meet where terms begin, Still onappealed to by the cycles and unappalled by the recoursers we feel all serene, never you fret, as regards out dutyful task. Full of my breadth from pride I am (breezed be the healthy same!) for tis a grand thing (superb!) to be going to meet a king . . . We only wish everyone was as sure of anything in this watery world as we are of everthing in the newlywet fellow that's bound to follow. I'll lay you a guinea for a hayseed now. Tell mother that. And tell her tell her old one. Twill amuse her. (FW 452)

行文中有些词义研究者有不同解释。大意如下：

> 维柯之路周而复始，不断循环，而我们对这种循环却麻木不仁，对循环之道上的来去者无动于衷。我们泰然自若，从不感到心烦，似乎一切都是理所当然。自我感觉绝对良好，（春风得意嘛！）犹如晋见皇上，伟哉大事啊！（太棒了！）……但愿在这个水汪汪的世界里人人都各有所得……

有意思的是，我们可以从引文中看到，Joyce 并非将《芬尼根》写成一本彻头彻尾的梦幻书。事实上，《芬尼根》中时隐时现地表露出作者很清醒的思考，就像"水汪汪的世界"里，时时会露出点点陆地，甚至绿洲。这也说明文本具有一种非整体性、非统一性，将文本看成一成不变的或铁板一块的整体，既不符合实际情况，也不利于我们对之作深入的文化心理分析。总之我们应该既把握主轴也了然于非主轴对主轴的衬托，使之相得益彰。这种辩证关系表现为所谓"场"，见下述。

8.4.2 文化审美心理的"场论"

心理活动具有时空性及超时空的"场"（或场界，field）指心理活动中具有某种有特征的、可持续的、可叠现的领域。文本中通常具有融贯全书的心理主轴，也就是一条中心线索，《芬尼根》的心理主轴是 Joyce 的上述历史观。除此以外，文本中还可能有一些次要的心理活动领域，这些领域通常也融贯于全书中，形成具有明显特征的场界。《芬尼根》有三条次要线索，形成三个次要的心理场：一是 Joyce 的女性观；二是他的人际观；三是所谓未来意识（sense of futurity），指作者怎么看待未来，包括人的未来、世界的未来和文化的未来。

Joyce 的女性观很有特色，在 20 世纪 20—30 年代也很有代表性和进步性，特别是他的表现手法很新颖奇特。Joyce 将充满活力的水、河流和海洋象征女性。他认为水是生命之源，这个大千世界是一个"水汪汪的世界"（watery world）。川流不息恰好代表着自然界不可抗拒的再生循环模式。

因此生命之泉正是力量之源。Joyce 将自己的女性观充分地体现在对《芬尼根》的女主人公 Anna Livia Plurabelle 的描写中。下面是他的描写之始，形式上颇为独到，语言上也被称为具有“难得的清澈”:（汉语试译见本书 9.3.1 节）

O

tell me all about

Anna Livia! I want to hear all

about Anna Livia. Well, you know Anna Livia, Yes, of course, we all know Anna Livia. Tell me all. Tell me now. You'll die when you hear. Well, you know, when the old cheb went futt and did what you know. Yes, I know, go on. Wash quit and don't be dabbling. Tuck up your sleeves and loosen your talktapes. And don' t butt me—hike!—when you bend . . .

Joyce 自己说，《芬尼根》中描写女性 Anna 的那一部分是“男人所写的散文中最伟大的散文”。这是其中的片断，语段中充满了暗语、双关语和莫名其妙的缀合词——但它确实使你感到“不同凡响”：

Ah, but she was the queer old skeowsha anyhow, Anna Livia, trinkettoes! And sure he was the quare old buntz too, Dear Dirty Dumpling, foostherfather of fingalls and dotthergills. Gammer and gaffer we're all their gangsters. Hadn't he seven dams to wive him, And every dam had her seven crutches. And every crutch had its seven hues. And each hue had a differing cry. Sudds for me and supper for you and the doctor's bill for Joe John. Befor! Bifur! He married his markets, cheap by foul, I know, like any Etrurian Catholic Heathen, in their pinky limony creamy biinies and their turkiss indienne mauves. But at milkidmass who was the spouse? Then all that was was fair. Tys Elvenland! Teems of times and happy returns. The seim anew. Ordovico or viricordo. Anna was, Livia is, Plurabelle's to be. Northmen's thing made southfolk's place but howmulty plurators made eachone in person? Latin me that, my trinity scholard, out of eure sanscreed into oure eryan! Hircus Civis Eblanensis! He had buckgoat paps on him, soft ones for orphans. Ho, Lord! Twins of his bosom. Lord save us! And ho! Hey? What all men. Hot? His tittering daughters of. Whawk?

大意如下：⑯

啊，但不管怎么说，她是我们的老朋友呢，安娜。而他，也确实是那个老混账，亲爱的、脏兮兮的都柏林，你把小溪呀、小河呀都糟蹋了……女性，女性，我们全都是她们的不法之徒……我往圣艾芙走的时候碰到一个人有七个老婆，每个老婆都……给我来杯啤酒，你来一份晚餐……可九月二十九日圣米迦节那天谁又是老伴呢？多福多寿啦，彼此彼此了，我不会忘了你……她过去是安娜，现在是丽菲娅，将来是普鲁拉贝尔……

尽管有许多暗语、双关语和梦呓中的插科打诨，我们还是可以捋出文本中的中心话题——女性和文本中隐含的心理脉络：毫无疑问，这是我们组织翻译行文的极重要的线索和依据。

文本中另一个心理活动领域反映了Joyce对人际关系问题的一些思考，主要体现者是酒吧老板的两个儿子和一个女儿。实际上，Joyce的视角高于一般意义上的人际关系——争争吵吵。他是眯着嘲讽的睡眼，透过那些争争吵吵，来检视人类社会的存在特征——争斗。突然，Joyce在第三部分的中间收紧了焦距，把聚焦对准了不幸者——爱尔兰的“卑微者”，而且用的是相当平易、相当清醒的语言：读者似乎可以从话语中看到James Joyce自己：（FW472）

Numerous are those who, nay, there are a dozen of folks still unclaimed by the death angel in this country of ours today, humble indivisibles (individuals) in this grand continuum, overlorded by fate and interlarded with accidence, who, while there are hours and days, will fervently pray to the spirit above that they may never depart this earth of theirs till in his long run from that place where the day begins, ere he retourneys postexilic, on that day that belongs to joyful Ireland, the people that is of all time, the old old oldest, the young young youngest, after decades of long-suffering and decennia of brief glory, to mind us of what was when and to matter us of the withering of our ways, . . .（大意：他们人还不少呢，这么说吧，今天，在我们这个国家还有十来个人被死亡天使所抛弃，在这个宏大的群体中还有十来个卑微的人被命运所主宰，被飞来横祸所夹击。夜以继日地，他们将向头顶上的精灵虔诚地祈祷他们不会离开这块属于他们的土地，直到最后那一天——那属于欢乐的爱尔兰的一天的来临，我们永恒的人民，老老少少，经历了数十年漫长的痛苦，经历了十年短暂的荣光，提醒我们往昔的痛苦和前程的艰辛……）

于是对人的思考与对历史的思考相互交融：经历了漫长的痛苦和暂短的荣光，那本应属于爱尔兰的一天一定会到来。Joyce 写道：(FW473)

The silent cock shall crow at last. The west shall shake the east awake. Walk while ye (you) have the night for morn (morning), lightbreakfastbringer, morroweth whereon every past shall full fost (fall fast) sleep. Amain (Amen).（大意：那沉默的雄鸡一定会起而啼晓，西方一定会把东方摇醒，你将要从黑夜走向黎明，成为破晓者，黎明一定会取而代之，往昔的一切一定会陷入沉睡之中，阿门。）

这实际上是一种历史感和未来意识的朦胧交织，一种心理活动场界的叠现。历史循环论和人生循环论是并行不悖的，而其实质则是一种无穷极的未来意识：原生代托出了新生代，新生代又成了新新生代的原生代；生生不已，循环无极。川流河海——大自然是这样，夏娃、亚当——全人类也是这样。这就是 Joyce 为《芬尼根》设计的那个新颖、精致而且寓寄了相当深刻的情思的开头，大意如下：[17]

> 河水泪泪而流，流经利菲河畔的夏娃和亚当教堂，流过一弧海岸，回到豪斯城堡和都柏林的市郊（原文中“vicus”是拉丁文，意思是“街道”或“村庄”;又与“Vico's”谐言，原文并有“recirculation”之意，这个词因而很容易使人想到“维柯式的历史循环论”。“commodius”与意大利文 commodus 音形极近，后者的意思是 Roman Emperor)。

在 Joyce 出人意表的设计中这个开头一句是接在该书末尾一句后面的（不过按循环论就谈不上“出人意表”了!）大意如下:[18]

> 我们穿过矮树丛后的草地。别出声！一只海鸥。许多海鸥。远处的呼唤。来吧，从远方！就飞落到这儿，我们这儿，芬，再一次，苏醒了，你轻轻地吻我，别忘了我啊，千年再相会。我会给你去天堂的钥匙。我们约定了！那旅程，孤独的、恒久的、可爱的、漫长的利菲河（河水泪泪而流……)

这种行文安排（stylistic device）实在是别出心裁，它完全符合 Joyce 的心理取向:历史和未来就像泪泪而流于百川和大海的流水，水是永恒的，历千秋万代之回环，永远不会完结:那确实是一个孤独而永恒、漫长而可爱的旅程。James Joyce 在《芬尼根》中用了 62 种文字，还用了爱尔兰的四种所谓“密语”,如 Bog Latin, Shelta, Bearlagair Na Saer 等等（Macalistor's Book, Cambridge, 1937)。Joyce 寄希望于未来，他认为今天的“不可知”就是未来的“可知”，当然这就不得不“使教授们忙上好几个世纪”。

《芬尼根的苏醒》(可与《芬尼根的守灵夜》相互“循环”，“wake”语义双关，合“weak”，一语三关）于 1939 年出版，初版共 628 页。根据文化心理线索分析，至今已大体能理解又无争议的部分约占二分之一。Joyce 曾经幽默地对试图将《芬尼根》译成意大利语的翻译说，这件工作不宜延宕，因为“眼下至少有一个人能理解（整个文本)，那个人就是我自己，我能理解我写的东西。但是，两三年后我还能不能干（这份差事),那就不能担保了”。(JJ200)

看来，对《芬尼根的苏醒》一类的作品作完全透彻的理解，舍文化心理分析，别无他途。因为文化心理对语义、文本和风格的“定点”“定位”“定格”都起着非同小可的参照作用。此外，James Joyce写《芬尼根》时何以坚持不渝长达16年执着于采取梦幻体式，将语言和事件都高度符码化，也与爱尔兰文艺传统和审美价值观有很大的关系。与楚文学类似，爱尔兰文学也崇尚浪漫主义（或者说注重浪漫主义的“实在”）和高度意象化的人物塑造与情节安排，崇尚一种虚淡、飘逸的文化艺术气质。爱尔兰民间更有种种“梦里出真情”和“酒后吐真言”的说法，对非常态心理有一种拨乱返真、拨乱求真的偏执爱。爱尔兰文学批评中很推崇朦胧美（obscurity）。T. MacDonagh在其所著的《爱尔兰文学》中说:“没有一位伟大诗人能免受朦胧、狂想之责，免受情溢于言表之责。”[19] 下面一段对朦胧美的评析转引自上述著作：

> A thing may be hidden by Art in two ways. It may be overlaid with irrelevancies, or its expression may be restrained to the point of poverty. The effect is the same. The essentials are hidden. . . . there are two ways by which things may be hidden. They may become so common as not to be regarded, or they may be so uncommon as not permit to regard. They may be as universal as light or as unique as the sun, . . . An artist is one who has the power of unveiling Nature, only to substitute the veils of Art. Indeed it is by imposing the veils of Art that he is enabled to show the real qualities and relations of things. For the veils of Art need not be obscure. The vision of the artist if of such a kind that it penetrates these veils and thus can view the realities underlying them that otherwise could not be confronted. It is through his Art that the artist sees.
>
> （艺术可以一两种方式隐藏着某一样东西。其一是累之以种种无关的事物，其二是束之以贫乏无力的表述，这两者的效果其实是一而二、二而一，都是把实质掩盖起来。实际上也确实有两个办法将事物掩盖起来：其一是使它们平淡化到根本引不起人们注意，其二是使它们异常化到不容人们注意。一句话，它们可以平凡如日常的光亮，也

可以不平凡到如耀眼的太阳……艺术家是那种能揭开大自然的奥秘的人，而其手段则只是一块艺术的帷幕。的确，他确实用的是艺术的帷幕来揭示事物的实质和它们之间的关系。因为艺术的帷幕不必模糊不清，艺术家的视力可以穿透他布下的帷幕，看到帷幕下的现实，否则现实是不可能被看到的。艺术家是透过他的艺术透视一切。）

The artist's task, however, is to make others see; for all Art is revelation. This he does chiefly by the great instrument of inspiration, Choice. He chooses the portion or phase of Truth that he is to reveal, and he chooses the veils that he must impose in order to make that Truth visible. Here it is that the artist is liable to obscurity. He is apt to lose the consciousness of his purpose of revelation to others in the overwhelming devotion that the vision requires. Then is it that the quality of his inspiration decides the nature of the obscurity that is certain to result. If his vision be powerful and his inspiration deep he will choose to scale the topless peaks of beauty and attempt to set down the splendour of the spreading plains of Truth. He will fail to clothe his vision with the necessary veils.

（然而艺术家的任务是让人们看到他自己看到的一切，因为所有艺术的功能就是揭示现实。他之所以能做到这一点，主要靠的是一件激励人的伟大工具：**选择**。他选择了他要揭露的**真理**的那一部分或那一面，同时他也选择了使真理仍然朦胧可见的帷幕。这时，问题的关键就在于艺术家应该善于使一切朦胧化，因为他在竭尽一切努力向世人揭示他所洞察到的一切时易于失去艺术的目的意识；另外就是他的艺术激励手法之高下决定了朦胧美的性质是否能确保达致他预期的成果。如果他的洞察力足够透辟有力，他的艺术激励手法足够感人至深，他就会敢于攀登至美的无上顶峰，努力涉足于气象万千的**真理**的广袤高原。正是在这时，他将失足于将他洞察到的一切覆盖上必不可少的帷幕。）

审美价值观决定创作方法。把握及表现梦幻意识之美使 Joyce 沉迷在

《芬尼根》写作中长达16年，仅此一点也足以使文学世界钦佩、折服。此外我们还需用历史的观点来分析Joyce的文化心理。Joyce锐意创新与20世纪前30年的现代主义思潮很有关系，其时西方很多文艺家都力图摆脱19世纪的陈规旧习，特别是世纪末的颓废消极心态，创出新路。Joyce经常住在欧洲，与当时欧洲的文艺改革派前卫人物过从甚密，例如现代派诗人庞德（Ezra L. Pound, 1885–1972）与Joyce就是好友。庞德曾经对《尤利西斯》赞扬备至，并努力使Joyce与当时欧美的文艺革新派人士（如诗人T. S. Eliot, 1888–1965）保持联系，他们经常讨论的话题正是时间、空间；无形、有形；存在、序列等等。这些问题，都是当时欧洲的哲学界（如海德格尔，M. Heidegger, 1889–1976）、科学界（如爱因斯坦）和文艺界（如西方现代画先驱法国的T. 劳特雷克）人士思考、探讨、研究的热门话题。在这个大的社会、历史背景观照下，我们就不难理解为什么Joyce津津乐道于这类问题了（《尤利西斯》第三章开篇第一、二段）：

有形事物的必然形态：若无其他，那么这就是最起码的形态了。通过眼睛来思考。我眼前看到的，就是一切事物的标志了：海生物、海草、渐涨的海潮、那只发霉的皮靴。鼻涕似的绿青色、发蓝的银灰色、铁锈色：那全是着了色的标志。透明的限度。但他(指亚里士多德)加了一句：色体现在形体中。那么说，他在对事物的认识中是先知其形体，后知其颜色。何以知之呢？用脑袋撞，真的。别忙啊，他是个秃子呢，而且腰缠万贯，好一个大师哲人（但丁对亚里士多德的敬称)。个中有透明度。为什么是“个中”呢？透明，超透明。如果你能将五个指头捅进去，那就是大门，否则就是小门。闭上眼睛，去探个究竟吧。

斯梯芬闭上了眼睛，听到自己的靴子踩在海草和贝壳上，咯吱咯吱作响。怎么样，不也走过去了吗？大步流星呢。短短的瞬间跨过许多小小的空际。五、六：这就叫“序列”。对！这就是有声事物的必然形态。好了，睁开眼睛吧。可别啊，老天爷，如果我从这个凌空突起的悬崖上往下一栽，那就是必然是通过“空间序列”往下栽了！我现在在漆黑一片中走着，不也挺好吗？腰挎木剑，就用它点着地走吧。我脚上穿的是他的靴子，脚就连在他的腿上，这不就是“空间序列”吗？

听起来很有道理啊:这就是造物的产儿。我这样沿着桑地蒙特走会步入永恒之乡吗? 咯吱咯吱,咯吱咯吱。野壳币,迪士先生哪有不知道的呢?

你不来桑地蒙特吗,
玛德琳,你这匹母马?

当然,作家的文化心理与其作品中蕴含的文化心理及文化信息并不是一回事。新的文本观认为,作家一旦完成了作品,也就是说作品一旦发表与读者见面,作家与作品的"生产者与产儿"(或"父子")关系就此告终,批评家或翻译家诠释文本的依据除文本以外,别无他物;"互文参照"和"人文互证"都只是供分析的参照或旁证。特别是翻译,我们不能将原文文本以外的东西写进译文中,添加除必要解释以外的对原语而言是"无中生有"的词句。

8.5 结语

密切联系文化心理来观照作品,是我们在翻译实践中很薄弱的环节。一般而言,有经验的翻译者也往往只将他的解析工作做到语义层面,而忽视了心理层面。更有甚者是译者将自己的文化心理作凭据来解释原作。这大概是许多翻译出版物(尤其是文艺小说、诗歌和戏剧)中错误百出,使人啼笑皆非的原因所在。

要纠正这种倾向、改正错误、改进翻译质量,不可不走的一步是提高理论认识。为此,我们在这里对文化心理分析的重要性作一个小结。

第一,文本心理分析是文化理解的重要环节

对原文文本进行文化心理分析是翻译中深化对文本理解的不可或缺的认识手段。俗语云:"知人知面不知心。"不知其心,但知其人是浮泛的"知人";既知其面,又知其心才是真正的"知人"。文本也是一样:它是一个层次结构,必须深及深层,才谈得上真正认识了、理解了文本。特别是非常态文本,意义往往被隐藏、掩盖得很深,这个"深处"就是心理层。唯有深入到心理层，拨开心理屏障，表面上莫名其妙的东西才会变得了然。

第二，文本语言是文本心理分析的基本依据

要分析文本心理首先要准确理解原文，因为语言是基本依据，舍此而凭主观臆想就难免出错。唐代杜甫有句名诗："出师未捷身先死，长使英雄泪满襟。"（《蜀相》）有位西方译者就译错了，把"身先死"的主语一并看成"泪满襟"的主语。这就怪了：人死了为什么还能哭呢？他没有分析出杜甫诗中的"身先死"说的是诸葛亮病死军中（公元234年），令后世英雄感伤不已（"泪满襟"）。活着的英雄哀痛壮志未酬而死去的英雄，"泪满襟"只不过言其极，也不是像有些译者说的那样"哭成了泪人儿"。

对原文文本进行文化心理分析是翻译中校正对文本的理解是否正确的不可或缺的检视手段。文化心理具有给语义和文本整体含义定点、定位、定格的功能：定"点"指语义"支点"（许多可能的含义）的确定；定"位"指方位、品位（如上位与下位；主与次；增与减；褒与贬及品级等等）的确定；定"格"指风格、风骨或基本的艺术倾向、思想倾向的确定。这一切对翻译中的意义定夺和行文体式及特征的鉴别、分析和确定都至关紧要。

第三，文化心理分析是确定翻译表现法的重要依据

对原文文本进行文化心理分析是翻译中确定我们的表现法以及使双语转换表现法多样化、多层级化的重要手段，表现法受制于文化心理。我们还将在下一章中探讨这个问题。

第四，文化心理分析对非常态文本翻译尤其重要

对非常态文本进行文化心理分析尤为重要。非常态文本的意义高度隐喻化、符码化，意义处在"似花非花"之间，而作品中反映的整体文化心理结构往往是比较稳定的。这时，文化心理参照就是给含义定点、定位、定格的重要途径，文化心理分析作为认识手段、检视手段和实践手段的功能就更为突出。

可见，对文本进行文化心理分析不是可有可无的工作，它实际上是整个翻译过程中不可或缺的一环。这个重要的环节在未来以多元文化发展为特色之一的新时代中，将益发显现出它的重要意义。在未来的世纪中，文化心理分析将成为翻译学的基本课题之一。归根结底，翻译是对原文作者的心迹跟踪。

〔注释〕

①“感觉”与“知觉”都是人脑在感官直接作用于事物整体时的反应，二者相比，后者较为复杂、较为高级（更接近认识）；感觉（包括外部感觉与内部感觉）与现实事物的疏离度最小，它是最初始的，也是最生动的。例如我们可以凭感官获得对橘子的感觉，即它的颜色、滋味、芳香、皮肉结构的形状等等。人脑在综合对橘子的种种感觉和印象的基础上就构成了对橘子的整体映象，这个整体映象就是知觉，即橘子之有别于其他水果（特别是柚子、柠檬等）的整体特征。可见知觉（包括物体知觉和社会知觉）并不是感觉的简单总和，而是各种属性的有机整合。感觉系统是人认识世界以获得感觉信息的“触觉群”，知觉系统是人将感觉信息转化成知觉经验的“加工厂”。它们（感觉系统＋知觉系统）都是意义生成之源。如果感觉和知觉不符合“现实存在”，这种矛盾就叫作“错觉”（“illusion”, J. Ward, 1918）。

“表象”（image）是记忆表象的简称。表象的源泉是感知（感觉＋知觉）经验：当被感知的事物消失时，人脑根据感知经验再现该事物的形象，这个形象被留在了记忆中，就叫作表象。表象有两个特征：第一，形象性，源于人的直观经验。由于人的直观经验不是很完整的、一次性的，所以表象常常具有明显的感性印象性，它常常不如知觉那么鲜明、确定、明显、往往带有游移性；第二，概括性，源于人对直观经验的概括。表象往往是多次、多重知觉的概括，即不是一次感知获得的个别特征，而是某一事物（或某类事物）在不同条件下所经常表现出来的共同特征。表象对文艺创作的意义极大，把握表象对翻译操作的意义也极大：原因是表象可以在人的头脑中被储存（记忆）。

“想象”高于表象。想象的目的是创造新形象：它凭借的就是表象。所谓“新形象”（new image）指基于并高于表象的新产儿，它是通过分析与综合过程实现的。例如“sphinx”就是从狮子的表象中分解出身子，又从人的表象中分解出面孔，然后综合为“狮身人面像”。

②“情绪”与“情感”都属于人的心理情感过程，是人对客观世界的态度和体验的情态表现。很明显，人的情绪和情感之源是人这个主体与世界（或现实）这个客体之间的关系，而二者中主导的一面是人这个主体，也就是客观世界的体验者这面。中国宋代的文论家费衮说：“青山白水本是乐处，苟其中不快，则惨诶

苍莽适徒以增闷耳。”这就是为什么杜少陵说“感时花溅泪，恨别鸟惊心”。可见情绪和情感都是很主要的文化心理现象。

在心理学中情绪与情感是有区别的。情绪的环境随机性很大，渐变和突变性都很突出。人的情绪常常处在一种不断变化的即时性状态（instancy）。相比之下，情感的稳定性就很明显了。人的情感不仅比较稳定，而且比较深刻，情感较少原始冲动特征，较多的意识控制特征。情绪不可能导发为情志，情感则完全可能包容认知形态的情态与情理。（见第六章所述）与文艺创作很有关系的一个心理学情感范畴叫作“高级情感”，其中包括道德感、美感和理智感。屈原和 James Joyce 的作品正是反映了作者如何剧烈地在高级情感中跌宕起伏。

③人的意志过程（volitional process）通常表现为意志行为（volitional act）。意志行为是一个行为系统，包括理念性行为、权衡性行为、习惯性行为、个性行为等等。行为系统本身与文化翻译的直接关系虽然不大，但由于意志作为一种心理现象经常表现为行为，而文艺作品对行为的描写又很多，所以我们也不能忽视对它的深入研究，以利对行为含义的准确诠释。

④基辛曾特别强调不要将“民族”与“人种”混为一谈。他说：

> Anthropologists have been highly critical of theories which attribute uniform inborn capacities to “races” or to other population groups: for example, nations or followers of a common religion. The once popular idea still lingers that psychological qualities are genetically linked with skin color or other distinguishing marks of race, . . . It is absurd to consider that, with all the polymorphism and intergradation in any collection of individuals among modern men, some population could as if by genetic magic share a common psychological heritage. At most we could hypothesize that a given population might have a distinctively high frequency of a particular characteristic through inbreeding, though with its individual members varying more or less widely around the mode.
>
> But whole populations such as homogeneous ethnic groups, or even large modern nations, do share what are often quite uniform types of behavior. The cultural milieu of one may have a strong set toward “individualism”; of another, toward not giving a public show of emotions; and of a third, toward musicality or extreme mobility. Anthropologists are certain that these special sets or directions

of behavior are not due to genetic uniformities inherent in each individual, but rather form parts of the cultural tradition to which the population as a whole is trained. They are linked to cherished values, goals, ideals, of that particular culture — of which more later.

引自 F. M. Keesing 著 *Cultural Anthropology, The Science of Custom*, 1958, p.74。

⑤价值观究竟有多少个次系统，目前并无定论，人的认识是不断发展的。现以传统儒家的观念来阐释以上六种价值观：儒家的人生观也是哲学观，集中于人格论，即为政、做人之道，以“忠”“恕”概括（“夫子之道，忠恕而之矣”），可以大致分为五项：忠君、孝亲、克己、立德、建功。儒家的自然价值观集中于“天人合一”的天道观，即在“天、地、人”中，天是主宰。儒家的道德观集中于“礼义廉耻，忠孝节义”，即重忠孝，重仁义，重男轻女。儒家的知识观集中于诗书礼乐，高层次的可以概括为心性观（尽心、知性、知人）；方法论上重悟性、重直觉、重整体。儒家的经济观很隐蔽，总体性主张是重农抑商、重德轻财、重义轻利、重分（分配）轻产（生产）、重积（累）轻用（就是消费）；这些主张都是与近代西方的经济价值观南辕北辙，所以儒家的经济观是造成中国经济落后的思想根源，因为历代君王都将儒家的经济观政策化了。儒家的审美价值观集中于中庸统一，即美善统一、物我统一、情景统一、虚实统一。可见，儒家的价值观对中国人的负面影响不容忽视。价值观系统是判断、定夺语义的很重要的参照系。

⑥对屈子死因，历代均有评议，有云死于“尸谏”，亦有云死于“赐死”，也有人说屈原自杀是属于“水死”，有返璞归真于母腹之意。赵季等人在《东方诗魂》（北京：东方出版社 1993 年版）中转引汪瑗叹语并在评析中说：

> 明代汪瑗作《屈原投水辨》一文，从儒家的纲常立场出发，认为屈原不曾投水自杀而死。他说：“呜呼！屈子之欲死，何尝因鞭放乎！又何尝死于水乎！若果因君之放逐而欲死，死而又投水，则扬、班之讥犹为恕之，虽谓千载之罪人可也，岂特不可为法而已哉！”他先用外证说明屈原投水而死不可信，“屈子既死之后，仅三十余年而楚灭于秦矣。扬子云曰：‘嬴政二十六载天下擅秦，秦十五载而楚，楚五载而汉。五十载之间而天下三擅。’是屈子之死以至汉初，虽无百年，然其间多事纷纷，而聪明智巧之士皆驰骛于游说战斗之场，而文学之流亦鲜矣。孰有操尺牍秉史笔而为屈子一言者乎？是屈

子自沉之事，汉初诸君子亦得之于传闻者耳，楚非有文献足征信以传信之言也。”又从屈原诗篇中寻找内证，认为“其所自言者，虽或有投水而死之说，然或设言、或反言耳。徐而察之，实未尝真有自沉之意也”。其说迂腐而穿凿，无信据者。

对于译学文化翻译，为更准确地诠释语义及文本，了解作者行为旨向（尤其是重大行为及其生平变故），对人文互证是很有意义的。

⑦“个案分析”不同于“典型分析”。典型分析重普遍性和代表性，个案分析重特殊性，即着重于从某一文本的特点出发进行文化心理分析，个案分析更便于我们凸显某一特定文本的文化心理特征。事实上作文化心理分析也不应墨守某种固定的程式。

⑧参见《现代西方史学流派文选》（上海人民出版社 1982 年版）。该书转载了雅斯贝尔斯的文章《人的历史》。雅氏认为，以公元前 500 年为中心，从公元前 800 年到公元前 200 年，人类历史出现了一个轴心时代。东西方四个古文明（宗教与哲学）就是在这个“轴心时代”诞生和发展的。雅氏说：

在这时期充满了不平常的事件，在中国诞生了孔子和老子，中国哲学的各种派别兴起，这是墨子、庄子以及无数其他伟人的时代……思想家在思考人们应该怎样才能够最好地生活在一块，怎样才能最好地对他们加以管理和统治。这是一个变革的时代。

屈原所处的战国时期正是这样一个时代。上述引文本书作者稍有技术性改动。

关于屈原的不幸与孤独，我们可以在很多地方找到外证。例如《离骚》:“已矣哉，国无人莫我知兮，又何怀乎故都。既莫足与为美政兮，吾将从彭咸之所居。”

⑨这里牵涉到一个问题:《橘颂》究竟是什么时候写的？王逸笼统地将它糅在《九章》之中，说是“屈原放于江南之野”所作。陈礼本在《屈辞精义》中反对此说，云王逸之论“未可为据”。晚清吴汝纶、今人陆侃如均认同陈说。

⑩诗人何以在诗中再三申明“不迁”，而且是“受命不迁”？林庚在《说橘颂》中作了文化心理分析：

《橘颂》所写的是一种性格，这也正是屈原的性格。战国时期正是国家观念将要形成还未形成的时期……。当时才智之士，往往漫游诸国之间，以求得自己之发展，那原是一时的风尚。但是屈原的性格却与此相反。他是一个乡土观念极重之人，《离骚》里说:“何所独无芳草兮，尔何怀乎故宇?”正是屈原所不愿做的事。这乡土的观念，在《橘颂》里表现得非常明白。所谓“受命不迁，生南国兮”。“深固难徙，更壹志兮”。便正是屈原自况之辞。屈原对于当时游说之士，没有国家观念，认为是一种不好的品行，而这种不好的品行正是战国时期最流行的风气。屈原赞美那种好的品行，所以说:“独立不迁，岂不可喜兮，深固难徙，廓其无兮。”……最后说“行比伯夷”，也正因为伯夷是为了祖国而不食周粟的……屈原一生的悲剧也只因为他对于楚国过分的爱恋。然而这种爱恋是可宝贵的，于是更进一步形成了中国的民族力量。《橘颂》说:“嗟尔幼志，有以异兮。年岁虽少，可师长兮。”因此更使人相信其为屈原少年时期的作品。《橘颂》是屈原借橘自况，言志明理之作。

转引自陈子展著《楚辞直解》，复旦大学出版社 1997 年 3 月版，第 616—617 页，此处在行文衔接上稍有变动。

⑪“彭咸之所居”译成“P’eng Hsien in the place where he abides”西人定不知所云。因为它是一个隐喻。彭咸为商代一大夫因直谏未从投江而死。

⑫转引自 Morris Beja 著 *James Joyce: A Literary Life*, Gill and Macmillan（GM），1992, p.88。

⑬引自 Morris Beja 上著，pp.90–91。

⑭引自 Morris Beja 上著，p.78。

⑮以下是李维屏写的述评，供参考（《英美意识流小说》，上海外语教育出版社 1996 年版，第 122–123 页）：

《芬尼根的苏醒》的主题思想在很大程度上受到了 18 世纪初意大利著名哲学家维科（Giambattista Vico, 1668–1744）的历史循环论的影响。维科认为人类历史处于反复更迭和不断循环之中，每一个周期包括“神灵时代”“英雄时代”“凡人时代”和“混乱时代”四个历史阶段，尔后又回到起点，周而复始，循环不已。在维科看来，人类社会必然从上帝创世开始，经过君王贵族统治和民主政治阶段，最终走向虚无主义和极端无政府主义，这是历史发展的自然模式和必然规律。毫无疑问，维科所阐述的是一种唯心主义的历史循环论。乔伊斯似乎对维科的理论十分赞赏，他在意大利时曾对这位哲学家的学说进行过认真的研究。乔伊斯认为，人类历史正处于维科所说的第四阶段，一个社会动荡、文明衰亡、无政府主义猖獗的混乱时代。为了充分表现这一思想主题，作者有意采用了以一夜为布局的小说框架，用茫茫黑夜以及噩梦与狂想来象征暗无天日、混乱无序的现代社会；用黎明的来临和芬尼根的苏醒来象征混乱时代的结束与新时代的开始。此外，《苏醒》的结构也与维科的历史循环论之间存在着明显的对应关系。这部小说包括四个部分，共十七章。第一部分“人类的堕落”，与亚当和夏娃因偷吃禁果而被上帝赶出伊甸园的“神灵时代”完全吻合；第二部分“斗争”，与维科所说的“英雄时代”恰好呼应；第三部分“人性”，与维科所说的“凡人时代”存在着对应关系；而小说的最后部分“更生”则明显地反映了维科所提出的时代交替更迭、历史循环不已的哲学观点。

⑯ 语词解释大体参见 Roland McHugh 编 *Annotations to Finnegans Wake*, London，1991，p.215。

⑰译文参见了 Roland McHugh 的上著 p. 2 中之考证。

⑱译文参见了 R. McHugh 的上著 P. 628 中之考证。

⑲参见 MacDonagh 著 *Literature in Ireland*, Relay, 1996, pp. 66–77。

第九章　文化翻译的审美表现论

9.0　概述

文化信息怎样在语际转换中表现出来呢？这就涉及**文化审美表现论**（也可以简称为**文化表现论**，因为文化表现问题的主要内容就是文化审美，包括文化信息的优化诠释与择善从优的表现）。所谓"表现论"（Investigations on Representation），指表现法的系统研究，也可以说是文化翻译的一种终端研究，有一定的理论性，同时又指向文化审美实践。不言而喻，如果我们不重视这项关乎翻译产品（成果）的终端操作程序，那么，我们前面所做的语义文化诠释、文本文化解读以及文化心理探索等等就不能落到实处，等于前功尽弃或功亏一篑。表现论是翻译学中的一大理论课题，是一项理论结合实际的深层次综合研究项目。鉴于它的实用性兼理论性，这个课题理应成为新世纪中翻译学的研究重点之一。下面是翻译表现论的三个层级或维度：

翻译的表现论
- 语义表现（语义转换的终端）
- 文化表现（文化转换的终端）
- 审美表现（审美转换的终端）

⇨ **译文是三个层面表现的整合**

图9—1

上面这个图就说明，从整体看，20 世纪的翻译比之于 19 世纪的翻译已经有了很大的进步。进步的原因是翻译家对上述三个层面的转换的理解已大大深化了，对究竟何谓翻译——也就是翻译的实质性特征、三维整合过程等等问题做了远比 19 世纪的译论接近科学的研究。今天，翻译实践的领域实际上已遍及社会生活（包括精神和物质生产）的各个方面，翻译已经成了人类赖以生存的科学事业中不可或缺的组成部分，尽管不是所有的人特别是所有的文化教育事业决策者都理解翻译和翻译理论的重要意义，但认识的提高总需要一个过程，我们应当用自己的成绩和社会效益来证明翻译和翻译理论的重要性。

9.1 文化翻译表现对策论的核心思想是代偿（Redeeming 或 Compensation）

从整体上说，一切文化表现式都受到两个方面的制约：一方面是宏观环境即语境的制约；另一方面是受到人这个主体的多种条件的制约，其中包括智能（认识）条件和心理条件。在这两项条件中，心理条件非常重要，因为它具有广泛的动态性和敏感性。一切表现式都深受以下四个因素的制约：

（1）受语言**异质性（表现条件）**制约，例如，英语有句法形式标志（that，which，what，who, whom 等等），因而句子可以任意延伸而结构井然，汉语没有句法形式链接手段，靠词汇构建句子与句子之间的关系，因而汉语讲究用意合句和精炼的短句，而忌松散长句。

（2）受人的**深层意念**（内在语言即意义）的制约，例如汉英都强调“言之有物”“言情并茂”，反对“空结奇字”（内容、意念空洞、怪异的语句）。

（3）受民族文化历史渊源和**审美价值观和传统**制约，例如现代汉语与英语都崇尚欣畅的语言，反对晦涩的文句。汉语讲究意象、意境、情采；英语很关注文章的意蕴、风韵、气势，等等。

（4）受原语文本作者的**心理特质和心理状态**制约，例如诗人的文句更加重“情”，政论家的文句则更加重“理”。就诗人的“情”而论，也各各有别，李白富豪迈之情，杜甫富深邃之情，白居易富真切之情。在翻译表现上也必须因人而异，因文而异。

总之，**表现法**基本上与**文化心理特征**密切相关。因此，我们说语言文化心理问题是文化翻译理论中最富于铺垫性的深层课题。在本节中，我们要详加讨论的是几项比较具体的文化翻译表现论原则，这些原则大抵与翻译者的文化心理素质和价值观有关、与译者必须具备的智能（认识能力）条件、学养及翻译审美经验有关。

基于此，我们的文化表现法对策论核心思想与其说是**寻求对应**，毋宁说是**贵在代偿**，包括**文化语义代偿**和**语言交流效果代偿**。

9.1.1 恪守文化适应性（Cultural Adaptability）原则的关键在实现代偿

“文化适应性”问题（见本书3.2.3）是翻译文化价值观论的组成部分，也是一个表现论原则。我们的意思是说，文化信息的表现应该适应目的语的文化现实和发展之所需。这个原则实际上牵涉到几个基本问题：

第一，文化价值观

文化价值观是个最基本的问题：文化的取舍无不基于价值观。撇开意识形态和观念的价值标准，任何目的语文化都倾向于积极接受和吸收与自己的基本价值“洽洽调和”（梁启超，1904）的表现式，如果文化表现式与本民族的文化现实格格不入，就很难谈得上接受和吸收，这时在表现法上的努力也一定会徒劳无功。我国唐代玄奘以前的佛经翻译改革收效有限、清末不少士人“以西正华”（以西方的规范来匡正中国的规范）的研究之归于失败，就充分说明了这一点。可以说支谦、鸠摩罗什和玄奘的译经改革的原动力正是以其时的社会文化价值观为指导原则的**文化适应性**——这就是中国俗语所谓“一方水土养一方人”的深刻道理。

第二，语言文化现实

语言是发展的。但语言发展常常具有阶段性：不同的历史时期的语言特征（语音、语法、词汇、语用）常常具有不同接受标准，离开语言的历史及现实背景去谈表现法是没有什么意义的，所以刘勰说“蔚映十代，辞系九变”（《文心雕龙•时序》），很显然，辞变本乎时变。这就是为什么语言理论上所谓描写主义的依据（D. Crystal, CEL, 1996: 66, 82）。语言文化随社会发展变化而变化。

第三，读者接受问题

文化心理因素包括情感、态度、理念、趣味等等，主要指读者的接受（译者也是读者），这个问题与前面说的有密切的关系，因为任何读者都是“历史的人”，也是现实的人：每一个读者都不可能没有任何文化历史经验，也不可能没有任何文化现实经验。超然的、抽象的读者其实是不存在的。由此可见超时代、超现实的模式化表现论是没有意义的，因为它没有实际价值。本章的最后将论及读者接受的一些原则问题。

第四，给主体留下充分的酌情权

这个问题容后再议。

翻译中文化信息的表现，应该从基本上适应目的语的文化现实和文化发展的需要原则，盖因非如此则前功尽弃。在中国近代翻译史中就有这方面的“先知先觉”者。下面一段论述出自曾国藩（1811—1872）的奏折：①

> 盖翻译一事，系制造之根本。洋人制器，出于算学，其中奥妙，皆有图说可寻。特以彼此文义，捍格不通。故虽日习其器，究不明夫用器与制器之所以然。……拟俟学馆建成，即选聪颖子弟随同学习，妥立课程，先从图说入手，切实研究。庶几物理融贯，不必假手洋人，亦可引申其说，另勒成书。

面对社会发展的需要，必须倡导翻译、学习翻译。19世纪末和20世纪初正是汉语和中国社会的“激变期”。翻译要搞，但究竟怎么搞？表现论于是应运而生。马建忠（1845—1900）的表现论主张就是当时的最强音。马氏首先谴责了背离翻译科学方法论的所谓“翻译操作法”：

> 今之译者，大抵于外国之语言，或稍涉其藩篱，而其文字之微辞奥旨，与夫各国之所谓古文词者，率茫然而未识其名称；或仅通外国文字言语，而汉文则粗陋鄙俚，未窥门径；使之从事译书，阅者展卷未终，俗恶之气，触人欲呕。又或转请西人之稍通华语者为之口述，而旁听

> 者乃为仿佛摹写其词中所欲达之意，其未能达者，则又参以己意而武断其间。盖通洋文者不达汉文，通汉文者又不达洋文，亦何怪夫所译之书皆驳杂迂讹，为天下识者所鄙夷而讪笑也。

随后，他提出了自己的主张。从他所述的主张来看，他的思路与其说是在寻求“对应”，毋宁说是在寻求语义上和语言交流的基本功能上的代偿：

> 夫如是，则一书到手，经营反复，确知其意旨之所在，而又摹写其神情，仿佛其语气，然后心悟神解，振笔而书，译成之文，适如其所译而止，而曾无毫发出入于其间，夫而后能使阅者所得之益，与观原文无异，是则为善译也已。

马建忠提出的是“确知—摹写—神解”的程序论模式在今天看来当然是比较粗略的。但从表现对策论的视角看，他却接触到了两个根本问题：一是语义上的深层模仿（“摹写其神情”）；二是语用上的交流效果（“阅者所得之益，与观原文无异”），即读者的接受。马建忠是深谙外语也是深知汉外差异的，他知道汉外一一对应之渺不可及，于是提出这种以**代偿**为双语转换的对策论核心思想，这种认识论上的提高，在一百年前实在是难能可贵的。我们先来看看汉外对应之不可能以及以代偿达致双语适应之可行性：

- 兔子不吃窝边草：据调查，并不是所有的兔子都有这种性习，例如爱尔兰的兔子还专吃窝边草（怕蛇窝藏），因此我们只能在深层意义上做文章：*leave no trace of one's whereabouts.*
- 又到曲终人散时：交流中常常不一定指“曲终人散”。有云“人间哪有长久席，又到曲终人散时”，“席”（酒席）与“曲”只是比喻而已。因此我们只能在深层意义上做文章：*Nothing is everlasting.*`
- 踏破铁鞋无觅处，得来全不费功夫：比喻与形式上的对称不可能实现对应转换，只能求助于代偿：*to search painstakingly everywhere only to find it hand by.*
- *Sweet are the uses of adversity:* 原语中这个 sweet 很难办，倒装而且

有变义，只能求助于代偿：逆境可以造就人。
- *Such and such results will follow such and such causes*: 这句话节奏很美，可以力求效果上的代偿：如此这般之因必有如此这般之果。
- *There are spit balls and knuckle balls*：这是美国俚语，spit ball 是投球者吐了口水的球，滑腻难接，knuckle ball 指投球者投出的旋转球也很难接准，翻译只可能求得语义代偿：一会儿一个奇招看你怎么招架；奇招很多招架难。

从以上例证可以看到，原例很精彩，译句也并不逊色：代偿之功在焉。事实上，以代偿求得文化适应性的原则，不仅适用于词语、文句，实际上也应该是我们的文化翻译的一个**整体性对策思想**。毫无疑问，恪守文化适应性的文化翻译原则的最终目的，既不是要原语文化（C_1）去削足适履地适应目的语文化（C_2），也不是要目的语文化（C_2）去左右逢源地适应原语文化（C_1）：实际上我们既不必"削足适履"，又做不到"左右逢源"，每种语言都有自己的异质性和表现上的局限性。重要的是要抓住语言可以互释、可以互补的特性，虽然表现法中的可译性限度（或不可译性 untranslatability）不可能绝对消除（见 9.4），但灵活运用语义代偿和交流功能代偿却可以使我们以**曲径通幽**的方式达到转换的目的。其实，以代偿手段作保证的文化翻译适应性的最终目的是非常积极、非常进取的，那就是：通过文化翻译使目的语充分放大自己的适应潜力，从各方面接触外域文化、表现外域文化，由于充分发挥了自身潜力，又充分吸取了外域文化的原生性滋养，从而使 C_2 上升为一种更有生命力、更适应新的文化生态条件的**代偿性新文化**（C_3）（另请参阅本书 9.4 节中的图表），即：

C_1（原语文化）⇨（via）C_2（译语文化）⇨（by means of compensation 代偿到达）C_3（新的文化形态）

上面我们阐述的，就是所谓"歌德模式"（本书 3.2.3 节）的实质。实际上，歌德绝不是在这里标新立异，他只是凭诗人的直觉和感受以及翻译界的成败经验描写了一个关于翻译的真理。中华文化中的佛经翻译吸取了外域文化（古印度文化）的精华（人性的佛性化及其神祇启示），给中国文学注入了“异域基因”而“画然辟一新国土”（梁启超，1904），大大丰富了唐代及唐以后中国文学的浪漫主义意象成分和功能，即是一例。

欧洲的例证更多。文学研究者 M. Maclean 在其专著《凯尔特文学》(*The Literature of the Celts,* Senate，1998）中探讨凯尔特文化通过翻译对英国文学的影响时指出，凯尔特文化的意象特征从中世纪起就开始影响了英国文学，特别是诗歌，直至今日。他写道：[②]

> The influence on the literature began later, but it has been very marked and continuous down to the present day. Three periods stand out as particularly potent. The first begins from the end of the twelfth century and extends to the Reformation. The second, taking its impetus from the Forty five and the Ossianic revival, carries us forward to the time of Tennyson. And the third, coeval with the modern Celtic renaissance, reaches from Tennyson to the present time . . . English poets and literatures from this time found a new well-spring of inspiration in the ancient Celtic fountain thus wondrously and unexpectedly tapped.
>
> （大意：爱尔兰文学对英国文学的影响可谓姗姗来迟，但这种影响明显可见，而且持续到今天。这一特别的长期经历了三个时期。第一个时期始自 12 世纪末，直到宗教改革。第二个时期以古代凯尔特欧西安传奇诗歌对英国诗人丁尼森的影响为标志；第三个时期始于凯尔特文艺复兴直至当代。英国诗人一直从古代凯尔特文艺之泉中吸取营养。）

作者举出实例说明了从莎士比亚、彭斯、华兹渥斯到拜伦所受到的凯尔特文化的影响，包括题材（如对自然的向往和赞颂）和体裁选择、审美和情感表现等方面英国诗歌都明显地受到凯尔特特征的影响，这种影响后来从诗歌推展到小说创作，从古代推展到现代。作者写道：[③]

> Through books of history and philology which have been issuing from the press in a steady flow for decades past, the tide of Celtic influence still

continues to rise and permeate every department of English literature. So that from that which at first yielded but a few words of Celtic import to incipient English, we have been able to trace a continuous stream, gaining in volume and momentum through the centuries, . . .

（大意：在过去的几十年中，历史和哲学书籍将凯尔特的影响源源不断地流向英国文学的各个部类。一开始只是一些词语的引进，经历了几个世纪的蓄势而进，现在已经是一条蔚然可观的不断的水流。）

Maclean 有力地说明了通过翻译凯尔特文化对英语、英国文学乃至整个英格兰文化的深刻影响。其实，英语、英国文学和文化其所以有今天的活力主要是由于在漫长的历史中融会了凯尔特文化、拉丁文化、斯堪的纳维亚文化、东方文化中对盎格鲁—撒克逊文化适应的成分。文化是历史的投影（P. Bagby, 1986），现实则是历史的延伸，现实中的例证可以给我们很多启迪。语言和文化的发展，一定要积极吸取域外文化的有益成分，采取这种开放的、进取的观点对新世纪和未来多元文化的形成具有深远的意义。这也是我们讨论表现论的文化适应性原则的主旨。我们不要排斥域外文化中一切有生命力的表现式，让读者的接受、社会的接受、历史和现实的接受考验它的文化适应性。因此，我们说，文化适应性本身具有凌驾性，它排斥人为的权威性干预，而保证文化适应性的关键在于**代偿**，而不在难以实现的**对应**。这是我们的文化翻译表现法中必须建立的最重要的对策论基本观念。

9.1.2 文化审美表现论必须恪守不悖原意的文化反映论（Cultural Reflection）

翻译是科学也是艺术。文化翻译表现论必须首先符合科学法则，而就文化表现而言，科学的**反映论法则（Laws of Reflection）**的基本要义是**实事求是、尊重原型**："实事"指原语中实际存在的文化意义（文化信息＋语义信息），翻译者不要凭空想象，无中生有；"求是"指适合原型的实际情况的表现手段，翻译者不应任意加码，"横空出世"式与原作意义大相径庭的意译是不可取的。因为翻译的核心问题是语义转换，特定文化情境中的语义必然具有特定的文化信息。可以说，归根到底，意义是文化信息表现论的科学依据。

下面，我们就从意义把握这个文化表现论的核心问题的视角，举例说明表现论的科学标准。这些例证说明文化表现论的科学性必须以意义（意向）转换为依据，排斥任意性、随想性。

这里的转换（transfer）也可以说是传送（transmit）。文化词语、句子、语段承载意义、意向，那么翻译者就不能置之不顾，必须在**代偿表现式**上下功夫。下面我们从词语、句子、语段三个层级来检视。

（1）词语

词语是基本的（但不是最小的）文化信息承载体。绝大多数的词语承载的文化信息一目了然，不必多说。但有相当多的词语实际上承载着特定的文化信息，我们就必须特别关注，不要将特殊也一般化了，抹去了它们的文化意义特色、特征或特点，其中包括地方特色、个人用语特色、语用特色等等。以下词（及词组）具有独特的爱尔兰特色，表现式应适应这一特色：

词及词组级	一般词义	根据文化特色调整后的表现式
• lathering	• 抹（特别是用肥皂）	• 揍（= beating，爱尔兰英语）
• wake	• 醒	• 半醉半醒状态（= weak，爱尔兰英语，如 a tapsy wake 酒后惺忪）
• garda	• 警卫、卫兵、警察、卫队	• （爱尔兰独立后）警察或警民联防组织（成员）
• pattern	• 形式	• 仪式（特别是在爱尔兰宗教节日中多种活动 = religious activties）
• a wish on	• 一般英语用法中只有 a wish for them, a wish of them	• = they wish，他们希望（爱尔兰英语）
• neithry my arse nor my elbow	• 一般英语只有 neither one thing nor another	• 既没胳膊也没腿；啥也没有；全没啦（爱尔兰英语）
• the strangers	• 陌生人	• （在爱尔兰专指）北欧人及英国人（有贬义）
• kip	• 羊羔皮；旅店；基普 =1000 磅	• “the kips”是都柏林的红灯区

（2）句子

一般而言，意向多在句子级参与结构构建，可以是陈述句，也可以是疑问句。（意向很明白的疑问句常常不要求回答，如“你不要命了？”）我们这里考察的是具有文化意义（意向）的句子，取自韩非子的政论。

句子级	一般表现式	根据文化特色调整后的表现式
• 今吾安居而可？（有疑问意向，但很轻微，焦点是“安居”）	• 我今何处得安身？	•（这是韩非子的特殊句式，见《韩非子•十过》Where would be a safe place for me now to take up residence?（按韩非子的语义、意向焦点，将“a safe place”作主语）
• 今君虽杀臣之身以三下，可也。（意下有你要杀就杀好了，杀了我不正好凑成三个吗?）	• 君杀臣以合死者三人，不亦可乎?（根据文化特色调整后的表现式）	•（同上）You do think you have a perfect right to kill me and make me the third victim, right?

不言而喻，这时的表现依据在很大的程度上取决于文化心理。韩非子（前 295—前 233）是中国杰出的哲学家、政论家，坚决主张以法治（治理）国、以法制（制约）人，是世界文化史上最早明确提出法治的哲学家和政论家之一。韩非子所处的时代是战国末期，汉语因时序之激变而蜕变。他的文章的特点是大胆采用口语词汇和口语句法，创造了很有特色的词语和庶民化“直谏文体”。当代汉语常用的语词如“举措”“蚕食”“唯唯诺诺”“良药苦口”等等都是韩非子的创造。④

（3）语段

语段是意义与意向相对集聚的基本单位。汉语句短，意合铺排，流散疏放，神聚于形外，由意义定夺主宾等语法功能。这些都是汉语句法独特的语言文化特征。这些特征，似乎与英语相悖。因此我们在表现中要特别用功夫，不要让目的语受到原语的框囿。下面是韩非子论法治的一个著名语段。法家处在春秋战国时期，面对基本上主张“人治”的儒家话语优势，仍能秉持“依法治天下”的大无畏精神，令人钦佩！作者以雄辩的行文表述以法治天下的至理（意义），反映一位哲学家身处乱世的磊落襟怀和刚超秉直的个性心态，表明了韩非子力主厉行法治的理想意向，文化信息的鲜明度和强度非同一般：

> 法不阿贵，绳不挠曲。法之所加，智者弗能辞，勇者弗敢争。刑过不避大臣，赏善不遗匹夫。故矫上之失，诘下之邪，治乱决缪，绌羡齐非，一民之轨，莫如法。属官威民，退淫殆，止诈伪，莫如刑。刑重，则不敢不贵易贱；法审，则上尊而不侵。上尊而不侵，则主强而守要，故先王贵之而传之。人主释法用私，则上下不别矣。

韩非子这个语段出自《韩非子·有度　第六》[⑤]分为两个大层次：第一个层次论以法治（治理）政的重要性以及以法制（制约、规范）人的重要性；第二个层次（从“刑重”至段末）论刑重的必要性，韩非子是主张“以重刑惩非法”的哲学家和法理学家，他认为“刑不重则不足以治乱”，这是他的基本思想，也是他的深层意旨（意向）。现在我们来看看汉英翻译家 Burton Watson 的翻译：

> The law no more makes exceptions for men of high station than the plumb line bends to accommodate a crooked place in the wood. What the law has decided the wise man cannot dispute nor the brave man venture to contest. When faults are to be punished, the highest minister cannot escape; when good is to be rewarded, the lowest peasant must not be passed over. Hence, for correcting the faults of superiors, chastising the misdeeds of subordinates, restoring order, exposing error, checking excess, remedying evil, and unifying the standards of the people, nothing can compare to law. For putting fear into the officials, awing the people, wiping out wantonness and sloth, and preventing lies and deception, nothing can compare to penalties. If penalties are heavy, men dare not use high position to abuse the humble; if laws are clearly defined, superiors will be honored and their rights will not be invaded.

If they are honored and their rights are inviolable, then the ruler will be strong and will hold fast to what is essential. Hence the former kings held laws in high esteem and handed them down to posterity. Were the ruler of men to discard law and follow his private whim, then all distinction between high and low would cease to exist.

第一个层次的表现没有多大的问题。问题在第二个层次，“刑重”被译成“If penalties are heavy”不足以表达韩非子的语势。“重”固然是“heavy”，但分量不够。在特定的作者、特定的篇章和特定的语段中，“重”获得了语势，意义应该是“严厉”（stern 或 severe），不宜拘守本义；隐含关联词的意思也应该是“倘若不”，相应的英语连接词及情态最好是 supposing/in case . . . not，即译成否定句式，将原句的语气改为“如果刑法不严厉那么权贵们就敢……”，这样就更符合韩非子的文化心理。在韩非子的基本政见中，第一条是“人君不蔽”（当皇帝的人一定要心明眼亮，不受蒙蔽，见《二柄第七》），第二条就是“刑德制臣”（据他自己的解释，“刑”就是“杀刑”，“德”就是“庆尝”，对手下权贵一定要双手并用，是谓“二柄”，见《二柄第七》）。韩非对昏君乱臣深恶痛绝，可见他的政见非常符合他当时所处的历史环境，特别是政局。翻译时不应忽视在当时特定的环境和局势下韩非的“心态”。

总之，文化信息表现论的科学性就是准确分析和把握原语文化意义和文化意向，脱离了这个历史、社会及至个人文化心理的框架（frame）和发展脉络（context）来谈表现就大有可能失去了意义定夺的重要依据，无依据的表现又有什么意义呢？

文化表现论的科学性除上述的语义维度以外，还有一个逻辑维度，即对表现式作逻辑分析，语义定夺不能悖理（“理”就是逻辑，日常逻辑常指“常理”）。例如有位外国知名译者翻译“烈士暮年，壮心不已”时译文是这样：“old as he is，the martyr still cherishes high aspiration.”很明显，他未作逻辑分析，既然是“烈士”（指已故英雄，那么就是 martyr），又怎么能有不已的壮心呢？可见他对汉语“烈士”意义的定夺（此处“烈士”指志向刚烈之士）犯了悖于逻辑的错误。关于语言逻辑问题请参阅《翻译与语言哲学》第八章。[⑥]

9.1.3 文化审美表现论必须恪守文化翻译的审美原则（Aesthetic Principle）

上节（9.1.2）提到翻译是科学，也是艺术，文化翻译必须不悖科学的反映论，从美学上说就是真善美的“真”。可见翻译的科学性和艺术性是“二位一体”。翻译的艺术性排第二位并不意味着可以忽视。恰恰相反，二者相辅相成，舍“第二”则无所谓“第一”。就文化表现而言，翻译审美判断是极其重要的任务，也可以说具有成败攸关的意义，科学性和艺术性都是翻译的**基本结构原理**。

9.2 文化信息的审美表现手段：择善从优

实际上，我们所说的“表现手段”指**语言表现手段**，当然也包括语言中的拟声（onomatopoeia）和体语（body language），以及语言文字的重要辅助手段各式图像（graphical devices），但显然不包括一般绘画、雕刻、舞蹈等属于造型艺术的文化信息表现形式。

借助语言以表现文化信息是人类最重要的也是最基本的文化传送及交流（transmission and exchange）方式。用语言来储存文化信息可以越数千年、跨数万里而恒常不变；而且语言本身就是一个文化体系。语言是人类最宝贵的文化信息表现和传送手段。

为了说明这个问题，我们试先从语内说起，再到语际，以便全面考察语言表现文化的方式。试举《周易》（与《周易》有关的是《易传》，它是对《周易》的疏解）为例。《周易》（或《易经》，简称《易》）的创作年代和作者至今仍无定论，可以确定的是它是一本奇妙无比的“巫书”，作于我国上古时代（西周，公元前771以前），[7]对我国古代百家思想之形成都产生了非常深刻的影响。见本书序文。

《易经》一共有六十四卦（hexagrams）。第十一卦叫作《泰卦》。因限于篇幅下面只照录了它的部分内容，即令是摘录，我们也可以由此看到它

包含多么丰富的文化表现手段（白话文翻译见注释）：[8]

泰卦第十一

（摘引）

䷊泰：小往大来，吉，亨。

《象》曰：“泰：小往大来，吉，亨。”则是天使交而万物通也，上下交而其志同也。内阳而外阴，内健而外顺，内君子而外小人：君子道长，小人道消也。

《象》曰：天地交，泰；后以财成天地之道，辅相天地之宜，以左右民。

初九；拔茅茹，以其汇；征吉。

《象》曰：拔茅征吉，志在外也。

这个卦据说是中国历代帝王求之而均不得的“吉卦”（占得此卦者无一人为“天子”。据说王安石曾经占得此卦，因而使他下决心进行变法“拔茅茹”），其中所包含的文化表现手段有八项，可谓中国古代文化符号学的精华：

（1）**符号**（Emblematic symbols）：英语也叫 two trigrams（两组三线符），因而它是由一个 hexagrams（六线符）组成的。

（2）**代码**（Code）：“泰”（文字代码）。

（3）**名物**（Naming）：如“茅草”“君子”“小人”等等（标出物名，以待人文化）。

（4）**隐喻**（Metaphor）：“拔茅茹”（拔起茅草，名物为喻）。

（5）**意象**（Image）：“（拔茅茹），以其汇”。意思是：拔起茅草以后，根系牵连，呈吉祥、丰厚意象；即以物呈象。

（6）**替代**（Substitution）：“君子道长，小人道消”，以文字解释替代图像。

（7）**论式**（Interpretation）：对卦的论述、解释、阐发，即阐释手段。

（8）**卦旨**（Tenor）：是一种铺垫性叙述，描写整个卦象及解释含蕴的文化心理，反映古代先民的忧患意识：祷求避凶趋吉，人岁太平。

我们可以从上述解释中看到一个惊人的事实：文化表现式从《周易》开始已见端倪，而且颇具典型性，时间已经经历了 2700 年！1678 年，德国哲学家、逻辑学家莱布尼茨（G. W. Leibnitz, 1646–1716）读到了《易经》的德译本，曾经对中国古人的精确运算和科学预见赞扬备至。[9]

下面我们将对语际文化信息转换的主要表现法逐一加以探讨。本书在前几章中已阐述过的问题（如隐喻，卦中也提到），此处拟从略。图像符号表现法是文字表现法重要的辅助手段，本节只拟举例略述其要。[10]本章将从汉英互译中文化翻译的实际出发，着重探讨在汉英互译中最常用的文化信息双语转换表现法，即图像（9.2.1）、模仿（9.2.2）、替代（9.2.3）、阐释（9.2.4）和淡化（9.2.5），其中（尤其是后三项）的**对策论核心思想就是代偿**。

9.2.1 图像

图像是一种重要的视觉意象化手段。这里所说的图像和符号包括各式各样的像、表、图、式（公式、范式），总之是非文字图像的种种视觉设计，不一而足。其实“图像”也是一种“以图代言”“以图代述”的代偿手段。

由语言文字记录人类的复杂的、多层面的、非线性的思维具有很明显的疏略性。语言文字只能记录人类比较明确简单的思想、概念，它是单层面的（一维的）、线性的。比之于人的思维，语言功能固然奇妙，但实在难尽其功于万一。所以人们常常说“非语言所能形容”，“溢于言表”，“have no words for it”，“words failed me”，“it made me speechless”等等，这是实情，不是夸张。下面是一些中国功夫（太极）基本招式（basic stance），每一个招式在功夫中都有一个名称（即名物），待教师爷“一呼即应”，不差分毫。这些招式，如果用文字描写，实在难尽其意，这时用名物加图像一亮，一切尽在“已言”之中。如图 9—2：

(1)金鸡独立　　(2) 鲤鱼打挺　　(3) 碾地为轴

Pose as a pheasant　　Take a carp's leap　　Use a sole as the

axis

on one foot

(4)扑虎落地　　(5) 俯身探海

Pounce on a tiger　　Bent forward to probe into the

sea

图9—2

注：图像取自 *Chinese Kung-fu Series* 4, by Cai Longyun, et al, 香港：海峰出版社 1983 年版。

如果我们只看图下的招式名称（名物），不使用图像调动视觉功能，而仅用文字加以描述然后要求习拳者做出动作来，那么，就算说上一百句，拳师也难得做好。翻译也一样，即便是一五一十地翻出名称来，外国读者也根本不知所云，而图像就可以“一以当百”。这就是发挥图像的视觉功能，表现文化信息，这就是图像的奇妙之处！

这就给了我们一个重要的启示：人类的信息表现方式是一个多维的、复杂的系统，因此人在表现某种文化信息时，通常是本能地运用各种方式来达到交流目的使之产生预期效果。这就是为什么文本中常常出现动作描写、表情描写、姿态描写。《红楼梦》描写王熙凤一人的面容、穿戴、神色、坐姿、步态和言谈就一共用过 8 万多字，假若我们挑一个合适的女演员全面用现身说法，顶多只消半小时！

但无论如何，图像只能作为语言文化载体的辅助手段。视觉表现功能也是有限的。这就是为什么《易经》六十四卦还要用许多文字去解释的原因。

9.2.2　模仿——以对应为基本手段

所谓“模仿”（imitation; mimesis）或“动态模仿”（dynamic imitation）实质上是以原语为原型的**基本对应式**，指用目的语模仿原语的文化信息表现形式，大体相当于传统译论中所说的“直译”，也可以说用目的语来复制或移置原语的语言文化信息，比如“微波”——microwave; facial foam——“泡沫洗面乳”等等。这种方式主要利用人的通感，特别是形象通感传达文化信息，这种方式有利于两种文化之间的沟通和互补，而且可以因势（原语中的约定性）利导（借势引进），又可以基本上忠于原义、便于表述，因此，我们说模仿在文化翻译中基本上是可取的，因而成了文化翻译表现论中的主要方式之一。以名物（naming）为例。下面是太极拳中常用的基本招式或程式名称，翻译时一般均可取模仿式：

1）虚步 empty step

2）双勾手 hook hands

3）提膝 bring up knee

4）弓步 bow step

5）金铰剪 gold scissor's winding

6）盘腿跌 sideway falling on a twisted leg

以上名物方式大都是写实性描写，但 4）和 5）是例外，它们是比喻性描写。

名物时的模仿表现式注意以下几点：

（1）力求精简达意

名称一般总是短而精最为相宜。长的名称、名字在语流中固然增加了文化信息量，但形成累赘时，人们总是避长就短的。例如“鲤鱼打挺”平日就说“leap”，鹞子翻身就是“twist”；可见精简的手段都是去掉了累赘的描写成分。湘菜中有一道名菜叫“湘荷甘塘水鱼云裳裙边煨细皮五花”一共十五个字，而且充满了乡土文化气息，名称也很美，但在语言交流中还是只能力求精简，译成“calipash and calipee”。这也可以说是一种“舍车保帅”的办法。其实吃 calipash and calipee 本身就是中国饮食文化的例证。

（2）力求先主后宾

这就是说，必须首先考虑用原语中已有的文化表达式。例如太极中的“踉跄步”，英语中有 backward step（usu., torso incling），“旋子”英语中有 horizontal circling（in the air）；“双义掌和双分掌”就是 cartwheel（侧空翻），等等。英语中也有很多词汉语里也有，不必绞尽脑汁去造，如 atrium 就是我们中国建筑中的“大穿堂”，entrance hall 就是“外穿堂”，vane 我们叫“风准”或“风标”，finial 是“顶（屋顶）花”，lap 的汉语叫“接搭”，ralley 是“天沟”。这个问题，涉及译者的文化语言知识是不是深厚广泛；也涉及主体前理解结构中的能力和经验含量，容后再议。

（3）力求适应贴切

以模仿式复制文化信息有一个适应性问题，特别是在比喻性描写中。与目的语格格不入（incompatible）的模仿式读者很难接受，肯定影响效果。这时就不如取替代、淡化等式。

句段中文化信息在双语转换中取模仿式也是既有必要，又是可行的手段。因为文化具有超地域、超时空、超民族性，虽然这个“超”都是相对意义上的。我们可以细读《泰卦第十一》的英译二例。下面和其他手段一并分析，并在 9.3.1 节详论模仿问题。

9.2.3 替代:代偿之一

替代（substitution）是一种很重要的代偿手段。它是个相对开放系统，具有无限潜势，所以它是仅次于模仿的文化信息双语转换手段。其实，所谓替代就是“易词而译”。“易词而译”旨在通过易来求变通，变通就能达，所以孔颖达说“易则达”。这是自然之理。

替代可行性的主要理据是文化适应性及审美有效性。我们可以看看下面这些例子，译句前两式都使用模仿式（复制、移置、直译）：

（1）He that lies down with dogs must get up with fleas.

• 与狗在一起睡的人身上必定有跳蚤。

• 与狗同眠必带蚤。

替代式:近朱者赤，近墨者黑。

（2）Let them eat cake.

• 让他们吃蛋糕嘛！（让他们吃蛋糕好了。）

• 让他们吃烙饼不行吗？

替代式:何不食肉糜

（3）between cup and lip

• 在杯子与嘴唇之间

• 杯唇之间

替代式:功败垂成之际

以上三例用模仿式已“费尽心机”。但不是不能达意就是很不自然，甚至莫名其妙，什么叫“杯唇之间”？难道是贪杯者突然想起了戒酒誓言？或者突然看见杯子里有只死苍蝇？还有，第（2）句为什么要让他们吃蛋糕或者烙饼呢？难道是说话的人痛悔自己以前太吝啬？

可见，为消除读者误解或免得读者费解，最好的办法就是本乎原语中的“tenor”（本意）在译语中另找“替身”（doubles）来做个**解释**。句（1）的汉语替身是“近朱者赤，近墨者黑”。句（2）是一个典故，汉语也有一个“替身”典故。据说这句话出自18世纪80年代一位法国的大公主玛丽•安东尼内（Marie Antoinette）。某日，有人来报说，大事不妙，农民没有面包吃，快饿死了。大公主于是出了个高招儿:“让他们吃蛋糕不好吗?”这就使我们想起了中国的大昏君晋惠帝(290—306年在位)的千古笑柄“何不食肉糜”。句（3）很容易引起误解。典出希腊神话,安卡奥斯（Ancaeus）开垦了一个葡萄园，立志要用自己种的葡萄酿出上佳的葡萄露。果然，露酒香醇出窖了，正当安卡奥斯举杯到唇边时，仆人高喊不妙，野猪闯进葡萄园了。安卡奥斯立即放下酒去赶野猪，结果不幸被猪咬死了。于是这个典故就被赋予一个特殊的意义，相当于汉语的“功败垂成之际”。

实际上,很多专名和典故一样,为使读者了解真正的含义,就需要找“替身”。“替身”怎么找？有一个尺度要掌握，即疏离度。有些专用语一度疏离一般读者都不一定能懂，就要二度疏离甚至三度疏离。如下例:

原名		一度疏离		二度疏离
Gower's relexion	→	knee reflexion	→	automation reflexion
高氏反应		膝腱反应		自动反应
Hart-Tru court	→	all-weather court	→	soft court
哈特露(网球)球场		全天候球场		软性球场

由于“软性球场”也使人摸不着头脑，汉语中就出现了三度疏离译名“弹性球场”。这种情形很多，一切视读者接受而定。

9.2.4 阐释:代偿之二

阐释（explanation）是最常用的代偿手段。所谓阐释，就是用翻译的办法疏解、阐明，也就是化解原语的文化信息，这是一种不得已而为之但又是很有效的铺垫手段。阐释性铺垫可长可短、可繁可简，一切视乎行文之需。阐释不同于替代之处是后者可以更加放开形式上的约束，用一切适合的词语，易原词语而译之，就解决了问题。另一种情况是着眼于语言结构或语句衔接，阐释是一种结构上的铺垫完形，以表达完整的文化意义。以下例子都是阐释式文化表现式：

（1）阳 (*yang*): a force derived from the dynamics of the Great Ultimate brought into action（太极动而生阳）

（2）阴 (*yin*): an inactive force derived from the activity which reaches its climax（动极而静，静而生阴）

以上我们对中国古代哲学中两个极重要的概念的翻译表现式就叫作“阐释”，这个阐释是根据北宋哲学家理学大师周敦颐（1017—1073）的哲学本体观（见《太极图说》*An Exposition of the Diagram of the Great Ultimate*）推导出来的。其实，这种“阐释”问题并没有解决，读者不禁要问：“太极”又是什么呢？周敦颐说，“太极”就是“无极”（无极而太极），“无极”是non-ultimate。那么，“无极”又是什么呢？翻译家的工作就做到这一步了，至于进一步的阐发，那就是哲学家的任务了：翻译家的阐释只是意义转换，哲学家的阐释则是意义论证，各有分工，谁也不必越俎代庖。

与阐释有关的还有注释（annotation）。注释法往往是加上一个范畴词，如rolfing罗芬氏按摩法，“按摩法”就是范畴词。

9.2.5 淡化：代偿之三

淡化（decoloration或deculturation）也是常用的代偿手段。所谓“淡化”，指文化意义的淡化，即在语际转换中将文化意义消除了，这当然也是不得已而为之，以利行文。这种情况很多，特别是诗歌和典故性成语的翻译。汉语里“文以载道”原本是个文化信息很浓的成语，这里面的“道”指儒家孔孟之道，但译成英语时我们只能说“Writings are for conveying truth”，把孔孟之道的意思淡化成一般的意义“道理”“真理”了，这就叫作“淡化”。“金陵十二钗”的专指性文化信息很浓。按原意，“金陵”指明清时代繁华的南京地区（实际上地域比南京更广），“十二钗”（金钗十二）指

“十二妾”，但“十二”只不过言其多，并非实数，所以原意只能译为“many concubines in Nanjing”。到了曹雪芹手里，“金陵十二钗”又被赋予了专有的文化褒义，曹雪芹用它来指他书中的十二位才貌双全的仕女，泛指变成了专指，但翻译还是**只能淡化**：Twelve ladies in Najing, 不过这是一种**转义淡化**。英译汉时这种情况也很多。英语有个常用的俚语成语 pull up one's sockes（“提提袜子”），原本是描写英美穷推销员，成天跑腿，时时得提提袜子，准备再往前走。翻译时不能不放弃文化比喻意义，淡化成“歇口气再干”。

翻译中除了文化词语的淡化以外，语言审美形式也常常不得不进行淡化。下面是英国维多利亚时代的桂冠诗人丁尼生（Alfred Tennyson, 1809–1892）的一首十分优美的诗《小溪》（*The Brook*），其中许多文化审美信息都不得不淡化（散文化）（取顾子欣汉译）：

The Brook

I steal by lawns and grassy plots,
  I slide by hazel covers;
I move the sweet forget-me-nots
  That grow for happy lovers.

I slip, I slide, I gloom, I glance,
  Among my skimming swallows;
I make the netted sunbeam dance
  Against my sandy shallows.

I murmur under moon and stars
  In brambly wildernesses;
I linger by my shingly bars;
  I loiter round my cresses;

And out again I curve and flow

To join the brimming river,
For men may come and men may go,
But I go on for ever.

溪　流

我从草地上悄悄流过，
我在榛林边回绕；
我轻轻摇着那些勿忘我，
那幸福恋人的花草。

我轻跃，我流泻，我沉郁，我闪耀，
伴着嬉水的飞燕；
我让似网的阳光舞蹈
在我浅浅的沙滩。

我在明月和星光下潺嚅，
在荆棘丛生的荒丘；
我在我的沙洲旁流连，
在我的水芹边闲游；

我萦回百折不停奔流，
终注入滔滔大江，
人来人去，匆匆难留，
而我永远在流淌。

翻译中出现频率很高的淡化就是上面提到的形象比喻的文化意义“丧失”，比喻（隐喻）常常涉及特定的民族文化心理，不得不译成了淡然无味的一般陈述式，这也是令人非常遗憾的淡化。以“比喻＋办法”为例：

- 蚂蚁搬家的办法 ⇨ (do sth.) in a small way
- 打铁乘热的办法 ⇨ lose no time in (doing sth)

- 一刀切的办法 ⇨ (do sth.) indiscriminately
- 死马当作活马医 ⇨ tackle desperately the impossible
- 打一枪换个地方 ⇨change one's way every time (he/she does it)

这种情况英译汉时也经常出现，有时经“旬月踟蹰”仍不得其辞，只好作罢。另外，无论在汉语或英语中都有很多十分夸张的形象比喻（隐喻）性用语，如“肠断情”“脂粉泪”“胎死腹中”等等，感官刺激强烈，模仿效果欠佳也宜淡化。这实际上也是一种审美考量。

9.2.6 文化翻译审美表现法小结

表现法的取舍斟酌的基本原则是**择善从优**，通常有以下几方面的考量：

（1）语义考量：对应

就是看哪一个对应式更切合原意，这常常是我们最基本的取舍标准，英国的文艺批评家、译论家德莱登（J. Dryden, 1631–1700）说这种切合原意的对应式是翻译家“当然的选择”。如果我们仔细考察，可以发现双语对译中这种“当然的选择”是不少的，但多数是在个体状态，一旦进入联立关系，对应就不成了。

（2）语用考量：代偿

语言的功能是“用”，交流中之“用”，因此交流中合不合用应该是我们很重要的一条标准，这也是功能主义学派的一个基本主张。这里所谓“用”当然指在目的语文化中的“用”，如果目的语文化对即便是切合原意的对应式格格不入，那么我们还得割爱，另求代用品—种种形式的**代偿式**。目的语文化对“合用不合用”的定夺常常涉及思维方式问题——包括名物的文化心理，一般有源远流长的传统，例如说汉语的人名物时有“以名举实”“以象举实”的传统，“名不副实”为汉语之忌。因此我们将 computer 译为“电脑”，取其喻象，而舍弃“计算机（器）”，尽管 computer 的基本概念确实是“计算机（器）”。这种例子极多，也可以说语用考量实际上是文化心理上的考量。这就使代偿成了更为实用（适用）的对策性考量。

（3）审美考量:优化

审美考量实质上也是一种语用考量，不过这时的“语用”着眼于审美效果。汉语中“胎死腹中”与“功败垂成”两个成语的含义是差不多的，但翻译时大概绝大多数译者会选择后者，或者至少会说“流产”，而避免用前者。其实在任何文化中都有很多“禁忌语”“秽语”，翻译中不难找到两者几乎“如出一辙”的词，但一到实际运用中译者都会将原文中的禁忌、秽语淡化。在更多情况下的翻译审美考量是为了确保传播效果，即更有可读性。最佳可读性可以给读者带来情感上的“愉悦”（delight），这是很多当代美学家的基本主张。文化翻译中自然也值得我们孜孜以求。

除此以外，当然还可能有其他考量，比如“政治考量”“宗教考量”，当代西方译论家称之为“翻译的政治”（Said, 1979; Ninanjana, 1989）。从实质上分析，文化翻译中的“政治考量”“宗教考量”也属于“语用考量”，实际上是一个文化适应性问题。“语用考量”涵盖面可以很广，如专业上的、行业上的、文体上的，等等。“最佳可读性”翻译通常是综合考量的结果，也正是严复所谓“旬月踟蹰”的择善从优的成果。

9.3 “原汁原味”评析

就翻译而言，“原汁原味”（the original essence）是一个“伪命题”。因为科学常识告诉我们，除了“自我”（the Self），世界上不存在两个绝对相同的东西——其实，连昨天的自我与今天的自我都并不相同，因此翻译中的“对等”“等效”“等同”都只是理想化的虚拟。在汉英互译中，在很多情况下，连“对应”都并不普遍，而只是一种差强人意的近似。“原汁原味”也一样。往积极面想，它只是我们对理想的模仿表现式的一种通俗的比喻，可以聊以自慰，当然也不妨拿来作为提升翻译审美表现的一种理想的策略。其实，既然是翻译，“原汁”与“原味”都已经被转换、在译语中已经改头换面，不复存在了，因此准确地说，这里讨论的“原汁原味”，只是在译语文本里如何保持原语里的“原汁原味”的**原型最佳近似值**（the prototype’s best approximation）罢了。例如，宋代有个才子唐寅（1470—

1532）写过两句诗："莫笑杯中物，有尔定乾坤。"（莫小看了这杯中的浊酒啊，它可以帮你平天下、定乾坤呢！）唐寅很幽默，手里端着一杯浊酒，笑谈赵匡胤（927—976），当年用小小的一杯酒就臣服了顽敌，缴了反他的藩将们的械——就是宋史上所谓"杯酒释兵权"——唐寅的言下之意说，武夫们哪里是奸猾谋臣们簇拥的"太岁"的对手！下面是对唐寅的诗的原汁原味的分析：

"原汁原味"成分分析：

（1）音韵美：仄起平收，"仄仄平平仄，平平仄仄平"（但"乾"是平声）。

（2）意象美："杯中物"指酒，以隐含的指事藏深意，有谐谑的旨趣美。

（3）语义反差衍生语势：用一杯浊酒赢来九州皇权，形成极大反差。

（4）寓意美：诗人的态度淡定，但讲的可不是家常事！

（5）讽喻有深意：以历史典故醒世。

现在让我们来看看怎样尽可能按原汁原味翻译原诗，取得"最佳近似值"：

第一式　Don't make light of what's in the cup, it can help you capture the whole Empire.

第二式　A cup of wine? It managed to help an Empero capture his power.

第三式　A cup of wine can help survive an Empire.

大概可以说，以上三式英译都只能说与上述"原汁原味的成分分析"前四项沾上了一点边，与唐寅原诗的情味相差很远。最重要的是，第五点的缺失，英语翻译即使没有错，读来也使人不知所云！这就说明"**文化理解是文化翻译的基点**"的道理。

9.3.1 “原型最佳近似值”：认识论和对策论分析

提到“原汁原味”这种审美表现论理想的译论家中外都有。近代中国译论家马建忠就提到原汁原味的思想。他说“译成之文，适如其所译而止，而曾无毫发出入于其间，夫而后能使阅者所得之益，**与观原文无异**”（《拟设翻译书院议》，重点是本书作者加的），这就是“原汁原味”。西方古典译论家（特别是作家、诗人兼译论家）中提倡原汁原味也都大有人在，歌德就是其中最有代表性的权威发言人（见本书3.2.1节）。译论家Schulte和Biguenet在总结西方19至20世纪的翻译思想时作了一个概括，下面是其中的一段：[11]

> Clearly, these ways of thinking emphasize the necessity to take the translator toward the foreign text. *The foreignness of the text should be maintained as completely as possible in the transferrer from the original language into the translated language*. August Wilhelm Schlegel writes: “*I have tried to render the nature of the original according to the impression it made on me. To try to smooth it over or to embellish, it would be to destroy it.*”
>
> （大意：这种翻译思想就是强调要向原语文本倾斜，原语文本的域外风韵应该尽可能加以保留。施莱格尔说，“我按原语行事，对原语的任何更改都无异于将它毁于一旦。”）

由于西方语言在历史渊源与结构上大都有亲缘关系，翻译时要按上述严格的对应要求，保留原汁原味似乎并非难事，又有洪堡、叔本华和雅可布逊[12]等人力倡“破格而译”，因此也有许多西方译论家心目中的原汁原味，似乎变得更加进取了，它不仅仅是上文引述的施莱格尔（Schlegel）所提倡的保留“the nature of the original”，从而几乎成了“原汁新味”。下面是德国知名的译论家雨果·弗莱德里奇（Hugo Friedrich）的论述：[13]

The translator should write in a language "that not only avoids common daily usage (just as the original source language avoids it) but gives the impression of *leaning toward the foreign sensibility". In other words, all the power is generated by the original.* This power becomes the creative impulse of the translation, which escapes from the daily usage of language in the same measure as the original has done. *The creative stylistic power of the original has to become visible in the translation, it even has to regenerate itself as the creative force of style in the target language*. Similarly, Humboldt claims that a stylistic transplantation of the source language into the target language must take place, and he points to the danger of underestimating the level of style. "Ambiguities of the original that are part of the essential character of a work have to be maintained . . . .One can't afford to change something that is elevated, exaggerated and unusual in the original to something light and easily accessible in the translation."

（大意:译者应以原语为摹本，向原语文本的外域感性倾斜，原语的审美感性应该成为译者的创作脉动，成为译文读者可以感知的力量，原语中的一切审美立意译者都不应擅加改变。）

弗氏的论点是，译文应该**向原文倾斜**，保留原文中的“全部气势”（all the power），并与原文亦步亦趋，使原文中的“创造性文风气势”（the creative stylistic power）在译文中清晰可感（visible）。这种源自原语的气势，正是译者获得“创作冲动”（creative impulse）的源泉。当然，就总的倾向和精神实质而言，他们的主张并没有脱出歌德模式中的 C_3（蕴含原语新风的译语文化即新文化）的疆界。

以上是从认识论和对策论的角度来分析。从表现法诉求的视角来看，做到“原汁原味”的翻译应该把握以下原则：

（1）为保留“原汁原味”，首先要把握整体的文化理解

本书第四章论述了“文化理解”问题。这里所谓的“整体”包括原语的各个维度，即意义维度、心理维度、认知维度、审美维度和逻辑思维维度。

这中间，除了意义与情感问题以外，似乎尤其应当关注原文的形式审美特征。

（2）为保留"原汁原味"，审美分析要力求透彻

所谓"审美分析"，指对原语的审美信息扫描，包括原作者在语音设计、词语修辞、句法安排、语段布局、文本风格等五个方面的审美特征，尤其是对原语的修辞与风格，译者必须明察秋毫，善于模仿，力求与原著取得"最佳近似值"。

（3）为保留"原汁原味"，译语不能由于力求取得"最佳近似值"而佶屈聱牙

所谓"佶屈聱牙"就是不欣畅。因此，"原汁原味"的翻译在对策论上有一条辩证法：即在最佳对应考量下，在"不悖原语"与"不损译文"之间要取得一个**最佳平衡**，不能顾此失彼。我们的原则是**择善从优**。这样就要求译者善用代偿手段。

其实，事实证明，我们提出的"最佳近似值"眼下也只不过是一个"印象性术语"，将来有赖于信息科学为之提供"量化手段"。因为说到底，语际语言转换的基本性质是**人文的**，不仅语义转换很难实现精微量化，人的审美感应、情感操控、思维表述中的描写、描绘、着色轻重考量都只能由人脑来完成。爱因斯坦说过一句很有意思的话：

> As far as the laws of mathematics refer to reality they are not certain, and as far as they are certain, they do not refer to reality.
>
> （当数学法则涉及生活现实时，它们总是捉摸不定的；但当它们可以确定无疑时，它们与生活现实则又总是了无关系的。）（*The Tao of Physics*, F. Caprqa, Ch 2）

9.3.2 "原汁原味"操作提示

如上所述，"原汁原味"是一种通俗的比喻性方法论审美陈述式。严格说来，它只是一个模糊的印象性陈述式，我们需要加以人文科学的界定，不能死抠字眼。"原汁原味"的精神实质不外乎：一、精于把握原语文本的特征和文化气质；二、精于对原语文本的结构和原文审美特征的模仿；三、精于变通——特别是“双向变通”，以保证原语文化对译语文化的适应性（包括行文和思维方式上的调整），或者可以反过来说，提高译语的表现力以适应或吸收原语语言和文化的活力。总之是在“不悖原语与不损译文之间，取得一个最佳平衡，笼统地说就是我们以上提到的“最佳近似值”。

下面我们先谈模仿。很显然，所谓“精于对原语的模仿”，绝不是精于皮相的形式模仿、精于表层审美信息以及文字表面意义的、生硬的模仿，而是把握特征特色、把握精神实质、把握气质风骨的模仿；同时，以上三方面的把握又是通过形式、通过结构、通过表层语义分布的透析而获得的。不可能想象世界上存在“没有形式的内容”“没有表层的深层”和“没有结构的实质”。这就是范缜所说的一段名言：

> 形者神之质，神者形之用，是则形称其质，神言其用，形之与神，不得相异也。……
>
> 神之于质，犹利之于刃；形之于用，犹刃之于利。利之名非刃也，刃之名非利也。然而舍利无刃，舍刃无利。未闻刃没而利存，岂容形亡而神在？（着重点是本书作者加的）

这是很精辟的语言功能主义阐释。变通在中国传统文论中叫作“通变”（刘勰《文心雕龙·通变》），意思就是通晓因时序、情势（情景与语势）之变而随机应变的客观规律，不执着于原型、不拘泥于原式（句法、句型与句段的原语形式与格局），一切基于文化理解，能做到恪守文化适应性之所需，尊重并适当引导读者的能动接受。变通在翻译中就是表现式的灵活性：一切由意义、意向、审美来决定，而意义、意向、审美又由语境中的“用”来调节。总之是有法度可循，又让人文的灵性来运筹一切，集中于“形—神—用”的统一观照。

关于模仿，我们已在上文论述过。但由于模仿问题对确保原汁原味具有特殊意义，我们在这里再作深一步探讨。利科在论及文艺创作的模仿时，有一段精辟的论述值得我们借鉴。[14]

利科认为，模仿可以分为三个认知的阶段，他称之为第一阶段模仿（$mimesis_1$，简称 M_1），第二阶段模仿（M_2）以及第三阶段模仿（M_3）。以下分述其要领：

M_1（第一阶段模仿）：以分析理解为特征

这个阶段主体的运作机制主要是前理解功能（the function of pre-understanding）的充分发挥，以构建被模仿对象及审美对象的prefiguration（原型），即对客体的初步呈现（presentation）。这时主体的努力集中于捋清客体的"order of action"（行为或事件的来龙去脉）。利科论述说：

> *Mimesis₁* is this pre-understanding of what human action is, of its semantics, its symbolism, its temporality. From this pre-understanding which is common to poets and their readers arises fiction, and with fiction comes the second form of *mimesis* which is textual and literary.
>
> （大意：这是模仿的第一阶段，即前理解阶段，关键是对审美客体即原语文本的深度的文化理解。参见本书的第四章）

利科认为 M_1 是起点，是前理解的启动，而"前理解"的对象是人的行为的意义、象征性及现时关系、现实情况等等，这正是维特根斯坦所说的"生活的形式"。

M_2（第二阶段模仿）：以构建模态为特征

这个阶段主体的运作机制主要是心智理解功能（intelligibility）的充分发挥，以构建"被模仿者"（人或事物，包括意象、情节、语言）的configuration（构型，构型的结果也就是"模态"，即模式的刍形状态），即对客体的加工呈现，这时主体的努力集中于对客体的reconstruction（重构）提供一个模态。显然这是一个极重要的过渡期、中介期。利科论述说：

> With *Mimesis₂* we enter the field where modern poetics and semiotics apply. In part, but only in part, these prolong Aristotle's poetic theory. For him poets and poemsimitare action only on the condition that they configure it according to specific rules of emplotment. Only in invented plots do such-and-such actions count as a beginning, a middle, or an end… Mimesis, at this stage, signifies the production of a quasi world of action（事

件的“准世界”，即审美雏形）through the activity of emplotment（情节化）. Far from being an effigy or a replica（某种已定型的形象或摹本）of action, this emplotment is its intelligible schema. It imitates in that it is intelligible.

（大意：这是模仿的第二阶段，目标是构建审美对象的雏形，手段是充分模拟可以理解的一切，集中于意象和情节。）

. . .

Such is the realm of *mimesis*$_2$ between the antecedence（先行）and the descendance（对原型的衍生）of the text. At this level mimesis may be defined as the configuration of action（事件的雏形）. This configuration is governed by a schematization（指写作上或艺术创作上的审美方案、审美策略）that is historically structured in a tradition or traditions, and it is expressed in individual works which stand in varying relations to the constraints generated by this schematism.（大意：第二阶段的主要任务是对原型的衍生，及构建出审美客体的雏形。）

M$_3$（第三阶段模仿）：以完形表现为特征

这个阶段主体的运作机制主要是符码应用功能（application），具体而言是“通过符码解构到符码重构”（re-symbolizing through de-symbolization），完成对模仿对象的 transfiguration（成型），也就是内容赋形于形式的完形。这时主体的努力集中于 refining and more refining（精工过程），以达到原型的 reborn（新生）；即：以最有效的形式转化保证预期的读者接受。利科说：

Now I should like to show how *mimesis*$_3$, when led back to its first order intelligibility, requires as its complement a third stage which also is worthy of being called *mimesis*.

This stage corresponds to what Hans-Georg Gadamer, in his philosophical hermeneutics, calls “application”. And Aristotle himself suggests this third sense of mimesis at various places in his *Poetics*, although he is less concerned with the audience there than in his *Rhetoric*, where the theory of persuasion is entirely governed by the capacity of being received by the audience. Still, when he says that poetry "teaches" the universal, that tragedy "arouses" pity and fear, effecting the proper purgation（净化）of these emotions, or even when he refers to the pleasure we take in seeing frightening or pitiable incidents which lead to that reversal of fortune that makes a tragedy, *he indicates that it is in the audience or the reader that makes a tragedy, he indicates that it is in the audience or the reader that the process of mimesis ends*.

（大意：这是模仿的第三阶段，伽德默称之为"应用"，亚里士多德认为模仿的功效应由观众或读者来检验。）

利科的**模仿三阶段论**对我们的启示是：

第一，模仿对再现客体——对翻译来说是在语际转换中**多层次地再现**原语文本，具有不可或缺的重要意义，是保证我们获得原汁原味的重要手段。

第二，翻译的模仿也可以分层级运作、分阶段实现。按利科论述的大体框架，结合翻译的实际以及原汁原味的**特定目标**，语际转换多层次地再现中的模仿应该不同于文艺创作对客观世界的模仿。

第三，在具体实践（翻译操作）中，原汁原味的体现应该**可以参照**利科所指出的 prefiguration（M_1）⇨configuration（M_2）⇨transfiguration（M_3）三级阶段论来实现。我们可以将利科所说的对现实的模仿大体看作对原文文本的多层次模仿。

第四，据此，我们应以把握原文文本的内容和形式的**特征、实质和精髓为主轴**，实现 M_1⇨M_2⇨M_3 的模仿，范式如下：

M_1: Prefiguration（原型的剖析和解构）

- 运用前理解，以求在语义上、审美上、逻辑上通晓原文文本的内容实质
- 运用前理解，以求把握原语形式特征和效果
- 运用前理解，分析原文文本中含蕴的文化信息和心理特征（包

括作者本人的精神风貌和气质）

M_2: Configuration（雏型的调整和构建）

- 运用心智和情感按原型在语义上、审美上、逻辑上重建目的语文本
- 运用心智和情感按目的语文化适应性，调整目的语文本的形式
- 运用心智和情感按目的语文化适应性，将原语文化心理体现在目的语文本中

M_3: Transfiguration（完形的成形与完成）

- 充分发挥主体应用功能（语义分析能力、审美表现能力和逻辑分析能力），优化译文文本以体现原语文本的特征和特色，实质和气质
- 充分发挥主体应用功能（文化信息感应能力），准确并充分地体现原文文本中含蕴的文化心理（文化信息深层结构），体现其传感效果

现在我们来谈谈变通——也就是如何善用代偿手段。为确保实现跨文化和语言的原汁原味，绝对不能死守对应，还需要善于运用各种代偿手段。这里必须着重指出，谈到变通时，我们常常只关注到一面即让原语变通（只抓住它的基本意义，放弃表现式）来适应目的语，而较少地注意如何实现“双向变通”，特别是改进母语表现法，吸收外语和外国文化的精华，让目的语变通以适应原语，并反过来丰富目的语。这里我们需要重提歌德的见解：翻译家应该对德语善加变通以利德语适应外语和外国文化，或者说，让本国语借助外语实现自己的适度异化，这是使本国语言和文化新兴成分得以富集和发展的必由之路。

实际上，西方很多译论家对歌德的上述见解做出了积极的回应。例如德国的文艺批评家和译论家瓦特•本杰明（Walter Benjamin，1923）就在其著名的论文《翻译者的任务》（原著 1923，英译 1968）中提出“为发展德语必须解放德语”的主张（中译全文参见陈永国编《翻译与后现代性》，人民大学出版社，2005，第 3—12 页）。本杰明写道：[15]

It is the task of the translator to release in his own language that pure language which is under the spell of another, to liberate the language imprisoned in a work in his recreation of that work. For the sake of pure language he breaks through decayed barriers of his own language. Luther, Voss, Holderlin, and George have extended the boundaries of the German language.

随后，本杰明转引了R.潘维茨（Rudolf Pannwitz）的一段译论，这段译论被歌德盛赞为“在德国发表的最精彩的翻译理论”，潘维茨的一段译论是这样的：[16]

Our translations, even the best ones, proceed from a wrong premise. They want to turn Hindi, Greek, English into German instead of turning German into Hindi, Greek, English. Our translators have a far greater reverence for the usage of their own language than for the spirit of the foreign works . . . . *The basic error of the translator is that he preserves the state in which his own language happens to be instead of allowing his language to be powerfully affected by the foreign tongue.* Particularly when translating from a language very remote from his own he must go back to the primal elements of language itself and penetrate to the point where work, image, and tone converge. *He must expand and deepen his language by means of the foreign language.* It is not generally realized to what extent this is possible, to what extent any language can be transformed, how language differs from language almost the way dialect differs from dialect; however, this last is true only if one takes language seriously enough, not if one takes it lightly.（斜体为本书作者所用）

其实，不仅是德语的发展归功于外语为之富集营养，几乎所有欧洲语言的（由于欧洲各国具有人文地缘的有利条件）发展，都与欧洲广泛深入的语言接触有极密切的关系。我们应该从这里获得教益。汉语的发展曾得益于由佛经翻译引入的古梵语，英语和英国文化得益于凯尔特文化都印证了这一点。

因此，我们可以这样说，为获得原汁原味，也就是获得原语的语言文化、文化心理及至审美特征中的有益成分，我们的译语可以适度向原语倾斜，向原语的表现法借鉴，也就是适当采取直译以实现适度的异化，使之体现语言之间的**互补性**与**互释性**。对此，本杰明表述如下：[17]

> Where a text is identical with truth or dogma, where it is supposed to be "the true language" in all its literalness and without the mediation of meaning, this text is unconditionally translatable. In such case translations are called for only because of the plurality of languages. Just as, in the original, language and revelation are one without any tension, *so the translation must be one with the original in the form of the interlinear version, in which literalness and freedom are united.*（斜体是本书作者所用）

现在我们试根据上面所述的几项要领翻译 James Joyce 的《芬尼根的苏醒》第八章之始（原文见本书 8.4.2 节）：[18]

啊

告诉我一切关于

安娜•丽菲娅！我要听听那一切

> 关于安娜•丽菲娅。是啊，你知道安娜•丽菲娅吗？你知道的，你当然知道她。我们全都知道安娜•丽菲娅。告诉我一切，现在就告诉我。你听到（她的事）一定会开心得要死。是啊，你知道，当老恰伯河卷起涟漪的时候，你知道它干了什么。是呀，我知道的，往下说吧。别洗了，别溅湿了衣。把袖子卷起来，打开你的话匣子吧。别跟我顶嘴——站住——这会儿你服了吧……

Roland McHugh 在其所编的 *Annotations to Finnegans Wake* 中云，此

处的“O”指“Omega”，根据不得而知，很可能是James Joyce的玄机安排：他认为历史是周而复始的，人生也是如此。生命始于“Omega”，也终于“Omega”——因为它是“Alpha”（A）的先导；同时“O”也正好是个周而复始的圆圈，颇为奇巧。

9.3.3 “原汁原味”小结

从以上分析可以得知，我们最好按范缜的“形—神—用”统一关照论来实现所谓“原汁原味”：一是指原作的特征、特色、韵味、格调、丰姿、情致等等；二是指形式结构，包括句式、语段特征等等；三是指整体的审美效果感应。一般说来，原作特征、特色包括语言语用特征、审美风格特征、思维方式特征和文化心理特征，常常与作家个人的修养与人生阅历有关；从宏观上说，原作往往反映某一群体或民族文化的特征。例如《离骚》的恢宏感、《国殇》的壮烈感、《橘颂》的绚丽感、《天问》的理性感、《招魂》的附魅感、《怀沙》和《渔父》的悲怆感都从一个方面反映了楚文化的特征和气质。

翻译要确保“原汁原味”就要从微观和宏观上准确把握作品的个体文化特色和群体文化特色。具体说来，翻译者在操作上应恪守以下要领：

第一，最大限度地表现原著的语义内容、情志倾向与修辞立意，即所谓“知、情、志”；

第二，最大限度地体现原著的文化特征和心理，包括作者个人的文化特征和心理与群体社会文化特征和心理；

第三，最大限度地吸取原著在审美表现上一切积极可取的成分，即所谓“意匠运斤”；

第四，最大限度地关注目的语读者的接受，包括读者接受的现状和潜势，即所谓“传感效果”，随机应变地运用各种代偿手段。

只要译者在以上四个方面把握好原则并贯彻到文化理解的完全实现中，又充分地做好了语义文化诠释、文本文化解读特别是重视文化心理分析，不忽视理论学习，加强语文、外文表现力，那么，在翻译中保存“原汁原味”是完全可能的。

但必须说明，翻译毕竟是语际跨文化转换，保存“原汁原味”只是一种理想主义的审美情趣论表述，而这里所谓的“原汁原味”也只是就特征、特色而言，要求百分之百的“原汁原味”显然是一种不切实际的理想，这就牵涉到可译性问题（9.4 节）了。

另一种可以说是更注意主体原则、更进取的审美态度。持这种态度的人认为，翻译既有原创性，也就不必刻意去“炮制”原汁原味，译者可以去创造艺术性不愧于原作的“汁”与“味”的译作来，就艺术价值和效果来说，这同样也应该说是原作的原汁原味在译作和目的语中的积极作用。这种基本态度也是非常可取的，这就是所谓“不拘一格唯上乘”。

凡此种种，都应该体现翻译思想和方法上的辩证法，善于处理翻译中的对立与矛盾，达至最佳平衡。

9.4 文化翻译的可译性限度：充分认识语言间的互补性和互释性

每一种语言都是一个独特的“不可取代的”（W. Humboldt, 1816）文化符号系统，都有其不同于另一种语言的异质性。因此，实际的转换永远存在一个限度问题。语言转换障碍将长期存在，直到非常遥远的未来，那时各民族语言文字上的差异将完全消除，世界创建了“共同语”，实现了“大同”。

但是，从整体上说，在大同实现之前，不同文化之间的有效转换不仅是可能的，而且力臻完善的翻译力作、杰作，做到保留“原汁原味”甚至“出神入化”都不是不可能的。这里的依据是语言中广泛存在着语言之间的互补性和互释性。（参见《高级翻译》，刘宓庆序文“论语言之间的互补性和互释性”，华东师范大学出版社，2010 年）

从历史文化和翻译技能技巧发展的现阶段看，文化翻译可译性限度大抵归因于：一、**语言结构障碍**，因此带有固有性（intrinsicalness），包括文字系统、语音系统以及结构与语用相结合的审美修辞系统（如音律—韵律以及基于音、韵、调特征构成的修辞格等）；二、**民族文化心理差异**，这个问题非常复杂，牵涉到历史传统、民族地缘生态环境、生活习俗及至审美倾向和价值观。[19]另外两个障碍领域一是由思维方式决定的表现法系统（如汉语中隐性被动句及话题主语句的广泛使用），二是由民族文化传统中的风俗、习惯特征决定的表现法系统（如亲属称谓语等），总之是**表现法方面**的问题。我们大致可以说以上三个方面造成的语言差异性转换障碍之完全消除，确非一朝一夕之功。因此，我们对文化翻译中的可译性限度，应该有一个符合语言实际和文化接触实际的认识及评估。这是问题的一个方面，就是我们常说的要有现实感。

但是，看待语言问题也必须有历史感和建立发展观。如果我们展开一个历史的视角来看语言，例如汉语，就可以发现，语言的进步和发展其实是相当显著的：比如，我们现在来读 20 世纪 20—30 年代的名著汉译就会觉得它们的行文已经不太欣畅了，用词也有陈旧感。而今天常用的一些句型，20—30 年代是不可能出现的，例如：

（1）身负重任的他连父母也没有回去看望。（句首带长修饰语“的”字结构）

（2）现在我可尝到了这种“被幸福”的滋味。（被动语态的扩展用法）

（3）你不是我的整个世界，尽管你是我的世界的中心。（让步分句“尽管”取后置式）

（4）我过去没有，现在没有，将来也不会干这种事。（反映汉语的时态观念和表现式）

诸如此类的表现式，明显是受到外语的影响才在汉语中流传开来。英语也一样。20—30 年代当人们读到 James Joyce 作品中常用法语和德语词汇时，评论说他具有“未来意识”（这确实是事实），而在今天都柏林的市郊区电车、公共汽车上已经到处可以听到有人用法语、德语词语了。可见语言确实是随着社会的发展而发展着：它在异化，随着又将异化成分自我化，语言的文化表现功能就这么一步一步地富集起来，从而形成一种循环运动如图 9–3（另参见 9.1.1 节解释），不断拉近语言之间的距离，增强着它们之间的互补性和互释性。

我们也应该用这种发展观看文化翻译问题。社会发展未可限量，语言发展也未可限量。我们应该乐见外语词语在汉语中使用，喜闻外语句式在我们的市井流传。这不仅不是什么坏事，而且还标志着社会在进步，标志着汉语在进步。

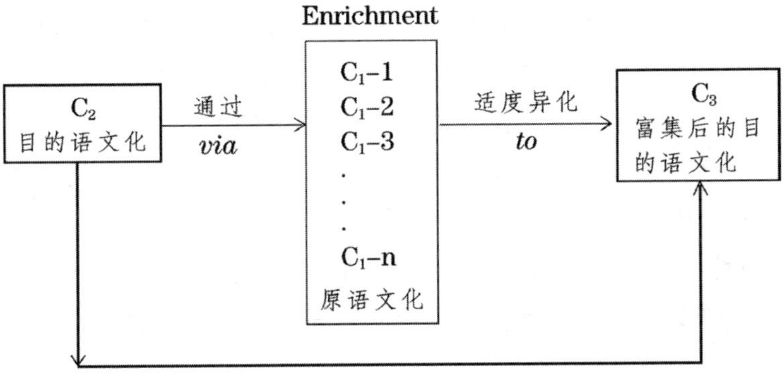

"外为我用"的过程——文化经验的富集:"自我化"

图9—3　语言文化的富集循环运动

重要的问题是翻译家和翻译理论家——乃至整个社会应该对异域文化和语言采取开放的、进取的态度：这中间，关键的一条是要建立本书序文所提及的多元文化价值观，能够科学地进行理性分析，排除狭隘的、与时代精神背道而驰的价值偏见——当然，也要排除盲目的外域文化崇拜。文化问题非常复杂，偏见和崇拜极有可能干扰我们的理性的价值判断。

9.5　翻译的读者接受:译者的"多重身份"问题

"读者接受"也是要求我们作深入的科学分析的复杂问题之一。在世界文化史上，很多国家都有过翻译通过读者群体参与了推进社会进步、促进社会发展的实例（当然反面的历史实例也有）。可见**翻译读者**是一股不能忽视的文化建设者。

首先，读者接受对提升翻译的积极功能绝不能忽视、不能抹杀。读者是翻译的文化价值的检验者和评判员，翻译过程不能拒绝读者接受的参与。应该指出的是，读者接受之参与翻译过程具有一种独特的方式。在“**翻译文本$_1$→读者评估→翻译文本$_2$**”过程中，文本提升这个良性发展的动力就是“读者”，如果没有读者参与，翻译就会蜕化为一个封闭过程，翻译的提升就不会实现，通俗地说这就是“旁观者清”的道理，其实质则是读者参与了翻译价值的改造和构建。正是“读者接受”将翻译加以对比、检验，译者才能在他们的对比、检验中去粗取精，才得以在读者取舍中看到了被提升的社会价值标准，翻译者才会看到一个比较客观、比较进取的社会价值取向，他的努力才会进入步步提升的良性循环中。这是读者接受最基本、最积极的社会功能。

但是对读者接受也要有一个科学的理性分析。这就是说：

第一，读者一般体现社会价值取向，同时也需要接受认知引导和审美引导

一般说来，翻译读者不可能给翻译家、翻译理论家开列处方。读者期望翻译者给他们提供选择，翻译者才能期待读者的参与取舍。因此，在“翻译行为→读者诉求”这个二元对立项中，译者基本上是主导的一面。翻译家应该满怀热情地从事各种题材、各种体式、各种方法论探索，而且应该得到社会和国家的赞助。但这只是问题的一面。与此同时，我们也不要忽略“读者诉求→翻译行为”中读者诉求的巨大潜力：尤其是在某种社会思潮或时尚趋势方兴未艾时，读者的诉求往往决定翻译的取向：这个“社会的脉搏”，翻译家一定不能忽视！但是不论是哪种情况，译者都应当充当向读者提供**认知指引**和**审美指引**的主导角色。欧洲启蒙时代的翻译有一句格言说“翻译永远是个领路人，而不是殿尾者”（A translator is always a guide not a rear guard），这句话今天还有它十分积极的意义！

第二，**读者接受是一个多色调色谱**

应该看到，读者其实不是一个**统一的整体**：读者群体是一个分层级的结构，这个“层级”具有职业界限、教育程度界限、专业非专业界限、意识形态界限等等。即便是划时代的或开拓性作品，都不可能获得“读者群体”异口同声的肯首或异口同声的否定。以 James Joyce 的两部作品为例，以下是本书作者和助手在都柏林三个街区的一项随机调访记录：受访者共 50 人，其中 A 代表社科高级专业人员共 10 人；B 代表自然科学或工程技术高级专业人员共 10 人；C 代表中级知识分子及公务员；D 代表大学生；E 代表一般读者（包括家庭妇女）各 10 人。要求回答的问题共有三个：P（positive）表示“很好”；D（dissatisfactory）表示“不满意”；N（neutral 或 no comment）表示“不知道”“很难说”或“没看完”“没看过”。调查时间是 1998 年 11 月，三个街区都在都柏林。调查结果如表 9—1 所示：[20]

表9—1

Joyce 的作品	A		B		C		D		E	
《尤利西斯》	P	9	P	4	P	2	P	4	P	8
	D	0	D	2	D	2	D	0	D	1
	N	1	N	4	N	6	N	6	N	1
《芬尼根的苏醒》	P	5	P	2	P	1	P	1	P	1
	D	1	D	0	D	1	D	1	D	1
	N	4	N	8	N	8	N	8	N	9

毫无疑问，这只是一个大体的示意表，意在说明即便是划时代的或创意极强的西方名著，读者接受也远不是整齐划一的。译者面对读者反应一定要仔细研究，善加具体分析，吸取其中有益成分。特别是翻译批评家，更需要对来自各方的读者反应悉心地、冷静地、公正地加以评析。可以说，绝大多数译者都是在一个方寸之地苦心耕耘，“冬寒暑热寸心知”，我们要爱护那颗辛劳的心，爱护那份诚挚和热忱；同时也要珍惜翻译读者的对翻译事业的关爱和坦诚态度，这一切都是十分可贵的！

第三，不应该忽视非主流读者的多重诉求

在一个多元文化社会（或正在建设的多元文化社会）中，常常可以发现有些读者群体处在主流地位或主流方向，有些则处在非主流地位或方向。这是很自然的现象，这是由价值观决定的。但价值观通常处在发展状态中，主流价值观与非主流价值观常常出现换位现象，当然这里最深远的原因是“时序之变”。明代的文论家胡应麟说：

初唐体质浓厚，格调整齐，时有近拙近版处。盛唐气象浑成，神韵轩据，时有太实太繁处。中唐淘洗清空，写送流亮，七言律至是，殆于无可指摘，而体格渐卑，气韵运薄，衰态毕露矣。（胡应麟《诗籔》内卷编卷五）

胡应麟说的就是主流审美价值的嬗变，而这种变化是历史的必然现象。翻译家显然应当**顺乎其变**。这也是明代屠隆的策应之道，他说：

诗之变随世递迁天地有劫，沧桑有改，而况诗乎？善论诗者，政不必区区以古绳今，各求其志可也。（屠隆《论史文》）

屠隆说的“**各求其志**”也应该是我们的对策论。主流读者群体和非主流读者群体的翻译呼声我们都应该细心倾听。特别是他们之间的差异，很可能是未来的文化发展倾向的先兆之光！

第四，译者应该看到自己的“多重身份”

有人将译者与作家相比，当然有一定的道理，因为深难度文史哲文本的翻译所付出的脑力劳动丝毫不比创作差，文艺作品原文典籍及佳作中的人物性格剖析和自然风光描写对译者的认知能力和审美能力的要求，也丝毫不逊于创作。正因如此，译者必须明白他（她）的“多重身份”：**译者、作者、读者**。前两者已经说了，为什么自己**也是读者呢**？第一，他（她）必须是原作的一个“理想读者”；如果自己连原作的意义和意图都没有完全“消化”，请问又怎能动手翻译让别人看懂呢？第二，“翻译行为”是他（她，即译者）与自己的阅读对象或同伴交流的独特方式，因此不能不理解自己的同伴，更不能将自己与阅读同伴对立起来。如果一位译者认为只要自己懂了，你们读者看得懂看不懂我的译文，那是你们自己的语文水平问题、理解力问题、学养和审美障碍问题等等，可不能怪我！很清楚，这种翻译态度是非常有害的。有经验的译者总是力求与一般读者“拉近乎”，力求消除所谓“**译—读距离**”，因为同样很清楚，只有这样，你在翻译中的“惨淡经营”乃至“旬月踟蹰”才没有白费！一句话，做翻译，时时刻刻注意心理调节是至关重要的。

9.6 结语:翻译审美表现法与文化自我

这一章我们讨论了文化翻译中表现法的种种问题，这个讨论只能说是一种对基本理论的阐发，远远不是全面的论证。在我们即将结束讨论以前，还必须就表现法强调说明三个问题：

第一，表现法是一个开放系统，它是无穷尽的，我们不可能——读者也幸勿期待我们开列所有的表现法范式：因为在文化翻译实际中根本不存在任何可以普遍使用公式化范式，西方开列的范式就不一定适用于中国，反之亦然。语言是意义和意向的意、音、字符码化，**表现法是符码化的优化式**——这，也许可以说是我们唯一可以开列的范式。

第二，读者很可能要提出一个我们很难做出简单答复的问题：为什么？也就是说，为什么我们只能提出一些提示性表现方式、形式，不可能提出什么“一劳永逸”或“放之四海而皆准”的范式？ 对此，我们也只能在这里作一个很原则性的解释：首先，**人类的思维、思维方式排斥模式化**。人一旦陷入模式化思维，就会丧失自我，下面还要论及；其次，人对自己的思维的表达方式具有明显的随机性：因为人不可能脱离“特征化现实”（包括特定的语言交流目的、交流环境和交流对象）和具体的文化生态，在“真空”或“失重”的渺渺冥冥中谈话。

第三，认识“文化自我”（A. J. Massella, 1984）**的重要意义**。许多年来，我们都在强调群体性，强调集体主义、国家观念、民族化、群众化等等。毫无疑问，这些都是极其重要的观念，没有人能够否认这一切的重要作用。但我们必须了解，这一切在科学文化学中都是观念化了的文化。观念化文化必须以物质化文化作基础，自我（self 或 the man himself，也可以用 ego）**是最基本的物质化文化基础**，没有文化自我，失去体现者的一切文化观念都是毫无意义的。文化自我是一切文化价值的体现者：没有体现者，被体现的一切都只是虚无！ Massella（《文化与自我——东西方人的透视》，1984）写道：

文化是决定人类行为的主要因素之一。文化——如物理环境一样，它是塑造人的行为的两种主要“外部”要素之一。文化和物理环境这两种“外部”要素与两种“内部”要素——生理和心理的要素——相互作用，从而构成了决定人的行为的根本要素。其实，文化既有其外在的特征，又有其内在的特征：它的外在特征表现在各种制度（如家庭的、教育的、政治的、宗教的和经济的等）和其他各种人为的事物上，它的内在特征表现在各种价值观念、信仰体系、世界观和认识论上。所有这些要素都是同时发生作用的，人就是所有这些要素的储藏器，当这些要素通过生理的和心理的过程被内化时，人就是这些要素发生作用的反应装置。

我们不能把人的行为简单地看成是人的一种机能。在任何时刻，人都是在某种情境中生存着的，任何人都无法摆脱使他成为某种特定的人的外部力量而生存。人与情境总是同时发生作用的，这种相互作用的结果就产生了行为。所谓行为，即是把人与情境的相互作用作为一个整体加以不断地调节的过程。在这个结构中，文化、物理环境、生理因素和心理因素都是彼此联系不可分开的。这些相互依存的力量，它们或以此一种方式表现出来，或以另一种方式表现出来，但是最终要表现为整个人、整个情境（因为情境也是这些因素的一种功能）和表现为人的行为……

这样，行为是生命的基本反映，它是变化着的、发展着的，而不是一成不变的。行为是与人的追求目标有机地结合在一起的。（**根据任鹰等的译文，原文缺如，未核校**）

因此，我们的结论是：我们必须首先关注人，关注人的文化结构构建，关注人的自我文化功能发挥，尊重文化自我，培育文化自我，使每一个文化自我享受充分的**文化人权**，获得**比较完善的世界观**和**价值观**，从而能够迸发出他（她）特有的文化异彩，这就是我们的目标。可以预料，在中国，这个目标在21世纪后半期能够达到。

从文化客体的翻译解码到深度的文化理解，到文化主体的自我价值构建——这就是文化翻译的本体论、发展观和辩证法的基本轨迹。

〔注释〕

①转引自郭延礼编著《中国近代翻译文学概论》，湖北教育出版社 1998 年版，第 59 页。

②同①，第 305 页及 316 页。

③同①，第 324 页。

④参见魏得胜著《韩非子语言研究》，北京语言学院出版社 1995 年版，第 10—21 页。

⑤这里的“度”表示“法度”。《有度》在韩非子著作中是很重要的一篇政论。下面是本书所引语段的白话文翻译，见《韩非子全译》（贵州人民出版社 1990 年版，张觉译）第 78 页：

> 惩罚罪过不回避权贵大臣，奖赏善行不遗漏普通民众。所以纠正君主的过失，追究臣下的邪恶，治理混乱，解决纠纷，削减多余，整治错误，统一人民的行为规范，没有什么能及得上法律。激励官吏，威慑民众，消除淫乱怠惰，制止欺诈虚伪，没有什么能及得上刑罚。刑罚严厉，那么大臣就不敢凭高贵的地位去轻视那些地位低下的人;法律严明，那么君主就受到尊重而不被侵害。君主受到尊重而不被侵害，是因为君主强劲有力而把握住了赏罚、法治这治国的关键，所以先王看重刑罚、法治而把它传了下来。如果君主放了法治而任用臣下，那么君臣之间就没有区别了。

⑥刘宓庆著《翻译与语言哲学》，台北：书林出版公司 1999 年版，第八章。

⑦以下解说供参考：

> 《周易》的命名，有几种不同的解释。首先是“周”字的意义一直有两种解释：一、指周代;二、指周普。“易”字的意义，解说众多，主要有：一、当作本义“蜥易”解;二、日月为易说;三、一易三义说，即含有“简易”“变易”“不易”三层意义;四、变易说。我们认为，《周易》命名之义，“周”指周代，“易”主变易较为可取。
>
> 《易》学研究，自古以来的源流派别极其纷繁复杂，而秦始皇焚书时，《周易》独以卜筮书而幸存下来，与群经相比最为无阙。先秦时期，《左传》《国

语》及诸子著作中载有不少《易》说，而以孔子的研讨最为全面深刻。《易传》七种当是集先秦研《易》成果之大成的第一部《易》学论著。西汉时，置"五经博士"，汉儒以《易传》连经并行。《易》学研究十分昌盛，学派纷呈。京房、费直、孟喜、郑玄、荀爽、虞翻等为各派名师。这些《易》学，以《易》象（八卦的众多卦象）、《易》数（阴阳奇偶之数）为解《易》途径，后代统称"汉易"，为象数学源。自魏王弼《周易注》盛行之后，"汉易"逐渐衰落，这是《易》学变化的一大关键。王弼一反"汉易"之风，注重把握经文的整体意义，阐发其哲学内涵，注中还弥漫着老子的气息，开启《易》学研究的义理一派。唐初修撰《五经正义》，《周易》采用王弼、韩康伯注，孔颖达作疏，于是王弼的《易》学在唐代广为学者传用，几定于一尊。只有李鼎祚撰《周易集解》，搜集当时散逸的象数易说，得三十五家，汉易（才）得以保存。

引自《周易》，湖南出版社 1992 年版，第 3 页。

⑧以下是《泰卦·第一》的白话文翻译：

泰卦象征亨通太平：阴柔者往外，阳刚者入内，吉祥，亨通。

《彖传》说："泰卦象征亨通太平：阴柔者往外，阳刚者入内，吉祥，亨通。"这表明了天地的阴阳交合，万物的生养畅通，君臣上下交相沟通，心志合同。本卦卦象内阳刚而外阴柔，内刚健而外柔顺，内为君子而外是小人：这表明了君子之道渐长，小人之道渐消。

《象传》说：天地相互交合，象征着亨通太平。君王应效法此道，适当裁剪运用，辅助赞勉天地化生的目的，从而保佑天下百姓。

初九，拔起茅草，根系牵连，是由于同类汇聚相互牵动。往前进发，可获吉祥。

《象传》说：拔起茅草，往前进发，可获吉祥。说明它的志向在向外发展。

以上中文译文引自《周易》，湖南出版社 1992 年版，第 56 页。

⑨参见刘宓庆著《翻译与语言哲学》，台北：书林出版公司 1999 年版，第 5.14 节。

⑩实际上，图像及符号在表示语言文字难以表述的图景、运动过程时是非常重要的文化信息传递手段，9.2.1 中罗列的太极招式，如不辅以图像则很难令人产生确切形象。

⑪ 引自 Schulte 和 Biguenet 合编：*Theories of Translation*, Chicago: UCP,

1992, Introduction, p.4。

⑫与雅可布逊持相同观点者不乏其人，例如对欧洲的译界很有影响的德国哲学家叔本华就说:“Poems cannot be translated, they can only be rewritten, which is always quite an ambiguous undertaking.” 转引自 R. Schulte 与 J. Biguenet 合编 *Theories of Translation, An Anthology of Essays from Dryden to Derrida*, Chicago: UCP, 1992, Introduction, p.4。

⑬同上书 p.16。

⑭以下四段论述均引自 *A Ricoeur Reader, Reflection* 分别见 p.142、p.143、p.147 及 p.149。

⑮转引自 R. Schulte 与 J. Biguenet 合编:*Theories of Translation, An Anthology of Essays from Dryden to Derrida*, Chicago: UCP, 1992, pp. 80–81。

⑯、⑰同上，p.81、p.82。

⑱根据 R. McHugh 所编 *Annotations to Finnegans Wake*（JHUP, 1991, p.196）中列出的若干注释译出。

⑲民族文化心理障碍是很难跨越的。例如，中国的诗词、小说中有很多动人的描写,如“可怜无定河边骨,犹是春闺梦里人”中的“春闺”就很难翻出中国味（加上“无定河”又是双关语）。中国传统文艺作品常常专门写闺怨、思妇、怨妇、秋思、怀乡、残月、杨柳岸、故国情等等，都有特定的文化背景和民族文化心理特征，其中有旧时代多愁善感的成分，但也不应一概而论，宜善作分析，注意表现法。

⑳以上统计是五位都柏林的朋友协助我完成的，他（她）们中三位是都柏林大学的学生，一位家庭主妇和一位出租车司机:Jack Ferguson，Marie Moore，Seumas Todhunter，Geraldine Kiberd 和 Edna MacDonagh。特别是 Jack 和 Geraldine 小姐，还帮我做了很多复印和电脑统计工作。Geraldine 自告奋勇，带我去拜访了五个典型的爱尔兰家庭，使我获益极多，一并在此致谢。

参考书目

［本书各章注释中提及的参考书均为主要参考书，不再列入以下书目中。］

潘懋鼎:《中国语原及其文化》，北平:致知书店 1947 年版。
罗常培:《语言与文化》，北京:北京大学出版部 1950 年版。
周法高:《中国语言与文化》，台北:中华文化出版公司 1956 年版。
周法高:《中国语文与文学)，台北:中华文化出版公司 1956 年版。
张其约:《中国文学与中国民族》，台北:中国新闻出版公司 1956 年版。
陈柄权:《中国文化与中国语文之奥妙》，香港，1969 年版。
陈建民:《语言与文化多学科研究》，北京:北京语言学院出版社 1993 年版。
陆宗达:《训诂简论》，北京:北京出版社 1980 年版。
刘蕙孙:《中国文化史稿》，上海:文化艺术出版社 1990 年版。
尚杰:《语言，心灵与意义分析》，沈阳:辽宁教育出版社 1983 年版。
余志鸿译:《语言地理类型学》，北京:北京大学出版社 1985 年版。
王建华:《文化的镜象——人名》，长春:吉林教育出版社 1990 年版。
冯蒸:《语言人类文化》，长春:吉林教育出版社 1990 年版。
沈锡伦:《中国传统文化和语言》，上海:上海教育出版社 1995 年版。
甘华鸣等译:《文化社会个人》，沈阳:辽宁人民出版社 1988 年版。
夏克等译:《文化:历史的投影》，上海:上海人民出版社 1987 年版。
任鹰译:《文化与自我》，杭州:浙江人民出版社 1988 年版。
王钟陵:《中国前期文化——心理研究》，重庆:重庆出版社 1991 年版。
许倬云:《中国文化与世界文化》，贵阳:贵州人民出版社 1991 年版。

朱谦之:《文化哲学》，北京:商务印书馆 1990 年版。
李中华:《中国文化概论》，北京:华文出版社 1994 年版。
张国刚、乔治忠等:《中国学术史》,中国出版集团,东方出版中心 2002 年版。
郭锦桴:《汉语与中国传统文化》，北京:中国人民大学出版社 1993 年版。
张汝伦等主编:《文化的语言视界》，上海:上海三联出版社 1985 年版。
宋永培等编:《中国文化语言学词典》，成都:四川人民出版社 1993 年版。
张公瑾:《社会语言学与中国民族史研究》，北京:商务印书馆 1985 年版。
潘文国:《实用命名艺术手册》，上海:华东师范大学出版社 1994 年版。
汪榕培、王晓娜主编:《中外比较文化》，北京:北京师范大学出版社 1997 年版。
周星等译，石川荣吉主编:《现代文化人类学》，北京:中国国际广播出版社 1998 年版。
陈平原:《中国现代学术之建立》，北京:北京大学出版社 1998 年版。
张国刚、乔治忠等著:《中国学术史》，上海，东方出版社中心 2002 年版。

Beaglehole, E. "Character Structure", *Psychiatry*, 7, 2, 1944, pp.145–162.
Benedict, R. "Configurations of Culture in North America", *American Anthropologist*, 34, 1932, pp. 1–27.
——. *Patterns of Culture*, New York, 1934.
——. "Anthropology and the Humanities", *American Anthro-pologist,* 50, 4, 1948, pp. 585–593.
Benneit, J. W. "The Study of Cultures: a Survey of Technique and Methodology in Field Work", *American Sociological Review*, 13, 1948, pp. 672–689.
Bloch, B. and Trager, G. L. *Outline of Linguistic Analysis*, Linguistic Society of America. Baltimore, 1942.
Bloom, A. H. *The Linguistic Shaping of Thought: A Study of the Impact of Language on Thinking in China and the West*, NJ, 1981.
Bloomfield, L. *Language*, New York, 1933.
Boas, F. *Race, Language, and Culture*, New York, 1940.
Boas, F.(ed.) *General Anthropology*, New York, 1938.

Buckle, T. *History of Civilization in England*, London, 1857–1861.

Childe, V. G. *What Happened in History*, New York, 1946.

——. *Social Evolution*. London, 1951.

Conner, S. *Theory and Cultural Value*, Cambridge, USA & Oxford, UK, 1992.

Deeney, J. J. "Biculturalism and Translation", *The Asian Messenger*, 1977.

Dixon, R. B. *The Building of Cultures*, New York, 1928.

Dollard, J. "Culture, Society, Impulse, and Socialization", *American Journal of Sociology*, 45, 1939, pp.50–63.

Dollard, J. and Milier, N. E. *Personality and Psychotherapy*, New York, 1950.

Durkheim, E. *The Elementary Forms of the Religious Life*, (Swain, J.W., trans.) London, 1915.

Evans-Pritchard, E. E. (ed.) *The Institutions of Primitive Society*, Glencoe, Ill, 1954.

Firth, R. *Human Types*. London, (Rev. ed. 1956.) 1938.

——. *Elements of Social Organization*, London, 1951.

Foster, G. M. "What Is Folk Culture?" *American Anthropologist*, 55, 2, 1953, pp.159–173.

Gillin, J. *The Ways of Men*, New York, 1948.

Gleason, H. A. *Introduction to Descriptive Linguistics*, New York, 1955.

Goldenweiser, A. A. *Early Civilization*, New York, 1924.

——. *History, Psychology and Culture*, New York, 1933.

Goldschmidt, W. "Ethics and the Structure of Society: an Ethnological Contribution to the Sociology of Knowledge", *American Anthropologist*, 53,1951, pp.506–524.

Gorer, G. *The American People*, New York, 1948.

Graff, W. L. *Language and Languages*, New York, 1932.

Hall, R. A. *Leave Your Language Alone!* Ithaca, N.Y., 1950.

Hallowell, A. I. *Culture and Experience,* Philadelphia, 1955.

Halman, T. S. "Cultranslation", *Quarterly World Report,* Vol.1, No.2, 1978.

Haring, D. G. (ed.) *Personal Character and Cultural Milieu*, Syracuse, N.Y.

(Periodically revised.), 1948.

Herskovits, M. J. *Cultured Anthropology*, New York, 1955.

Hockett, C. F. "Chinese versus English", in Hoijer, H. (ed.), *Language in Culture, American Anthropological Association Memories*, 79, 1954.

Hoijer, H. "The Relation of Language to Culture", in Kroeber, A. L. (ed.), *Anthropology Today*, Chicago, 1953.

Hoijer, H. (ed.) "Language in Culture", *Comparative Studies of Cultures and Civilization, No. 3. American Anthropological Association Memories*, 79, 1954.

Honigmann, J. J. *Culture and Personality*, New York, 1954.

Hooton, E. A. *Crime and the Man,* Cambridge, Mass, 1939.

——. *Up from the Ape*, (2d ed.) New York, 1946.

Hsu, F. L. K. *Americans and Chinese: Two ways of Life*, New York, 1953.

Jakobson, R., Fant, C. G. M., and Halle, M. "Preliminaries to Speech Analysis", *Technical Report*, Cambridge, Mass: Massachusetts Institute of Technology, 1952.

Jaspers, K. *The Origin and Goal of History*, New Haven, 1965.

Jesperson, O. *Language: Its Nature, Development and Origin*, New York, 1923.

Kardiner, A. *The Individual and His Society*, New York, 1939.

——. *Psychological Frontiers of Society*, New York, 1945.

Keesing, F. M. *Cultural Change: an Analysis and Bibliography of Anthropological Sources to 1952*, Stanford, Calif., 1953a.

——"Cultural Dynamics and Administration", Proceedings, "Seventh Pacific Science Congress"， Auckland, New Zealand, 1953b.

——. *Cultural Anthropology, the Science of Custom*, San Francisco, 1958.

Kluckhohn, C. *Mirror for Man*, New York, 1949.

——. "Values and Value Orientation in a Theory of Action"， in Parsons, T. and Shils, E. A. (eds.), *Toward a General Theory of Action*, Cambridge, Mass., 1951a.

——."The Study of Culture", in Lasswell, H. and Lerner, D. (eds.), *The Policy*

Sciences, 1951b.

Stanford, Calif. "Universal Categories of Culture", in Kroeber, A. L. (ed.), *Anthropology Today*, Chicago, 1953.

——. "Culture and Behavior", in Lindzey, G. (ed.), *Handbook of Social Psychology*, New York, 1954.

——. "Toward a Comparison of Value-Emphases in Different Cultures", in While, L. D. (ed.), *The State of the Social Sciences*, Chicago, 1956.

Kluckhohn, C. and Kelly, W. H. "The Concept of Culture", in Linton, R. (ed.) *The Science of Man in the World Crisis,* New York, 1945.

Kluckhohn, C. and Murray, H. A. *Personality in Nature, Society and Culture*, New York, 1948.

Kluckhohn, F., Strodtbeck, F., and Roberts, J. *A Study of Value Orientations*, Evanston, Ill., 1955.

Kroeber, A. L. *Configurations of Cultural Growth*, Berkeley, Calif., 1944.

——."The Concept of Culture in Science", *Journal of General Education*, 3, 1949, pp.182–188.

——. *The Nature of Culture*, Chicago, 1952.

Kroeber, A. L. and Kluckhohn, C. "Culture: a Critical Review of Concepts and Definitions", *Peabody Museum Papers*, 47, 1. Cambridge, Mass., 1952.

Leighton, A. H. *The Governing of Men*, Princeton, 1945.

——. Human Relations in a Changing World, New York, 1949.

Leighton, A. H. and Smith, R. J. "A Comparative Study of Social and Cultural Change", Proceedings, "American Philosophical Society", 99, 1955, pp. 79–88.

Levi Strauss, C. "Language and the Analysis of Social laws", *American Anthropologist*, 53, 1951, pp. 155–163.

——. "Social Structure", in Kroeber, A. L. (ed.), *Anthropology Today*, Chicago, 1953.

——. "The Family", in Shapiro, H. (ed.), *Man, Culture, and Society*, New York, 1956.

Levy-Bruhl, L. *Primitive Mentality*, New York,1923.

Linton, R. *The Study of Man*, New York, 1936.

——."Acculturation", in Linton, R. (ed.) *Acculturation in Seven American Indian Tribes,* New York, 1940.

——. *The Cultural Background of Personality*, New York, 1945.

——. "The Problem of Universal Values", in Spencer, R. F.(ed.), *Method and Perspective in Anthropology*, Minneapolis, 1954.

——. *The Tree of Culture*, New York, 1955.

Linton, R. (ed.) *Most of the World*, New York, 1953.

Lowie, R. H. *The Origin of the State*, New York, 1927.

——. *An Introduction to Cultural Anthropology*, New York, 1940.

——. *Social Organization*, New York, 1948.

Malinowski, B. *Culture, Encyclopaedia of the Social Sciences,* 1931.

——. *A Scientific Theory of Culture and Other Essays*. Chapel Hill, N. C., 1944.

Mandelbaum, D. G. *On the Study of National Character, American Anthropologist*, 55, 2, 1953, pp.174–187.

——. "The Study of Complex Civilizations", in Thomas, W. L. (ed.), *Current Anthropology*, Chicago, (Also in *Yearbook of Anthropology*, 1955.) 1956.

Mandelbaum, D. G. (ed.) *Selected Writings of Edward Sapir, in Language, Culture, Personality*, Berkeley, Calif., 1949.

Marvin, Harvis. *Cultural Materilism*, New York, 1979.

Mead, M. "The Implications of Culture Change for Personality Development", *American Journal of Orthopsychiatry*, 17, 1947, pp.633–646.

——. "National Character", in Kroeber, A. L. (ed.), *Anthropology Today*, Chicago, 1953.

Mead, M. (ed.) *Cultural Patterns and Technical Change*, Paris, 1953.

Mead, M. and Metraux, R. *The Study of Culture at a Distance*, Chicago,1953.

Morgan, L. *Ancient Society*, New York, 1877.

Morries, Ian. *Why the West Rules for Now*, Profile Books, 2011.

Murdock, G. P. and others, *Outline of Cultural Materials*, (3d rev.) New Haven,

Conn., 1950.

Nadel, S. F. *The Theory of Social Structure*, London, 1957.

Opler, M. E. "Themes as Dynamic Forces in Culture", *American Journal of Sociology*, 51, 1945, pp. 198–206.

Opler, M. K. *Culture, Psychiatry and Human Values*, Springfield, Ill., 1956.

Otterbein, K. F. *Comparative Cultural Analysis*, London, 1976.

Redfield, R., Linton, R., and Herskovits, M. J. "A Memorandum on Acculturation", *American Anthropologist*, 38, 1936, pp.149–152.

Sapir, E. "Time Perspective in Aboriginal American Culture", *Canada Geological Survey Memoirs*, 90, Ottawa, 1916.

——. *Language*, New York, (Reissued 1949.) 1921.

——. "Culture, Genuine and Spurious", *American Journal of Sociology,* 29, 1924, pp. 401–417.

——. "The Unconscious Patterning of Behavior in Society", in Dummer, E. S.(ed.), *The Unconscious: a Symposium*, New York, 1927, pp.114–142.

——."Communication", *Encyclopaedia of the Social Sciences*, 1931.

——."Cultural Anthropology and Psychiatry", *Journal of Abnormal and Social Psychology*, 27, 1932, pp. 229–242.

Shapiro, H. (ed.) *Man, Culture, and Society*, New York, 1956.

Slotkin, J. S. *Personality Development*, New York, 1952.

Soffietti, J. P. "Bilinguilism and Biculturalism", *Journal of Educational Psychology*, No. 46, 1955.

Spiro, M. E. "Culture and Personality", *Psychiatry*, 14, 1, 1951, pp.19–46.

——."A Typology of Functional Analysis", *Explorations*, 1, Toronto, 1953, pp. 84–95.

——."Human Nature in Its Psychological Dimensions", *American Anthropologist*, 56, 1,1954, pp.19–30.

Tax, S. "Selective Culture Change", *American Economic Review*, Papers and Proceedings, 41,1951, pp.315–320.

Thompson, L. "Attitudes and Acculturation", *American Anthropologist*, 50,

1948, pp. 200–215.

——. *Culture in Crisis*, New York, 1952.

Tylor, E. B. *Primitive Culture*, London, 1871.

Vendryes, J. *Language*, New York, 1925.

Voegelin, C. F. "Culture, Language, and the Human Organism", *Southwestern Journal of Anthropology*, 7, 1951, pp. 357–373.

Wallis, W. D. "Values in World of Cultures", *American Anthropologist*, 54, 1, 1952, pp. 143–146.

Weil, Eric. *What is a Breakthrough in History?* Daedalus, 1975.

Westermarck, E. A. *The Origin and Development of the Moral Ideas*, 2 vols., London, 1906–1908.

White, L. A. *The Science of Culture*, New York, 1949.

Whorf, B. L. "Science and Linguistics", *Technology Review*, 42, 1940, pp. 229–231, 247–248.

——. *Language, Thought and Reality: Selected Writings of Benjamin Lee Whorf* (J. B. Carroll ed.), New York, 1956.

Wilson, J. A. *The Culture of Ancient China*, New York, 1961.

Wissler, C. *Man and Culture*, New York, 1923.